¡TRATO HECHO!

JACQUES PERETTI

¡TRATO HECHO!

LOS PACTOS SECRETOS
QUE DECIDEN CÓMO ES EL MUNDO

indicios

Argentina – Chile – Colombia – España
Estados Unidos – México – Perú – Uruguay

Título original: *Done – The Secret Deals that are Changing our World*
Editor original: Hodder & Stoughton, London
First published in Great Britain in 2017 by Hodder & Stoughton – An Hachette UK company
Traducción: Sergio Lledó

1.ª edición Marzo 2018

ISBN: 978-84-15732-30-3
E-ISBN: 978-84-17180-41-6
Depósito legal: B-3.405-2018

Fotocomposición: Ediciones Urano, S.A.U.

Impreso por: Romanyà Valls, S.A – Verdaguer, 1 – 08786 Capellades (Barcelona)

Impreso en España – *Printed in Spain*

El hombre ha nacido libre, pero por doquier está
encadenado. Se cree el amo de los demás, pero no deja
de ser tan esclavo como ellos.

Jean-Jacques Rousseau, *El contrato social*, 1762

Todo es fabuloso...
Es fabuloso ganar y fabuloso perder.

Lego, la película, 2014

Para Esme y Theo

ÍNDICE

INTRODUCCIÓN

¿Y si la forma en que comprendemos el mundo fuera errónea? ¿Y si no fueran los políticos y los acontecimientos mundiales quienes transforman nuestro día a día, sino los pactos empresariales? Acuerdos que se alcanzan en secreto, en las salas de juntas, en los campos de golf o de copas en un bar.

Estos pactos han cambiado nuestras vidas por completo. Han transformado nuestra forma de gastar el dinero, de trabajar, la manera en la que concebimos la riqueza y el riesgo, los impuestos, la desigualdad. Incluso han alterado la morfología de nuestros cuerpos. Estos acuerdos han cambiado la conciencia colectiva y han reformulado la sociedad para que piense de manera diferente.

Todo ello surgió a partir de una sola idea: la «ingeniería de la insatisfacción» en el momento de la compra, para que el consumidor quede cautivado por una actualización perpetua; la invención de la «obesidad» como estafa de una aseguradora; medicar la vida moderna; el uso de la tecnología para cambiar a los humanos por robots.

Estos pactos no son fruto de la casualidad. Fueron decisiones empresariales drásticas que tomaron unas personas que han reconfigurado nuestras vidas con una idea ingeniosa simple, y tras todas ellas hay un mismo concepto, el de inventar un problema para después vendernos la solución.

1

EL DINERO EN EFECTIVO:
Quién quiere acabar con él y por qué

En el año 2014 nos adentramos en un nuevo mundo. Sucedió sin fanfarria alguna, sin que se mencionara por la televisión ni afectara a Wall Street, ni siquiera fue *trending topic* en Twitter. Sin embargo, por primera vez en la historia, los pagos efectuados con tarjeta y sistemas *contactless* (sin contacto) superaron a las transacciones en metálico.

Cuando lleguemos a 2025 ni siquiera los narcotraficantes aceptarán dinero en metálico. Corea del Sur planea prescindir del dinero en efectivo en 2020.[1] En Suecia, el primer país europeo en abandonar el pago en metálico, los músicos callejeros utilizan dispositivos de pago que incorporan una tecnología de comunicación que permite el pago sin contacto. Una nueva aplicación, BuSK, les posibilita a los londinenses hacer lo mismo. En Holanda han desarrollado un abrigo para los sin techo que permite a los viandantes hacerles una donación pasándoles la tarjeta por la solapa.[2]

El dinero sonante y constante, un sistema de pago que data de seiscientos años antes de Cristo, está llegando a su fin. Tim Cook, CEO de Apple, dice que la siguiente generación «ni siquiera sabrá cómo era el dinero».

En el siglo VI antes de Cristo, las monedas comenzaron a circular en tres continentes. Toda una innovación tecnológica de un alcance tan importante

---

1. Informe sobre métodos de pago en el Reino Unido en 2016, *Payments Council,* 20 de mayo de 2016: www.paymentsuk.org.uk/industry-information/annual-statistical-publications.

2. «Brother, can you spare a contactless payment? Homeless go hi-tech», *IBTimes,* 1 de marzo de 2017.

o más que el iPhone. Los pequeños discos de metal se intercambiaban por el bien deseado. Las monedas suponían la confianza personificada, una manera simple de llevar a cabo algo increíblemente complejo, crear un valor acordado entre dos extraños. Los vikingos podían cerrar un trato con los productores textiles de la India por un cargamento de seda. El dinero en efectivo creó la «globalización» dos mil años antes de que se convirtiera en un término del que se abusaría en los anuncios.

A mediados de la década de 1860 había en circulación más de ocho mil monedas independientes solo en Estados Unidos. Los diferentes bancos, compañías de ferrocarriles y minoristas tenían su propia moneda: obligaciones, sistemas de intercambio y numerosas formas de crédito. La Ley del Banco Nacional de 1863 intentó acabar con este caos fragmentado y unificar Estados Unidos con el uso de una misma moneda, el dólar.[3]

Ahora, con el fin del pago en metálico, el mundo de las ocho mil divisas está volviendo. Dinero móvil, *bitcoins*, pagarés digitales, Apple Pay, iTunes, créditos, intercambiables entre establecimientos. Desde transferencias bancarias internacionales a tratos de miles de millones de dólares, todo negocio se cierra con el apretón de manos digital que supone la cadena de bloques. Todo ello es dinero.

Pero el fin de las transacciones en metálico no consiste simplemente en la evolución natural del sistema de pagos para que las compras sean más fáciles y fluidas. La muerte del dinero en metálico es parte de un plan para quitarle el control del dinero a los bancos, e incluso a los Gobiernos, y ponerlo en manos de las nuevas protagonistas, las empresas de tecnología.

Y este plan fue concebido como resultado de un experimento que demostraba algo que resulta obvio a cualquiera que haya utilizado el dinero en metálico. De hecho, es un proceso observable neurológicamente: pagar causa verdadero dolor.

El pacto y el experimento

Cuando pagamos con dinero, nuestras conexiones neuronales se encienden como un árbol de Navidad y nos resistimos a que el dinero se vaya de nuestras manos. Durante un instante, el cerebro envía información a la mano para

---

3. Bill Maurer, *How Would You Like to Pay? How Technology Is Changing the Future of Money*, Duke University Press, 2015.

que no lo permita. Nos encontramos divididos entre las ganas de comprar el objeto que deseamos y evitar ese dolor neuronal, con lo que experimentamos cierta reticencia.

Tener metálico en nuestras manos no significa disponer de una licencia para gastar irresponsablemente, como algunos podrían pensar. En realidad, el dinero físico tiene el efecto contrario, impide que compremos más. De modo que al crear un sistema que imposibilita el pago al contado, erradicamos ese dolor neuronal, ese momento de resistencia, y el cerebro queda expuesto al gasto ilimitado. Esa era la intención expresa de la decisión que tomaron dos hombres en 1998.

Max Lechvin y Peter Thiel, dos perfectos desconocidos, coincidieron en un salón de congresos desierto en la Stanford University. Aquel encuentro no fue casual. «Principalmente fui allí a ver a ese tal Peter Thiel, que daba una charla gratuita sobre mercados de divisas —dice Levchin—. Pensaba que el salón de actos estaría lleno, pero resultó que solo había seis personas atendiendo a la conferencia. Así que no resultó difícil contactar con él después... Me acerqué y dije: "Hola, me llamo Max. Llevo cinco días en Silicon Valley y voy a fundar una nueva empresa, ¿cómo estás?".»[4]

Leuchin era una bola de energía salvaje y descontrolada. Había dirigido varias *start-ups* que acabaron «prácticamente saltando por los aires de manera catastrófica en los diversos lugares en los que habían surgido esas iniciativas, y era como casarse con la primera persona a la que te encuentras en una máquina tragaperras de Las Vegas. Podía llevarme el premio gordo, pero probablemente todo acabaría explotando sin más».

Thiel era diferente. Ahora que es uno de los mandamases de Silicon Valley y que forma parte del círculo íntimo del presidente Trump, se rumorea que se inyecta sangre de chicas de dieciocho años para seguir pareciendo joven, algo que no consigue. En 1998 ya era toda una leyenda de Silicon Valley, pero por una razón completamente diferente. Thiel creía ser el futuro, aunque no sabía exactamente cómo. Levchin quería hacer un pacto con él, porque era una de las pocas personas del planeta que compartían su insaciable ambición a la que podía llegar a conocer en persona.

Thiel se crio en Sudáfrica y sus padres lo enviaron a un internado en el que los alumnos recibían castigo físico por la más nimia trasgresión de

---

4. eCorner.stanford.edu, 21 de enero del 2004. Thiel y Levchin hablan sobre su primer encuentro.

las normas. Cuando era adolescente, ya se identificaba a sí mismo como un libertario que odiaba todo aquello que le pareciera conformismo irreflexivo.

En 1998, cuando conoció a Levchin, tenía una cosa muy clara: quería cambiar el mundo. Thiel es partidario de la teoría mimética del filósofo francés René Girard, de la idea de que la imitación destruye la verdadera innovación. Solo saliendo de la prisión mimética que supone intentar ser como otras personas puedes alcanzar el verdadero éxito. Sé tú mismo, por más raro que puedas parecerle a los demás.

Cuando estalló la crisis de las hipotecas *subprime* en 2007, Thiel declaró al *Washington Post* que habíamos depositado demasiada confianza como sociedad en la ciencia y la tecnología, y que estas nos habían vuelto la espalda. Pero si lo exponemos en términos miméticos, tendríamos que decir que habíamos puesto nuestra confianza en el lugar equivocado. Las élites tecnócratas nos habían hecho creer en una creación de riqueza inagotable, cuando la verdad era que el futuro estaba en manos únicamente de la gente de Silicon Valley. Tendríamos que haberlo visto venir por nosotros mismos mucho antes de que sucediera. En este sentido, la crisis era culpa nuestra.

Cuando Levchin fue a conocer a Thiel en aquella sala de conferencias vacía en 1998, este tenía la disposición mimética de conquistar el mundo, pero todavía no contaba con el vehículo para hacerlo. Tras un par de fracasos en inversiones en capital de riesgo, no avistaba nada prometedor en el horizonte. No tenía ni la más remota idea.

En 1998, Internet prácticamente acababa de desembarcar. Nadie sabía todavía cómo rentabilizarla. El santo grial de Silicon Valley consistía en encontrar una forma segura de pago digital. Quien la creara sería el amo del siglo venidero. Algo que tanto Thiel como Levchin querían ser a toda costa.

Levchin era un genio de la encriptación, pero quien sabía sobre temas financieros era Thiel. Así pues, le necesitaba para asegurarse de que sus ideas estrafalarias para la encriptación de un sistema de pago digital no acabaran explotando como todas las anteriores. Por ese motivo acudió a esa conferencia con la sala prácticamente desierta. Thiel y Levchin hablaron apenas pocos minutos, pero no necesitaron más. Cerraron un trato para comenzar un negocio llamado Confinity.

«Max y yo pasamos muchas horas haciendo lluvia de ideas sobre diferentes tipos de mercado —explica Thiel—. Al final, decidimos que queríamos intentar hacer algo con transacciones con dinero encriptado con Palm Pilots, la primera generación de ayudantes personales digitales. Creíamos que el futuro estaba ahí.»[5]

Lo cierto es que, a pesar de sus ambiciones, Thiel y Levchin eran como los miles de emprendedores de la tecnología que hacían cola en las cafeterías de toda California, aventureros que reunían dinero de inversores en la fabulosa fiebre del oro de Internet. No había motivos para que tuvieran más éxito que otros. Salvo por una cosa. Habían visto en las PDA algo que el resto no había sido capaz de ver, un prototipo de iPhone, un dispositivo que podía utilizarse para efectuar compras y para vender.

A cinco mil kilómetros de distancia, un neuropsicólogo serbio del MIT llevaba a cabo un experimento sobre lo que le sucede al cerebro humano cuando usamos diferentes formas de pago. Drazen Prelec estaba fascinado con la conducta irracional que mostramos las personas hacia el dinero. ¿Por qué compramos billetes de lotería y seguros de vida al mismo tiempo? Porque no tenemos un enfoque coherente respecto al gasto. Según Prelec, lo que hacemos a lo largo de la vida es acumular reglas e ideas peregrinas sobre el dinero, que coexisten en nuestra mente de manera incongruente. Por ejemplo, compramos las marcas más baratas del supermercado, pero insistimos en coger un taxi para llegar a casa porque no nos gusta el autobús. O simultaneamos el uso de cosméticos baratos con un masaje mensual en un centro de hidroterapia.

Prelec quería averiguar cómo se manifiesta esa irracionalidad hacia el dinero cuando pagamos al contado y decidió medir la respuesta cerebral del pago en metálico en contraste con la del uso de tarjetas de crédito. Prelec pidió a quinientos estudiantes del campus del MIT que realizaran pujas cerradas en una subasta de un partido de baloncesto para el que se habían agotado las localidades. La mitad de ellos tenían que pagar al contado, y el resto, con tarjeta. Prelec presentía que las pujas que se hicieran con tarjeta de crédito serían más altas, pero se quedó anonadado al comprobar hasta qué punto era cierto. La media de pujas realizadas con tarjeta de crédito era del doble de dinero que las que se hicieron en metálico. Algunas eran seis veces más altas. Los que pujaban al contado simplemente se negaban a desprenderse del dinero, mientras que los que usaron tarjeta no veían límites respecto al gasto.

Prelec estaba maravillado. «Esto es de locos, ¿no? Supone que el coste psicológico de gastar un dólar con tarjeta de crédito es de solo cincuenta

5. *Ibid.*

centavos.» Esto sucede porque las tarjetas de crédito otorgan el placer de comprar sin que exista dolor alguno en ello. «La tasa moral queda difuminada. Cuando consumes algo, no piensas en lo que pagas, y cuando pagas, no sabes por lo que estás pagando.»

Según Prelec, el autoengaño psicológico de que las tarjetas de crédito suponen una barra libre es tan poderoso que por esta razón la mayoría de las tarjetas de débito incluyen un logo de tarjeta de crédito. «El logo de por sí es una invitación al gasto. Los consumidores se emocionan solo con verlo. Es como poner una hamburguesa ante los ojos de una persona hambrienta.»[6]

De modo que el atractivo de las tarjetas de crédito está claro, pero Prelec quería saber por qué nos resulta tan problemático pagar al contado. ¿Estamos programados mentalmente para resistirnos a gastar en metálico? Prelec se decidió a hacer una resonancia magnética a los estudiantes que habían pujado pagando en efectivo en la subasta cerrada; sus posteriores averiguaciones cambiarían el curso futuro del dinero.

Prelec se percató de que cuando pagamos en efectivo se abre una conexión neuronal específica. Había descubierto el «momento de estremecimiento», esa milésima de segundo en la que sentimos un dolor neuronal mesurable cuando el cerebro registra que el dinero se va de nuestras manos. El momento en que sentimos esa pérdida literalmente.

Los que pujaron con tarjeta de crédito no habían experimentado ese dolor. Solo el placer de la compra. El descubrimiento de Prelec tendría implicaciones de gran alcance. Su conclusión era que el dinero en efectivo no promueve el gasto, sino que lo entorpece de manera activa. Al deshacernos de él y crear una forma de pago instantánea, el cerebro no tiene tiempo de percibir el dolor. Tenemos libertad para gastar sin límite, porque el proceso es demasiado rápido para que el cerebro esté al tanto de la transacción.

Peter Thiel y Max Levchin trabajaban en el cifrado del santo grial de Silicon Valley, un sistema de pago encriptado. Pero el verdadero santo grial lo había descubierto Prelec: compras desprovistas de dolor para el consumidor. Quien consiguiera ponerlo a disposición del público se convertiría en el dueño de Internet.

---

6. Entrevista a Drazen en la revista del MIT *Spectrum,* invierno de 1999. Entrevisté a Drazen para la serie que realicé para la BBC *The Men Who Made Us Spend* (capítulo 3). Allí cuenta la historia del experimento al completo.

Iron Man entra en escena

En el año 2000, cuando Confinity llevaba un año de existencia, Levchin y Thiel conocieron a un emprendedor que comprendía la importancia del trabajo de Prelec sobre el dolor neuronal que supone pagar. Elon Musk, como Thiel, era un visionario que se mostraba abierto a las visiones de los demás. Pasados veinte años de aquello se le conoce como el hombre que hará todo lo posible por colonizar Marte y salvar a la humanidad del calentamiento global mediante un éxodo interplanetario. Y lo dice en serio. Musk es el personaje en que se inspiró Tony Stark para las películas de *Iron Man*.

Musk también había crecido en Sudáfrica y, como en el caso de Thiel, había forjado un espíritu antiautoritario y una ambición voraz derivados de traumas infantiles. En su caso, el acoso escolar fue tan grave que tuvo que ser hospitalizado tras una paliza que lo dejó inconsciente.[7]

En el año 2000, Musk utilizó el dinero que había ganado con su primera empresa, Zip2, para fusionarse con Thiel y Levchin en la empresa Confinity. Compartía su visión del proyecto. Musk decía que si Confinity era capaz de crear un método de pago encriptado seguro, tendrían las llaves del reino del gasto ilimitado. Pero para vendérselo al consumidor como una forma de eliminar el dolor neuronal o, para decirlo de otra forma, para hacer que pasara de ser una inteligente pero pequeña innovación tecnológica de Silicon Valley susceptible de ser robada por alguna otra pequeña e inteligente compañía de tecnología de Silicon Valley a una marca reconocida globalmente que se apoderase del mundo, tenían que hacer algo muy importante. Prometer al consumidor que el pago sería instantáneo: «a un clic de distancia».

Thiel contrató a uno de esos ases de las finanzas de Wall Street, Jack Selby. Nos reunimos en sus inmensas oficinas de San Francisco, al lado de las de George Lucas, decoradas con mobiliario escandinavo de mediados del siglo XX y con hileras de estanterías repletas de obras filosóficas: Kierkegaard, Ayn Rand, Marx y una recopilación de las obras de Donald Trump. Cuando Jack entró, con su pelo engominado y unos náuticos machacados, parecía que el Gran Gatsby acababa de atracar su yate. De hecho, acababa de aparcar su avión privado.

«Haces que suene como si todo estuviera destinado a suceder, como un hecho consumado —dice Jack—, pero estas historias acaban maquillándose. La verdad es que sobrevivimos a duras penas. Corrimos un riesgo

---

7. Ashlee Vance, *Elon Musk: El empresario que anticipa el futuro*, Península, Barcelona, 2016.

enorme. Pero Peter fue un lince, porque se percató de que teníamos que entrar en el negocio antes de que explotara la burbuja de las *puntocom*. Cuando estallara, toda la morralla quedaría separada, y Peter sabía que los que aguantaran tendrían un peso enorme. Nuestro objetivo era asegurarnos de que esas personas fuéramos nosotros.»

Llamaron a su nueva empresa «Paypal». Su promera era tenerlo todo «a un clic de distancia». Ahora eran cuatro hombres quienes poseían las llaves que abrirían las puertas de Internet. En 2002, solo un año después, PayPal firmó un acuerdo con eBay por 1.500 millones de dólares. La Red dispondría de un mercado en el que realizar transacciones a través de PayPal, que era aceptada en el setenta por ciento de las subastas de eBay. Los fundadores de PayPal se hicieron legendarios en Silicon Valley. Se los conocía como «la mafia de Paypal». Selby esboza una sonrisa de Gatsby cuando se lo menciono. «Sí, así nos llamaban.»

Las investigaciones que Drazan Prelec realizó en el MIT sobre el dolor neuronal que causa pagar al contado habrían tenido que servir como advertencia para saber que estábamos a punto de entrar en un insondable nuevo mundo de gasto *online* irrefrenable. En lugar de eso sirvieron involuntariamente para firmar el acta de defunción del dinero en metálico. Según dice Prelec, el dinero en efectivo es lo único que nos frena con firmeza para no gastar más de lo que tenemos. «¿Quiere saber lo desequilibrado que es nuestro gasto realmente? —me pregunta durante nuestra entrevista—. Intente pasar una semana pagando solo al contado. Compre todo con dinero en efectivo. Úselo para pagar la hipoteca. Mire esos miles de dólares como una montaña de dinero. Jamás volverá a tratar el dinero de la misma forma.»[8]

Ofrecer crédito a la gente es como «darle azúcar a un diabético»

Prelec no fue el primero en advertir acerca de los peligros de pasar del dinero en metálico a las «ventajas» del crédito. En la década de 1950, las tarjetas de crédito salieron del dominio exclusivo de los negocios y empezaron a comercializarse para el público en general. Se presentaban como algo que otorgaba mayor velocidad y eficiencia a las transacciones que el dinero. Su verdadero atractivo consistía en ofrecer una ilusión de riqueza y proporcionarte mágicamente cualquier cosa que desearas: un nuevo sofá, un abrigo de

---

8. MIT *Spectrum,* invierno de 1999.

pieles, un coche... Pero sin necesidad de que apareciera un genio envuelto en una nube de humo, sino simplemente estampando tu firma.

En los primeros anuncios de American Express, un hombre de negocios encantador se sacaba del bolsillo con soltura la tarjeta de crédito y dejaba patidifusa a una azafata de vuelo, como si le mostrara un pase VIP. Las tarjetas de crédito hacían que los gerentes de medio pelo se convirtieran en James Bond. Parecían algo demasiado bueno para ser verdad, y, efectivamente, así era.

Las más altas esferas del Gobierno mostraron pronto su preocupación al respecto. Betty Furness, secretaria de la Oficina de Información al Consumidor del presidente Johnson, creía que ese sueño de aspiraciones que ofrecía la tarjeta de crédito era una quimera. En 1967 declaró que regalar tarjetas de crédito a un público en general compuesto de «deudores compulsivos» era como «dar azúcar a los diabéticos».

Pero ¿eran realmente «deudores compulsivos»? Existe un mito que dice que las masas, y especialmente los pobres, no son capaces de administrar el dinero ni su presupuesto, por lo cual demandan nuevas tecnologías que los «ayuden» a «gestionar» mejor sus vidas precarias.

Lo cierto es que sucede justo al contrario. Los pobres llevan las riendas de sus finanzas mejor que nadie. Con cada innovación en la forma de pago, desde las tarjetas de crédito implantadas en la década de 1950 al dinero digital y móvil actual, la tecnología acaba teniendo el efecto inverso. En lugar de «ayudar» a las masas a «gestionar el dinero», hacen que se endeuden más si cabe.

En el año 2016, la deuda contraída con tarjetas de crédito[9] por una familia estadounidense media ascendía a 16.061 dólares. El setenta por ciento de los estadounidenses posee al menos una tarjeta de crédito, pero el cincuenta por ciento tiene dos, y el diez por ciento más de tres tarjetas, con el resultado de que la familia norteamericana media tenga una deuda total de 40.000 dólares. En Gran Bretaña, la deuda ronda esos mismos niveles y se está incrementando. Según los datos de la última renta trimestral de 2016, la familia británica media acumuló más deuda en los tres años anteriores que en ningún otro periodo de la historia.

Cuando la economía reflotó en la década de 1950 se incitó a la deuda, pero con la obligación de devolverla. A mediados de la década de 1980, las

---

9. «Credit Card Debt: Average US Household Owes $16,000», revista *Time*, 20 de diciembre de 2016.

tarjetas de crédito remplazaron las compras a plazos, y en los años noventa le daban una tarjeta a cualquiera que fuera capaz de firmar. Había incluso quien tenía una tarjeta a nombre de su perro, porque nadie se tomaba la molestia de comprobar quién era el destinatario. La idea de que la deuda había que pagarla se había desvanecido por completo. En lugar de eso, la deuda se convirtió en modo de vida.

A medida que el crédito se hacía más fácil y más rápido, los niveles de deuda aumentaban progresivamente. Y cada vez que la economía entraba en periodos de recesión (a principios de la década de los ochenta, de los noventa y después de 2007), las tarjetas de crédito adoptaron un nuevo papel: el de permitir la subsistencia.

Ahora las tarjetas de crédito son una herramienta para subsistir. Sirven para pagar la calefacción, las compras de comestibles y la hipoteca mensual. La deuda también es el *modus operandi* de los Gobiernos, que aseguran que la economía está en pleno «crecimiento» mientras facturan en su PIB el gasto del consumidor alimentado por el crédito. La deuda proporciona un papel que se aprovecha políticamente, maquillando una economía estancada por medio del falseo de unas cuentas saneadas.[10]

Entra en escena eBay. La transformación de la Red en una máquina de vender

Cuando PayPal llegó a ese acuerdo con eBay en el año 2000, tenía un objetivo muy claro, definir para qué servía Internet. La Red 1.0 había funcionado como foro estático para la circulación de ideas entre los académicos, el Gobierno y las fuerzas armadas. Al convertirse en la Red 2.0, Internet se transformó en un ente con vida propia que era alimentado, cultivado y potenciado gracias a cada ser humano del mundo que estuviera conectado a la Red.

Bajo las grandilocuentes promesas de que esta nueva Internet proporcionaría «empoderamiento», «descentralización», «conectividad» e incluso un nuevo tipo de «democracia», se ocultaba una cruda realidad. PayPal transformaría la Red 2.0 en una máquina gigante de vender.

Gracias a ese acuerdo con eBay, el primer mastodonte de la Red 2.0, Internet se disparó. En una playa de Honolulu, Pierre Omidyar, el huraño fun-

---

10. Para obtener información detallada sobre la forma en que la deuda maquilla las cifras de crecimiento, vean la entrevista con Matt Whittaker, Resolution Foundation, en mi serie *The Super-Rich and Us*, BBC, 2015.

dador de eBay, rememora los tiempos en que comenzó con *Honolulu Civil Beat*, una publicación digital. En 1998, con treinta y un años, creó eBay. La historia apócrifa cuenta que se trataba de una apuesta especulativa para vender dispensadores Pez. Lo cierto es que sabía perfectamente lo que hacía.

Omidyar recreó conscientemente a través de eBay ese bullicioso mercado en el que, por primera vez desde hacía dos mil años, las transacciones se pagaban con dinero. Un espacio en el que todo se puede intercambiar y en el que el valor tiene una fluidez infinita que está marcada por la oferta y la demanda.

Cada una de las plataformas tecnológicas actuales supone un mercado. Google es un mercado de información; Uber, de taxis; Airbnb, de viviendas; Deliveroo, de comida. Pero el primero de estos grandes zocos digitales fue eBay. Un espacio vacío que se llenaría con los detritus del planeta Tierra: zapatos, muebles, entradas para conciertos, aspiradoras, vacaciones, sexo, viejas cámaras de foto, órganos humanos de sobra, un marido no deseado.

eBay es capitalismo en estado puro, una red de comercio entre iguales en la cual es el comprador, no el vendedor, quien controla el mercado, y donde el valor está determinado por lo que la persona esté dispuesta a pagar. 1.209 dólares por un Dorito con la forma de la mitra papal (adquirido por la misma persona que compró un sándwich de queso con la cara de la Virgen María); la silla de Kurt Cobain; el chicle de Britney Spears; 55.000 dólares por un fantasma envasado en un bote; un espacio para anunciarse en la frente de una persona; y lo que tal vez sea más doloroso: el sentido de la vida, vendido por solo 3,26 dólares.

Hay países en los que eBay arrasa. El sesenta por ciento de las personas que compran a través de Internet en Australia son usuarios de eBay. Pero, a su vez, Australia es el principal exportador de eBay a Jan Mayan, una minúscula isla noruega del Círculo Ártico con una población de dieciséis personas que compró veinticuatro artículos en el año 2014 a vendedores australianos, lo que supone más de un artículo australiano importado por persona.[11]

eBay ofrecía algo que el dinero en metálico no podía ofrecer: la emoción adictiva de una subasta *online*, la segregación de endorfinas de las apuestas. El dinero en efectivo era aburrido en comparación. Las compras y las apuestas por Internet explotaron al mismo tiempo y ambas compartían una cualidad: proporcionar el gusto por una adicción sin limitaciones en el salón de tu casa sin que nadie te viera.

---

11. Conferencia de prensa de eBay, 8 de septiembre de 2014.

Según el antropólogo social Benjamin Barber, las compras *online* inauguraron una «tienda de golosinas de gratificación instantánea». El comercio electrónico reinfantilizó al consumidor adulto, transformándonos a todos en niños. «Cuando un niño dice: "¡Quiero eso y lo quiero ahora", hay un adulto detrás que dice no; pero cuando un adulto exige lo mismo comprando por Internet, puede obtener todo lo que quiera.»[12] El dolor neuronal que experimentamos cuando el dinero escapa de nuestras manos ha desaparecido y no hay nada que nos impida comprar sin límites. La figura parental ha sido eliminada.

La nueva moneda eres tú

Si te entrego un billete de diez libras o un dólar, nadie gana nada con esa transacción. Es dinero que pasa de unas manos a otras. Pero si realizo ese mismo pago digitalmente, alguien tiene que facilitarlo. El espacio que media entre tú y yo se convierte en un lugar donde ganar dinero.

Ese es el espacio que quieren colonizar los colosos de la tecnología (Facebook, Apple, Google, Amazon y Microsoft), y es una carrera por apropiarse del dinero en sí y redefinir con ello su significado. Es decir, que tú te conviertas en la moneda.

El valor de ese espacio ni siquiera consiste en cobrar por la transacción. Este servicio ahora es gratuito. Su valor reside en los datos personales que pueden extraerse. Nuestros datos son el precio oculto en cualquier transacción que realizamos. Es un precio que estamos dispuestos a pagar, porque no damos ningún dinero a cambio. Lo que sí entregamos es hasta el más mínimo detalle de nuestra existencia, desde la lista de canciones eufórica o melancólica que hemos elegido para adecuarla a nuestro humor, a nuestra preferencia por la comida china en lugar de la india, o si eres heterosexual, homosexual o mormón, o si eres aficionado al surf o al punto de cruz, o si sufres trastorno del déficit de atención, vas de vacaciones al Caribe o a las islas Canarias.

En 2016 se utilizó la extracción y análisis de datos para afinar los perfiles de potenciales votantes indecisos, tanto en el referéndum del Brexit como en las elecciones a la presidencia de Estados Unidos. En ambos casos resultó decisivo. En 2017, la Comisión para la Vigilancia de la Privacidad

---

12. Entrevista con Benjamin Barber en *The Men Who Made Us Spend* (capítulo 3), BBC, 2014.

del Reino Unido llevó a cabo una investigación sobre cómo los datos personales afectan a las campañas políticas. La empresa que proporcionaba datos a la campaña que abogaba por la salida de la Unión Europea, Cambridge Analytica, captó la intención de voto de forma más certera que nunca antes. Sin ello cualquier campaña política está perdida, sobre todo cuando los márgenes son tan estrechos.

Los críticos describen esta extracción de datos (también llamada minería de datos) que hacen las empresas como un problema de privacidad, pero al público en general no le preocupa tanto. Como señalaba *Harvard Business Review* en 2015: «Nuestras investigaciones muestran que los consumidores son conscientes de que están siendo vigilados [...] [pero] agradecen que compartir los datos les pueda llevar a productos y servicios que hagan su vida más fácil y entretenida, los eduquen y les ahorren dinero».[13] No nos preocupa en absoluto proporcionar esos datos. Nos inquieta más cuando la extracción de datos entra en el terreno de nuestra salud, que curiosamente es el espacio en el que los gigantes de la tecnología están más interesados.

El año 2007 fue el momento en el que todo cristalizó, el año cero de este nuevo mundo. El sistema bancario comenzó a explotar y se lanzó el iPhone. Los créditos de alto riesgo colocaron explosivos en los cimientos de una banca que había controlado el flujo y reflujo del dinero durante siglos y estaba a punto de implosionar como un bloque de viviendas en ruinas.

Estas instituciones financieras llevaban más de un siglo dirigiendo los ciclos épicos de auge y crisis: la caída de Wall Street en 1929, la ley Glass-Stiegel, la desregulación financiera de Ronald Reagan, la recesión de la década de 1990, el mercado alcista más duradero de la historia y la bomba de relojería oculta de las hipotecas *subprime* (o hipótecas basura). Tuvieron un momento de vulnerabilidad momentáneo y hubo otros que se posicionaron para ocupar su puesto: los colosos de la tecnología.

Estos gigantes se autodenominan empresas «tecnológicas», pero la tecnología es solo un trampolín. Quieren convertirse en los nuevos bancos, y la implosión del viejo sistema financiero supuso su oportunidad para dar el primer paso.

En 2008, el iPhone propició que el teléfono inteligente desplazara al ordenador portátil en el comercio electrónico. Eso constituyó el primer estadio para arrebatar el dinero a las viejas instituciones y que el poder pasara

---

13. «Customer Data: Designing for Transparency and Trust», *Harvard Business Review*, mayo de 2015.

a las empresas tecnológicas. Primero se apoderarían del proceso de compras, después de la gestión del dinero y los servicios financieros, y, finalmente, se convertirían en los nuevos bancos. Pero el primer paso era el proceso de compras, y para ello contaban con una nueva arma: las aplicaciones.

Al principio, Steve Jobs no lo captó. Fue la intervención de un inversor de capital de riesgo llamado John Dooer y las actividades de un grupo de *hackers* que piratearon el dispositivo las que hicieron que Jobs dirigiera su atención a las aplicaciones de terceros y entendiera el partido que podía sacarle al iPhone. Jobs siempre había creído firmemente en las aplicaciones web propias, pero apenas un año después del lanzamiento de su nuevo dispositivo anunció una vuelta de tuerca en el Special iPhone Roadmap Event. A partir de ese momento, los desarrolladores podrían crear aplicaciones nativas para iPhone y venderlas a través de un portal llamado App Store.[14]

Estas aplicaciones de terceras empresas justificaban lo que afirmaba el jefe de Apple: que a veces aparece un avance tecnológico que lo cambia todo. Demostraron ser fundamentales a la hora de propulsar el iPhone y hacer que pasara de ser un mero fenómeno de éxito a convertirse en el invento definitorio de nuestro tiempo.

Apple fue la primera empresa que plantó su bandera en una nueva Luna, el espacio en medio de una transacción en el que a partir de entonces sucedería todo. Si forzabas esa puerta, te encontrabas ante una infinita planicie de información, los datos de una compra específica que estaban conectados por finos hilos digitales a millones de compras diferentes realizadas por ti, tu familia y todos tus conocidos. Y tras estas adquisiciones inertes, las compras vivas que harías después como resultado de sugerencias algorítmicas, las cosas que compraréis en cuestión de treinta segundos tú, tu familia y todas las personas que conoces, o incluso aquellas que no conoces, pero deberías conocer.

Había una carrera en curso para apoderarse de ese espacio. Y lo que sucedió tras el acuerdo al que llegó Apple con Chase sobre Apple Pay en 2014 da una idea sobre la ferocidad de la lucha.

El proyecto estuvo rodeado del máximo secreto desde su misma concepción. Uno de los protagonistas lo llamó la «histeria de los nombres en clave». Las compañías que emitían tarjetas de crédito tenían nombres en clave para Apple, que a su vez asignaba nomenclaturas en código a estas. En Visa eligieron como nombre en clave el de una empresa de electrónica de consumo para desviar la atención de los empleados que no formaban parte del plan.

---

14. Steve Jobs presenta la App Store: iPhone Roadmap Event, 2008.

En el verano de 2013, Apple se dirigió de forma individual a los cinco grandes bancos —los antiguos guardianes del dinero— para que se involucraran en el proyecto, sin revelar cuáles eran los otros bancos implicados. JPMorgan, el mayor proveedor de tarjetas de crédito en Estados Unidos, instaló un centro de operaciones en una sala de reuniones sin ventanas en San Francisco. Solo cien de los trescientos empleados de JPMorgan que trabajaban en el proyecto sabían que se trataba realmente de asociarse con Apple.

El 9 de septiembre, Marianne Lake, directora financiera de JPMorgan Chase, subió al estrado en Nueva York y esperó a la señal convenida. A tres mil y pico de kilómetros de distancia, el director ejecutivo de Apple, Tim Cook, subía al estrado en California y hacía una señal a su asistente. Apple y JPMorgan creían que esta coordinación era de vital importancia para coger a sus competidores por sorpresa y añadir teatralidad al asunto.

A las 11.35 de la mañana, Tim Cook soltó la bomba. Apple lanzaría un sistema de pago libre de gastos de gestión para el comprador, pero al cual se suscribirían todos los establecimientos y negocios de compra por Internet. Se trataba de una nueva moneda llamada «Apple Pay». En Nueva York, uno de los ayudantes de Lake sacó una manzana verde de su bolso y la puso sobre la mesa. Era la señal que le indicaba a Marianne Lake que había llegado el momento oportuno. Esta hizo un gesto con la cabeza a su ayudante.

«Bueno —dijo—. Estamos muy emocionados.»[15]

Me reuní en Londres con uno de los actores principales del acuerdo y le pregunté cómo consiguieron alcanzarlo. «Haciendo que todas las naves coincidieran en el horizonte al mismo tiempo. Fue muy difícil.» Le conté la historia de la manzana sobre el escritorio y sonrió. «¡Ah, eso no lo sabía!» Nadie se lo había contado.

Aquello no era una «alteración del mercado». Era un terremoto que removía los cimientos de las empresas que llevaban un siglo manejando el dinero a su antojo. James Anderson, vicepresidente de Mastercard, declaró que el acuerdo entre Chase y Apple Pay no «respeta ni honra las redes de pago».

Lo que quería decir es que Apple Pay no respeta ni honra la vía de ingresos de los grandes bancos y las empresas de tarjetas de crédito. Apple y Chase habían aparcado sus tanques en el corazón del dominio más importante de las instituciones financieras más antiguas de Estados Unidos.

---

15. «Banks Did it Apple's Way in Payments by Mobile», *New York Times*, 11 de septiembre de 2014.

Y lo que es más importante, Apple pensaba ofrecer su servicio de manera gratuita. Ese espacio intermedio de las transacciones donde estaba el dinero había dejado de existir. Apple se desprendía de él deliberadamente y ganaba de calle a sus competidores. ¿Por qué? Porque el valor de ese espacio no estaba en cobrar y ganar dinero con ello, sino en una nueva moneda: los datos que se recaban sobre tu persona. La nueva moneda.

La clave está realmente en África, no en Silicon Valley

En diciembre de 2016, Mark Zuckerberg, CEO de Facebook, quiso ser parte de este nuevo mundo de los datos personales como forma de ganar dinero. Su jet privado aterrizó en Kenia. Zuckerberg, como Apple, sabía que el futuro estaba en la información, no en cobrar por facilitar la transacción. Pero también sabía que la clave para ganar estaba en las planicies de África Central, y no en Silicon Valley, ni en Wall Street.

En 2007 se lanzó en el país M-Pesa, un sistema de dinero móvil que permite a los kenianos hacer transferencias de un teléfono a otro, pero no a través de una aplicación o un complejo método de pago encriptado, sino mediante un mensaje de texto.

M-Pesa supuso un ejercicio revolucionario en cuanto a la democratización del dinero, con una nación entera como laboratorio. No solo eliminó las tasas por transferencia, sino que hizo que los bancos, así como el dinero en metálico, se extinguieran. No era preciso tener un iPhone ni una cuenta bancaria, lo único necesario era un Nokia de hace veinte años.

Un año después de su fundación, M-Pesa tenía ya 17 millones de usuarios en Kenia. El cuarenta por ciento de la población. Llegados a 2010 había más personas usando M-Pesa que cuentas corrientes bancarias. Había quedado demostrado que los kenianos no las necesitaban.

Visité Twiga Foods, el mismo almacén platanero a las afueras de Nairobi que había visitado Zuckerberg meses antes. Twiga había usado M-Pesa para convertirse en una de las compañías de crecimiento más rápido en Kenia y Zuckerberg quería averiguar cómo lo habían conseguido. Se reunió con Edna Kwinga, la directora de Recursos Humanos, y con Kikonde Mwatwela, el director de Operaciones.

«Ni siquiera supimos que conoceríamos a Zuckerberg hasta diez minutos antes de que llegara —me contó Edna—. Nos dijeron que se trataba del director regional de Facebook y luego vimos que entraba Zuckerberg.» ¿Qué quería saber? «Estaba muy interesado en cómo habíamos usado M-Pesa para crecer. Fue muy simpático. Había estado en África Occidental el día anterior y por la noche marcharía a Sudáfrica.»

Mwatwela sabe perfectamente que los grandes de la tecnología están interesados en la innovación de M-Pesa y presienten una oportunidad increíble. «Silicon Valley suele mirar la cúspide de la pirámide para ver dónde pueden ganar dinero, pero Zuckerberg es increíblemente inteligente. Hace justo lo contrario y ve que en la base de la pirámide económica puede ganarse mucho más dinero.» Absorber a los pobres del mundo y colocarles Facebook en el proceso.

Twiga paga a todos a través de M-Pesa. Una plantación platanera cerca del monte Kenia en la que los granjeros pagan a sus empleados a través del teléfono móvil, en lugar de con dinero en efectivo. El jefe da una lección sobre su uso a las personas que nunca han tenido un móvil.

Le pregunté si imaginaba el día en que dejarían de usar dinero en metálico. «¿Cómo? Nosotros no usamos dinero en metálico. Nadie lo usa. Es pesado y difícil de transportar, inseguro, pueden robarte, te pueden extorsionar. Eso ya pasó. Si lo uso, es para pagar por una taza de té.»

M-Pesa ha permitido que Kenia sobrepase los estadios de desarrollo habituales del siglo XX: infraestructuras y bancos. Antes necesitabas una cuenta corriente para hacer un negocio. Ahora no. M-Pesa realiza préstamos, de modo que hace que los bancos también sean irrelevantes.[16] M-Pesa ha alterado verdaderamente el orden del dinero, y lo ha hecho con la tecnología más básica disponible.

Fue creado por Vodafone, una de las redes de telefonía más grandes del planeta. Pero Zuckerberg puede llevarlo al siguiente nivel con Facebook y abrir las puertas de una revolución monetaria a la mitad pobre de la población del planeta. Y si ha funcionado en Kenia, podría funcionar en todo el mundo.

M-Pesa supone la entrada al consumismo digital; la venta de transferencias financieras, préstamos de efectivo, créditos, comida, coches y vacaciones, incluso alcohol y apuestas *online*.

Pero estas transferencias de dinero mediante mensajes de texto contienen tanta información personal como las huellas de sus compras en Internet. En el año 2016, un grupo de agentes de policía kenianos fue arrestado por realizar transferencias de enormes sumas de dinero a través de M-Pesa. No lavaban el dinero mediante bancos ni usaban *bitcoins* como hacen los cárteles

---

16. Bill Maurer, *How Would You Like to Pay?*

de droga. Utilizaban mensajes de texto. Zuckerberg se percató de que M-Pesa ofrece microdatos de vigilancia de las transacciones prácticamente al mismo nivel que Facebook, pero también podía acceder a miles de millones de personas a las que Facebook no tiene acceso.

Cuando llegó el dinero digital en el año 2000, se pensó que con toda probabilidad cimentaría la desigualdad global. La mitad rica del planeta utilizaría dinero digital, en tanto que los pobres continuarían utilizando dinero en efectivo. De hecho, M-Pesa ha demostrado justo lo contrario. M-Pesa otorga poder a los pobres al tiempo que los apresa. Exactamente igual que hace la deuda.

¿Es el dinero tan irrelevante como nos cuentan?

La idea subyacente que suele motivar la eliminación del dinero en metálico, y en muchos casos también su razón principal, es la erradicación de la economía sumergida. Kenneth Rogoff, antiguo economista jefe del FMI, dice que el fin global del dinero en efectivo es tan inevitable como positivo.

Nos reunimos en su despacho de Harvard y Ken me muestra su extraordinario gráfico con picos y valles en el que se detallan los ciclos de caída y auge del capitalismo occidental durante los últimos dos siglos. Los ingresos en impuestos que generaría, unidos a la destrucción de la economía sumergida que impulsa el dinero en metálico, harían que la eliminación del efectivo en el planeta supusiera el mayor avance en administración fiscal desde que se eliminaron los tipos de cambio fijo. En su opinión, también funcionaría de manera mucho más efectiva en la lucha contra la inmigración ilegal que levantar muros o prohibir la entrada a un país en el control de pasaportes. Pero, según Ken, sucedía algo sorprendente. Lo ilustró con sus manos, cruzándolas suspendidas en el aire. «A pesar de que los Gobiernos intentan limitar la disponibilidad del dinero para que quede desfasado, nunca ha habido tanto efectivo en circulación. La gente simplemente sigue usándolo, sin que haya un tipo de persona específico ni razón aparente.» El deseo de los Gobiernos de eliminar el dinero se ha convertido en una hidra, una gorgona de múltiples cabezas. En cuanto le cortan una, simplemente crece otra.[17]

La economía sumergida —el dinero en metálico o economía clandestina— es en realidad un eufemismo para el sustento de los pobres. Los economistas de Freakanomics Ceyhun Elgin y Oguz Oztunali analizaron una base

---

17. Kenneth S. Rogoff, *Reduzcamos el papel moneda,* Deusto, Barcelona, 2017.

de datos de 161 países entre los años 1950 y 2009 y estimaron que la economía clandestina supone más del veintidós por ciento del PIB mundial.[18]

El dinero contante y sonante representa prácticamente la cuarta parte de la riqueza del planeta. El dinero en efectivo proporciona un mecanismo de subsistencia a miles de millones de personas en todo el mundo. Los delincuentes utilizan la economía sumergida, pero también quienes limpian oficinas, obreros de la construcción o los autónomos que mantienen su negocio a flote mientras esperan a cobrar el trabajo. Para quienes están en la cúspide de la pirámide de pago de impuestos, el dinero en efectivo puede suponer la diferencia entre sobrevivir o perecer. Y si pagan sus impuestos están acabados.

Hacer caja con la cuarta parte de la población mundial más pobre que utiliza la economía sumergida, obligándolos a utilizar dinero digital en lugar de efectivo, porque no han podido hacerles pagar impuestos hasta el momento, es una estrategia a la que se acogen los Gobiernos de todo el planeta, especialmente cuando fracasan en la recaudación de impuestos al otro lado del espectro de la riqueza, el que conforman las corporaciones y los multimillonarios.

¿No estarán simplemente utilizando el dinero en metálico como caballo de Troya para recaudar ingresos de los pobres porque no pueden recaudarlo de los ricos?, pregunto a Rogoff, que se encoge de hombros. «El dinero contante y sonante no va a desaparecer tan pronto, y no digo que tenga que hacerlo. Está claro que tiene su propósito.»

En el año 2016, el Gobierno de la India retiró de la circulación, de improviso y sin avisar, los billetes de 500 y 1.000 rupias (lo que equivaldría a 7 y 15 dólares aproximadamente). Su objetivo explícito era poner freno a la inmensa economía sumergida india. Los resultados fueron devastadores.

La escasez de efectivo duró semanas: veinticinco personas desfallecieron y murieron tras hacer cola durante horas a la puerta de los bancos. La economía legal sufrió una crisis en el mercado de valores, hubo una crisis agrícola y se detuvo el tráfico de mercancías por carretera. La economía sumergida, el objetivo marcado, permaneció intacta.

Cuando el dinero del narcotráfico rescató a los bancos

La India es aún, sobre todo, una importante economía basada en el dinero en efectivo, pero las economías occidentales también confían en el

---

18. «How Big Is the Black Market?», Freakanomics.com, 25 de junio de 2012.

papel moneda, en especial en tiempos de crisis. En agosto de 2007, una de las mayores multinacionales del mundo, el banco francés BNP Paribas, hizo algo sin precedentes en su historia. Liquidaron las retiradas de dinero de tres *hedge funds* (fondos de inversión especulativa de muy alto riesgo, que intentan maximizar la rentabilidad sea cual sea la tendencia del mercado) alegando una «completa evaporación de liquidez». Los principales bancos de Estados Unidos, Europa, Asia y Sudamérica fueron los siguientes. En cuestión de horas, todo un sistema bancario basado en la liquidez (el hecho de que un banco pueda pedir prestado a otro en función del efectivo que existe en el sistema) se paró de golpe. Nadie estaba preparado para prestar dinero a los demás y el capitalismo quedaba en suspenso. Fue como esa escena de *Reservoir Dogs* en la que todos sacan la pistola y se miran unos a otros, esperando a que alguien realice el primer movimiento.

Pero quedaba un sitio al que los bancos podían pedir prestado. Toda una red global repleta de efectivo que corre en paralelo a los bancos del mundo: los cárteles de la droga. Antonio Maria Costa era el director de la Oficina de las Naciones Unidas contra la Droga y el Delito. Dice que un año después de la crisis empezaron a verse pruebas de que, cuando la liquidez del sistema bancario legal quedó congelada, los bancos utilizaron el efectivo disponible en la economía del narcotráfico para mantenerlo a flote.

«El único capital de inversión líquido disponible para algunos bancos cuando estaban al borde del colapso era el del crimen organizado», explica. No había efectivo en circulación, pero el dinero del narcotráfico nos salvaría. Tal vez procediera del tráfico de heroína y cocaína que tenía lugar en las esquinas desde Los Ángeles a Reikiavik, pero ahora este dinero lo necesitaban los bancos para sobrevivir.

Así que la banca occidental, efectivamente, lavó dinero del narcotráfico para mantener el flujo de efectivo. Los días siguientes al desplome de la economía, mientras los Gobiernos rescataban a los bancos y volvía la liquidez al sistema, se reanudó el servicio normal. Pero durante un periodo de tiempo crucial, esas horas en las que el capitalismo se debatía al borde del colapso, la única razón por la que podías sacar dinero de un cajero automático era porque el sistema bancario internacional estaba siendo reimpulsado gracias al dinero de los cárteles del narcotráfico.[19]

---

19. «Drug Money Saved Banks in Global Crisis, Claims UN Advisor», *Guardian,* 12 de diciembre de 2009.

El FMI estima que los grandes bancos europeos y estadounidenses perdieron más de un billón de dólares en activos tóxicos y préstamos errados entre enero de 2007 y septiembre de 2009, y más de doscientos prestamistas hipotecarios se declararon en bancarrota. Los beneficios de las mafias del narcotráfico en ese mismo periodo están estimados en unos 352.000 millones de dólares, según las Naciones Unidas. Estos cárteles de la droga guardaban tradicionalmente sus ingresos en efectivo o los trasladaban a paraísos fiscales para ocultarlos a las autoridades, de modo que mover ese dinero discretamente sin ser detectado y dárselo a los bancos para reflotar su liquidez no representaba ningún problema.

Costa afirma que las pruebas de que este dinero del narcotráfico fluyó hacia los bancos procedía directamente de funcionarios de la banca que trabajan en Gran Bretaña, Suiza, Italia y Estados Unidos, y asevera que «ese fue el momento en el que el sistema estuvo básicamente paralizado». Podríamos considerar que lo sucedido es inmoral, pero si todos usamos los bancos como yo mismo, y supongo que usted también, entonces somos cómplices. El dinero del narcotráfico que se bombeó al sistema nos permitió seguir pagando nuestras hipotecas.

Sin embargo, según Costa, lo más perturbador es lo que sucedió después. «La progresiva entrada de liquidez al sistema y las progresivas mejoras del valor de las acciones de ciertos bancos han significado que ahora se le dé mucha menos importancia al problema del dinero de procedencia ilegal.»

Los bancos mostraron una mayor predisposición a mirar al otro lado respecto al lavado de dinero procedente de actividades delictivas después de 2008, porque reconocían que le debían una al crimen organizado. El *quid pro quo* entre la banca y el crimen viene de largo —la fuga de capitales a paraísos fiscales con discreción y ayudar a que los criminales inviertan en negocios legítimos para lavar dinero—, de manera que cuando los bancos necesitaron pedir prestado efectivo a los cárteles de la droga, estos estuvieron más que contentos de acceder a ello.

Block chain: el código nuclear

En abril de 2014 fue pirateado el protocolo de encriptación SSL, que garantizaba la seguridad de millones de transacciones *online* que tenían lugar cada segundo, y que empleaban millones de empresas en todo el mundo. El SSL era considerado por los expertos como el método de pago más seguro que se hubiera creado hasta el momento.

¿Cómo funciona? El SSL es un sistema de pago por «cadena de bloques» de nueva generación. La cadena de bloques fue creada originalmente para permitir a las grandes corporaciones realizar transacciones de miles de millones de dólares de forma segura. Ahora se emplea para las transacciones cotidianas que llevamos a cabo tú y yo, y está basada en el principio de las llaves nucleares.

En un submarino nuclear, con misiles capaces de destruir todo un continente, el control no reside en una sola persona, sino en varios individuos, cada uno de los cuales tiene una llave. Estas llaves tienen que ser insertadas en un panel de control siguiendo una secuencia predeterminada para que se efectúe el lanzamiento del misil. La tripulación no sabe quién tiene las llaves, por lo que teóricamente no hay forma de hacer caso omiso del procedimiento.

En una transacción financiera en la que se usa la cadena de bloques, los ordenadores adoptan el papel de los miembros de la tripulación. Cada uno de los algoritmos está preparado para cumplir su función insertando una clave en el momento adecuado. Un único individuo no puede controlar el sistema. Es un proceso de engranajes con múltiples capas de seguridad. En apariencia es inexpugnable. La cadena de bloques genera tanta confianza que el Pentágono está investigando su uso para encriptar armas nucleares.[20]

Sin embargo, en 2014 el sistema SSL fue pirateado. A millones de personas de todo el mundo se les pidió que cambiaran sus contraseñas, la primera llave nuclear. Después de que se cambiaran millones de contraseñas, tanto Walmart en Estados Unidos como la cadena de restaurantes china PF Chang denunciaron un nuevo ataque a la seguridad. El mero acto de cambiar las contraseñas había hecho que el sistema resultara más fácil de piratear.

En 2015, un año después, cayó todo el sistema de telefonía móvil de la red Talk Talk, porque un adolescente averiguó las claves de la empresa desde su habitación en Irlanda del Norte. Este acto de piratería destruyó la credibilidad de Talk Talk, lo cual supuso que miles de clientes abandonaran la compañía y que el valor de las acciones de la empresa se desplomara. Cuando PayPal se postuló a sí misma como el método de pago seguro por Internet, el tema de la seguridad parecía resuelto. Pero veinte años después su fragilidad inherente es un hecho.

Cuando se crearon las primeras monedas hace dos mil años, su valor dependía de la confianza mutua entre las dos partes que llevaban a cabo la tran-

---

20. «The Defence Advanced Research Projects Agency (DARPA) awards $ 1.8 million contract to research block chain for military security», revista *Quartz*.

sacción: el vendedor y el comprador. Hoy en día, al eliminar el dinero físico, todo permanece bajo el control de una de las partes. No nos queda más remedio que confiar en las empresas tecnológicas sin que tengamos nada que decir. Pero esa supuesta confianza que debemos mostrar en que almacenen nuestro dinero de forma segura está decayendo. El cuarenta por ciento del fraude bancario queda sin investigar, simplemente porque los bancos hacen caso omiso.

La policía no tiene los conocimientos ni los medios para hacer frente al fraude, el delito impune número uno. Los protocolos de seguridad laxos y la infinidad de cuentas corrientes de fácil acceso con unos sistemas de pago más rápidos que nunca permiten a los estafadores desplazar el dinero milésimas de segundo después de que cometan el fraude. Esta es la verdad de la seguridad *online*.

Podríamos hacer un paralelismo con el terrorismo. Por cada evento a gran escala del que tienes conocimiento, existen cientos de intentos abortados de los que no sabes nada. Según estos parámetros, la batalla contra el fraude podría considerarse una lucha bien librada, y las pérdidas de los bancos, un daño colateral inevitable.

La cámara acorazada vacía

En Suecia, donde está previsto que el dinero en metálico desaparezca en los próximos cinco años, se ha abierto un debate sobre los peligros de lanzarse a su extinción sin detenerse a pensar en ello. Un debate que no tiene lugar en ningún otro país.

En 2016, los pagos en metálico supusieron en Suecia menos del dos por ciento del total. Las tarjetas son el principal método de pago, con una media de 207 operaciones individuales al año. El triple que en cualquier otro país europeo. Las aplicaciones para móviles, principalmente Swish, desarrollada por los cuatro principales bancos del país, las están relevando rápidamente. Suponen el golpe de gracia para el papel moneda sueco.

De los 1.600 bancos suecos, 900 de ellos ni tan siquiera disponen de metálico ni admiten ingresos en billetes. Un atracador de bancos descubrió esto de la peor forma en abril de 2013.

A las 10.32 de la mañana del lunes, las cámaras de seguridad captaron lo que la policía describió como «un infractor individual, varón, entrando en un banco de Östermalmstorg, en el centro de Estocolmo, con un objeto parecido a una pistola».

Tras pedirle al personal que abriera la caja fuerte, una mujer tras una mampara informaba al ladrón de que en ese banco no guardaban efectivo. Las cajas fuertes estaban vacías. El circuito cerrado de televisión capta el momento en el que el atracador sale del banco menos de dos minutos después sin llevarse un céntimo.

En 2012 solo hubo veintiún atracos a bancos en Suecia. La mitad de los que se denunciaron en 2011 y el nivel más bajo jamás registrado. Pero al tiempo que los atracos a bancos físicos se extinguen por completo, el fraude *online* bate registros.

Bjorn Eriksson, antiguo presidente de Interpol, dirige ahora Cash Uprising, un grupo de presión que intenta mantener el flujo de efectivo para detener el fraude. Según Eriksson, el fin del dinero en metálico supondrá la marginalización de los pobres y la entrega del poder económico a los nuevos gigantes de la tecnología, que no pueden hacer nada contra el fraude, ni sabrían cómo.

Erikson afirma que, aunque los bancos hayan sido muy permisivos respecto al fraude, demostrarán ser un ejemplo de vigilancia comparados con los colosos de la tecnología. Erikson no es ningún anticapitalista. Dirigía la fuerza policial contra el fraude más importante de Europa.

La división respecto al efectivo es generacional. La generación anterior confía en el dinero físico, mientras que los jóvenes confían en el dinero digital. Los comercios y establecimientos que no aceptan pagos en efectivo, entre las que se incluyen las cafeterías de todo el país, están a cargo de jóvenes emprendedores que utilizan una única aplicación de comercio llamada iZettle.

La línea divisoria entre los jóvenes y los viejos de Suecia la marca la caída del sistema bancario de 2008. Los viejos recuerdan un tiempo anterior a la crisis, cuando se podía confiar en los bancos. Los jóvenes creen que la crisis bancaria hizo sucumbir a los bancos de manera irremisible. En su lugar, depositan su fe en los colosos de la tecnología que quieren remplazar a los bancos.

La aparición del iPhone en 2007 supuso la invención de un dispositivo para que la confianza pasara de los bancos a los gigantes tecnológicos. Ahora los nuevos custodios del dinero serían ellos. Pero ¿son más seguros que los bancos? Los críticos del dinero digital como Bjorn Eriksson dicen que la crisis digital es inevitable y que será mucho peor que la anterior.

Los riesgos que manejaban los bancos en 2007 estaban repartidos, pero basta entrar en la cadena de bloques para borrar el dinero digital de la faz de la Tierra con solo presionar un botón. Pudimos vivir sin Lehman Brothers, pero no sobreviviremos sin Google y Facebook, porque ellos son la infraestructura.

Más allá de las deficiencias tecnológicas de un sistema de pagos seguro que en realidad nunca lo fue, la caída del mercado es mucho más probable debido simplemente a la cantidad de dinero creada por la banca de reserva fraccionaria. El elemento clave que motiva el crecimiento económico es el gasto del consumidor. Pero este consumo alcista depende de que los precios de consumo sean bajos. Cuando la burbuja de precios acabe explotando —a medida que los precios de los bienes suban y con ellos la inflación—, todo el castillo de naipes se desmoronará.

El contagio

Estamos a punto de embarcarnos en un camino sobre la cuerda floja de un capitalismo completamente digital que lleva otra crisis inherente potencial encriptada en el sistema. El fallo técnico. La razón manifiesta es una mayor velocidad y eficiencia para el consumidor, pero la verdad es que la erradicación de la economía sumergida y el control del dinero están en manos de cinco empresas de tecnología.

Hace una década, cuando nos encaminábamos hacia la revolución digital, se perforó una montaña para proporcionar una conexión de alta velocidad para Internet que incrementó en una milésima de segundo la velocidad de las transacciones de Wall Street. Esta milésima de segundo extra se traduce en miles de millones de dólares más cada hora, producto de las transacciones de Wall Street. Pero a medida que la velocidad se convierte en la divinidad del nuevo dinero, el peligro de que toda la economía digital quede aniquilada por culpa de un algoritmo corrupto que decida comprar en lugar de vender queda fuera de nuestro control. Es simplemente demasiado rápido para que un humano pueda seguir su ritmo.

El otro día fui a comer un bocadillo a Pret a Manger. Los datáfonos habían dejado de funcionar misteriosamente y solo aceptaban efectivo. El personal de la cafetería pedía educadamente a sus clientes que sacaran dinero del cajero automático que había al lado, pero nadie lo hizo. Porque aquello suponía perder un minuto de su día. Demasiado tiempo.

La gente prefería hacer cola hasta que se recuperara la conexión para pagar con sus tarjetas y sistemas *contactless*. Los trabajadores dijeron que podía tardar hasta media hora en solucionarse, pero la gente prefería esperar, porque se habían habituado a una nueva forma de pagar.

Mi experiencia en Pret demuestra a la perfección ese comportamiento irracional que mostramos a la hora de pagar que ya descubrió Drazan Prelec en el MIT. Unos días después, la cadena de supermercados Asda hizo esperar a sus clientes una hora para pagar: ese retraso de sesenta minutos costó a la empresa más de 10 millones de libras esterlinas.

Una vez que el sistema ha colapsado el efectivo parece la forma más rápida y lógica de pagar. Pero el dinero en efectivo nos parece sucio. Visa ha llevado a cabo estudios sobre la cantidad de bacterias que se encuentran en un billete de banco. Las compañías de pago *contactless* demonizan el efectivo, asustándonos con la idea de que es sucio.

El contagio psicológico que implica el dinero en efectivo es el miedo a la pobreza, y este es el auténtico éxito de la revolución digital: hacernos creer que el efectivo es sinónimo de inferioridad social y que usarlo, incluso entrar en contacto con él, podría suponer que se nos contagie el fracaso. Una de las razones por las que los jóvenes suecos prefieren el dinero digital al efectivo es que creen que los billetes están plagados de gérmenes, como muestra el estudio de Visa. Para quienes aspiran a ser algo en la sociedad lo digital equivale a limpieza, y la limpieza es equiparable al éxito.

El efectivo está acabado, pero tendríamos que preguntarnos seriamente los motivos y quién se beneficia realmente de su fallecimiento. En 2017, la policía descubrió 20 millones de dólares ocultos bajo un colchón en un somier de madera en Massachusetts.

Un brasileño llamado Cleber Rene Rizerio Rocha fue acusado de lavar dinero por medio de la evasión de capitales a Brasil a través de Hong Kong a nombre de una empresa de telefonía por Internet ya extinta. La defensa de Rocha fue que, si se consideraba en toda su extensión, la cantidad de dinero que estaba lavando era minúscula comparada con los miles de millones que lavan los bancos en Internet. El efectivo no era más que migajas. Era un buen argumento, pero eso no evitó que lo condenaran.

En 1989 sucedió algo similar en Gran Bretaña. El cómico Ken Dodd fue acusado de evasión de impuestos cuando se descubrió que, aunque su cuenta corriente estaba vacía, tenía 336.000 libras esterlinas almacenadas en maletines en su ático y debajo de la cama. Cuando el juez le preguntó: «¿Qué se siente al llevar cien mil libras en un maletín?», Dodd contestó: «Los billetes no pesan tanto, señoría».[21]

---

21. La libra, además de una divisa, también es una medida de peso en el mundo anglosajón.

Dodd fue absuelto, pero fue a juicio simplemente porque se asumía que si guardaba dinero bajo la cama tenía que estar haciendo algo delictivo. Esto pasa porque el dinero en efectivo se asocia con una criminalidad inherente. Es culpable de ser efectivo y jamás se le perdonará ese hecho.

Cuando finalmente desaparezca, preguntarse si fue buena idea librarse de él quedará como una mera cuestión académica. El efectivo desaparecerá y todo habrá sido el resultado de un encuentro en una sala de conferencias vacía entre dos hombres que querían eliminar el dolor que nos provoca pagar, y acabaron consiguiéndolo.

2

RIESGO:

El caos se apodera de Wall Street

La venta en corto y la Primavera Árabe

El 16 de diciembre de 2010, un vendedor ambulante tunecino de veintiséis años llamado Mohamed Bouazizi hizo algo consciente del riesgo que corría. Pidió dinero prestado. Bouazizi necesitaba comprar fruta y verdura para venderlas en el mercado al día siguiente. De resultas de una subida astronómica de los precios provocada por una simple decisión tomada a miles de kilómetros de distancia, Bouazizi, como el resto de los comerciantes callejeros de todo el norte de África, no tenía otra opción.

Bouazizi se despertó temprano al día siguiente. Estaba ahorrando para comprar una camioneta campera Isuzu para trasladar su mercancía, pero todavía no tenía suficiente dinero. Se encontraba en su puesto de venta habitual en el mercado de Sidi Bouzid a las ocho de la mañana, pero a las 10.30, según cuentan los testigos, la policía local empezó a acosarlo para que se marchara, aparentemente porque carecía del permiso de venta.[22]

A esto siguió una discusión sobre el dinero. Los agentes habían extorsionado a Bouazizi en el pasado, pero esta vez se negó. Cuando les plantó cara,

---

22. Hay muchos relatos sobre la muerte de Bouazizi, pero el más detallado se encuentra en «The Real Mohamed Bouazizi», *Foreign Policy,* 16 de diciembre de 2011, que recoge los acontecimientos sucedidos durante todo el año, y en «How a Man Setting Fire to Himself Sparked An Uprising in Tunisia», *Guardian,* 28 de diciembre de 2010, que documenta las consecuencias inmediatas.

una policía municipal de cuarenta y cinco años llamada Faida Hamdi lo abofeteó. Tras esto, escupió a Bouazizi en la cara y confiscó su balanza electrónica. Acompañada de dos hombres sin identificar volcó el carro de Bouazizi en el callejón.

En el juicio que tuvo lugar meses después, Hamdi negó las acusaciones.[23] No se entró a juzgar el hecho de que cuando Bouazizi intentó recobrar su carro volcado, los agentes le propinaron puñetazos y patadas. Le confiscaron la mercancía. Se había quedado sin medio de subsistencia.

Bouazizi, un hombre tranquilo que hacía la contabilidad y llevaba los libros de cuentas de otros comerciantes, estaba furioso. Fue con su tío a la comisaría municipal para intentar recuperar el carro. Preguntó por el comisario, el jefe de Hamdi, pero lo ignoraron.

Bouazizi se marchó y compró una garrafa de disolvente de pintura. Se plantó en la acera frente a la comisaría de Sidi Bouzid y se empapó el cuerpo con él. Los espectadores se congregaron a su alrededor y sacaron sus teléfonos móviles. Se dice que Bouazizi gritó: «¿Cómo queréis que sobreviva ahora?»[24] Entonces se prendió fuego con una cerilla, dando comienzo a una revolución.

Cuarenta y dos años antes, un estudiante checo llamado Jan Palach se había prendido fuego en la plaza Wenceslas de Praga como protesta ante la invasión soviética de Checoslovaquia. Un mes después de esto, otro estudiante, Jan Zajic, hizo lo mismo exactamente en el mismo sitio. A ellos los siguieron siete personas más, que se inmolaron para mantener viva la protesta.

Días después de que Bouazizi se prendiera fuego, el Gobierno tunecino prohibió que el cortejo funerario de más de mil personas pasara por el lugar donde había muerto, por miedo a que otros copiaran su reivindicación. Pero era demasiado tarde. La Primavera Árabe había comenzado. La muchedumbre coreaba «Adiós, Mohamed, te vengaremos», y el pueblo empezó a movilizarse a través de las redes sociales.

A menudo se describe la Primavera Árabe como una «Revolución por Twitter», pero el día que Bouazizi se suicidó en Túnez solo había doscientas

---

23. «The Tragic Life of a Street Vendor», Al Jazeera, 20 de enero de 2011. Las investigaciones posteriores de Yasmine Ryan desvelaron que Hamdi había sido despedida a consecuencia de este suceso.

24. Esta cita en cuestión ha sido muy repetida en los relatos sobre la muerte de Bouazizi. En la creación del mito de la Primavera Árabe que siguió a su suicidio, también se dice que amenazó a los agentes con prenderse fuego. Nadie, salvo los agentes que estaban presentes, llegará a saber nunca la verdad sobre este asunto.

cuentas de Twitter en activo. No obstante, había dos millones de usuarios de Facebook. Lo que generó la revuelta fueron esas pocas publicaciones en Twitter compartidas por los millones de usuarios de Facebook del norte de África. Una imagen en particular se hizo viral, no de Bouazizi, sino de una mujer con hiyab alzando su Blackberry para grabar cómo aumentaba la muchedumbre. El hecho de que la acción de Bouazizi pudiera ser comunicada fue tan importante como el propio acto.

La Primavera Árabe estalló en pocos días en toda África del Norte, haciendo caer a los Gobiernos como piezas de dominó. Primero fue el Gobierno tunecino de Ben Alí, después Mubarak en Egipto y Gadafi en Libia; tras ellos, Seleh en Yemen. En Siria, los rebeldes que luchaban por la democracia desafiaron a Assad, dando lugar a una compleja guerra civil en la que se involucraron Rusia, Estados Unidos y Europa.

El vacío político que se creó en todo el norte de África lo llenó el Estado Islámico, que al contrario que su predecesor Al-Qaeda vio el territorio ganado a los regímenes caídos como una oportunidad para crear un califato continental. Un Estado Islámico sin fronteras desde el Atlántico al mar Rojo envuelto en una bandera negra. La primera medida que tomó para ganarse los corazones y mentes del pueblo fue bajar el precio del trigo.

La muerte de Mohamed Bouazizi provocó la reconfiguración más extrema de Oriente Próximo desde el tratado Sykes-Picot de 1916, que despedazó el norte de África para crear «esferas de influencia» francesas, británicas y rusas. El tratado Sykes-Picot consagró el conflicto religioso al prometer tierras tanto a los judíos como a los árabes a cambio de su apoyo en la Primera Guerra Mundial.

Un siglo más tarde, Oriente Próximo vuelve a reconfigurarse por medio de un vendedor ambulante al que llevaron al límite con una subida repentina de los precios de los comestibles. El tratado Sykes-Picot impulsó el fundamentalismo religioso, y en 2010 la subida de los precios del trigo impulsó el auge del Estado Islámico y la cuarta ola de yihadismo.

La Primavera Árabe fue descrita en Occidente como una efusión espontánea de rabia para conseguir la libertad y la democracia. Pero no fue así como empezó. La Primavera Árabe fue resultado directo de una decisión tomada por los cuatro colosos de la alimentación para comenzar a apostar con el valor del trigo en los mercados internacionales.[25]

---

25. Jane Harrigan, *The Political Economy of Arab Food Sovereignty*, Palgrave Macmillan, 2014.

Bouazizi se prendió fuego porque una cadena de acontecimientos en el mercado de Sidi Bouzid lo llevó a una posición en la que no podía ganarse la vida, y su desesperación se debía a la conversión de los alimentos más básicos en instrumentos financieros. El trigo mundial se había convertido en una ficha de casino arrojada a la mesa de apuestas de la ruleta. Si la apuesta salía mal, millones de personas morirían de hambre.

Tan sencillo como el ABCD

ADM, Bunge, Carhill y Louis Dreyfus son las empresas alimenticias más grandes del planeta, conocidas por sus iniciales: ABCD. Entre todas ellas controlan el noventa por ciento del trigo del mundo. Básicamente, ABCD alimenta al planeta y decide cuánto tiene que pagar el planeta para poder alimentarse.[26] A principios de la década de 1970, el presidente Nixon intentó ganar la Guerra Fría sugiriendo a los colosos de la alimentación que elevaran el precio del maíz a la Unión Soviética para generar hambruna en el comunismo y que se rindieran. Se negaron a hacerlo y Nixon tuvo que recular.[27] Esto nos da una idea del poder que ostentan.

Jane Harrigan, profesora de la Escuela de Estudios Orientales y Africanos de la Universidad de Londres (SOAS en sus siglas en inglés), ha investigado extensamente el control que estas compañías ejercen sobre los precios de la comida y su influencia en la Primavera Árabe.[28] En el proceso realizó un descubrimiento sorprendente. El África subsahariana es la región con mayor «inseguridad alimenticia» del planeta. La brecha entre lo que se necesita para alimentar a la población y lo que se importa para subsanar este problema es mayor que en ninguna otra parte del mundo. El cincuenta por ciento de los alimentos son importados y el treinta y cinco por ciento corresponde al trigo. En suma, toda la región vive a base de pan, y la mínima fluctuación en los precios provoca que haya gente que se muera de hambre.

---

26. «Not a Game: Speculation Versus Food Security», informe de Oxfam sobre alimentos financiarizados en el mercado, 3 de octubre de 2011.

27. *Fat Land*, de Greg Critser, Houghton Mifflin, 2004, es un documento excelente sobre la historia oculta del poder que ostentaban los grupos de presión agraria y los productores de maíz en la política estadounidense de la década de 1970.

28. La conferencia inaugural de la profesora Jane Harrigan en SOAS, el 28 de abril de 2011, «Did Food Prices Plant the Sedes of the Arab Spring?», pone en relación el alza de los precios del trigo en el contexto más amplio del frágil sistema alimentario del norte de África.

Pero en 2005 los gigantes de la alimentación ABCD se enfrentaban a una crisis propia. Dado que las cosechas son impredecibles, el precio de los cereales es famoso por su volatilidad, y ese año los beneficios bajaron. De modo que ABCD tomó una decisión fatídica. Decidieron empezar a apostar en el mercado contra sus propios cultivos en los mercados internacionales. Si una cosecha salía mala, en realidad ganarían dinero. Si salía bien y las apuestas no eran favorables, no tenían más que subir los precios. Siempre saldrían ganando. Habían vendido en corto el trigo mundial.

Esto resultó devastador para el África subsahariana. En Egipto llaman al pan *aish*, que significa «vida». En Yemen hay más de veinte tipos diferentes de pan. Como señala Rami Zurayk, profesor de ciencias de la agricultura y la alimentación en la American University of Beirut, «la media luna fértil que se extiende desde el Nilo egipcio hasta la desembocadura del Tigris y el Éufrates, es el lugar donde comenzó la agricultura, allí se cultivaron por primera vez el trigo, las lentejas, los garbanzos y los olivos, y se criaron las primeras ovejas y cabras».[29]

A pesar de la fertilidad de la región, también es una de las zonas más pobres del planeta. El cuarenta por ciento de los egipcios y de los yemeníes viven en la pobreza. ¿Por qué? Sobre el papel, la riqueza del terreno tendría que hacer de ella una de las más sostenibles. Desde la década de 1980, cuando el FMI y el Banco Mundial introdujeron políticas que reducían los subsidios de la agricultura y animaban a exportar fruta a Occidente, en lugar de invertir en la producción local de grano, la región comenzó a depender cada vez más del trigo importado de Estados Unidos por los gigantes de la alimentación ABCD.[30] Y el resultado de una fluctuación en los precios indiscriminada es que la vida de millones de personas que apenas pueden permitirse una rebanada de pan empezó a pender de un hilo.

Entre 2006 y 2007 hubo una cosecha abundante, que según dicta la lógica habría debido suponer una bajada en los precios, pero ABCD hizo justo lo contrario. Subieron el precio de los cereales en todo el planeta. En África y en Oriente Próximo, donde el menor aumento de precio tiene consecuencias catastróficas, se desató una crisis alimenticia que afectó a todo el continente.

---

29. Rami Zurayk: «Use Your Loaf: Why Food Prices Were Crucial in the Arab Spring», *Guardian*, 16 de julio de 2011.

30. *Ibid.*

Siempre ha habido «revueltas del pan», pero esta era diferente. «Las primeras protestas de la Primavera Árabe en Túnez fueron rápidamente despachadas como un nuevo brote de revueltas del pan —afirma Zurayk—. Los Gobiernos árabes respondieron reajustando los precios de los alimentos y ofreciendo más subsidios. Aumentar los subsidios alivia tímidamente la presión popular, pero también incrementa los márgenes de beneficio de los importadores y productores. Pero esta vez no bastó con proporcionar camiones llenos de harina.»

En 2010, semanas antes de que Bouazizi se inmolara, el presidente Obama declaró la guerra a ABCD. Obama, presionado por la OMS, UNICEF, el primer ministro británico Gordon Brown y el presidente francés Nicholas Sarkozy, intentó aprobar una legislación para restringir la capacidad del conglomerado alimenticio de mercadear con el precio del grano en las zonas más pobres del planeta. Obama calificó el comportamiento de ABCD de «inmoral» y políticamente desestabilizador. No lo consiguió.

El precio del trigo subió como la espuma en el África subsahariana, lo que se experimentó como un puñetazo en el mercado de Bouazizi en Túnez, explotó la Primavera Árabe y la «cuarta ola» de yihadismo del Estado Islámico pasó de frontera a frontera. En la antigua Roma, el poeta Juvenal describió el *panem et circenses* («pan y circo») como una estrategia política para comprar el perdón de las masas. A medida que el Estado Islámico iba avanzando, comprendió la importancia del «pan y circo» para ganarse a los pueblos sobre los que iba imponiéndose. Una lección que Occidente no supo aprender.

ABCD jugaba con fuego, y las personas que perdían ese juego eran aquellas que no tenían idea de que estuvieran jugando: el pueblo del norte de África. Ahora podían ser «liberados» del Occidente colonialista, y la avanzadilla del califato de bandera negra había ejercido su influencia sobre los «liberados» en cuanto a los precios de alimentos se refiere.

Cuando los países norteafricanos cayeron, las oleadas de refugiados empezaron a cruzar el Mediterráneo y generaron una crisis en la Europa continental. Esto, a su vez, propagó el miedo a una invasión migratoria que impulsó el auge de los partidos antimigratorios en toda Europa. Y todo gracias a que ciertas empresas de alimentos creyeron que podían ganar una apuesta en Wall Street.

La base sobre la que se asentaba la apuesta de las empresas alimenticias era la idea de que el riesgo era la única forma de hacer negocios. Y el riesgo como filosofía empresarial universal es un concepto que había vendido a Wall Street un solo hombre.

Yo inventé la bomba, pero no fui yo quien la lanzó

En Nueva York hay un bloque de apartamentos anónimo con vistas a Central Park. En la planta cincuenta, una enfermera traslada a Robert Dall desde su habitación a su salón, decorado con estampados *chintz*. Dall usa una bombona de oxígeno para moverse de un sitio a otro, pero cuando entro me saluda con una fuerte palmada en la espalda.[31] Robert Dall fue el hombre que cambió el mundo allá por la década de 1980 al enseñarle a adoptar el sistema de riesgo e inventar con ello la mecánica de la venta en corto. En *El póquer mentiroso*, Michael Lewis dice que Dall moldeó el mundo futuro, porque «empezó a tener pensamientos que se avanzaban muchos años a su tiempo».

A Robert Dall se le encendió la bombilla con la «titularización». Se trataba de un cambio de concepto en la propia idea del comercio. En lugar de comerciar con activos físicos y con su valor actual, Dall dijo que se debería poder comerciar con el valor que algo tendría en el futuro, pero asegurándolo con un activo existente, como una póliza hipotecaria.

Dall fue el hombre que convirtió el capitalismo en una casa de apuestas en la que se arriesgaban miles de millones de dólares en una tirada de dados efectuada sobre el parqué de la bolsa. Dall colocó sin saberlo los primeros ladrillos de la carretera que llevaría a la crisis de las hipotecas basura, la venta en corto de trigo de ABCD y la Primavera Árabe.

Dall, un gigante con traje de raya diplomática que, según sus propias palabras, «se esforzaba en el trabajo, se esforzaba en pasarlo bien y se esforzaba en todo lo que hacía», deambulaba con paso amenazante en el salón de transacciones cuando trabajaba para Salomon Brothers. Era «un pendenciero sin escrúpulos. Pero pasé un tiempo holgazaneando en Wall Street». Hasta que algo cambió. Dall descubrió a Black y a Scholes, dos economistas de Harvard con una fórmula con la que se podía generar dinero de la nada.

Fischer Black y Myron Scholes fueron los Copérnico de las acciones y las participaciones. A principios de la década de 1970 cogieron la teoría económica y la volvieron del revés. Según ellos, todo lo que sabíamos sobre el funcionamiento del mercado era erróneo. Arriesgarlo todo no es malo, sino bueno. No evites el riesgo, sé parte de él. Encapsularon el riesgo en una sola ecuación, conocida como el modelo Black-Scholes:

---

31. Entrevista con Robert Dall en *The Super-Rich and Us*, BBC, 2015.

av over at + half 0squared Ssquared aSquaredV over aSsquared + rS aV
over aS – rV = 0

Esta ecuación se convertiría en la base de las transacciones de las opciones sobre acciones y derivados, que, en la actualidad, están valoradas en un cuatrillón de dólares (1.000 millones de millones), el valor de todos los bienes producidos en el mundo multiplicado por diez.

Si ABCD arriesgó con los precios del trigo en el norte de África en 2010, fue porque Robert Dall había leído a Black y Scholes a finales de la década de 1970 y enseñó a Wall Street cómo poner en práctica el riesgo en la década de 1980.

Una de las razones del tremendo impacto de su fórmula en los mercados era el hecho de que el mundo real acababa de recibir una impresionante lección sobre cómo podía funcionar el modelo Black-Scholes, una maestría en capitalismo de casino que se llevó a cabo en el desierto del norte de África como ejemplo perfecto de la falacia circular.

El 3 de octubre de 1973, una coalición de países árabes liderada por Egipto, Siria e Irak invadió Israel el día sagrado de Yom Kippur. La OPEP, la organización que agrupa a los productores de petróleo de Oriente Próximo, aprovechó el momento para subir los precios de un día a otro. Se trataba de una apuesta enorme que dependía totalmente de las dudas que mostraba Estados Unidos respecto a la invasión de Israel.

La OPEP jugaba una partida de póquer muy arriesgada. Los ojos del mundo estaban puestos en los tanques árabes que recorrían el desierto y el precio del petróleo se puso por las nubes. Y lo que es más importante, permaneció ahí.

La guerra de Yom Kippur había sido identificada como una oportunidad de negocio y a la OPEP le pareció que esta alteración de la política global dictaba el momento adecuado para actuar. En lugar de apostar por un incremento moderado de los precios, tuvieron la osadía de llevarlos al límite, y luego más allá. En 1973, el sah de Irán declaró en el *New York Times*: «Por supuesto que el precio del petróleo va a subir... ¡Sin ninguna duda! ¡Y cuánto! Unas diez veces más como mínimo».

La subida de precios de la OPEP era Black-Scholes en estado puro. La apuesta más arriesgada que pueda imaginarse. Y dio sus frutos. Hasta ese momento, lo que imperaba en el mundo empresarial era tomar decisiones en función de juicios sumamente calibrados basados en la minimización del riesgo, no en maximizarlo. La estrategia de la OPEP suponía justamente lo contrario. Apostaron todo el dinero al negro —arriesgando mucho— y ganaron.

Esto hizo que Wall Street y los Gobiernos occidentales despertaran. La crisis del petróleo de la OPEP demostró perfectamente la visión que tenían Black y Scholes de que el mundo venidero sería volátil e incontrolable. Las empresas tendrían que manejar esa volatilidad de los mercados como un navegante habilidoso que capea la tormenta. No era solo que el riesgo te hiciera ganar dinero, es que si no arriesgabas al máximo no sobrevivirías en ese nuevo clima de negocios despiadado. A partir de este momento, una empresa que no arriesgara sería como un tiburón que deja de nadar. Acabaría siendo comida para los peces.

El modelo de Black y Scholes se extendió por Wall Street como un peligroso incendio. Fueron acogidos como profetas de la economía, los herederos de Adam Smith y David Ricardo. Pero un hombre en particular hizo que esta ecuación se convirtiera en realidad bancaria: Robert Dall.

Dall se centró en un solo objetivo: las hipotecas. Si se tomaba un activo seguro como la vivienda hipotecada y se usaban una serie de «instrumentos financieros» para convertirlo en un «activo líquido» de riesgo, esa casa podría comercializarse como aquello que los anglosajones llaman «*security*» (valores, títulos o bonos). Un nombre irónico, porque no había nada seguro en ello.

Wall Street dejó de comerciar con cosas reales para prometer «titularizaciones» o riesgos suscritos por cosas reales que pertenecían a personas reales. La titularización fue idea de Robert Dall, pero en realidad era la aplicación del esquema de Black y Scholes al mercado de valores. Le dije a Dall que ellos eran Dios, y él, Jesucristo realizando la obra de Dios en la Tierra. Este carraspeó, mostrándose de acuerdo y después soltó una carcajada.[32]

Cuando Dall entraba en un restaurante del centro de la ciudad a principios de la década de 1980, los corredores de bolsa se acercaban a estrechar su mano o lo invitaban a botellas de champán. «¡Claro que me lo agradecían! ¡Se habían hecho ricos gracias a mí!»

La titularización cayó como una bomba en los mercados financieros. Si podías titularizar una vivienda, ¿por qué no un banco? ¿Una cadena de supermercados? ¿Una multinacional? ¿Por qué no titularizar un país entero? En el año 2000, la Unión Europea metió con calzador a Grecia en la Eurozona, aceptando el estado de cuentas de toda una nación que ya había avisado del riesgo que suponía como activo. Al hacerlo, el Banco Central Europeo arriesgaba la estabilidad de toda Europa.

---

32. *Ibid.*

Lo que el mundo no sabía es que Goldman Sachs había recibido la orden de masajear las cuentas de Grecia con el objeto de hacer que fueran «aptas» para entrar en la Eurozona.[33] Una nación al completo se transformó en líquido bajo la promesa de una mejor solvencia crediticia en el futuro. Goldman Sachs también avisó de que se trataba de una operación arriesgada, pero estábamos en el mundo posterior a Black y Scholes. El riesgo era algo positivo.

Me pregunto qué pensó Robert Dall la mañana del 9 de octubre de 2007 cuando supo que había caído todo el sistema bancario de Occidente, diseñado en gran parte gracias a un régimen de riesgo que él mismo había creado.

Su enfermera no para de dedicarle atenciones. Dall se reincorpora en su posición y respira brevemente a través de su máscara de oxígeno. «Siempre supe que se llevaría demasiado lejos. Que lo llevarían hasta el límite.» Pero ¿no tienes tú algo de culpa? Tú creaste ese monstruo. Dall piensa en la posibilidad de que fuera él quien encendió la llama que estuvo a punto de hacer caer todo el sistema bancario. «Yo era como Robert Oppenheimer —respondió—. Yo inventé la bomba, pero no fui yo quien la lanzó.»

En el año 2010, esa bomba cayó en el norte de África, cuando el precio de los alimentos explotó sin razón aparente para quienes protagonizaban los hechos. La decisión de ABCD de mercadear con los precios del trigo tuvo las mismas catastróficas consecuencias que lanzar una bomba. Durante los siete años posteriores a la Primavera Árabe hubo más desplazados en la región que durante toda la Segunda Guerra Mundial. El impacto geopolítico —el auge del ISIS, la guerra civil en Siria y el éxodo de millones de personas a través de África para llegar a Europa— sigue su curso. Pero para los gigantes de la alimentación, la decisión de vender en corto los precios del trigo era simplemente un riesgo que merecía la pena.

La influencia del sida en las hipotecas *subprime*

En 2007, la pirámide de los paquetes de hipotecas de alto riesgo basada en el esquema Black-Scholes se llevó al límite. Pero años antes de que se desarrollara ese cataclismo financiero, Wall Street ya nos había proporcionado una prometedora visión de las toneladas de efectivo que podrían sacarse

---

33. *Der Spiegel*, 8 de febrero de 2010: «Greek Debt Crisis: How Goldman Sachs Helped Greece to Mask Its True Debt», *Independent*, 10 de julio de 2010, acerca del plan para demandar a Goldman Sachs por masajear las cuentas de Grecia; y BBC News, 20 de febrero de 2012, en el que se relata toda la historia al respecto.

mediante la creación de paquetes de préstamos de gran riesgo. Esto no sucedió en el mercado inmobiliario, sino con los pacientes enfermos de sida.

En 1982, mientras la revolución de la titularización se expandía por Wall Street, un agente de seguros de la salud en horas bajas leía el periódico local en el porche de su casa de Florida. Uno de los artículos del interior captó su atención. Decía que en San Francisco estaba produciéndose una ola de muertes entre varones homosexuales que sufrían una misteriosa enfermedad.

Peter Lombardi dirigía una pequeña agencia de seguros médicos establecida en Florida llamada MBC, y en el año 1982 la cosa no pintaba nada bien. Pero cuando leyó ese artículo se le ocurrió una idea. Esta encendió una llama que no tenía nada que ver con la titularización, pero cuyo efecto también influiría decisivamente en la creación del polvorín de las hipotecas de alto riesgo.

Lombardi descubrió que los homosexuales que estaban muriendo por el sida no podían acceder a su seguro sanitario cuando lo necesitaban. Es decir, cuando todavía estaban vivos. Con este dinero podrían pagarse un seguro médico mejor, pagar la hipoteca para sus compañeros o gastárselo en unas vacaciones. Un dinero que mejoraría enormemente el resto de su existencia, pero que no podían tocar

De modo que Lombardi les ofreció un trato: «Yo os daré el dinero. Bueno, no os lo daré exactamente. Os prestaré el dinero que necesitáis ahora. Y, a cambio, me quedaré con vuestro seguro de vida cuando vosotros muráis. Hoy por ti, mañana por mí». Lombardi ideó un nombre para su inusitado nuevo préstamo. Lo llamó «viático». Acababa de crear el mercado de futuros de la muerte.[34]

Era una idea genial. Las pólizas de seguro de unos pocos moribundos de sida no valían mucho en sí mismas, pero cuando juntabas miles de ellas para constituir un viático te encontrabas ante cientos de millones de dólares. Un dinero que se podía usar como apalancamiento para cerrar tratos y otorgar préstamos mucho más grandes, que es justamente lo que hizo Lombardi. Los pocos homosexuales moribundos de sida que consiguió que firmaran serían, sin ser conscientes de ello, los que le convirtieron en uno de los grandes protagonistas de Wall Street.

Pero los viáticos dependían de un elemento crucial: que esos hombres no tardaran en morir. Cuanto antes muriesen, antes haría caja y pagaría a

---

34. Michael Sandel, «*Lo que el dinero no puede comprar*», Debate, Barcelona, 2013, ofrece una revisión de los viáticos y el «mercado de futuros de la muerte».

quien le hubiera prestado ese dinero. La única razón por la que Lombardi podía prestar esas sumas era que él mismo había pedido préstamos con tasas de interés desorbitadas. Se trataba de cargar con el muerto de la deuda, exactamente igual que pasaría con las hipotecas de alto riesgo.

Si esos hombres morían rápido, él cobraría pronto, podría pagar su préstamo y quedarse con la diferencia. Cuanto antes muriesen, más dinero recaudaría. La pirámide viática de Lombardi conllevaba un riesgo enorme, pero Lombardi lo tenía todo controlado. ¿Qué podía salir mal?

En 1985 se descubrió un medicamento contra el sida y obtuvo la respuesta a esta pregunta. Comenzaron los ensayos clínicos para probar un inhibidor del VIH llamado AZT en la Duke University, dirigidos por una viróloga de Burroughs-Welcome, Marty St Clair.

Para el resto del mundo, desde los millones de seropositivos del VIH del África subsahariana a los hombres de San Francisco y sus familias, se trataba de un milagro. Pero para Peter Lombardi y sus socios en MBC, los hermanos Joel y Steven Steinger, suponía un completo desastre. MBC había otorgado préstamos millonarios a unas personas que estaban dispuestas a incumplir su parte del contrato por medio de seguir viviendo.

El dinero empezó a venir con cuentagotas y Lombardi se puso histérico. MBC ya no recibía liquidez de los seguros de vida con la suficiente rapidez para pagar a sus acreedores. Habían desembolsado más de 100 millones de dólares a 28.000 enfermos terminales de sida, pero ahora que su enfermedad no era terminal necesitaban otra estrategia. Necesitaban encontrar enfermos terminales donde fuera.

Lombardi y sus socios abrieron el abanico y buscaron personas afectadas con otras enfermedades terminales. Personas que necesitaran dinero por adelantado, como el propio Lombardi.

Llegados a principios de los noventa, el pozo sin fondo del sida se había secado, pero MBC encontró nuevos y prósperos acuíferos en los que llenar el cubo. Entre los años 1994 y 2004, la empresa generó 1.200 miles de millones gracias a los 30.000 nuevos «inversores» que tenía en todo el mundo.

Habían conseguido enderezar el rumbo, pero entonces sucedió un nuevo desastre. El Servicio de Impuestos Internos llamó a su puerta. En 2003, la Comisión de Valores se abalanzó sobre MBC, acusándolos de perpetrar el mayor fraude sanitario de la historia de Estados Unidos.[35]

---

35. «Physician pleads guilty in massive securities fraud», *Orlando Sentinel*, 28 de diciembre de 2006.

Lombardi era optimista con su defensa. Su comportamiento podría ser interpretado como un servicio público a unas personas que no podían acceder al dinero de otra forma, como el Dallas Buyers Club, pero con efectivo. Pero el tribunal no lo vio del mismo modo. «Los 3 de MBC» fueron sentenciados a veinte años de prisión cada uno.[36]

La historia de Lombardi y de esas miles de personas que firmaron su extraordinario esquema Ponzi podría considerarse una mera nota a pie de página en la historia, de no ser por lo que sucedió después.

Los homosexuales a los que se dirigía Lombardi eran clientes de alto riesgo, personas a las que nadie prestaría dinero, pero cuando sus pólizas se agrupaban todas en un paquete valían una fortuna.

En 2004, el año que Lombardi fue a la cárcel, los viáticos tuvieron una sorprendente resurrección de las manos de Lehman Brothers, ACC Capital Holdings, Merrill Lynch, Wells Fargo, Countrywide Financial, HSBC, Loan Star, JPMorgan Chase y las otras veinticinco grandes empresas prestamistas de Estados Unidos que buscaban nuevos modelos para combinar préstamos arriesgados.

¿Os podéis hacer una idea? Simplemente imaginad que pudierais colocar un viático para el mercado de la vivienda en propiedad y llamarlo «hipoteca no preferencial». Robert Dall había introducido el riesgo en la psique de Wall Street, pero, gracias a Lombardi, las *subprime* lo llevarían a un nuevo estadio con el que se ponía en riesgo toda la economía mundial.

Del mismo modo que la OPEP lo había arriesgado todo al negro y ganó, los bancos lo apostaron todo al rojo y perdieron. Wall Street no supo aprender la lección que supuso la caída del sistema bancario —o quizás debería decir que la aprendieron perfectamente—, y en el año 2016 las hipotecas de alto riesgo ya habían vuelto. Wells Fargo, Bank of America y los mismos bancos responsables de la primera crisis volvieron a ofrecer hipotecas con un pago inicial de menos de un tres por ciento a modo de entrada. Lo único que necesitabas era un «justificante de ingresos» sin que tuvieras que aportar prueba alguna de su existencia real.[37]

Wells Fargo tenía una nueva propuesta para el consumidor. Si no contabas con ahorros, podías ser candidato a una tasa de interés más baja. Lo único que necesitabas hacer era apuntarte a una «clase de economía perso-

---

36. Notas del Tribunal del Distrito de Estados Unidos: Southern District of Florida, Case n.º 04-60573-CIV-Moreno/Simonton.

37. «The subprime mortgage is back. It's 2008 all over again»: artículo de Tyler Durden para Zerohedge.com, 15 de junio de 2016.

nal» financiada por el Gobierno. Un cursillo sobre deuda para que puedas adquirir más. El Bank of America tenía una tasa de interés baja especial a la que solo podías acceder si demostrabas que tus ingresos estaban por debajo de la media nacional.[38]

En 2016, la mayor economía del planeta le cogió el gusto al riesgo. Los bancos chinos comenzaron a usar complejos instrumentos financieros para hacer pasar préstamos arriesgados por «inversiones». Los prestamistas chinos empezaron a utilizar la banca en la sombra —maquillando los estados de cuentas para otorgar préstamos por medio de su asociación con entidades no bancarias, como sociedades fiduciarias y sociedades de valores— para disimular el hecho de que también ellos habían entrado en el juego de arriesgarlo todo, como el resto del mundo.[39]

El gobernador del banco central chino, Zhou Xiaochuan, avisó en 2016 de que el mundo no debía subestimar los niveles de deuda tóxica que estaban generándose en China. Su importancia radicaba, según Xiaochuan, en que China estaba suscribiendo la deuda mundial. A ellos fue a quienes acudió Estados Unidos cuando vendió 700.000 millones de dólares en bonos para rescatar su propia economía en 2008.[40] China había garantizado efectivamente una enorme extensión del descubierto.

Los cálculos no oficiales de los vendedores en corto de Dallas, Kyle Bass, pertenecientes a Hayman Capital Management, estimaron la deuda china en 10 billones de dólares, algo que ridiculiza incluso la deuda adquirida por los bancos occidentales.[41] Si esta deuda tóxica se pusiera panza arriba, ¿quién rescataría su economía? El Banco del Mañana, también conocido como más deuda.

Yuan Yang y Gabriel Wildau, del *Financial Times*, han investigado las dificultades que se encuentran para sondear y cuantificar la deuda de China. Los prestamistas usan «activos que en realidad son préstamos estructurados para dar la apariencia de sociedades tenedoras de productos de inversión proporcionados por un tercero. Esta alquimia financiera permite que los bancos escapen a las regulaciones provistas para limitar el riesgo».

En junio de 2016, las leyes que se habían diseñado para frenar el riesgo bancario fueron acusadas de incitar a un riesgo mayor. El Comité de Super-

---

38. *Ibid.*

39. Chinese Shadow Banking, *Financial Times*, 29 de abril de 2016.

40. «China: The power behind the $700 billion bailout» *Wall Street Journal*, 10 de diciembre de 2008.

41. William Pesek, Barrons.com, 6 de julio de 2016.

visión Bancaria de Basilea fue criticado por los prestamistas por proponer regulaciones a los bancos con el objeto de dificultar que se saltaran las reglas.[42] Estas nuevas medidas, en lugar de animar a los bancos a otorgar menos préstamos a sus prestamistas más débiles, podrían tener el efecto contrario.

Como el aprendiz de brujo que destruye la escoba encantada a hachazos para descubrir que las astillas se convierten en cientos de escobas nuevas, cualquier intento de frenar la deuda simplemente multiplica la deuda hasta el infinito.

El riesgo está imbuido en lo más profundo del sistema bancario, pero a nosotros también se nos incita a arriesgar. En las décadas de 1980 y 1990, al tiempo que la titulización atraía a Wall Street, la «democracia accionista» seducía al pueblo llano, haciendo que personas comunes se vieran como protagonistas del mercado bursátil.

Gente prudente que poseía unos ahorros gracias a su capacidad de sacrificio corría en busca de asesores financieros que ofrecían esquemas que premiaban sus ahorros. Obviamente, siempre existe un pequeño riesgo, les decía el asesor, pero si usted, señor o señora, quiere ganar, tiene que arriesgar un poco. Si esos ahorradores necesitaban convencerse, solo tenían que mirar el balance bancario. Las tasas de interés bajo hacían que se esfumara cualquier intento de acumulación de riquezas sensato y progresivo.

Ahora el riesgo está tan normalizado que lo asimilamos al propio sistema financiero. El riesgo es el sistema. Pero el mayor riesgo de todos es la cantidad de deuda real insuflada en todas las familias del mundo occidental. Esta deuda imposible de parar es el iceberg sobre el que pisamos y su superficie aumenta a cada hora que pasa.

Chinatown

El riesgo se ve como un osado acto de equilibrismo sobre la cuerda floja que llevan a cabo negociantes avispados, pero quienes corren el verdadero riesgo son las personas reales con viviendas y trabajos reales que pierden todo cuando a los mercados que apuestan en nuestro nombre les sale mal la jugada.

Asumir el riesgo como algo natural incluye la aceptación del riesgo más grave de todos: la extinción del planeta. Según Maria-Helena Semedo, de la

---

42. *Financial Times,* 29 de abril de 2016.

FAO, la Organización de las Naciones Unidas para la Alimentación y la Agricultura, al mundo solo le quedan sesenta cosechas.[43]

La agricultura intensiva ha sangrado la tierra, lo cual está haciendo que el planeta se convierta rápidamente en un desierto global. Nos quedaremos fuera de servicio como especie en 2080, cuando los alimentos dejen de crecer.

Las Naciones Unidas estiman que para continuar atendiendo a la demanda de alimentos mundial se necesitarían seis millones de hectáreas nuevas al año. Actualmente, perdemos doce millones de hectáreas al año por la degradación del terreno agrario. En el año 2014, unos científicos analizaron el sedimento del fondo de un lago francés que ha permanecido en el mismo estado desde el siglo XI.[44] Midieron la calidad de nitratos del sedimento y concluyeron que, como resultado de la intensificación de la agricultura durante el pasado siglo, el índice de erosión del suelo se ha multiplicado por sesenta.

En otras palabras, a menos que la agricultura vertical nos sorprenda con el descubrimiento de un sustituto para la tierra, estamos acabados. Pero, mirándolo por el lado bueno, el fin de la humanidad supone una ocasión sin precedentes para ganar dinero, ofrece oportunidades de inversión nunca antes vistas en la historia.

El programa Space X de Elon Musk planea tener a dos turistas espaciales orbitando alrededor de la Luna en el año 2019, pero el plan a largo plazo de Musk es proporcionar salidas y vida planetaria en una nueva biosfera. La nave espacial de escapada de Wall-E en versión real, un centro comercial gigantesco flotando en el espacio y habitado por el 0,01 por ciento de los más ricos del planeta.

Cuando las sesenta cosechas que nos queden empiecen a acabarse, comenzará la partida final del juego de los negocios. Y no son los alimentos lo que la nueva fiebre del oro de la venta en corto está agotando, sino el recurso más básico del planeta: el agua. «Hablar del agua como activo comercial tiene un atractivo automático», dice Deane Dray, una analista de Citygroup que dirige sus investigaciones globales en materia de aguas.[45]

Tanto el petróleo como el trigo y el oro son activos con los que se comercia en el mercado de futuribles, pero según Dray «si miras las predicciones de los próximos veinticinco años, verás que el desequilibrio entre la oferta y la demanda de agua en el conjunto del planeta va camino de empeo-

43. George Monbiot, *Guardian*, 25 de marzo de 2015.

44. *Ibid.*

45. «Why Trading Water Futures Could Be in Our Future», CNBC, 2 de julio de 2014.

rar. La mayoría de la población mundial vive en regiones del mundo acuciadas por la escasez de agua y el estrés hídrico».

El agua está desapareciendo, y a medida que lo hace aumenta su valor como materia prima. Los investigadores de la Aarhus University de Dinamarca estiman que el déficit mundial de necesidad de agua llegará al cuarenta por ciento en el año 2030.

La escasez de agua debido al calentamiento global y la demanda creciente para producir energía están convirtiéndola en un arma política. En Oriente Próximo, el río Éufrates se ha convertido en un foco de conflicto por los recursos entre Turquía y Siria. En 2014, Turquía cerró el grifo, afectando las vidas de millones de personas en Siria e Irak.[46]

Ahora estamos entrando en un escenario digno de *Chinatown*. En 1975, el guion de Robert Towne para la película de Roman Polanski ganó un Óscar hablando sobre el control de la provisión de agua en una ciudad de Los Ángeles devastada por la sequía, y los vínculos de corrupción que se crean entre las empresas y los funcionarios gubernamentales. Pero ahora nos embarcamos en una era en la que se generan miles de argumentos similares en todo el planeta. Allá donde la provisión de agua mengüe hasta quedar en un chorrito, se simulará más escasez para subir los precios.

En el año 2015, Los Ángeles probó la experiencia *Chinatown* en versión real. Una investigación del *Desert Sun* de San Bernardino descubrió que la propietaria de Evian, Nestlé, había estado extrayendo agua de algunas de las zonas más secas de California con permisos que habían caducado hacía casi treinta años; todo para producir productos cristalinos de lujo como Arrow Head y Cristal Geyser, vendidos en todo el mundo.

En marzo de 2015, las personas que se manifestaron en la planta embotelladora Nestlé Waters North America de Sacramento forzaron el cierre de la fábrica durante un día. Blandían botellas de plástico Evian a modo de garrotes e incluso hicieron horquillas con ellas.[47] Estados Unidos es el segundo máximo consumidor de agua embotellada por detrás de China. Nestlé, como Coca-Cola y Pepsi, ha firmado acuerdos con comunidades rurales aisladas de todo el mundo, por los cuales se lleva un porcentaje del abastecimiento de agua local a cambio del incentivo de mantener los precios de la municipalidad a la baja para los residentes locales.

---

46. *Ibid.*

47. «California drought spurs protest over "unsconcionable" bottled water business», *Guardian*, 19 de abril de 2015.

El agua se agota, pero las multinacionales tienen la capacidad para comprar provisiones mediante este tipo de acuerdos negociados localmente, del mismo modo que las petroleras compraron derechos de propiedad de tierras en el siglo XX. Hace dos años conocí a una abogada cuyo trabajo consistía en viajar por todo el mundo para convencer a los pueblos indígenas de que cedieran sus derechos sobre la tierra a la multinacional petrolera para la que trabajaba.

Este trabajo es el que llevan a cabo ahora las empresas comercializadoras del agua, y esos acuerdos a los que llegan los Gobiernos municipales sin el consentimiento de la comunidad en países del norte de África, Australia, Sudamérica, China y la India significarán que los nativos se encontrarán de repente sin acceso al agua que procede de su propio pueblo.

En el año 2006, Coca-Cola fue acusada de «dejar seca la India» al abrir una planta embotelladora en Rajastán que impedía a los agricultores locales irrigar sus cultivos.

Pero en Australia, donde el problema de la escasez de agua es histórico, se intentó llegar a una solución. La cuenca del Murray-Darling es la savia de Nueva Gales del Sur. Ambos ríos se extienden a lo largo de miles de kilómetros y no solo abastecen a los millones de personas que viven en ciudades como Camberra y Murray Bridge, sino a los cientos de granjas agrarias situadas en sus riberas, que necesitan esa agua para su supervivencia.

A mediados de la década de 1990, el setenta y siete por ciento de la media de cauce anual del Murray se usaba para consumo humano. El reducido cauce resultante, unido a la sedimentación y al aumento de la escorrentía procedente de tierras salinas revueltas por la agricultura estaban destruyendo el río. Así que, en 1995, el Gobierno central y el federal limitaron la extracción de agua, lo que significaba que si querías usar más tendrías que pagarla. Rhonda Dickson, directora ejecutiva del proyecto, explica que «una de las reformas más importantes que hemos realizado en Australia ha sido separar los derechos de propiedad sobre el agua de los derechos de la tierra y limitar el uso del agua para que esta pueda comercializarse en el mercado».

Australia había hecho algo que parecía imposible, la cuadratura del círculo entre necesidad y precio. Un usuario de agua podía vender su asignación de agua anual o quedarse con ella. Oferta y demanda, y con transparencia. Pero eso no solucionó el tema verdaderamente importante, ya que el planeta se queda sin agua al tiempo que explota la demanda de agua. En 1992 se reunieron en Irlanda Gobiernos de todo el mundo para crear la «Declaración de Dublín» sobre el agua, por la cual se la reconocía como un bien económico. Pero no se ha hecho gran cosa por organizar una estrategia coordinada para frenar la crisis mundial.

La investigación del *Desert Sun* de California desveló lo que sucede localmente. El Gobierno hace la vista gorda ante el agua que se cuela por las grietas de agencias desprovistas de recursos como el Servicio Forestal de Estados Unidos y las asociaciones de vecinos locales. La operación de drenaje de Nestlé en Strawberry Creek, en el parque nacional de San Bernardino, ochenta kilómetros al este de Los Ángeles, aprovechó que el permiso de extracción de ese acuífero había expirado en 1987.[48]

Las compañías pueden explotar el hecho de que el agua es un fenómeno natural, un «recurso de uso común», con lo que los derechos suelen entrar en conflicto y, por lo tanto, pueden ser negociados a su favor. El agua es dinero fácil.

Y cuando consiguen su objetivo, los beneficios por obtener son espectaculares. El precio medio del agua que se suministra a un hogar es aproximadamente de 1,5 dólares por 1.000 litros. El agua embotellada se vende a un precio que ronda entre 3 y 4 dólares por litro, lo cual supone un aumento del 280.000 por ciento.[49] Pero no es preciso beber agua embotellada para notar la subida de precio que origina la mercantilización de la escasez de agua. La agencia de calificación Finch encuestó al setenta y ocho por ciento de las cuarenta y seis empresas que suministran agua en California en 2015 y estimó que el precio del agua corriente para las viviendas subiría hasta el treinta y uno por ciento.[50]

El problema con el agua es que es muy pesada y difícil de transportar, como el petróleo. Según el profesor John Reilly, codirector del programa conjunto sobre ciencia y política de cambio global del centro de investigación y políticas medioambientales del MIT, «en términos de comercio internacional de agua a gran escala se puede decir que ya estamos transportando agua embotellada. Creo que antes de que veamos un comercio de cantidades ingentes de agua a gran escala es más probable que veamos desalinización y otro tipo de cosas como reutilización, saneamiento y reciclaje de aguas».[51]

---

48. «Forest Service: Expired Nestlé Water Permit a Priority», *Desert Sun*, 11 de abril de 2015.

49. «A 280,000% mark up for water. A look incide the bottled water industry», Zerohedge. com, 29 de julio de 2013.

50. «California water prices set to rise next year: Finch», Reuters, 18 de agosto de 2015.

51. CNBC, 2 de julio de 2014.

El resultado de la escasez de agua en las partes más secas del planeta, que casualmente también son las más pobres, será trasladar la producción de alimentos a zonas más ricas y húmedas. En lugar de transportar el agua a otros lugares, la agudización de la escasez de agua servirá como catalizador para aumentar la desigualdad en el mundo. Las personas más pobres que viven en las zonas más secas no solo pagarán los recargos más altos por agua potable o utilizable, sino que serán también las que más sufrirán las volátiles subidas en los precios de los alimentos, unos alimentos que serán importados, ya que no habrá agua para cultivar nada en las zonas donde viven.

El dinero por ganar no está en el transporte del agua, sino en apostar por su precio, en el mercado de futuribles del agua. En el riesgo. Michael Burry, ese negociante visionario de un solo ojo que mercantilizó las hipotecas de alto riesgo e inmortalizado en la película *La gran apuesta,* pasó rápidamente de apostar por una crisis hipotecaria a mercadear con el precio del agua en el mundo. Un hombre siempre adelantado a su tiempo.

Apostar por el fin del mundo

Estamos ante el amanecer de la era del Antropoceno, una nueva época en la cual la humanidad decide el destino del planeta. Comenzó en la década de 1950, con la dispersión de elementos radioactivos de pruebas nucleares como las del atolón de Mururoa, que marcaron el fin del Holoceno, doce mil años de clima estable desde la Edad de Hielo.[52]

La Edad del Antropoceno no está marcada solo por el calentamiento global, sino también por la deforestación, la contaminación, la intoxicación de nuestro planeta, la extinción masiva de especies y la manipulación de aquellas que decidimos conservar. Ahora la gallina criada en jaulas en batería es el ave más común del mundo, a pesar de que en términos evolutivos no debería serlo.[53]

La edad del Antropoceno confirma el hecho de que hemos superado a Dios, pero ni siquiera ahora podemos librarnos del riesgo, porque eso es lo que nos ha propulsado hasta aquí.

El profesor Chris Rapley, un científico climatológico del University College London, cree que deberíamos deshacernos de nuestra adicción al riesgo

---

52. «The Anthropocene Epoch: scientists declare dawn of human-influenced age», *Guardian,* 29 de agosto de 2016.

53. *Ibid.*

económico en lo que concierne a la salvación del planeta: «El Antropoceno señala un nuevo periodo en el que nuestras actividades dominan la máquina planetaria. Dado que el planeta es nuestro soporte vital (somos básicamente la tripulación de una nave espacial enorme), interferir con su funcionamiento a este nivel y a esta escala tiene una gran importancia. Si usted o yo fuéramos parte de la tripulación de una aeronave más pequeña, sería impensable que interfiriésemos con los sistemas que nos proporcionan el aire, el agua, el alimento y el control de las condiciones climatológicas. Pero este paso hacia el Antropoceno es la señal de que estamos jugando con fuego».[54]

Si esto sucede es porque hemos construido el planeta a partir de un modelo económico de riesgo, el mismo que nos lleva ahora a una espiral de destrucción. Pero, si arriesgáramos ahora, tendría que ser para salvarnos, no para destruir más el planeta. El momento decisivo vendrá cuando las empresas descubran que pueden ganar mucho más dinero con la salvación del planeta que aniquilándolo o usando el mercado de futuribles para apostar por su inminente deceso.

En el año 2015, Toyota produjo un coche propulsado por hidrógeno que produce agua como derivado de sus propias emisiones. Pero en 1946, hace más de sesenta años, el científico Vincent Schaefer descubrió la «siembra de nubes»: la creación artificial de nubes mediante el uso de agentes químicos básicos. Nadie se ha decidido todavía a poner el logo de Evian o Coca-Cola en el dorso de una nube, pero cuando alguien lo haga es posible que decidamos que la idea de fabricar nubes merece la pena.

En lugar de seguir la fórmula de Black-Scholes, tendríamos que usar $2H2 + O2 = 2H2O + Energy$. La fórmula para la creación del agua. En realidad, es bastante simple.

---

54. *Ibid.*

3

IMPUESTOS:

Todos quieren ser como las Islas Caimán

El 2 de enero de 2012 robaron un cajero automático de un Blockbuster en el centro comercial Fallowfield de Mánchester. Los ladrones habían pasado seis meses cavando bajo el aparcamiento un túnel de treinta metros de largo, que incluso habían equipado con iluminación y vigas de soporte para el techo. Tras excavar el túnel, la banda tenía que atravesar un muro de cuarenta centímetros reforzado con cemento armado para llegar al cajero, que contenía unas 20.000 libras en un día de trabajo normal. Pero no se trataba de un día normal. Era el 2 de febrero y en ese cajero solo había 6.000 libras.

La banda de cuatro miembros había trabajado siete días a la semana durante seis meses para excavar un túnel que los llevaría a un cajero automático que nadie usaba. Según mis cálculos, ese trabajo les reportó 8,33 libras al día.

Hay maneras mucho más sencillas de conseguir dinero. Puedes convertirte en una multinacional y depositar tus beneficios en un paraíso fiscal. Según los últimos dos presidentes de Estados Unidos, Obama y Trump, este es uno de los mayores delitos que se cometen actualmente contra los contribuyentes.

Pero es un delito que los Gobiernos no tienen problema alguno en permitir. La carrera del siglo XXI para convertirse en la nación de la Tierra que ofrece las desgravaciones fiscales más ventajosas ha remplazado a la carrera del siglo XX para convertirse en la economía manufacturera más productiva.

En 2017, Theresa May sugirió que Gran Bretaña podía forjarse una identidad en la era posterior al Brexit convirtiéndose en un paraíso fiscal. Donald

Trump quiere hacer lo mismo en Estados Unidos para que las empresas vuelvan al país. Si queréis pruebas de que el crecimiento ha dejado de ser un objetivo gubernamental, no tenéis más que observar la frenética lucha para hacerse con la corona de los impuestos más bajos.

Y, mientras tanto, los políticos afirman deplorar la evasión de impuestos. En *Casablanca*, el capitán Renault se indigna cuando encuentra la sala de apuestas en el Café de Rick: «¡Qué escándalo! ¡Qué escándalo! ¡He descubierto que aquí se juega!», dice, al tiempo que el crupier le pasa sus ganancias discretamente. «Muchas gracias —contesta, y luego se vuelve hacia las mesas—: ¡Todo el mundo fuera!»

Así es como actúan los políticos cuando hablan sobre la evasión de impuestos. Pero la historia de cómo los impuestos pasaron de ser un pago obligado a convertirse en un pago que evitar es realmente cómica. En realidad, esta estrategia de empresa ubicua que los políticos afirmar deplorar surgió del propio Gobierno, que la promocionó con entusiasmo.

La lección que nos deparan los desdichados ladrones del cajero automático que excavaron bajo el centro comercial de Fallowfield es esta: ahorra tus energías y asegúrate de que el próximo delito que cometas sea legal. ¿Cómo llegamos a esto? ¿Cómo llegaron a entender las empresas que la evasión de impuestos no es solo una estrategia justificable, sino un imperativo empresarial?

Nadie sabe cuánto dinero tienen oculto las multinacionales en paraísos financieros. En 2012, un estudio basado en los datos del FMI estimó que la cifra rondaba entre los 21 y 31 billones de dólares. No millones, ni miles de millones. Billones.

Los diez bancos privados más importantes, entre los que se incluyen UBS, Credit Suisse y Goldman Sachs, trasladaron a paraísos fiscales una cantidad estimada en 6,2 billones en 2010.[55] Esta cifra se cuadriplicó entre 2011 y 2015, de modo que, al tiempo que los bancos estaban en el candelero por permitir la evasión de impuestos, hacían una industria de ello.

El subcomité de Seguridad Nacional del senado de Estados Unidos afirmó que un banco, HSBC, era responsable por sí solo de «abstenerse de supervisar» 38 billones de libras esterlinas evadidas a paraísos fiscales. Hicieron la vista gorda, como el capitán Renault.

Los responsables de desviar sus ganancias no son solo Google, Facebook y Amazon. Todos lo hacen, desde Burger King a los supermercados Sains-

---

55. «Panama Papers: 11,5 million files from Panama-based law firm shed light on murky offshore money and transactions», CBS News, 4 de abril de 2016.

bury, pasando por el Manchester United. Incluso las compañías de autocares. Pasan a través de un sistema laberíntico de empresas subsidiarias de todo el mundo hasta llegar a las Islas Caimán, las Bermudas, Luxemburgo, Londres o Delaware, a la que apodan muy apropiadamente «la pequeña maravilla», con más de cinco mil multinacionales «registradas». Más que las Islas Caimán. Antes de convertirse en paraíso fiscal, la fuente de ingresos de Delaware eran las granjas avícolas y la soja.

En qué nos beneficia y en qué nos perjudica

La evasión de impuestos es inherente a la forma en que se hacen los negocios en el mundo. Es completamente legal, pero tiene consecuencias reales. Desde la década de 1990 se ha evadido una cantidad estimada de 700.000 millones de dólares de Rusia, 305.000 de Arabia Saudí, otros 300.000 millones de Nigeria. El dinero evadido de los países en desarrollo podría haber liquidado su deuda exterior de golpe. En el Reino Unido se habla mucho del hecho de que una de cada tres solicitudes de prestaciones es fraudulenta y cuesta al Estado 1.300 millones de libras al año. Sin embargo, el desajuste impositivo generado por la evasión de impuestos multiplica por treinta y cinco el fraude de las prestaciones.[56]

Esta maquinaria, que va como la seda, engrasada por un ejército de abogados y contables, no simplemente se aprovecha de una economía global en la que cada vez hay menos fronteras e impedimentos, sino que rescribió las leyes para que fuera legítimo desde un principio.

Esto no tendría importancia si sus consecuencias directas no las pagaran los contribuyentes ordinarios, pero ese es precisamente el caso. Todos los adultos de Gran Bretaña y Estados Unidos pagan los platos rotos por las multinacionales, y sus impuestos aumentan de resultas de que las grandes compañías no paguen los suyos. La evasión de impuestos es anticapitalista. Al apretar a la pequeña y mediana empresa que intenta crecer para compensar el déficit, los Gobiernos cortan las alas a los nuevos emprendedores.

A pesar de ello, las empresas que evaden impuestos se sienten difamadas por un mundo que no comprende su contribución a la economía y defienden su uso de los paraísos fiscales, o «centros financieros», como ellos mismos los han rebautizado, con un optimismo absoluto.

---

56. *Britain's Trillion Pound Island – Inside Cayman*, BBC, 2015.

Cuando me invitaron a dar una conferencia en un evento sobre paraísos fiscales en Ginebra, en el año 2016, los directores de *hedge funds* (véase página 34) y representantes de las multinacionales que atendieron a ella parecían verdaderamente perplejos de que el mundo los considerase villanos. Según argumentan, los consumidores consiguen precios más baratos por sus paquetes en Amazon o por los tomates del supermercado solo gracias a que ellos evitan el mazazo que supone pagar todos los impuestos, algo de lo que nosotros nos beneficiamos.

En eso tienen razón. El consumidor se beneficia de los paraísos fiscales sin saberlo. Pero solo un poco. Si comparo que un libro pedido a Amazon me salga más barato con los miles de millones perdidos en evasión de impuestos para financiar la sanidad o la educación de los niños, el dinero perdido en servicios fundamentales que podría reinvertirse en infraestructuras básicas para el Estado, creo que me vería inclinado a pagar dos céntimos más por mi libro.

Cómo evadir impuestos pasó a ser legítimo y empezó a pagarlos solo el pueblo llano

¿Cómo se convirtió la evasión de impuestos en el mecanismo natural de los negocios para el mundo moderno globalizado? ¿Quién lo convirtió en genialidad financiera e hizo que los impuestos pasaran de ser algo que teníamos que pagar todos a una cosa que —según las inmortales palabras de la multimillonaria Leona Helmsley— solo pagaba «el pueblo llano»?

Hubo un tiempo en el que evadir impuestos estaba realmente mal visto. En 1975, el barón Alfred Ernest Marples, que había servido como director general de correos para el Gobierno conservador británico y había supervisado algunos de los cambios más radicales en la vida del Reino Unido (como la inauguración del primer tramo de la autopista M1, la introducción de los bonos u obligaciones con premio y el sistema de código postal), hizo algo que resultaba muy extraño.

Se embarcó en un ferri nocturno horas antes de la finalización del año fiscal. Según un relato del *Daily Mirror* de la época, llevaba consigo solo «sus pertenencias empaquetadas en cajas para transportar té y había dejado el suelo de su casa de Belgravia lleno de ropa y posesiones que no utilizaría. Afirmó que le habían reclamado casi treinta años de impuestos atrasados. La Tesorería del Estado congeló sus activos en Gran Bretaña durante los siguientes diez años. Para entonces la mayoría de ellos estaban a salvo en Mónaco y Liechtenstein».[57]

Lord Marples era retratado como un rufián clásico de la clase alta, un canalla que se había fugado del país. Había defraudado a la nación, pero su escapada nocturna fue vista también como un corte de mangas al sistema establecido de un estilo muy británico e infamemente pícaro. Y en el preciso momento en el que Marples embarcaba en ese ferri nocturno, había dos contables en Londres trazando un plan para cambiar la mentalidad británica respecto a la evasión de impuestos y que esta pasara de ser un acto delictivo a una genialidad de la contabilidad.

John Lennon: el paciente cero

Su historia comienza en Londres. Estamos en 1969 y John Lennon se encuentra en una fiesta en Mayfair. Le presentan a dos hombres vestidos de traje que se llaman Roy Tucker e Ian Plummer. Su presencia salta a la vista, ya que todos los demás son estrellas del *rock* o grupis, pero estos hombres tienen una jugosa oferta que hacerle a Lennon.

Tucker y Plummer habían trabajado para el gigante de la contabilidad Arthur Andersen, pero ahora querían montárselo por su cuenta y creían tener una nueva forma de atraer a las empresas, una contabilidad creativa con la que conseguirían reducir el pago de impuestos hasta un mágico cero. Cuando el Gobierno laborista de Harold Wilson comenzó a imponer a los ricos una tasa sin precedentes del noventa por ciento, supieron que había que aprovechar la oportunidad.[58]

Que se dirigieran a John Lennon en aquella fiesta no era fruto de la casualidad. Los Beatles se pusieron hechos una furia cuando subieron los impuestos. George Harrison escribió la canción «Taxman», aludiendo directamente incluso a cómo Harold Wilson desplumaba a esas sufridas estrellas internacionales del *rock*:

> *Let me tell you how it will be*
> *There's one for you, nineteen for me*

---

57. Richard Stott, archivo del *Daily Mirror*.

58. El relato completo del caso Rossminster lo encontramos en Nigel Tutt, *The Tax Raiders: The Rossminster Affair*, Financial Training Publications, 1985.

'Cause I'm the taxman, yeah, I'm the taxman.
Should five per cent appear too small
Be thankful I don't take it all
'Cause I'm the taxman, yeah, I'm the taxman.[59]

Cuando empezaron a hablar con Lennon, Tucker y Plummer veían el símbolo de la libra en sus ojos. Estaban comenzando el proceso de creación de un «banco» llamado Rossminster en unas discretas oficinas de Mayfair. Pero este era diferente del resto de los bancos que usaba el «pueblo llano». Este banco tendría una discreta entrada con el nombre escrito en una pequeña placa dorada. Solo tratarían con clientes extremadamente ricos. Si fichaban a Lennon, tenían la posibilidad de conseguir a Roger Moore, Led Zeppelin, tal vez incluso a Mick Jagger y Brian Ferry. Y a cambio prometieron a Lennon, una tasa de impuestos de cero libras. De hecho, dijeron, la tesorería será quien os pague dinero a vosotros.

Lennon firmó y Rossminster consiguió su primer cliente famoso. Dos hombres estaban a punto de cambiar la actitud de los británicos respecto a los impuestos, pero primero tuvieron que conformarse con, simplemente, crear la primera evasión de impuestos orquestada de la década de 1970.[60] Tucker y Plummer encontraron todo tipo de lugares ingeniosos para hacer desaparecer grandes sumas de dinero para sus clientes: donaciones benéficas o empresas fantasma sin ningún negocio ni junta directiva aparente. Su compañero de grupo George Harrison invertía sus regalías de derechos de autor en la decadente industria cinematográfica británica (una auténtica mina de oro), produciendo grandes películas como *Withnail y yo* o *Scum*.

Después, Tucker y Plummer cometieron su primer error. Empezaron a hacerse los gallitos. A medida que aumentaba su fama en los círculos de los multimillonarios, ese comportamiento de caballero andante que mostraban hacia la Agencia Tributaria se convirtió en una forma de provocación. Una mañana de 1974, la Oficina de Recaudación y Aduanas de su majestad se cobró su venganza. Veinte agentes de policía irrumpieron en sus oficinas junto con setenta y ocho inspectores fiscales.

---

59. Te diré lo que va a suceder. / Hay uno para ti, diecinueve para mí. / Porque soy el recaudador, sí, soy el recaudador. / Si el cinco por ciento te parece poco. / Da las gracias de que no me lo lleve todo. / Porque soy el recaudador, sí, soy el recaudador. «Taxman», George Harrison, © 1966, 1967 Northern Songs Ltd.

60. *The Super-Rich and Us*, BBC, 2014: El antiguo inspector de Hacienda Richard Brooks ofrece un relato detallado de las prácticas empresariales de Rossminster.

Tucker y Plummer tuvieron que cerrar, pero no sin que antes hubieran creado el patrón para toda una nueva especialidad fiscal: la contabilidad creativa. En lugar de quebrantar la ley mediante una evasión de impuestos directa, te trasladas hasta la misma frontera de la delincuencia, retorciendo las leyes hasta quedarte a escasos centímetros de entrar en la cárcel, para finalmente evitarla. Ese es el trabajo por el que se paga a un contable creativo, gracias a Rossminster.

Tucker y Plummer fueron encausados, no porque hubieran quebrantado la ley, sino por lo que representaban: una explotación deliberada de los vacíos legales del sistema. En este sentido, ellos fueron los precursores del tráfico de información privilegiada que hubo en la City de Londres en la década de 1980. Si lord Marples hubiera aguantado un poco en lugar de fugarse a Mónaco, Tucker y Plummer seguramente habrían conseguido rebajar su declaración de impuestos hasta cero.

Su mensaje era demasiado subversivo para una sociedad de posguerra que predicaba que todos debían poner su granito de arena. Acabaron con el deber que tenían los generadores de riqueza, que pasaron de pagar por su posición en la sociedad a hacer todo lo posible por evitarlo. Según ellos, las reglas ya no estaban allí para cumplirse, sino para romperlas. Puede que la detención de Tucker y Plummer supusiera su final como contables, pero ya habían cambiado la moralidad de Gran Bretaña.

Convertir un arenal plagado de mosquitos en una isla de billones de libras

A partir de ahora, si alguien necesitaba evadir impuestos, lo haría siguiendo las normas de la legalidad. Y para ello, el Gobierno británico venía como anillo al dedo. A finales de la década de 1960, el Imperio británico fue desmantelado y las colonias se vieron obligadas a elegir. Algunas, como Jamaica, decidieron independizarse por completo. Pero para otras, el Gobierno británico tenía sus propios planes.

En 1969, el Ministerio de Asuntos Exteriores citó a un funcionario llamado John Cumber. Le mostraron un mapa del Caribe con un círculo alrededor de un arenal plagado de mosquitos al que llamaban Islas Caimán. Le dijeron que hiciera las maletas, porque a la semana siguiente se convertiría en el nuevo gobernador.

Las llamadas «islas del tesoro», como Suiza y Mónaco, llevaban mucho tiempo sirviendo a los ricos como paraísos fiscales, pero ahora el

Gobierno británico tenía la oportunidad de hacerles la competencia con una isla de verdad rodeada de agua por todas partes. Se dijeron: «¿Por qué no reutilizar antiguas colonias como las Islas Caimán con ese mismo propósito?» Permanecerían bajo la soberanía británica, garantizándoles estabilidad política, pero con independencia de actuación para que pudieran desarrollar leyes propias.

La razón por la cual las Caimán podrían rescribir las leyes se resumía en dos pequeñas palabras: derecho consuetudinario. El economista Jan Fichtner ha analizado la importancia del derecho común en el éxito conseguido por las Caimán como paraíso fiscal en un informe de 2016 realizado para la Universidad de Ámsterdam:

> La diferencia clave entre el derecho consuetudinario y el derecho civil es que el primero solo estipula lo que está prohibido, mientras que el derecho civil, tal como se practica en Japón, Alemania o Francia, identifica lo que está permitido. La consecuencia de ello es que las nuevas innovaciones financieras como los *hedge funds*, o los CDO (obligaciones colateralizadas por deuda), pueden instalarse cómodamente, ya que solo se regula de manera estricta cuando hay mala praxis conspicua o se reciben fuertes presiones de poderosos agentes exteriores, los Gobiernos.[61]

En otras palabras, pueden hacer lo que les plazca hasta que alguien los pare. Y nadie, y mucho menos el Gobierno británico, ha querido hacerlo. Hasta que las Islas Caimán fueron reconvertidas en paraíso fiscal, Suiza y Mónaco eran las excepciones del sistema financiero global y no el modelo de cómo tendría que funcionar. Pero uno de los hombres de Whitehall vio en las Caimán la oportunidad de hacer que los paraísos fiscales se convirtieran en la norma, el lugar donde se llevan a cabo todos los negocios.

George Bolton era el director del Banco de Inglaterra y el 28 de febrero de 1958 se percató de que sucedía algo muy extraño. Midland Bank estaba haciendo una transferencia de 800.000 dólares por una operación en el mercado de valores que no constaba en ninguna parte. Y en realidad no se trataba de dólares comunes, sino eurodólares, una divisa utilizada normalmente para poner a resguardo grandes sumas de dinero estadou-

---

61. Jan Fichtner, *The Anatomy of the Cayman Islands Offshore Financial Center: Anglo-America, Japan, and the Role of Hedge Funds,* Amsterdan Institute for Social Science Research, Universidad de Ámsterdam, 2016.

nidense en el exterior, depositándolo en bancos de confianza de todo el mundo.

Las operaciones comerciales realizadas con eurodólares siempre eran localizables, transparentes y relativamente pequeñas. Esta transferencia era diferente. Una suma tan grande que parecía lavado de dinero. Salvo que, al parecer, el dinero estaba siendo lavado a plena luz del día y a través de uno de los bancos más grandes del Reino Unido. Cuando George Bolton vio el depósito de Midland Bank pudo hacer dos cosas: actuar o hacer la vista gorda. Optó por hacer la vista gorda.[62]

En aquel momento, Bolton vio un nuevo potencial para el eurodólar, ya no solo como forma de salvaguardar activos, sino como sistema de comercio paralelo por derecho propio. Esto podría suponer una nueva forma de hacer negocios entre compañías y el movimiento de enormes cantidades de efectivo por todo el mundo sin estar sujetos a los controles de los Gobiernos. ¿Por qué ser un delincuente y hacerlo ilegalmente cuando puedes conseguirlo mediante una vía legal? La clave era que esas transacciones tuvieran lugar fuera de las fronteras. Los eurodólares fueron un mercado *offshore* antes incluso de que se creara la banca *offshore*.

El plan para conseguir que la banca extraterritorial fuese una realidad, un lugar físico y no simplemente un concepto, era crear una rueda.[63] En el centro de ella estaba Londres, donde se llevaban a cabo los tratos legítimos. Pero los radios se extenderían muy lejos, hasta paraísos fiscales que se encontrarían a miles de kilómetros, donde podrían realizarse transacciones de una naturaleza más opaca y hacer lavado de dinero. Nadie monitorizaría demasiado estas operaciones. Londres haría la vista gorda.

El funcionario John Cumber llegó a las Caimán en 1969 y se convirtió en el primer gobernador de la isla. Su población era escasa. Solo había pescadores, sus familias, los caimanes por los que la isla recibe su nombre y pantanos plagados de mosquitos. Se llevó a cabo un enorme programa para rociar los humedales con insecticida y preparar la isla para su nuevo propósito: la evasión de impuestos.

Sin embargo, sus primeros clientes, no fueron grandes empresas, como el Gobierno británico esperaba, sino narcotraficantes. La idea de la banca extraterritorial coincidió con la repentina subida de impuestos de los Gobier-

---

62. Nicholas Shaxson narra en *Las islas del tesoro* (Fondo de Cultura Económica, México, 2014) la historia completa de George Bolton y el crucial papel del eurodólar en el cuento de los paraísos fiscales.

63. *Ibid.*

nos laborista y demócrata de Londres y Washington, y su negativa a permitir que las empresas realizaran fuga de capitales por medio de restricciones en el movimiento del dinero. Las Caimán estaban paralizadas.

Pero había negocio. Desde Miami a Cuba, Colombia y El Salvador. Las avionetas volaban sobre sus playas y soltaban maletines con efectivo que se depositaba y lavaba en nombre de los emergentes barones de la droga de Centroamérica, forrados con el dinero de la cocaína y sin ningún sitio donde meterlo. En los años venideros, Pablo Escobar se convertiría en uno de sus más leales clientes.

Entonces, las Caimán tuvieron otro golpe de fortuna. Las Bahamas, sus vecinos y uno de los paraísos fiscales que rivalizaba con ellos, cayeron repentinamente en la agitación y se independizaron en 1973. Los contables de las Bahamas huyeron en masa a las Caimán y se llevaron sus negocios con ellos.

Las Bahamas se habían beneficiado enormemente de la caída del acuerdo Bretton Woods en 1971, un sistema de administración monetaria firmado por las economías más importantes del mundo. Bretton Woods duró cuarenta años, en los que controló estrictamente las tasas de cambio y el movimiento de capitales. Pero ahora que había desaparecido, los controles se esfumaron de la noche a la mañana. Las divisas podían fluir por todo el planeta sin que nadie lo supervisara, tal como George Bolton había imaginado que pasaría en la década de 1950. Y ahora que todos los contables de las Bahamas se habían trasladado a las Islas Caimán, estas podrían beneficiarse del golpe de efecto.

Las Caimán estaban perfectamente preparadas para abrir sus puertas a las multinacionales del mundo. A pesar de la peculiar contabilidad de Tucker y Plummer de finales de la década de 1960, la evasión de impuestos no era aceptada como práctica loable por el gran público, por no hablar de lo que dictaba la política gubernamental. Todo eso estaba a punto de cambiar.

En 1979 se produjo una revolución liderada por los dos dirigentes más poderosos del mundo libre, Margaret Thatcher y Ronald Reagan. No confiaban en el Gobierno para administrar el dinero y mucho menos el de los contribuyentes, y ambos querían romper los grilletes legislativos que ataban en corto a las grandes empresas. Serían los mercados, no el Gobierno, los que decidirían a partir de entonces lo que era mejor para la economía, y esta revolución se fundaba en una tasa impositiva baja.

Los impuestos se consideraban un mal necesario durante los cuarenta años anteriores de ejercicio recaudatorio. Era el precio que los ciudadanos y las empresas tenían que pagar para disponer de una sociedad civil operativa. Todos teníamos que poner nuestro grano de arena para pagar las carreteras, hospitales y guerras. Pero ahora se argumentaba que, si liberábamos a los negocios de esta carga, todos nos beneficiaríamos a largo plazo. Unos impuestos más bajos redundarían en una mayor productividad y en más márgenes de beneficio, y los réditos económicos que aportaría a las empresas acabarían redundando en todos nosotros.

El capitalismo estaba a punto de cambiar su curso. Tras cuarenta años de acuerdo mayoritario sobre la necesidad de los impuestos, ahora se percibía como un peso que tiraba del cuello de las grandes empresas, y un hombre aportaría la prueba necesaria de un solo plumazo.

Un garabato en una servilleta

Arthur Laffer era un economista de la época de Kennedy que había caído en desgracia. Llevaba mucho tiempo aduciendo que reducir la carga impositiva (o eliminarla) crearía una «marea al alza que elevaría todas las naves». En 1980 almorzó con dos jóvenes senadores avispados que trabajaban para Reagan: Donald Rumsfeld y Dick Cheney.

A medio almuerzo, Laffer sacó un bolígrafo y se puso a dibujar una curva en su servilleta. Este garabato sería conocido en economía como «la curva de Laffer». Se trataba de un momento que cambiaría el curso del mundo occidental; la curva de Laffer se convirtió en algo sagrado para los revolucionarios de los bajos impuestos. Sería la Sábana Santa del neoliberalismo.

Laffer utilizó esa curva para mostrar a Rumsfeld y a Cheney que cuanto menores fueran los impuestos, más crecería la economía a largo plazo. Afirmaba, con convicción, que los impuestos originaban un círculo vicioso para los negocios, en tanto que bajarlos tenía el efecto contrario, creaba un círculo virtuoso en el cual el crecimiento y las reducciones progresivas de los impuestos trabajaban en equipo para beneficio del Gobierno, la empresa y el público en general. Todos salían ganando.

Rumsfeld y Cheney quedaron impresionados e hicieron un trato. Laffer se convirtió en el economista residente de Reagan y su doctrina de la tasa impositiva baja en política gubernamental. Los paraísos fiscales ya no eran un secreto extraterritorial opaco, sino un faro que iluminaba el camino de lo que podía hacerse con astucia y dinero. Un deber que había que acometer, no un delito que se tenía que ocultar.

Más de treinta años después, me entrevisto con Arthur Laffer en un bar situado a una manzana de distancia del restaurante en el que se reunió con

Cheney y Rumsfeld. Viene sonriendo de oreja a oreja, habla tan rápido y se mueve con una energía tan desenfrenada que de no haber sido economista podría haber hecho carrera como presentador de un programa de entrevistas televisivo. Resulta evidente por qué Rumsfeld y Cheney quedaron embelesados.

Laffer es un conversador tremendo. Enseguida somos como uña y carne, y bebemos una tras otra de modo similar a como debió de hacerlo en aquel restaurante cuarenta años atrás. A Laffer le encantan las críticas a su teoría. Defiende las ciencias de la economía con un exagerado gesto con el brazo. En cierto punto saca una servilleta y comienza a dibujar su famosa curva. Le interrumpo: «Eso es genial, Arthur, pero lo que yo quiero saber es cómo conseguiste salirte con la tuya».

«¿Qué quiere decir que cómo me salí con la mía? ¡Porque es verdad!»

«Pero no lo es. ¿No se trasladaron los negocios a paraísos fiscales a consecuencia de la doctrina de la bajada de impuestos? La manufactura cayó en picado en Estados Unidos y la mitad de la población quedó desamparada.»

«¡No! ¡No! ¡Eso no es cierto! ¡Es totalmente falso! ¡Se demostró que teníamos razón! Los ricos son diferentes del resto. Los ricos son el único colectivo del que consigues recaudar más cuando le bajas los impuestos. Si cobráramos impuestos a los ricos, la sociedad empobrecería. Si haces pagar impuestos a los ricos y das el dinero a los pobres, no conseguirás más que aumentar el número de pobres, pero no el de ricos. El sueño siempre ha sido enriquecer a los pobres, no empobrecer a los ricos.»

Laffer cree en su curva y consiguió que todos los del Gobierno también creyeran en ella. Y lo cierto es que a los grandes negocios les vino bien, pero al resto no. Los paraísos fiscales solo están a disposición de quienes pueden pagar la entrada, lo cual no incluye a las empresas emergentes ni a los negocios unipersonales, y esto significa que contorsionan los mercados en lugar de permitir un funcionamiento adecuado. Laffer opina lo contrario.[64]

A ambos lados del Atlántico la reinvención de la evasión de impuestos como iniciativa empresarial significó que los Gobiernos asentían tácitamente y guiñaban un ojo a las empresas para ignorar las reglas que todos los demás seguimos.

Cuando al canciller conservador Nigel Lawson le preguntaron en la década de 1980 por qué su Gobierno estaba tan dispuesto a bajar los impuestos a las multinacionales hasta el mínimo, contestó que así las grandes

---

64. *The Super-Rich and Us*, BBC, 2014: entrevista personal del autor con Arthur Laffer.

corporaciones no tendrían motivos para evadir impuestos. Según él, ¿por qué preocuparse de ello cuando de todas formas no pagaban nada? No cayó en la cuenta de que la generosidad del Gobierno puede llegar a límites insospechados.

Nos han programado para pensar que bajar los impuestos promueve las actividades empresariales. Así es cuando los negocios son pequeños y necesitan alzar el vuelo. Cuando las multinacionales rastrean el planeta en busca del lugar de mayor «eficiencia impositiva» en el que puedan registrarse y desvían su dinero a través de empresas fantasma, bajar los impuestos no tiene nada que ver con la actividad empresarial. Lo que hace realmente es destruirla, ya que obliga a la pequeña empresa en expansión a pagar las facturas que las grandes corporaciones han evadido.

A mediados de la década de 1980, la ortodoxia de la tasa impositiva baja era tan hegemónica que la idea de subir los impuestos estaba considerada como una desfachatez de la extrema izquierda. El hecho de que los Gobiernos de centro derecha de Alemania y Suecia mantuvieran unos impuestos altos para generar responsabilidad corporativa era algo que aquellos que querían catalogarlos de dogma socialista, y no neoliberal, ignoraban según su propia conveniencia. Al mantener los impuestos a unos niveles razonables para empresas locales como BMW y Siemens (que, por cierto, no tenían ningún problema en pagarlos), estos países pudieron conservar su base de producción manufacturera. Algo que Gran Bretaña y Estados Unidos destruyeron al externalizar los impuestos y los puestos de trabajo.

La industria automovilística estadounidense se derrumbó y generó la desindustrialización de esos mismos sectores que habían convertido a Estados Unidos en la superpotencia mundial. En Gran Bretaña se repitió la misma historia. Los trabajadores de las industrias tradicionales fueron declarados «improductivos». La realidad es que les habían quitado el suelo que pisaban para enviar la producción a otros países. Cuando Nissan abrió una fábrica en el noreste de Gran Bretaña, los trabajadores, de repente, volvieron a ser «competitivos», porque la mano de obra era barata.

A medida que el futuro empezó a depender de los servicios financieros más que de la manufactura, surgió una enorme industria de la contabilidad en Londres al servicio del coloso de la evasión de impuestos, con puertas giratorias entre la hacienda pública y las grandes firmas de la asesoría financiera. Richard Brooks, un inspector fiscal jefe de la Agencia Tributaria británica, dio la voz de alarma tras presenciar lo que consideraba una relación de concubinato entre los inspectores fiscales y las multinacionales.

«Me percaté de que había personas a las que se degradaba o ignoraba por hacer su trabajo, que es recaudar impuestos. Pero si promovías las relaciones con las multinacionales y les aconsejabas que siguieran estrategias de "eficiencia impositiva" recibías un ascenso.»[65]

En opinión de Brooks, en aquella época surgió un sistema de doble hoja. Sobre el terreno, los exigidos inspectores fiscales hacían lo indecible por perseguir a los evasores de impuestos. Pero por encima de estos inspectores saturados de trabajo que se enfrentaban a la evasión, había toda una cuadrilla de altos funcionarios que almorzaban y socializaban con las grandes asesorías financieras que representan a compañías como Google y Facebook.

Según Brooks, esta asociación hacía que el cuadro de directivos de la Agencia Tributaria británica realizara concesiones fatídicas. Estaban «cautivados» por esas mismas compañías a las que tendrían que haber investigado, y se mostraban más dispuestos a impresionarlas que a investigarlas. Y no en menor medida porque tenían los ojos puestos en su futuro puesto de trabajo. Aun en caso de que un individuo hubiera querido realizar una cruzada fiscal, la cultura de la organización lo tenía vedado.[66]

Ser complacientes con esas grandes compañías significaba un déficit en la recaudación de impuestos, y este déficit solo podía subsanarse siendo intransigentes con la pequeña y mediana empresa, objetivos más factibles que pagan rápido cuando les llega el sobre de la renta.

La puerta giratoria que los inspectores fiscales tenían abierta en las cuatro grandes firmas asesoras suponía que la legislación sobre los impuestos sería escrita por personas que seis meses después estarían trabajando para una asesoría financiera, cuidando por el bien de la contabilidad de grandes corporaciones y aconsejándoles sobre la mejor forma de darle la vuelta a esas mismas leyes que ellos habían redactado.

Cuando en 1997 se creó la Autoridad Monetaria de las Islas Caimán para velar por los delitos e investigar el comportamiento delictivo de contables y abogados, no fue el Gobierno británico ni el Banco de Inglaterra los que delimitaron sus poderes, sino Maples & Calder, el bufete de abogados más poderoso de las Caimán. Redactaron las normas sobre cómo tenían que vigilarse a ellos mismos.[67]

65. *Ibid.*, entrevista con Richard Brooks.

66. Richard Brooks, *The Great Tax Robbery,* Oneworld, 2014: una historia detallada de las investigaciones de Richard Brooks acerca del sistema fiscal.

67. Jan Fichtner, *Anatomy of Offshore,* Universidad de Ámsterdam, 2016.

¿Puede sorprender acaso que se pida a los clientes multinacionales de la isla, Google, Facebook, Starbucks y Amazon, que decidan por sí mismos qué tasa impositiva quieren pagar? Nadie va a decidirlo por ellos. Desde el momento en que John Cumber fue llamado al Ministerio de Asuntos Exteriores y le mostraron ese círculo en el mapa, las Islas Caimán esperaron veinte años para servir a las grandes empresas. Pero cuando finalmente lo consiguieron, se hicieron indispensables.

Sombras bajo el agua

Cuando llego a la isla de Gran Caimán su aspecto es muy diferente al que encontró John Cumber cuando aterrizó allí hace medio siglo. Hoy en día, este sitio parece una zona residencial pudiente de Florida. Edificios de planta baja recorren la arteria principal de la isla, flanqueada a ambos lados por playas de arena blanca y un océano de color turquesa. Cada día llegan megacruceros procedentes de Miami de los que desembarcan miles de turistas que compran camisetas y conchas con la leyenda «*I Love Cayman*» escrita sobre ellas antes de volver a embarcarse para tomar un cóctel.

A primera vista, nadie diría que se trata de un nodo financiero internacional. No se ven altos edificios acristalados resplandecientes como en Londres o Wall Street, pero ese es su propósito. Aquí la riqueza permanece oculta. Las Caimán poseen activos de capitales por valor de un billón de dólares, la economía interna de la isla multiplicada por más de 1.500. Este solo banco de arena de ocho kilómetros de largo en medio del océano posee más activos externos que Japón, Canadá o Italia. Es la principal sede legal del sector de los *hedge funds* (el sesenta por ciento de los directores de *hedge funds* operan desde este brazo de tierra). También es el destino preferido para los ABS (valores respaldados por activos) y las obligaciones de deuda garantizada de todo el mundo.[68]

En otras palabras, las Caimán se quedan con todos los beneficios y también con toda la deuda, albergados en bancos anónimos de planta baja y oficinas llenas de contables que visten de manera informal, con bermudas y chanclas, que en lugar de conducir un imponente Ferrari se inclinan más por el Toyota Prius. Las miles de corporaciones inscritas en las Caimán, desde Ikea a HSBC, de Starbucks a Vodafone, de Pepsi a Disney, no tienen ninguna presencia formal. En absoluto.

---

68. *Ibid.*

Lo sé porque lo primero que hice fue buscarlas. No obstante, sí hay un edificio apartado al final de la playa en el que hay registradas más de veinte mil empresas. En el año 2008, el presidente Obama calificó Ugland House, diciendo: «Tal vez no sea el edificio más grande del mundo, pero sí el mayor fraude fiscal del planeta».

No tiene grandes cancelas ni guardias de seguridad. Todo está oculto a plena luz. Me acerco, hasta las puertas acristaladas para echar un vistazo a su interior. Un portero relajado acaba saliendo para ver quién soy: «Me preguntaba si puedo echar un vistazo al interior».

Me conminan educadamente a abandonar la propiedad, pero no sin que haya podido mirar a través de la cristalera tintada. Hay muchos escritorios, pero las veinte mil compañías registradas no tienen una sola persona sentada ante ellos. Las Caimán se autodenominan eufemísticamente «centro financiero», pero lo que eso significa realmente es que se trata de una caja fuerte gigante con palmeras. Un lugar en el que depositar inimaginables sumas de dinero, lejos de la mirada fisgona del mundo.

Lo realmente extraño es que me dejaran entrar. De repente, tras décadas de secretismo en las que una ley que prohibía a los periodistas hacer meras preguntas, y no hablemos ya de investigar algo, ahora quieren abrir sus puertas y mostrar que no tienen nada que ocultar. ¿Por qué? La respuesta es sencilla, y su única razón de ser es el negocio.

Debido a la carrera en la liza entre los Gobiernos occidentales por ofrecer la tasa impositiva más baja a las corporaciones, las Caimán se enfrentan a una competición feroz. Todos rivalizan por llamar la atención, ofreciendo «arreglos» más astutos y complejos que nunca. Y ya no les vale con mostrarse opacos. Las Caimán buscan ganar la partida mediante la apertura para mostrarle al mundo que actúan según la legalidad. De hecho, están lavando su propia imagen.

Entre los paraísos fiscales, las Islas Caimán ostentan el puesto número cinco del índice de secretismo financiero, o de menor transparencia.[69] Un secretismo que adopta la forma de estructuras financieras opacas que permiten estafas como las de Enron y Parmalat.

Aun así, las Islas Caimán solo ocupa el quinto puesto. Existe más transparencia que en Suiza, la número uno, o Singapur, número dos. Las Caimán tienen la esperanza de tomarle la delantera a sus competidores mediante el aperturismo y hacerse con sus negocios. En 2009, el FMI declaró que el

---

69. Financialsecrecyindex.com, revisión de 2015.

mayor peligro para el futuro de las Islas Caimán como paraíso fiscal no era la interferencia del Gobierno ni las investigaciones externas, sino el «riesgo reputacional», seguir teniendo mala prensa.

Pero si preguntas a la población de la isla por qué creen que tienen tan mala reputación, no mencionarán la evasión de impuestos en la industria ni a Pablo Escobar, sino una película de 1993 protagonizada por Tom Cruise. Yo creía que era una broma hasta que dejé de contar las personas que se referían a ella.

La tapadera narra la historia de un abogado avispado que trabaja para un bufete y se percata de que sus jefes están lavando dinero de la mafia a través de ya sabéis qué islas. *La tapadera* consolidó una reputación que, según los locales, era injusta desde un principio. Ahora quieren hacer borrón y cuenta nueva. De ahí que me hayan invitado. Por desgracia, la semana no comienza bien para el Departamento de Relaciones Públicas. Han cogido a Google malversando el ochenta por ciento de sus beneficios a través de paraísos fiscales. La Agencia Tributaria estadounidense (IRS) desvela que están reclamando a Amazon 1.500 millones de dólares en impuestos atrasados y Apple admite haber trasladado 74.000 millones a paraísos fiscales, pagando el dos por ciento de impuestos. Decido que es mejor carraspear y no mencionar esos titulares.

Me presentan diligentemente a la gobernadora de la isla, una mujer educada que lleva un sombrero rosa, vive en una gran casa colonial y con la que tomo el té. Me presentan al presidente electo, un hombre cortés, pero algo brusco, al que obviamente no le hace ninguna gracia tener que hablar conmigo, y a varios empresarios eminentes, entre ellos el nieto de John Cumber, los cuales rezuman todos un encanto infalible. El mensaje es claro: somos un libro abierto. Tienen la seguridad de que no encontraré nada.

Este lugar es un cruce entre una isla caribeña y la Gran Bretaña de la década de 1950. Me dan libertad absoluta para merodear preguntando lo que me apetezca a quien yo quiera, siempre que no se trate de las multinacionales que depositan aquí sus beneficios. Me entero por un agente de policía que robar un coco del jardín de un vecino puede acarrear pena de cárcel. No me explica por qué no está en el centro de la ciudad arrestando a los responsables de lavar más de cien millones de dólares para los directivos de la FIFA, y preguntarle eso me parece grosero.

Una vez al año, los isleños se ponen los trajes de ceremonia para celebrar el desfile anual por el cumpleaños de la reina, que incluye una banda de música y recogida de premios. Es como estar en una fiesta campestre en

Somerset. Los contables se dirigen a la fiesta en el jardín de la gobernadora y comen sándwiches de pepino bajo un calor de 40 grados.

Pregunto a uno de los contables de la fiesta acerca de las revelaciones de la FIFA y sonríe. «Eso está un poco anticuado, ¿no?» Tiene razón. Hoy en día, las Caimán son la forma natural de hacer negocios y no hay necesidad de cometer actividades delictivas cuando las opciones para ocultar el dinero son infinitas. Aun así, se sigue delinquiendo, y el mundo se encoge de hombros al respecto.[70]

En la década de los años noventa, empresas estadounidenses, holandesas y británicas aprovechaban las Islas Caimán porque sus Gobiernos les permitían usarlas como un conducto de inversión extranjera directa, pero ahora Brasil y China hacen lo mismo que ellos. En el año 2000, la asesoría financiera PricewaterhouseCoopers ideó una «innovación» legal para que las multinacionales chinas pudieran cotizar fuera del país públicamente y así tener acceso a capital extranjero y burlar las limitaciones que impone China a la inversión externa. Lo llaman VIE (entidad de interés variable, en español), una variación de la empresa tenedora. Y su objetivo número uno es Estados Unidos.

En 2014, el gigante de la venta por Internet Alibaba alcanzó una cifra récord de 25.000 millones de dólares con su oferta pública inicial en Estados Unidos, sirviéndose de la novedosa empresa tenedora de PricewaterhouseCoopers. El Consorcio Internacional de Periodistas de Investigación (ICIJ son sus siglas en inglés) desveló que los familiares de la élite del Partido Comunista Chino también usan las VIE para burlar las reglas del partido y crear empresas fantasma en paraísos financieros con el propósito de la evasión de capitales de China.[71]

El mundo conoce las Islas Caimán por la evasión de impuestos, pero su función real va mucho más allá de un ejercicio de contabilidad astuta. Y no es un asunto baladí. El mayor secreto de las Caimán es que proporciona los mecanismos necesarios para que las empresas extranjeras compren compañías estadounidenses e infraestructuras industriales sin apariencia de ser un ente foráneo. Y su mágico eufemismo se llama «inversión de portafolio».

En 2015, las Islas Caimán declararon activos de «inversión de portafolio» ante el FMI por valor de 61.000 millones de dólares. Jan Fichtner, de la Universidad de Ámsterdam, investigó las cifras y estimó los activos reales en 2.574 miles de millones de dólares, la cantidad declarada multiplicada por cuarenta y dos. Esta enorme discrepancia se debe a un solo motivo, que los

---

70. *Britain's Trillion Pounds Island: Inside Cayman,* BBC, 2015.

71. Jan Fichtner, *Anatomy of Offshore,* Universidad de Ámsterdam, 2016.

activos declarados excluyen los *hedge funds*. Los pasivos por derivados (la verdadera cifra) no están excluidos. Los *hedge funds* están en el mismo centro de las actividades invisibles de las Caimán, lo cual explica por qué el sesenta por ciento de los *hedge funds* mundiales opera desde allí.

Y su principal función es la de quedarse con Estados Unidos sin que estos se percaten. A primera vista, la verdadera «nacionalidad» de una inversión de portafolio es imposible de establecer, porque los instrumentos de inversión están divididos en múltiples jurisdicciones que a menudo se extienden por decenas de países diferentes. La única forma de comprender cómo funcionan realmente es mirar dos factores básicos: el dinero entrante y el dinero saliente.

A esto se lo llama inversión «de entrada» e inversión «de salida», y la mayor discrepancia entre estas dos cifras la encontramos en Japón, que en 2015 facturó 51.000 millones de dólares de entrada y 558.000 millones de salida. Pero misteriosamente, de ese más de medio billón de dólares en inversiones de portafolio realizadas por Japón, ni siquiera la décima parte llegó a regresar al país.

¿Por qué? Porque ese dinero se utilizó en Estados Unidos para realizar operaciones clandestinas. Los inversores de Hong Kong y Japón utilizan las Islas Caimán como conducto para acometer inversiones de portafolio en el enorme mercado de renta variable norteamericano. Las Islas Caimán actúan como un sistema de cobertura descomunal que protege la identidad de los inversores japoneses que compran en Estados Unidos.

Pero estas inversiones de portafolio se usan también para absorber las oportunidades que se presentan en los mercados emergentes y en una China sensible en términos políticos. Las Caimán son un nodo para la compra y venta del planeta. Según Fichtner, «cruzan el nexo entre la *Pax Americana,* la angloesfera y la red independiente que conforma la Gran China». Cinco países acaparan el noventa por ciento de las inversiones de portafolio: Estados Unidos (1.206 billones), Japón (558.000 millones), Hong Kong (343.000 millones), el Reino Unido (91.000 millones) y Luxemburgo (83.000 millones). Pero no os dejéis engañar por estas cifras. Las empresas que parecen operar a través de estos países no lo hacen. Estas jurisdicciones son meros vehículos temporales de conveniencia, como las Caimán, hasta que les llegue una oferta mejor.

Y ahora estamos en la era posterior al Brexit y a Trump, dos cambios que han venido de la mano. Gran Bretaña ha dado por perdida la manufactura. George Osborne, anterior responsable del erario público, dijo en febrero de 2017 que la economía de por sí ya no era «una prioridad» para el Gobierno. Con esto quiere decir que la tasa fiscal baja se ha convertido en la única tabla de salvación económica en el mundo después del Brexit. En su día fuimos una economía manufacturera. Después, nos convertimos en una economía de servicios. Ahora somos un paraíso fiscal.

En Estados Unidos, Trump se enfrenta a una dicotomía. Históricamente, las tasas de interés bajas suponen una oportunidad generacional única para reconstruir las infraestructuras al estilo del *New Deal* de Roosevelt. Pero la tentación de ofrecer los impuestos más bajos del planeta a las multinacionales en los Estados Unidos de Trump y de desbancar a las Islas Caimán podría ser irresistible. Entre tanto, Estados Unidos reconstruye sus infraestructuras. Solo que las obras las hacen los chinos.

En 2016, Fuyao Glass creó dos mil puestos de trabajo en Moraine, Ohio. En esta misma ciudad, ocho años antes, el 23 de diciembre de 2008, General Motors sacó de su fábrica el último camión de la cadena de ensamblaje. Ahora, Fuyao Glass acaba de resucitarla. Cuando ese último camión salió de la planta dos días antes de Navidad, la ciudad de Moraine se daba por muerta. El cierre de la fábrica de GM simbolizaba el fin de la manufactura en Estados Unidos. La desindustrialización no era solo un término para designar la pérdida de la esencia del país, sino la clave del fin de su papel como superpotencia mundial.

Pero ocho años después, esos puestos de trabajo han vuelto. Moraine representa los Estados Unidos de Trump en estado puro, y a pesar de ello sus mismos votantes aplaudieron el regreso del empleo de manos de ese gigante chino de la cristalería. Y mantener ambas posturas no supone ninguna contradicción para ellos.

Si las Islas Caimán se convierten en el instrumento mediante el cual las empresas chinas y japonesas compran Estados Unidos a hurtadillas, pero devuelven los puestos de trabajo en ese proceso, resulta mucho más difícil mantener una posición moral simplista sobre el papel de los paraísos fiscales y el «patriotismo» de la creación de empleo.

Luchar contra la extraterritorialización es como luchar contra el océano. Está ahí y no hay manera de cambiarlo. Bajo ese océano azul se mueven sombras oscuras, las corporaciones que esperan su momento para entrar. Lo que comenzó como un mecanismo relativamente simple para evadir impuestos y depositarlos en un banco de arena se ha transmutado en un mecanismo financiero de complejidad inaprensible, con todas las complicaciones morales que eso conlleva.

El mundo funciona a través de entes extraterritoriales y este sistema global está fuera del control de cualquier Gobierno.

«¿En qué sentido benefician las Islas Caimán al pueblo británico?», pregunto a la gobernadora durante mi último día de estancia. «Lo siento, no sabría... Tendré que pensarlo», respondió sin saber qué decir. La gobernadora consultó con su oficina de prensa, esforzándose por conseguir la respuesta adecuada. Era obvio que jamás se le había ocurrido que alguien pudiera hacerle una pregunta tan infantil.

Era una pregunta difícil de responder. Cómo pueden beneficiar las Caimán en algún aspecto a Gran Bretaña, llevándose miles de millones en impuestos de las arcas del Gobierno que contribuyen directamente a la gestión de recursos de los servicios básicos.

Aunque ella no tuviera respuesta, yo sí tenía una. Las Caimán nos han mostrado el camino. Si reduces los ingresos fiscales hasta la nada, tienes que cobrar impuestos por todo lo demás. Un paquete de palitos de pescado cuesta cinco libras. El alquiler de una casucha destartalada sale más caro que el de una casa de tres pisos en el centro de Londres.[72] Lo que te ahorras en impuestos directos tienes que pagarlo en impuestos indirectos. Los únicos que pueden pagar estos precios inflados hasta la extenuación son los más ricos, para quienes el coste de la vida diaria resulta irrelevante. Para el resto de la población, la vida es más dura y el resultado es que haya una desigualdad mayor.

Hice otra pregunta a la gobernadora: «¿Podrían llegar a cerrar las Islas Caimán?» Parecía escandalizada. «¿A qué se refiere?» A si puede el Gobierno británico cerrarles el negocio. «No, gracias a Dios. Caimán es un Estado independiente.»

Trasladé esta misma pregunta al presidente. «La soberanía última reside en Londres, en el Gobierno británico», contestó.

Así pues, no hay responsable alguno. Caimán opera en una conveniente tierra de nadie, fuera del alcance de cualquier jurisdicción. Es verdaderamente *offshore* en el mismo sentido que lo es todo el sistema bancario, que opera desde algún punto en medio del océano surcado por oscuras sombras bajo la superficie.

---

72. *Britain's Trillion Pound Island: Inside Cayman*, BBC, 2015.

4

RIQUEZA:
La desigualdad como oportunidad de negocio

Coged un carrito de golf con capacidad para ocho personas y meted en él a las personas más ricas del planeta. Al volante estaría el magnate de las telecomunicaciones mexicano Carlos Slim (con una fortuna valorada en 75.500 millones de dólares). Junto a él, Bill Gates (75.000 millones). En los asientos del medio estarían el fundador de Zara, Amancio Ortega (67.000 millones), Warren Buffet (60.800 millones) y Jeff Bezos, de Amazon (45.200 millones). En la fila de atrás estarían Mark Zuckerberg, de Facebook (44.600 millones), y Larry Ellison, de Oracle (43.600 millones), con Michael Bloomberg (apenas 40.000 millones) sentado en la butaca trasera.

Estas ocho personas poseen actualmente el equivalente al cincuenta por ciento de la riqueza del planeta, con un valor conjunto de 426.000 millones de dólares. Ocho individuos que suman el mismo dinero que 3.750 millones de personas juntas, que curiosamente también conforman el cincuenta por ciento de población más pobre del planeta.[73]

Esta polarización de la riqueza mundial se ha convertido en una especie de calentamiento global humano. Un proceso sísmico irreversible cuyo alcance se expande a lo largo y ancho como una falla tectónica. ¿Deberíamos preocuparnos? La pobreza mundial en términos absolutos se está reduciendo y, como argumenta el Institute of Economic Affairs, la ampliación de la bre-

---

73. Melanie Kramers, «Eight people own the same wealth as half the world», informe de Oxfam previo a la conferencia de Davos, 16 de enero de 2017.

cha es el precio que el planeta tiene que pagar por su enriquecimiento global.[74] Independientemente de lo importante que te parezca, la desigualdad es un hecho y, parafraseando a Arnold Schwarzenegger, a ella le importa un bledo lo que tú creas.[75]

Pero en marzo de 2006, mucho antes de que la desigualdad se tuviera en cuenta o se percibiera como un desastre, un grupo de analistas previeron todo esto y llevaron a cabo algo bastante sobrecogedor. Decidieron tratar la desigualdad mundial venidera como una oportunidad de negocio susceptible de ser explotada, y también ampliada.

Estos hombres averiguarían el modo de sacarle partido a la mayor de las divergencias de la historia y propulsar la desigualdad en el proceso, convirtiendo la profecía en realidad. Si el abismo entre ricos y pobres era un problema que avanzaba a niveles sísmicos, también tenía que ser una oportunidad como ninguna otra. Antes de que la expresión «El 99% y el 1%» se convirtiera en un lema en las pancartas del movimiento Occupy, el término ya había sido acuñado en una sala de juntas.

El reloj de arena

Tobias Levkovitch es un hombre muy inteligente. Me reúno con él en su enorme despacho con vistas al río Hudson en la planta número cuarenta y nueve del cuarto banco más importante del mundo, Citigroup, desde donde dirige el departamento de «Estrategia Global». Me habla de un libro que le encanta: *Leviatán*, de Thomas Hobbes. Un tratado político basado en la premisa de que los seres humanos harán cualquier cosa que se les permita, a menos que haya leyes estrictas que se lo impidan.

Cuando no lee filosofía política del siglo XVII, a Tobias le gusta pensar en el mundo de una manera profunda, diferente y denodada. Y en el año 2006, Tobias tenía en su cartera una imagen del mundo que en caso de decidir compartirla con sus clientes les haría ganar mucho dinero. Una cantidad desorbitada, de hecho.

Tobias es uno de los banqueros más importantes del planeta. Es el responsable de identificar los cambios tectónicos en los movimientos de la eco-

---

74. «Never Mind the Gap: Why We Shouldn't Worry About Inequality», Institute of Economic Affairs, 23 de mayo de 2016.

75. Arnold Schwarzenegger, «I Don't Give a Damn» (acerca de quienes niegan el cambio climático), Fortune.com, 8 de diciembre de 2015.

nomía y de aconsejar a Citigroup y a Wall Street para que inviertan en lo que él cree que está por suceder. No se trata de unos simples millones o miles de millones, sino de billones de dólares.

En 2006, Tobias identificó algo muy gordo. Tres compañeros de Citigroup (Ajay Kapur, Niall Macleod y Narendra Singh) habían redactado un informe interno para estrategias de igualdad titulado «Revisando la plutonomía: los ricos cada vez son más ricos».[76] En él, argumentaban que la riqueza mundial estaba polarizándose. Y no poco, ni mucho, sino de una manera tan inconmensurable que eclipsaría cualquier otro periodo de la historia.

«Se habla del uno por ciento, pero técnicamente tendríamos que hablar del cero coma uno por ciento —dice Tobias—. Siempre han estado los que tienen y los que no, pero ahora tendremos los que tienen, los que no tienen y los que tienen yates.»

Tobias predijo, para incredulidad de sus colegas, que en el 2015, para lo que faltaba una década, las cien personas más ricas del planeta poseerían lo mismo que la mitad de la población mundial en su conjunto. De hecho, el número de personas ha quedado reducido a ocho, los tipos que están en ese carrito de golf.

Tobias lanzó su bomba en 2006 en la misma sala de reuniones en la que me entrevisto con él ante una marea de hombres y mujeres de rostros impasibles vestidos de traje.[77] Estas personas representaban a las empresas más grandes del mundo. Gigantes del petróleo, el acero y los *hedge funds* y la construcción; multinacionales de la alimentación y los químicos; supermercados; fabricantes aeronáuticos; compañías farmacéuticas y productores automovilísticos; proveedores de telefonía e Internet de todos los continentes.

«La década venidera estará marcada por la polarización y la agitación social —dijo Tobias—. Es la consecuencia directa de la creciente desigualdad económica. —Sus clientes carraspearon y miraron sus notas—. Muchos están preocupados por esto. En este banco no nos preocupa tanto.»

Me pregunto por qué diría eso: «En este banco no nos preocupa tanto».

«Podéis quedaros sentados ahí y deciros: "Lo que yo hago no se ajusta a los parámetros de felicidad social de todos. Yo tengo que entregar resultados o se llevarán su dinero y se lo darán a otro". No se trata de cinismo. Ese es vuestro trabajo. Se supone que estamos para hacerles ganar dinero.»

76. «Revisiting Plutonomy: The Rich Getting Richer», Citigroup Equity Strategy, 5 de marzo de 2006.

77. Entrevista a Thomas Piketty en *The Super-Rich and Us*, BBC, 2015.

Tobias predijo acertadamente en esa reunión que en los años siguientes la desigualdad entre los diferentes países disminuiría al tiempo que la desigualdad dentro de esos países crecería, y en este momento fue cuando ofreció a sus clientes corporativos una analogía de una simpleza escalofriante, la del reloj de arena.

Según dijo, a medida que pasara el tiempo, todos los países empezarían a parecerse a un reloj de arena. Arriba permanecería la élite mundial de los multimillonarios, a quienes podrías vender aviones privados y automóviles Bentley. Debajo de todo estarían los pobres del mundo, que ofrecerán una inimaginable variedad de nuevas oportunidades para la venta de productos para necesitados: préstamos a cuenta, contratos sin horas, créditos de intereses altos. A medida que los niveles de estrés aumenten entre la población pobre, las apuestas y el alcohol volverán a ser industrias florecientes. Cuando la gente no pueda llegar a fin de mes, las calles se inundarán de casas de empeño y descuentos.

Se trataba de una perspectiva imponente, pero me intrigaba ese reloj de arena. ¿Qué pasaría con las personas estancadas en el medio? «Ah, esa es la clase media. Les harán la vida imposible. Ya no tendrán poder adquisitivo, por lo que dejarán de existir como oportunidad de inversión», contestó Tobias con entusiasmo.

De hecho, la clase media pasará a formar parte del pueblo pobre. Se hundirán en la esfera más baja del reloj de arena, pero continuarán viviendo durante un tiempo por encima de sus posibilidades, aferrándose desesperadamente a los tópicos de la clase media: las vacaciones en el extranjero y el coche nuevo. Un estatus ilusorio.

Para ponerlo en contexto, un Lamborghini medio cuesta aproximadamente 180.000 libras, lo mismo que la vivienda media británica. Si fueras uno de esos clientes de Citigroup al que presentan una clase media en disolución, ¿les venderías un Lamborghini a los del uno por ciento, a quienes esa cantidad les parece calderilla, o te harías propietario de diez mil inmuebles de los suburbios? Harías ambas cosas, pero con la clase media ni te molestarías.

Según la visión a largo plazo de Tobias, el fondo de ese reloj de arena sería la representación de una nueva clase mundial en la que entraríamos todos nosotros, la clase media incluida. Lo que conocemos ahora como ese noventa y nueve por ciento de personas que vive a un solo día de quedarse sin blanca. El llamado «precariado».

Cuando Tobias presentó este nuevo mundo feliz a los clientes de Citigroup se percató de que sucedía algo en la sala. Un silencio absoluto. «No se oía ni el vuelo de una mosca.» Al principio, Tobias pensó que simplemente estaban anonadados por el apocalíptico futuro que preveía. «Si Citigroup lo dice, debe ser cierto, ¿no?» Pero después se dio cuenta de que no se trataba de eso. Sus rostros mostraban una expresión de asombro a medida que percibían cuánto dinero podrían ganar con ello.

Durante los dos años que mediaron entre la presentación de Citigroup y el derrumbe financiero de 2008, las empresas diversificaron sus portafolios tal y como les había aconsejado Tobias, centrándose en los negocios a ambos extremos del reloj de arena, el lujo de calidad superior para los ricos y los productos de necesidad para los pobres.

Pero los clientes de Citigroup solo pudieron alzar el vuelo realmente cuando se produjo el crac financiero. Las previsiones de Tobias se habían hecho realidad más rápido de lo que cualquiera de ellos habría soñado.

Los Juegos del Hambre en versión real

Todas las personas que van sentadas en mi carrito de golf piensan que la desigualdad es algo horrible. Lo dicen todo el tiempo, como también hacen los dirigentes del FMI, del Banco Mundial, el Banco de Inglaterra, la Reserva Federal y cualquier otra institución de las que han pasado los últimos veinte años disponiendo los mecanismos que permitieron que la desigualdad se extendiera como un abismo.

En 2015 entrevisté al economista francés Thomas Piketty, autor de *El capital en el siglo XXI*, quien cree que vender a las esferas pobres y ricas del reloj de arena no es más que una consecuencia de la desigualdad. El proceso subyacente que conduce a su perpetuación es el trasvase del capital que pasa de los pobres a los ricos.

Esto, en opinión de Piketty, es exclusivamente peligroso para la sociedad en su conjunto, porque pone a prueba su propia razón de existencia. El contrato de reglas compartidas se lleva hasta el límite, y ahí es cuando la sociedad empieza a fracturarse. ¿Y qué puede hacerse? Piketty se encogió de hombros ante esta pregunta. «Tal vez se podría reformar el FMI para que tenga jurisdicción transnacional y evite que las multinacionales eludan sus obligaciones legales.» Una especie de fuerza especial internacional como los *Thunderbirds*, capaces de abalanzarse sobre las incautas corporaciones y soltarles una bofetada en forma de multa por evasión de impuestos. Para abreviar, algo tan probable como que un ejército de marionetas salve el mundo.

La desigualdad ha venido para quedarse y ahora convivimos a diario con ella y toleramos sus extremos. En Londres puedes conseguir una limpieza facial en un salón de belleza de Knightsbridge con una mascarilla de oro líquido de usar y tirar con masaje de caviar de postre. Un producto para la cúspide del reloj de arena. Los tratamientos cuestan hasta más de 30.000 libras esterlinas. Algunos clientes van tres o cuatro veces al mes. Los empleados que aplican la mascarilla de oro líquido y el masaje de caviar suelen cobrar el sueldo mínimo o poco más. Si necesitan un préstamo a cuenta para llegar a fin de mes, utilizan uno de esos productos de necesitado de los del fondo del reloj de arena.

En 2015, un grupo de madres solteras que vivía en casas de protección oficial en Newham, la zona este de Londres, fueron desahuciadas por el Ayuntamiento para dar vía libre a las construcciones de pisos de lujo.[78] Cuando acudieron a ver al alcalde, este les dijo: «Si no podéis permitiros vivir en Newham, pues no podéis permitíroslo. ¿Qué queréis que haga yo?»[79] Cuando se negaron a marcharse, llamaron a la policía, aunque los propios agentes se oponían a la idea de echar por la fuerza a mujeres y niños que no habían cometido delito alguno. En vistas de la imposibilidad de solucionar el conflicto, las madres solteras ocuparon por su cuenta un centro social en desuso.

A un tiro de piedra del centro de la ciudad han construido pisos de lujo con fachadas acristaladas que permanecen desocupados en su mayoría porque fueron comprados sobre plano por inversores extranjeros para amarrar cantidades desorbitadas de capital excedente. Los inversores ni siquiera los consideran pisos, sino «cajas fuertes». Las madres desalojadas vieron cómo construían esos mausoleos de riqueza deshabitados, mientras a ellas les habían cortado la luz y el agua en sus viviendas para obligarlas a marcharse. Desde su edificio ocupado podían ver a la perfección el interior de los pisos de lujo, pero desde estos lo único que se advierte son las vistas panorámicas de una ciudad en la que el rigor de la pobreza que se desencadena a sus pies es una simple parte más de una picaresca urbana de arquitectura brutalista.

Esta coexistencia entre las dos esferas del reloj de arena siempre ha existido. En 1845, Frederick Engels, en su libro *La situación de la clase obrera en Inglaterra,* escribió acerca de la Mánchester victoriana: «Los miembros de la aristocracia monetaria pueden tomar el camino más corto para atravesar

---

78. «Mothers campaign group to leave Newham flats», BBC News, 2 de octubre de 2014.

79. Robin Wales, del distrito de Newham, se disculpó posteriormente: «Pido disculpas a las familias del Focus E15, pero se trata de una crisis de la vivienda que afecta a todo Londres», *Guardian,* 6 de octubre de 2014.

los barrios de los trabajadores… sin percatarse jamás de que están en medio de la más absoluta miseria».[80] En el libro *Planeta de ciudades miseria*, de Mike Davis, se documenta la erradicación visual de los pobres en todo el mundo, desde la limpieza de barrios de chabolas en Lagos al desplazamiento de un millón y medio de personas en Shanghái para dar pie al lavado de cara de una ciudad de riqueza deslumbrante.[81]

Las diferencias extremas se suceden en todas partes con rapidez, pero en Londres es un fenómeno muy visible. Una ciudad que si fuera un país independiente sería el séptimo más rico del mundo. Sin embargo, el veintiocho por ciento de la población vive oficialmente en la pobreza y dos tercios de ella sobreviven a duras penas. Desde el crac de 2008 ha habido recortes en políticas de austeridad por valor de 80.000 millones de libras esterlinas, una cifra que la casualidad hace coincidir con el dinero que han recibido los banqueros en primas.[82]

La mayoría de las personas de Gran Bretaña tienen sus sueldos congelados desde hace diez años y permanecen al mismo nivel que antes del crac financiero. Una familia media gana 429 libras a la semana, igual que en 2006. Pero en este mismo periodo las mil personas más ricas han duplicado sus ingresos con creces, pasando de 200.000 a 500.000 millones de libras.[83]

A medida que los multimillonarios del mundo invadían Londres tras la crisis bancaria de 2008 para aprovecharse de la «expansión cuantitativa» (el dinero que se imprimió para salvar a los bancos, el noventa y cinco por ciento del cual se fundió directamente en la burbuja del uno por ciento de los más ricos), aumentó el miedo a que la ciudad ejecutara una «depuración social» de la pobreza.[84]

Londres quedaría dividida en dos ciudades. Sería una megalópolis como Ciudad de México, Ciudad del Cabo, Shanghái, Lagos, Los Ángeles o el Capitol de *Los Juegos del Hambre,* un santuario poblado por los más ricos, que disfrutarán de una vida dorada en restaurantes exclusivos con iluminación discreta, fines de semana en sus superyates en Mónaco, esquí en Gstaad,

---

80. Friedrich Engels, *The Condition of the Working Class in England,* publicado por Otto Wigand, 1845. Existe una traducción en castellano ya descatalogada: *La condición de la clase obrera en Inglaterra,* Magisterio Español, Fuenlabrada, 1979.

81. Mike Davis, *Planeta de ciudades miseria,* Akal, Madrid, 2014.

82. Estadísticas de la Oficina de Estadística Nacional de Gran Bretaña (ONS) citadas en *The Super-Rich and Us,* BBC, 2015.

83. *Ibid.*

84. *Ibid.*

compras de bolsos de 100.000 dólares en Dubái y tránsito perpetuo en aviones privados. Este Estado acordonado de «Richistán» fuera del alcance de las masas flota sobre ellas como una tupida nube de champán, pero, independientemente del lugar del planeta en el que te encuentres, siempre se trata de un mismo espacio en el que conviven las mismas marcas comerciales y la misma planificación vital.[85]

La otra mitad de la ciudad estará compuesta por una masa de pobres dispersa por los barrios del extrarradio que solo podrá acceder a ella para servir a sus nuevos amos. Personas que viven a un día de la desposesión absoluta y que se estresan tanto por esta precariedad que mueren diez años antes que los ricos. La analogía con *Los Juegos del Hambre* no es una tontería. En 2014, un informe sobre la desigualdad mundial patrocinado en parte por el centro de vuelo espacial Goddard de la NASA concluía que «según las tendencias actuales es probable que nos enfrentemos a un escenario de desigualdad como el de *Los Juegos del Hambre* de aquí al año 2030».[86]

Ya podemos ver esa depuración social en marcha en cada una de las grietas de Londres. Yo vivo en el centro y mi tienda de comestibles local es un microcosmos de desigualdad. El setenta y cinco por ciento de los clientes son individuos de entre veinticinco y treinta y pocos años procedentes de Europa y Estados Unidos con carreras emergentes en grandes corporaciones como Google, bancos de la City o compañías de tecnología agrupadas alrededor de «*Silicon Roundabout*». Entran al colmado vestidos con ropa deportiva tras realizar su carrera diaria, compran leche o una ensalada de quinoa y se marchan.

Hay doce personas trabajando allí que hacen turnos de doce horas con un contrato en el que no se especifica su horario. Tienen edades similares a sus clientes, pero sus vidas son muy diferentes. Tres de ellos viven a más de noventa minutos de distancia de la tienda. Uno vive en Essex, otro en Luton, a cincuenta kilómetros de distancia. No pueden permitirse alquilar algo en Londres, pero tampoco pueden permitirse dejar su empleo. Viajan desde tan lejos que su trabajo prácticamente no les sale a cuenta.

Pero esa tienda de comestibles es en realidad una anomalía. En 2015, Hannah Aldridge y Tom MacInnes, del New Policy Institute, analizaron los

85. Robert Frank, *Richistan: A Journey Through the American Wealth Boom and the Lives of the New Rich,* Crown, 2007, ofrece una descripción detallada de este mundo secreto.

86. Proyecto de investigación sobre la ejemplificación de la desigualdad del centro de vuelo espacial Goddard de la NASA y la Fundación Nacional para la Ciencia de Estados Unidos, de Marzo de 2014.

movimientos de población al albor de los recortes en las ayudas para la vivienda y descubrieron algo inesperado.[87]

El escenario de división en dos ciudades de *Los Juegos del Hambre* se queda pequeño. La realidad es que hay una sola ciudad en la que los ricos y los pobres coexisten en el mismo espacio, pero son invisibles unos para otros. Los pobres no agravian a los ricos, sino que les ceden el control en los lugares públicos y en cualquier espacio en el que se encuentren, como en la tienda de comestibles de mi barrio. Los pobres parecen ser transparentes, y los ricos, en lugar de interactuar con ellos, hacen como si no existieran cuando se encuentran en cualquier situación incómoda. En estos *Juegos del Hambre,* los trabajadores de los barrios periféricos vagan entre los ricos como fantasmas.

¿Y si no pueden permitirse vivir en Londres por qué no se mudan a otro sitio? Mudarse significaría destruir todo lo conseguido. Para sobrevivir con bajos ingresos en un empleo de gran precariedad es esencial tener una red social de amigos y familia en los que puedes confiar y que permiten tu subsistencia. Estas condiciones no pueden reproducirse en cualquier otra parte. Tampoco pueden improvisarse la guardería, las plazas ganadas en colegios a base de gran esfuerzo, ni el conjunto de empleos informales mal pagados que generan en su totalidad unos ingresos que apenas dan para la subsistencia. La «clase trabajadora pobre» no puede permitirse marcharse a otro sitio.

Mientras los empleados mejor pagados de las oficinas se sirven de «escritorios calientes», los trabajadores pobres usan «camas calientes». Esto significa compartir una habitación y dormir por turnos en la misma cama. Una cuidadora de niños a la que conocí compartía su cama con otra mujer que trabajaba por las noches. Cada una tenía sus propias sábanas y hacía turnos de ocho horas. La puericultora dormía de 10 de la noche a las 6 de la mañana, y la mujer que hacía el turno de noche usaba la cama de las 6 hasta las 2 de la tarde. Las matemáticas sugieren que no le sacaban todo el partido a esa cama, ya que dejaban de monetizarla entre las 2 de las tarde y las 10 de la noche. O tal vez hubiera una tercera mujer de la que no me hablaron.

Los empleados de la tienda de comestibles de mi barrio son atípicos. Trasladaron su domicilio. La mayoría de la clase trabajadora pobre que vive en Londres tiene que hacer recortes en alimentación y calefacción para pagar el alquiler. Están atrapados y siguen sumidos en una burbuja de altos costes, incapaces de trasladarse a otro sitio por miedo a que sea peor que allí. Y su

---

87. «Monitoring Poverty and Social Exclusion», Joseph Rowntree Foundation and New Policy Institute, 2015.

número aumenta exponencialmente en el centro de Londres, en el mismo preciso momento en el que no pueden permitirse vivir allí. Como concluyen Aldridge y MacInnes, los pobres están siendo absorbidos para servir a esa maquinaria de riqueza insaciable y su relación es simbiótica.

Es destacable con qué libertad y poca vergüenza uso los términos «rico» y «pobre». Hace treinta años eran términos despectivos. Eso ya no le preocupa a nadie. Hacerse rico no es vergonzoso. Ya no es ese término abusivo que antes usaba la izquierda. Ahora es una aspiración universal. Y con el incremento de la deuda doméstica y los salarios bajos, el miedo a que la pobreza llame a tu puerta es más real que nunca.

A medida que emerge una riqueza absoluta en términos globales (las naciones más pobres lo son un poco menos y se catalogan como más ricas), la desigualdad en el interior de las naciones es cada vez más acuciante, y ambas están interconectadas. En *La gran convergencia*, Richard Baldwin, de Harvard, argumenta que la combinación del flujo libre de información tecnológica y el descenso global del coste de la mano de obra está creando más igualdad entre los países. Las naciones más pobres crecen, mientras que las ricas se quedan estancadas, hasta que al final todas estarán al mismo nivel. Entre 1820 y 1990, la parte de los ingresos mundiales que acaba en los países más ricos pasó del veinte por ciento a casi el setenta por ciento. Pero durante los últimos veinticinco años esas cifras han caído drásticamente hasta quedar en los mismos niveles de 1900.[88]

Todos los países del mundo, independientemente de su apabullante riqueza, están en una carrera por convertirse en lo mismo: Malawi, España, Estados Unidos, Gran Bretaña, Uzbekistán. Todos estamos transformándonos inexorablemente en el mismo tipo de país con una estratificación social básica idéntica que está definida por una divergencia en expansión. La desigualdad nos está igualando a todos.

¿Quién nos robó el paracaídas?

En 2008, los bancos se derrumbaron. Pero el rescate acabó en un lugar inesperado. La expansión cuantitativa —el dinero que imprime el Gobierno—, diseñada para que podamos seguir pagando la hipoteca y mantener a flote a

88. Richard Baldwin, *La gran convergencia: las tecnologías de la información y la nueva globalización*, Bosch, Barcelona.

la pequeña empresa, se esfumó. «¿Qué pasó?», pregunto a Tobias Levkovitch. «El noventa y cinco por ciento de la expansión cuantitativa, que se vendió como un rescate de toda la economía, acabó yendo a la cúspide del reloj de arena.» Fue directamente a manos de los multimillonarios y los bancos. Se lo embolsaron los mismos que habían creado la necesidad del rescate.

La expansión cuantitativa permitió a ese uno por ciento de la población mundial invertir en los productos de necesidad que provocarían un aumento aún mayor de la desigualdad, y el único punto que tenían en común todos estos productos de necesidad (préstamos prorrogados para pagar los coches, los muebles, las vacaciones, los inmuebles, y créditos a cuenta para cubrir las facturas de la calefacción y los alimentos) era la deuda.

La deuda es en realidad la clave de todo, según David Graeber, economista de la London School of Economics. «La industria financiera y la industria de la deuda son una misma cosa. En gran medida, el término "finanzas" significa simplemente "las deudas de los demás". Lo que hacen no es más que comerciar entre ellos con nuestras deudas.»[89]

La diversificación previa al crac financiero que realizaron esas empresas de Citigroup para crear nuevas marcas que explotaran el reloj de arena impulsó más la desigualdad. La expansión cuantitativa lo llevó al máximo extremo. Y esa expansión cuantitativa fue lo que nos vendieron como solución. El crac afectó al uno por ciento profundamente, tanto como a todos los demás. Solo que en su caso fue para hacerlos muchísimo más ricos.

El economista Anatole Kaletsky, del Institute for New Economic Thinking, dice que la expansión cuantitativa supuso una bifurcación en el camino que aceleró nuestra llegada a una realidad alternativa.[90] Si esa expansión cuantitativa, en lugar de haber sido destinada a los bancos, hubiera redundado en un único pago para el resto de la población cada familia de Gran Bretaña y Estados Unidos habría recibido un cheque de 30.600 dólares. Ese dinero habría servido para pagar vacaciones, neveras y coches, relanzando el consumismo y un auge *keynesiano*. Pero no sucedió así, sino que fue a parar a la cima del reloj de arena y generó más desigualdad.

Solucionar la crisis a base de efectivo nunca formó parte del plan, a pesar de que la idea estuvo respaldada por políticos de toda índole, desde pensadores neoliberales como Deidre McClosky a *keynesianos* como Kaletsky. Dar

---

89. Entrevista a David Graeber en *The Super-Rich and Us*, BBC, 2015.

90. «We should cash-bomb the people not the banks», Simon Jenkins, *Guardian*, 26 de noviembre de 2014.

dinero gratis a la gente estaba considerado una idea escandalosa. Nadie habría creído que era una idea sensata por más que lo fuera. No obstante, hubo una solución oportuna políticamente que todos recibiríamos: más deuda. Lo cual, según David Graeber, era el plan desde un principio.[91]

«Nuestro endeudamiento, nuestra adicción a la trampa de la deuda, impulsó los centros financieros de Londres y Nueva York tras el crac. Era la base de la recuperación de la economía y nuestra deuda ejercía como motor. Así que lo que encontramos después del derrumbe financiero son políticas gubernamentales bastante intencionadas que han sido diseñadas para garantizar que la mayoría de la gente tenga deudas.»

La deuda doméstica en Gran Bretaña asciende a la cifra récord de 350.000 millones de libras.

La predicción que Tobias Levkovitch hizo sobre el reloj de arena en 2005 se ha convertido en realidad. Pero la desigualdad mundial está a punto de subir varios puntos más. Tobias admite que ni siquiera él había previsto algunas de las oportunidades creadas a ambos extremos de su reloj de arena. Desde la provisión de oxígeno puro canadiense bombeado a apartamentos de superlujo de Shanghái, a un cobrador de morosos de Newcastle que prorroga el pago de tu deuda a cambio de que le proporciones información sobre los vecinos que cobran subsidios fraudulentamente.

El informe de Citigroup fue un documento profético que hizo realidad los pronósticos de desigualdad. Aparte de las personas presentes en aquella sala de juntas de la planta número cuarenta y nueve del edificio de Citigroup, nadie sabía nada al respecto, pero los acuerdos que impulsó cambiarían las vidas de millones de personas de a pie.

La importancia de la clase media

Uno de los estudios de investigación que figuraba en las notas del informe de Citigroup pertenecía a un estudiante de posgrado de la London School of Economics desconocido por aquel entonces que se llamaba Thomas Piketty y estaba escribiendo una disertación sobre la desigualdad que años después cristalizaría en el libro *El capital en el siglo XXI*.

Pregunto a Piketty, actualmente el economista más celebre del mundo, acerca del reloj de arena y la parte de él que está abocada a una rápida

---

91. David Graeber, *En deuda. Una historia alternativa de la economía*, Ariel, Barcelona, 2014.

extinción, la clase media.[92] ¿Qué importancia tiene que la clase media deje de existir?

«La clase media es muy importante para la economía, porque ha permitido desarrollar el consumo en masa y una inversión masiva en la construcción.» La posibilidad de llegar a la clase media en las décadas de 1950 y 1960 fue lo que condujo a una mayor igualdad y distribuyó la riqueza en la sociedad de manera uniforme. Esto alcanzó su punto álgido en 1976, el año en que, según las encuestas, Gran Bretaña era más feliz.

«Pero la clase media ha empezado a menguar durante los últimos veinte años —afirma Piketty—. Y si continúa haciéndolo durante las décadas venideras, supondrá una amenaza primordial para la democracia.»

Piketty opina que la muerte de la clase media hará que toda la sociedad entre en un proceso que no tiene marcha atrás. El periodo entre 1945 y 1978 fue el momento de la historia en que la riqueza estuvo distribuida en la sociedad de manera más uniforme. Una anomalía de treinta años de igualdad entre dos periodos de gran desigualdad, la década de 1930 y el momento presente.

Y la razón para ello era que la clase media disponía de los recursos para poseer propiedad privada. Este proceso comenzó en la década de 1930, quedó interrumpido por la guerra y luego se expandió ampliamente en la década de 1950, cuando los programas de construcción colosales de los Gobiernos laborista y conservador respectivamente permitieron que millones de personas pudieran comprar su vivienda por primera vez. Ese fue el sueño que cumplió mi abuelo inmigrante cuando cambió la pobreza de Kentish Town por el aire limpio y los setos perfectamente podados de los barrios residenciales.

Pero desde 1996, a medida que el proceso de propiedad de la vivienda daba marcha atrás, ese sueño se ha ido diluyendo. La proliferación de la desigualdad ha coincidido con el estancamiento de los salarios y el consiguiente fin del acceso a la vivienda en propiedad para los jóvenes. Si mis abuelos a la edad de veinticinco años quisieran comprar algo en la actualidad, se verían atrapados en los barrios bajos y podrían dar gracias de conseguir el dinero suficiente para pagar el alquiler.

«¿Continuaremos por el camino de la extinción de la clase media? —pregunta el propio Piketty—. Es difícil saber hasta dónde llegará esto. Lo que sí sabemos es que en los últimos años hemos observado en Gran Bretaña y otros países que la riqueza de las grandes fortunas (los multimillonarios) aumenta a un ritmo mucho más rápido que los ingresos medios y que el

---

92. Thomas Piketty en *The Super-Rich and Us*, BBC, 2015.

propio volumen de la economía. Es obvio que si esta tendencia continúa durante varios años, la clase media recibirá cada vez menos.»

En los años venideros, la norma será el alquiler, no la compra de vivienda. Las familias que alquilan tienen un déficit durante su vida de 561.000 libras esterlinas respecto a las que adquieren una vivienda en propiedad (en Londres esta cantidad asciende a casi 1.360.000 libras). En 2013, el precio del alquiler subía a un ritmo que quintuplicaba el de los salarios.[93]

Y esto hará que resulte virtualmente imposible revertir la desigualdad, porque la clase media y quienes aspiran a pertenecer a ella habrán perdido sus fuentes principales de acumulación de riquezas. La razón por la que la sociedad no podrá dar marcha atrás a este proceso es que el reloj de arena estará blindado estructuralmente.

«¿Hasta dónde llegará la desigualdad?», se pregunta Piketty. «Si sigue esta tendencia, el panorama es bastante desolador.» Pero si la clase media queda desposeída también se generaría una fuerza de poder altamente inflamable. Una clase media contenta no hace nada, pero si temen por su seguridad futura, o cunde la avaricia en una ola de renacer económico, dirigirá la revolución.

En la Rusia de 1917, una burguesía impaciente y recientemente envalentonada aupó al Gobierno provisional que remplazó al zar, y esta a su vez fue derrocada por los bolcheviques. En el París de 1968, los intelectuales de la clase media y la fuerza laboral organizada estuvieron a punto de hacer caer al presidente Charles de Gaulle (aunque ya sabemos que no lo consiguieron). En ambos casos, el núcleo de las movilizaciones era una clase media descontenta, aunque también indecisa.

Nick Hanuer vive en Seattle y fue uno de los primeros inversores de Amazon. Ahora tiene una fortuna valorada en seis mil millones de dólares y ve la caída en picado de la clase media en el nuevo modelo social del reloj de arena como una amenaza para el capitalismo. «El capitalismo, el mayor sistema económico jamás creado, necesita cierta desigualdad, como las plantas necesitan agua para crecer. Pero del mismo modo que una cantidad exagerada de agua mata las plantas, una desigualdad exagerada ahogaría a la clase media y mataría el capitalismo.»

Hanuer está de pie en su modesto despacho con espectaculares vistas a Puget Sound, observando cómo los veleros surcan las aguas. «En la Edad

---

93. «Housing: are we reaching a tipping point?», Zoe Williams, *Guardian*, 29 de marzo de 2015.

Media, la desigualdad no suponía un problema. Te criabas esperando que el mundo fuera desigual. Aquel es campesino. Este es rey. Así funcionaban las cosas. Pero cuando vives en una cultura capitalista moderna que incita a todos a tener más y a creer que pueden obtenerlo, entonces la igualdad se vuelve un problema mucho más serio. No puedes poseer lo que tienen los demás, y esto provoca un descontento. El capitalismo ha generado resentimiento y la igualdad de oportunidades que prometía no ha llegado a cumplirse.»[94]

Hanuer tiene un interés propio en ello. Le preocupa que, cuando esto suceda, las masas del fondo del reloj de arena vayan a por él. «¿Si vendrán con antorchas y horquillas? Tal vez mañana no, pero seguro que algún día sí. Muéstrame una sociedad con gran desigualdad y yo te enseñaré una revolución o un Estado gobernado por un partido único.»

Nadie recordaría al buen samaritano si solo hubiera tenido buenas intenciones. También tenía dinero

En 2007, el Ministerio de Defensa estaba preocupado y pidió al contralmirante Chris Parry que redactara un informe de noventa páginas sobre la respuesta militar que deberían dar en caso de desobediencia civil en masa.[95] El Ministerio de Defensa había identificado la desigualdad creciente como el combustible que prendería la mecha. En 2011, esto se hizo realidad, cuando se desataron los peores altercados en las ciudades más importantes de Gran Bretaña desde la década de los años ochenta. El Ministerio de Defensa había mirado su bola de cristal y había acertado, exactamente igual que Citibank.

Me entrevisté con el contralmirante Parry en Haringey, norte de Londres, donde tuvieron lugar algunos de los altercados más encarnizados, y le pregunté qué había previsto su informe. «Que sucedería todo esto. Si hay suficiente gente que dice "No pinto nada en esta sociedad", acabarán explotando. Rechazan el capitalismo y los mercados, y deciden actuar por su propia cuenta.» Las averiguaciones de Parry y el Ministerio de Defensa no tuvieron una gran acogida en el Gobierno, que no estaba dispuesto a oír hablar a los miembros del Ejército como si fueran trabajadores sociales indignados. Las advertencias del Ejército fueron ignoradas y solo recibieron la llamada del Gobierno cuando comenzaron realmente los altercados.

94. Nick Hanuer entrevistado en *The Super-Rich and Us*, BBC, 2015.

95. The DCDC Global Strategy Trends Programme 2007-2036, 23 de enero de 2007.

Es posible que el acuerdo al que llegó Tobias Levkovitch con los clientes de las corporaciones de Citigroup promoviera la desigualdad que impulsó la desobediencia civil citada en las previsiones de ese informe del ministerio de Defensa. Pero Citigroup no creó esa injusticia social. No obstante, el abismo de desigualdad al que nos enfrentamos actualmente tiene su orígenes, y estos se remontan al 6 de enero de 1980 a las 12 del mediodía, durante una sección de dos minutos de una entrevista que duraría cuarenta y seis en su totalidad.

Margaret Thatcher acababa de alcanzar un acuerdo con el electorado británico, y este estaba a punto de averiguar su verdadera naturaleza. La recientemente elegida primera ministra tomó asiento para someterse a su primera entrevista como presidenta con el presentador de *Weekend World*, Brian Walden, el periodística político más agudo de su tiempo y, como acabaría demostrándose, también el más profético.[96]

El Gobierno de la señora Thatcher estaba convencido de que la solución a la recesión a la que se enfrentaba era bajar drásticamente los impuestos para ese uno por ciento de ricos. Una estrategia cuyo éxito dependía de que la riqueza llegara hasta el resto de la sociedad, como había previsto Arthur Laffer con su curva dibujada en una servilleta. «Pero ¿a qué precio?», se preguntaba Walden.

Walden: Primera ministra, ¿es la desigualdad el precio que tenemos que pagar para la recuperación económica y la prosperidad en nuestro país?

Thatcher: Se conseguirá una sociedad más próspera cuando la gente pueda llegar hasta el límite de su talento, y con la riqueza que crearán todos saldremos beneficiados.

Walden: Entonces ¿piensa usted que el aumento de la desigualdad social es en realidad algo positivo para Gran Bretaña?

Thatcher: Se trata de una sociedad con más oportunidades que te permita ganar más dinero.

Walden: Pero ¿significará eso una mayor desigualdad?

Thatcher: Sí, sin duda. Si el talento y las oportunidades se distribuyen de manera desigual, permitir que las personas ejerzan sus talentos significará una mayor desigualdad, pero solo cuando sacas a relucir a los

---

96. *Weekend World*, LWT, 12 p. m., 6 de enero de 1980. Puede verse una transcripción del programa completo en la página web de la Fundación Margaret Thatcher.

pobres. Nadie recordaría al buen samaritano si solo hubiera tenido buenas intenciones. También tenía dinero.

Este fue el momento en que se fraguó la desigualdad del siglo XXI y en el que la fragmentación de nuestra sociedad dejó de ser una consecuencia para convertirse en parte integral del plan. La señora Thatcher fue la primera ministra más visionaria que Gran Bretaña haya tenido nunca. Su visión era tan precisa, cruda y desgarradora que cegaba cualquier rayo de luz.

¿Funcionó realmente la teoría de la economía de goteo que Arthur Laffer vendió a ambos lados del Atlántico? Si alguien puede saberlo, esa persona es Nick Hanuer, uno de los multimillonarios que se benefició directamente de las políticas que introdujo la señora Thatcher con su discurso del buen samaritano.

«La economía de goteo es tan antigua como la civilización. Nosotros lo llamábamos el derecho divino. Se basa sencillamente en la idea de que yo tengo importancia y vosotros no. Lo que yo hago es indispensable, y lo que hacéis vosotros, un añadido. Así es como os mantenemos a raya. El mayor problema al que nos enfrentamos en Estados Unidos y Gran Bretaña es que nuestra política económica se basa fundamentalmente en las ideas del Reagan-Thacherismo. Si haces que los ricos sean más ricos, todos nos beneficiaremos. Eso, sencillamente, no es cierto. Así no funciona la economía.»[97]

«Tómame a mí como ejemplo. Gano aproximadamente mil veces más al año que el salario medio de Estados Unidos. Pero yo no compro mil veces más. Tengo tres o cuatro pares de vaqueros, dos pares de zapatos. Poseo en propiedad una casa enorme y preciosa, pero no tengo mil casas. Así que, por más dinero que yo tenga, no puedo sostener una economía nacional. Eso solo puede hacerlo una clase media robusta.»

El economista Ha-Joon Chang ha llevado a cabo un estudio comparativo sobre la desigualdad global en la Universidad de Cambridge. Nos encontramos en la biblioteca en la que John Maynard Keynes mostró por primera vez su *Teoría general del empleo, el interés y el dinero,* y donde William Phillips construyó su famosa «calculadora de agua» para enseñar a los estudiantes cómo fluye el dinero a través de la economía, usando bombas, pistones y agua coloreada.

«En teoría, la economía del goteo no es una idea estúpida. Pero la realidad es que no ha sido confirmada. En un país tras otro, como en Esta-

---

97. Nick Hanuer, *op. cit.*

dos Unidos y Gran Bretaña, la inversión como participación de los ingresos nacionales ha fallado. El crecimiento de la economía ha fracasado. ¿Dónde está, entonces, la prueba? ¿La idea de que si das más dinero a los ricos, estos crearán más empleos y generarán ingresos para todos los demás? Eso jamás ha sucedido.»[98]

La desigualdad queda así enmarcada por dos momentos: primero el discurso del buen samaritano de Thatcher, y después el de Tobias Levkovitch, que pegó el oído al suelo, oyó como la tierra se partía en dos y aconsejó a sus clientes de Citibank que compraran.

Puede que por el momento no vayan a por Nick Hanuer y sus colegas multimillonarios con antorchas y horquillas. Tal vez eso no suceda nunca. Pero tenemos ya una población base de mileniales en edad de trabajar que representa a esa clase media desposeída que ha perdido sus derechos. Son cínicos utópicos que trabajan duro y no reciben ninguna de las recompensas, y como resultado de ello son la fuerza más inflamable de su generación. Y además tienen Facebook para organizarse.

El Ministerio de Defensa predijo esto en su informe de 2007: «Las clases medias se convertirán en una clase revolucionaria y adoptarán el papel concebido para el proletariado de Marx».

La desigualdad supondría que la clase media se «uniría, sirviéndose del acceso al conocimiento, los recursos y las habilidades para dar forma (a los resultados) según sus propios intereses de clase transnacionales».[99]

Un precariado global unido por la desigualdad tendría, según el Ministerio de Defensa británico, un poder potencial inimaginable. Pérdida de derechos + Facebook = X, donde X podría ser cualquier cosa. Como dijo Edmund Burke en 1777, «aquellos que tienen mucho que esperar y nada que perder siempre serán más peligrosos» que los desposeídos, que ya estaban al fondo del reloj de arena desde un principio.[100] Ese pequeño grupo menguante que permanece en el medio tiene la capacidad potencial de hacerlo todo añicos.

---

98. Para una revisión completa de la economía del goteo y la curva de Laffer desde una perspectiva *keynesiana*: Ha-Joon Chang: *23 cosas que no te cuentan sobre el capitalismo*, Debate, Barcelona, 2012.

99. Informe de la DCDC, 23 de enero de 2007.

100. Carta de Edmund Burke a Charles Fox, 8 de octubre de 1777.

5

ALIMENTACIÓN:

Los dueños de tu línea

¿Qué es lo que vemos cuando paseamos por un supermercado? Murallas de productos alimenticios complejamente procesados y con altos niveles calóricos, alterados con aditivos para otorgarle máxima «sensación en boca» y «potencia de sabor» (el eufemismo que usa la ciencia alimentaria para hablar de adicción). Esto es lo que la mayoría de la gente come. Pura ciencia en el plato. En resumen, la comida que nos hace engordar.

¿Y qué encontramos junto a estos productos? Hileras y más hileras de opciones desnatadas, *light*, desgrasadas, dietéticas, *zero*, bajas en calorías, bajas en carbohidratos, sin azúcar, «saludables», diseñadas para la misma gente que ha engordado en el pasillo anterior y que ahora están desesperados por perder peso.

Lo que vemos en los supermercados es el espectro completo del problema de la obesidad. Todo un panorama para engordar y adelgazar propiedad de unas empresas que han analizado al detalle todas las posibilidades que hay de ganar dinero contigo. Ellos son quienes han engordado a nuestra sociedad, porque no hemos cambiado nuestro metabolismo en términos de raza. Pero ahora, además, también ganan dinero con la epidemia de la obesidad.

Existe una simbiosis absoluta entre hacer dieta y ser obeso. Heinz compró Weight Watchers (Entulínea en España) en 1978, y ellos a su vez lo vendieron en 1999 a una firma de inversiones llamada Artal por 735 millones de dólares. Slimfast fue comprada en el año 2000 por Unilever, propietaria de Ben & Jerry's y las salchichas Wall. La multinacional Nestlé, que también vende chocolate y helados, compró Jenny Craig. En 2011, Nestlé fue clasificada en *Fortune Global 500* como la compañía más rentable del mundo.

Cómo se produjo esa interconexión entre lo gordo y lo delgado con el propósito de ganar dinero es una historia extraña y digna de mención marcada por batallas encarnizadas entre rivales, experimentos extraños, datos falseados y tácticas sucias. Y en pleno centro de ella están los científicos y hombres de negocios que se dispusieron a alterar la naturaleza de lo que comemos y que llegaron a acuerdos que cambiarían la morfología de la raza humana.

La invención de la obesidad como estafa de una aseguradora

Mucho antes incluso de que existiera una epidemia de obesidad real, la idea del problema del sobrepeso surgió de la nada. En 1945, un científico llamado Louis Dublin estaba en su pausa para el almuerzo en la sede central de la aseguradora Metropolitan Life en Nueva York. Sus números no cuadraban y necesitaba algo con lo que impresionar a sus jefes. Dublin se puso a mirar las primas por seguros sanitarios que pagaban los miembros de Met Life y se percató de que dependían enormemente del peso del individuo. Entonces tuvo una idea.

Dublin descubrió que si bajaba el umbral de peso por el que los tenedores de la póliza pasaban de ser personas con «sobrepeso» a la categoría de «obesos», más crítica para la salud, podía generar decenas de miles de clientes más. Y decenas de personas «normales» serían ahora recategorizadas como personas con «sobrepeso».

Estos clientes que acaban de ser catalogados como «obesos» y con «sobrepeso» pagarían una prima de seguro más alta, porque los riesgos asociados con su peso se considerarían mayores. Dublin necesitaba un sistema métrico para hacer esto realidad, así que inventó el IMC (o «índice de masa corporal»), una combinación de peso y altura. Parecía más científico que cualquier sistema anterior, pero confundía densidad muscular con grasa. Según su lectura del IMC, Usain Bolt, el hombre más rápido del mundo, sería obeso.

De la noche a la mañana, toda la población estadounidense fue redefinida como persona con sobrepeso u obesa, y ahora tendrían que pagar primas mayores. «No estaba basado en ningún tipo de evidencia científica en absoluto», dice Joel Guerin, un periodista de investigación que ha analizado la metodología de Dublin. «Lo que hizo Dublin fue básicamente observar sus datos y decidir de manera totalmente arbitraria que aplicaría a todo el mundo el peso ideal que correspondía a una persona de veinticinco años.»

Cuarenta años antes de que existiera una epidemia de obesidad, Dublin ya la había inventado en su descanso para el almuerzo. Met Life llegó a un acuerdo con tiendas de alimentación, consultorios médicos y supermercados de Estados Unidos para instalar pesos con el emblema de Met Life por todas partes. Amas de casa y hombres de negocios preocupados iban al médico y les aseguraban que, en efecto, los cálculos del nuevo IMC mostraba que su salud estaba en peligro. Los estadounidenses llevaban una bomba de relojería en su interior: grasa. Y había que tomar cartas en el asunto de inmediato.

Los periódicos dieron la alarma del pánico nacional contra las grasas. Las personas que tenían un IMC especialmente alto recibían la noticia de que corrían riesgo de sufrir un inminente ataque al corazón o infarto. Pero la ayuda estaba en camino.

En 1960, el *New York Times* informó de un extraño fenómeno que recorría el país. Las madres mezclaban la leche en polvo de sus bebés para beberla ellas mismas. Habían descubierto que una dieta a base de líquidos les hacía perder peso. El gigante de la cosmética Mead Johnson & Co. vio el nicho de mercado y lanzó Metrecal, la primera bebida dietética en polvo.

A C. Joseph Genster, director de Marketing de Johnson, se le ocurrió el nombre combinando las palabras «metro» y «calorías». Después, llegó a un acuerdo con la famosa dietista televisiva Sylvia Schur para que fuera el rostro visible de Metrecal.

Metrecal, sonaba tan científico como el IMC, pero todavía necesitaban dotarlo de una credibilidad entre el público, y lo consiguieron asociándolo al nombre de Sylvia Schur. Pero esta industria incipiente de la dieta ya estaba respaldada por otro tipo de estudios más fiables que no estaban tan dispuestos a compartir con el público en general.

Los experimentos con hambrunas de Minnesota

A dos metros del círculo central del estadio de fútbol americano de los Minnesota Golden Gophers hay una red de túneles y celdas subterráneas. En 1944, cuando la malnutrición atenazaba a toda Europa, el Gobierno de Estados Unidos quiso saber qué pasaría si se veían expuestos a esa escasez de comida permanentemente. Decidieron comprobar lo que le sucede al organismo humano cuando este se muere de hambre.

El apreciado nutricionista Ancel Keys recibió el encargo de experimentar con treinta y seis objetores de conciencia para monitorizar los efectos de una privación de alimentos sistemática. Durante la Segunda Guerra Mundial, Keys había sido el responsable de la creación de la ración de combate K, una barrita calórica que de hecho supuso el primer *snack* energético. En la década de 1960 adquirió fama mundial promoviendo la «dieta mediterránea». Salió en la portada de la revista *Time* y estaba considerado como el nuevo gurú de la nutrición. Pero en 1944 ya trabajaba en secreto para el Gobierno de Estados Unidos.

Keys mantuvo a sus conejillos de India humanos en esas celdas subterráneas bajo el estadio de Minnesota durante un año, limitando su ingesta de calorías a 1.500 diarias. Son trescientas calorías más de la media consumida por una mujer que hace dieta actualmente en Estados Unidos. Les imponían un régimen de ejercicio insufrible, los metían en tanques de agua fría, los obligaban a mirar comida para observar sus respuestas.

Aquellos hombres sencillamente se volvían locos. Sus diarios reflejaban cómo se obsesionaban con la comida y fantaseaban con lo que comerían cuando todo hubiera acabado. Cuando les permitieron pisar el césped del campo que había sobre las celdas, algunos intentaron comerse la hierba. Uno de ellos mordió a un científico. Otro se cortó tres dedos de su propia mano con un hacha.

Pero lo que sorprendió más a Keys fue lo que sucedía cuando comenzabas a alimentarlos de nuevo. Comenzaban a engordar, y de manera rápida. No solo recobraban su peso original en cuestión de semanas, sino que lo sobrepasaban y seguían engordando. Se percató de que hacer dieta había alterado su metabolismo hasta convertirlos en gordos, creando una propensión a la obesidad que antes no existía en ellos.

La doctora Traci Mann trabaja para la NASA en la Universidad de Minnesota y estudia los efectos psicológicos que tiene la dieta en el cuerpo humano a un tiro de piedra del lugar en el que Keys llevó a cabo sus experimentos sobre la hambruna. «Cuanto más observo los descubrimientos de Keys, más fascinantes los encuentro.» Según Mann, Keys había ofrecido pruebas irrefutables de que hacer dieta no funciona. Pero también había averiguado que ganamos peso de manera consistente cada vez que pasamos por ese ciclo del yoyó que es hacer una dieta, engordando gradualmente a medida que pasa el tiempo. No somos conscientes de este incremento de peso gradual, de modo que volvemos a las dietas en busca de una solución rápida.

La ciencia tendría que haber apelado al fin de la industria dietética antes incluso de que esta comenzara. En lugar de eso, lo que hizo fue proporcionarle el modelo de negocio perfecto. Las dietas ya existían de manera aislada antes de la guerra, pero nunca habían supuesto un negocio multimillonario perfectamente coordinado. Keys cambió todo eso al otorgarle a la industria dietista la ciencia que necesitaba para saber que se encontraban ante un negocio que generaría beneficios.

Según Mann, cuando compras un coche, si este no funciona lo devuelves al concesionario y adquieres otro, pero si una dieta falla, te dices que es culpa tuya y vuelves a hacer otra. Es un producto a prueba de balas.

Las dietas eran una máquina de ganar dinero. Mientras Sylvia Schur llegaba a ese acuerdo con Johnson para ser la cara de Metrecal en 1960, Keys proporcionó la ciencia que respaldaba la nueva cura mágica contra la obesidad de Mead Johnson. Las dietas no funcionan: esa es la razón por la cual son un gran negocio.

Solo tenía esas dos palabras: «*slim*» y «*fast*».

Metrecal evolucionó hasta convertirse en un producto colosal de la mano del químico de Nueva Jersey Danny Abrahams. Danny se había criado encima de la farmacia de su padre y el olor a antiséptico era uno de sus primeros recuerdos. Decidió seguir sus pasos como farmacéutico. Y una mañana todo cambió para él. Se despertó de repente con dos palabras en su cabeza «*slim*» y «*fast*». Esas dos palabras acabaron haciéndole ganar 2.100 millones de dólares tras el acuerdo al que llegó con Unilever para venderles SlimFast.

Me encontré con Danny en su residencia de Florida, un castillo al estilo de William Randolph Hearst con un superyate enorme aparcado en la laguna: «Siempre quise tener un yate cuando era pequeño. Ahora ya lo tengo».

¿Cómo se le ocurrió a Danny la idea de SlimFast? «Solo contaba con esas dos palabras. No tenía ningún producto. Pero supuse que cualquier cosa que se llamara SlimFast vendería mucho.» En los estadios de desarrollo de su producto, Abrahams experimentó con bebidas de tipo Metrecal, pero siempre acababan teniendo un sabor a talco medicinal. Así que en lugar de eso tomó la ruta de los batidos, algo completamente norteamericano que debería tener el sabor de un pequeño vicio, pero sin las calorías. Adelgazar como por arte de magia.

Danny tiene más de ochenta años, pero está hecho un toro, y me lleva a su gimnasio, donde se pone a hacer ejercicios delante de mí para mostrarme cuánto peso puede levantar todavía. Tras esto, saca un batido SlimFast del refrigerador con teatralidad y se lo bebe de un trago.

«Caramba. Sabe tan bien como el día que se me ocurrió por primera vez.»

Le digo a Danny que no solo él, sino toda la industria dietética, ha hecho una fortuna vendiendo algo que básicamente es mentira. Una cura milagrosa embotellada. «No, no, no —responde, haciendo un gesto de desdén con la mano—. Jack. Permíteme que te haga una pregunta. ¿Quién es tu jefe, Jack? ¿Eh? Tú eres tu propio jefe. Tú solo. La gente que culpa a otros factores de no poder perder peso se equivoca. Pésate, ve al gimnasio. Eso es cosa tuya y de nadie más.»

Cuando me marcho en mi coche, Danny se despide con la mano y grita: «¡Recuerda, Jack: eres tu propio jefe!»

¿Es esto cierto en lo que respecta a las dietas? ¿Eres «tu propio jefe»? La industria dietética fue creada a partir de una decisión empresarial consciente para aprovecharse de un pánico sanitario que en aquel momento no era real. Pero ahora que la obesidad supone una crisis sanitaria verdadera la industria dietética no puede solucionarlo. Y no es porque a esas personas que intentan adelgazar les falte motivación. Algunos lo consiguen, mientras la amplia mayoría fracasa una y otra vez. Más del noventa por ciento de las personas que hacen dieta repiten. ¿Es posible que todas estas personas tengan una voluntad débil, o hay algo más detrás de todo esto?

Kelly Brownell es decana de la Sanford School of Public Policy en la Duke University y una de las epidemiólogas más importantes del mundo en el campo de la obesidad. Le cuento la justificación de Danny. «Por supuesto que somos nuestros propios jefes, pero en lo que respecta a perder peso no es tan simple como eso.» Hacer dieta es como jugar al póquer. Todos recibimos una mano de cartas genéticas diferentes al nacer. Si te tocan cartas malas, te resultará más difícil. Cuanto más peses al empezar a hacer dieta, más difícil te lo pones.

Eso es lo que todos sabemos. A algunas personas les parece fácil, y a otras, difícil. Pero si ya eres obeso cuando empiezas a hacer dieta, las posibilidades de que tus cartas sean malas se amplifican exponencialmente. Adelgazar resulta prácticamente imposible.

También sucede otra cosa, según Brownell. El cuerpo tiene su propio termostato. Cuando pasamos de cierto peso, nuestro termostato se reprograma. Perder peso una vez que hemos pasado este punto clave es el doble de difícil, ya que el termostato corporal lucha contra esa dieta con más fuerzas si cabe.

El cuerpo cree estar muriendo de hambre y quiere reprogramar su termostato para adaptarlo al de un cuerpo más pesado. Así que ese truismo de que «en cada mujer gorda hay una mujer delgada que intenta salir» es exactamente contrario a la verdad biológica. En toda mujer que acaba de adelgazar hay una mujer gorda que lucha por volver a engordar.

Los productos dietéticos convencionales no son la solución para un planeta que engorda hasta la obesidad a una velocidad sin precedentes. Pero ese mensaje de autodeterminación que Danny Abraham me gritó, «¡Tú puedes!», es la clave para aislar a la industria dietética de todo criticismo. Si tu dieta falla, vuelve a intentarlo, porque la primera vez no lo intentaste con todas tus fuerzas.

A veces también nosotros nos hacemos esa pregunta: ¿cómo conseguimos salirnos con la nuestra?

Concierto una cita con Richard Samba, el director financiero de Weight Watchers en Nueva York. Samba es un hombre jovial que ronda los sesenta años y tiene un toque al estilo Donald Trump. Luce una melena estupenda y camina relajadamente hasta mí para estrecharme la mano. Entre 1968, año en el que comenzó a trabajar en la empresa, y 1983, cuando se marchó, Samba hizo que Weight Watchers pasara de facturar 8 millones de dólares al año a tener franquicias en todo el mundo por valor de 300 millones al año.

Jean Nidetch gestó Weight Watchers en torno a una mesa de cocina en 1963. Era un ama de casa que había conseguido adelgazar siguiendo los consejos de sentido común que había visto en un cartel de una clínica del Departamento Sanitario de Nueva York: cortar los carbohidratos, un poco de ejercicio y formar un grupo de apoyo para mantener la motivación.

Nidetch comenzó su propio grupo de apoyo y pronto se convirtió en una oradora tan clara e inspiradora que el emprendedor local Jim Chambers vio un negocio potencial en cobrar para presenciar las charlas motivadoras de Jean. Llegaron a un acuerdo para montar un negocio juntos. Ella daría las charlas y sería la cara del proyecto. Chambers se encargaría del tema monetario.

Chambers tenía una idea brillante para explotar los talentos de Jean en todo el país. Haría partícipes de su mensaje inspirador a miles de otras Jeans de Estados Unidos y cobraría a estas conferenciantes franquiciadas por gozar de ese privilegio. Haría que ellas y los que hicieran dieta firmaran con su marca, a la que llamaría Weight Watchers.

Para cuando Richard Samba se unió al proyecto, la empresa era la marca número uno de adelgazamiento en Estados Unidos y no ofrecía una simple dieta, sino un cambio de «estilo de vida» completo. Samba llamaba a esto «compromiso de por vida» con Weight Watchers, pero a lo que se refería es a un compromiso de por vida con la dieta del yoyó.

¿Cómo es posible construir un negocio de miles de millones de dólares que es ahora líder en China y la India, tanto como en Estados Unidos y Europa, sobre la base de un «compromiso de por vida» con un fracaso estadístico, como había descubierto Ancel Keys tantos años atrás en Minnesota?

Samba sonríe y sacude la cabeza con incredulidad. «Bueno, ya sabes. A veces nos hacíamos esa misma pregunta. ¿Cómo demonios nos salimos con la nuestra?» Richard dice que veía a madres que iban con sus hijas, y estas a su vez llevaban a las suyas cuando les tocaba su turno. Unas madres que habían pasado toda la vida sufriendo la dieta del yoyó, transmitían Weight Watchers de generación en generación como si se tratara de una enfermedad hereditaria.

Weight Watchers alude a su longevidad como prueba del éxito, pero los hechos hablan de una historia diferente. Un estudio de una unidad de investigación de la Universidad de Oxford refleja que, tras cinco años en Weight Watchers, menos del dieciséis por ciento de los participantes alcanzan el peso que se han marcado como objetivo. Eso hace que quede un ochenta y cuatro por ciento de personas que han fracasado. Y a pesar de ello vuelven a por más. ¿Por qué? «Por supuesto que vuelven —dice Samba—. Porque es en ese ochenta y cuatro por ciento donde reside el negocio.»

Ancel Keys tenía razón. Las dietas fallan, pero la industria dietética solo necesitaba este simple hecho para convertirlo en un negocio de miles de millones de dólares. Y el negocio está en esos clientes que regresan. Cuando Weight Watchers aterrizó en Gran Bretaña en 1967, Bernice Weston, la directora de Operaciones de la empresa en el Reino Unido, declaró ante la BBC: «El problema con los gordos en lo que concierne a la comida es que son personas muy estúpidas». Tal como dice Richard Samba, la industria dietética no podía creer su suerte.

Cómo la comida se convirtió en el nuevo tabaco

En la década de 1940, Louis Dublin redefinió a la mitad de los estadounidenses como gordos cincuenta años antes de que lo fueran. Pero ahora que la obesidad es una realidad, la industria alimentaria tiene una nueva táctica: negar la evidencia.

En las décadas de 1960 y 1970, la industria tabaquera empleó millones de dólares en refutar las pruebas científicas que decían que el tabaco provoca cáncer de pulmón, y ahora la industria de la alimentación intenta hacer lo mismo con la obesidad. La diferencia entre los cigarros y la comida es que los primeros no los necesitas para vivir. La comida no es una elección de estilo de vida, sino una necesidad. Tenemos que comer.

La prueba de este vínculo causal gira en torno a la saciedad, la sensación de estar llenos. Si la ciencia determina que la industria alimentaria no solo alteró el metabolismo del cuerpo mediante la creación de comida procesada con alto contenido calórico, sino que lo hizo a sabiendas, con el objeto de crear una falla respecto a la saciedad, la historia será completamente distinta.

La culpa de la obesidad ya no era del individuo que comía demasiado y no podía controlarse, sino de las empresas que se aprovecharon de la predisposición del metabolismo del individuo (las cartas genéticas que recibieron) que los hacía engordar. La culpa recaerá plenamente sobre la industria alimentaria. Según Kelly Brownell, de Duke, las acciones conjuntas que se llevarán a cabo en todo el planeta harán que las multas que la industria tabaquera pagó por miles de víctimas de cáncer de pulmón parezcan una ridiculez en comparación. Estaríamos hablando de millones de personas.

Naciones Unidas ha catalogado la obesidad como la amenaza para la salud de crecimiento más rápido en el siglo XXI. En el Reino Unido, el sesenta por ciento de la población tiene sobrepeso. En Estados Unidos, la cifra es del setenta por ciento. Etiopía, que había sido golpeada por las hambrunas en la década de 1980, se enfrenta ahora a una crisis de obesidad. Esta enfermedad autoinfligida afecta a ricos y a pobres por igual. En los Emiratos Árabes, el cinco por ciento de las personas más ricas son quienes están más gordos. En Brasil y China, la obesidad ha crecido de la mano del incremento de la clase media. Comer en un McDonald's es un lujo caro que solo la élite metropolitana puede permitirse.

La creación de la industria dietética fue resultado de una decisión empresarial específica para proporcionar una solución a un problema de salud mucho antes de que este existiera. Pero una vez que la epidemia real empezó a existir, surgieron nuevas oportunidades para las mismas empresas que la habían inventado.

El primer hombre obeso

Al final de una escalera desvencijada del Newarke Houses Museum de Leicester, Inglaterra, hay un retrato de Daniel Lambert pintado en 1806.[101] Lambert pesaba 335 kilos[102] y estaba considerado un misterio médico.[103] Al ser demasiado pesado para trabajar a Lambert se le ocurrió una ingeniosa idea, cobraría un chelín a quien quisiera verlo. Lambert fue el primer obeso documentado en Gran Bretaña y amasó una fortuna mostrando su cuerpo a lo largo de todo el país. El retrato capta la imagen que tenía al final de su vida, la de un hombre acaudalado y respetado. Un hijo pródigo de Leicester.

Doscientos años más tarde, vehículos especialmente diseñados llamados «ambulancias bariátricas» recogen cada semana a decenas de Daniel Lambert en su ciudad natal de Leicester. 335 kilos no es nada para el personal de estas ambulancias, que consideran esto como la zona más baja del espectro de obesidad y solo les parece digno de mención al final del turno cuando recogen a alguien que sobrepase los 500 kilos.

Esta ambulancia de diseño especial está equipada con un conjunto de aparatos bariátricos entre los que se incluye una «espátula» para ayudar a recoger a las personas que se caen de la cama o para liberar a alguien que ha quedado atrapado entre las paredes de su pasillo, como les sucedió a una de las patrullas que visité.

Además de la ambulancia, también tienen un convoy de vehículos de apoyo que incluye un cabestrante para montar a los pacientes en una camilla reforzada. En casos extremos, el coste de trasladar a un paciente al hospital puede ascender a más de 100.000 libras esterlinas. En Gran Bretaña tuvieron que demoler parcialmente la casa de una adolescente de 393 kilos para llevarla al hospital.

Pero no es en la obesidad mórbida donde reside el núcleo de esta crisis sanitaria. La media de los habitantes del Reino Unido (y esto implica a cada hombre, mujer y niño) permanece veinte kilos por encima del peso que te-

---

101. Newarke Houses Museum: http://www.leicester.gov.uk/your-council-services/lc/leicester-city-museums/museums/newarkehouses/.

102. Índices de obesidad: http://www.telegraph.co.uk/health/healthnews/7307756/obesity-rates-20-per-cent-higher-now-than-in-the-1960s.html.

103. Daniel Lambert: http://www.bbc.co.uk/leicester/content/articles/2009/06/23/daniel_lambert_feature.shtml.

nían a mediados de la década de 1960.[104] No nos hemos percatado de ello, pero podemos advertir este cambio drástico en la amplitud de los asientos de los automóviles, en los vestuarios de la piscina, la talla XL de pantalones que ha pasado a ser L (y la L a M). Una nación que se estira como un chicle con un sentido de la normalidad que se extiende hasta el infinito.

¿Por qué estamos tan gordos? No nos hemos hecho más avariciosos como raza. Tampoco somos menos activos, contrariamente a lo que dice el saber popular. Un estudio longitudinal del profesor Terry Wilkin del Plymouth Hospital calculó la actividad física en niños de más de doce años y averiguó que es la misma que hace cincuenta años. Pero ha cambiado algo, la cantidad de azúcar que hay en nuestra comida.

Así como la ciencia probó que las dietas no funcionaban en la década de 1940, también empezaron a examinar cómo afectaría a la obesidad un incremento en la ingesta de azúcar sin precedentes. Al contrario que los primeros datos científicos, que proporcionaron la base para la industria dietética, estos datos sobre el azúcar fueron ignorados por completo.

Alimento – Grasas = Alimento + Azúcar = Obesidad

En 1971, Richard Nixon estaba pendiente de su reelección. La guerra de Vietnam amenazaba su popularidad en casa, pero la subida de los precios de los alimentos suponía un problema de la misma envergadura para sus votantes.

La gente se manifestaba a las puertas de los supermercados con pancartas. Si Nixon quería sobrevivir, era preciso que el precio de los alimentos bajara y para eso necesitaba un grupo de presión poderoso a su lado, los agricultores. Nixon citó a Earl Butz, un académico originario de Indiana, corazón de la agricultura, para negociar un acuerdo. Butz tenía un plan radical que transformaría nuestra alimentación, y en última instancia, la morfología de la raza humana.

Butz presionó a los agricultores para que plantaran a escala industrial un cultivo en particular: el maíz. El ganado estadounidense engordó debido a un incremento inmenso de la producción. Las hamburguesas crecieron de tamaño. Las patatas fritas con aceite de maíz tenían más grasas. El maíz era el motor de un aumento masivo de las cantidades de comida ba-

104. Índices de obesidad: http://www.telegraph.co.uk/health/healthnews/7307756/obesity-rates-20-per-cent-higher-now-than-in-the-1960s.html.

rata que llegaban a los supermercados estadounidenses. Todo, desde los cereales a las galletas y la harina, además de la aplicación del maíz para un sinfín de productos diferentes. Como resultado de las reformas de libre mercado de Butz, los granjeros pasaron casi de la noche a la mañana de ser minifundistas a convertirse en hombres de negocios multimillonarios con un mercado global.[105]

Nixon podría haber usado la exportación de maíz como arma para la Guerra Fría y bloquear su entrada a la Unión Soviética. Pero en lugar de eso, los agricultores y los grandes productores de alimentos protegieron su lucrativo mercado de exportación en el bloque comunista. Eran ellos quienes ostentaban el poder, no el presidente de Estados Unidos.

A mediados de la década de 1970 se produjo un excedente de maíz y Butz viajó hasta Japón para observar una extraña innovación científica. El HFCS (jarabe de maíz alto en fructosa), un sirope de sabor muy dulce y viscoso que se producía a partir de los desechos del maíz procesado a un precio increíblemente barato. El HFCS se había descubierto en la década de 1950, pero hasta veinte años después no se encontró un proceso para emplearlo en la producción en masa.

Pronto inyectaron HFCS a todo alimento imaginable. Pizzas, ensaladas de col, incluso en la carne. Proporcionaba esa pátina para obtener el color «recién horneado» al pan y los pasteles, hacía que todo fuera más dulce y la fecha de caducidad se extendía de días a años. Empezó a producirse una revolución silenciosa respecto a la cantidad de azúcar que iba a parar al interior de nuestros cuerpos.

En Gran Bretaña, el plato de comida que se ponía a la mesa de las familias también se convirtió en un experimento científico. Cada miligramo de comida procesada era adulterado y edulcorado para obtener máxima palatabilidad. El público en general ignoraba los cambios que estaban teniendo lugar en los alimentos que se llevaban a la boca.

Pero hubo un producto que los HFCS alterarían en mayor grado y que a su vez crearía la obesidad: los refrescos.

Hank Cardello es un hombre alto de actitud titubeante que me saluda con el apretón de manos de un tipo de negocios en una cena en el centro de Manhattan. En 1984, Hank era el director de Marketing Global de Coca-Cola, que estaba a punto de tomar una decisión trascendental, un

105. Greg Critser, *Fat Land: How Americans Became the Fattest People in the World*, Houghton Mifflin Harcourt, 2003.

acuerdo por el que cambiarían el azúcar por HFCS. Como líder del mercado, la decisión de Coca-Cola de apoyar el uso del jarabe de maíz mandaba
un mensaje inequívoco al resto de la industria, que no tardó en sumarse a
la propuesta. Era la fumata blanca que necesitaban.

Según Hank, en aquel momento no parecía haber «ninguna desventaja».
El HFCS valía dos tercios menos que el azúcar e incluso el enorme riesgo
potencial al que se exponían al alterar el sabor (un leve deje metálico en las
primeras remesas de prueba) merecía la pena si se tenían en cuenta los márgenes de beneficio. ¿Qué podría fallar? Según Hank en 1984, «la obesidad
ni siquiera estaba en el mapa».

Pero otro problema de salud eran las enfermedades coronarias. Y desde
mediados de la década de 1970 se había propagado un fiero debate de puertas
adentro en la profesión médica para esclarecer cuál era la causa. El profesor
John Yudkin, investigador de la UCL de Londres, culpó al azúcar. Pero había
otra persona deseosa de colgarle el muerto a las grasas, Ancel Keys, el hombre
que estaba detrás de los experimentos de la hambruna en Minnesota.

En el proceso de sus díscolas discusiones, tanto en público como en
privado, Yudkin empezó a quedarse solo. Keys era un nutricionista reconocido internacionalmente, un titán en su campo, mientras que Yudkin era un
marginado con una visión poco ortodoxa e impopular dentro del círculo
académico, la de que el azúcar no solo es nocivo, sino que puede ser letal.

El endocrinólogo Robert Lustig del San Francisco Hospital cree que se
produjo una campaña coordinada para desacreditar a Yudkin, porque sus
ideas amenazaban con el fin de la industria del azúcar. Keys realizó investigaciones que se adaptaban mucho mejor a la dirección que la industria alimenticia quería tomar en el futuro. Es decir, demonizar las grasas y exonerar
al azúcar de toda culpa en las enfermedades coronarias.

El doctor Richard Bruckdorfer, compañero de Yudkin en la UCL por
aquel tiempo, recuerda que «había un enorme grupo de presión de la industria, de la del azúcar en particular, y Yudkin se quejaba amargamente de que
estaban manipulando algunas de sus ideas». Lustig lo explica de manera más
simple: Yudkin fue «el chivo expiatorio».

Las ideas de Yudkin fueron publicadas en un libro: *Pure, White and
Deadly*.[106] Estuvo entre los más vendidos y fue un texto clave para el creciente movimiento de alimentación saludable de la década de 1970, pero los
círculos académicos y los colegas de Yudkin lo denostaron.

---

106. John Yudkin, *Pure, White and Deadly*, Viking, 1986.

Al final, Yudkin acabó siendo un paria, olvidado y en el ostracismo. Pero según Lustig, Yudkin había predicho el futuro al identificar los peligros potenciales del azúcar, no solo en relación con las enfermedades coronarias, sino respecto a la epidemia de obesidad. En opinión de Lustig, le hicieron callar porque había demasiadas personas con mucho que perder como para darle pábulo a sus críticas.

Ancel Keys, que había encabezado la lucha contra Yudkin, era el mismo que treinta años antes había experimentado con la hambruna en objetores de conciencia bajo el estadio de Minnesota y había descubierto que las dietas engordan. Keys no solo prestó sus credenciales médicas para la defensa del azúcar que llevaba a cabo la industria de la alimentación, sino que esta financiaba muchas de sus investigaciones. Tenía intereses ocultos.

Y había más en juego que la simple protección del azúcar como mercancía. Estaba naciendo algo nuevo, una oportunidad. El público empezaba a engordar y estaba loco por aceptar un producto que luchara contra la epidemia de obesidad que Yudkin había previsto. La industria de la alimentación tenía la respuesta. Un producto que ya estaba preparado en sus laboratorios de investigación y dispuesto a volar hasta las estanterías de los supermercados: un nuevo concepto de comida denominada «baja en grasas».

Las ratas engordan

Los productos bajos en grasas eran el sueño de la industria, un nuevo tipo de comida creado en torno al pánico por las enfermedades coronarias que podía utilizarse ahora para lidiar con la catástrofe inminente de la obesidad. Solo había un problema. «Cuando le quitas la grasa a una receta —afirma el endocrinólogo Lustig—, la comida sabe a cartón y tienes que remplazarlo con algo, que en este caso es el azúcar.»

De un día para otro aparecieron nuevos productos milagrosos que parecían demasiado buenos para ser verdad. Yogures desnatados, queso untable, incluso postres como Black Forest Gateau. Una galleta baja en calorías, la extrañamente denominada *Ayds*, que se lanzó al mercado en un momento desastroso, justo cuando se desencadenaba la epidemia del sida (AIDS en inglés), tenía un sabor mucho más dulce que su equivalente con toda la grasa. Y había una razón para ello. A todos esos alimentos mágicos que permiten estar en misa y repicando les habían extraído la grasa para sustituirla por azúcar.

La sabiduría nutricional de la década de 1980 se comprometió con lo que el historiador de la alimentación Gary Taubs llama el «dogma de los productos bajos en grasas», lo cual provocó que las ventas de esta increíble comida maravilla subieran como la espuma en todo el mundo.

Y al tiempo que los productos bajos en grasas se acomodaron en nuestra sociedad, también lo hizo la obesidad, que cayó como un glaciar que se desmoronaba sobre el mundo occidental. A mediados de la década de los ochenta, los médicos recibían visitas de pacientes que estaban engordando como nunca antes. Ni los pacientes ni los médicos sabían la razón. La industria de la alimentación comenzó a puntualizar que los individuos deben responsabilizarse por su propio consumo de calorías, pero incluso aquellos que hacían ejercicio y comían productos bajos en grasas ganaban peso. Todo el mundo engordaba y nada parecía solucionarlo.

En 1966, la proporción de personas con un IMC por encima de 30 (los que se catalogan como obesos) era solo del 1,2 por ciento entre los hombres y el 1,8 entre las mujeres. En 1989, esas cifras ascendieron al 10,6 para los hombres y el 14 por ciento para las mujeres. Y nadie relacionaba el enorme incremento en la ingesta de azúcar con la explosión de obesidad.

Sucedía algo más. Cuanto más azúcar comíamos, más queríamos y más hambre teníamos durante ese proceso. El azúcar parecía provocar un nuevo tipo de adicción.

Anthony Sclafani, profesor de la New York University, comenzó a investigar. A Sclafani le interesaba particularmente el vínculo entre el apetito y el aumento de peso y comenzó a notar algo muy extraño en sus ratas de laboratorio. Cuando comían comida para ratas, engordaban de manera natural. Pero cuando les daban comida procesada del supermercado (cereales azucarados o *snacks*), se hinchaban como un globo en cuestión de días. Su apetito por alimentos azucarados era insaciable. Continuaban comiendo y no podían parar durante mucho tiempo después de que sus cuerpos estuvieran físicamente llenos.

Sclafani había identificado la paradoja de la obesidad: cuanto más comes, más hambre tienes. A medida que pasa el tiempo, el azúcar de una dieta afecta de manera proporcional a la malnutrición del organismo, ya que se le priva lentamente de sus nutrientes esenciales, rechazados por un insaciable deseo de azúcar. En resumen, nunca tenemos suficiente.

En opinión de Sclafani, este era un ataque nutricional al que nunca antes se había enfrentado el cuerpo humano, un ataque triple al metabolismo que lo altera durante el proceso. Sclafani observó que sus ratas de laboratorio no solo se atiborraban de azúcar, sino también de productos bajos en grasas. Y si las ponía a dieta, cuando esta cesaba, engordaban más todavía, justamente lo que Ancel Keys había observado en los objetores de conciencia de aquellas celdas bajo el estadio de fútbol americano de Minnesota.

Sclafani concluyó que los obesos cruzaban una línea de no retorno. Reprogramaban su termostato corporal hasta hacer que perder peso se convirtiera en un desafío prácticamente irrealizable. Es como jugar al póquer con esa mano de cartas genética y encontrarte con que te ha tocado el dos de trébol.

La felación de Monica Lewinsky

El profesor Jean-Marc Schwartz intenta comprender lo que sucede en el interior de un cuerpo obeso en el centro San Francisco Hospital, en las mismas salas en las que se trataron a los primeros pacientes de sida en la década de los años ochenta. Schwartz estudia la forma exacta en la que los principales órganos metabolizan el azúcar y provocan ese momento que genera «un tsunami» en nuestro organismo.

El efecto que esto tiene en nuestros órganos vitales solo empezamos a comprenderlo ahora. En el hígado forma cúmulos de grasa que provocan diabetes de tipo 2. El azúcar podría incluso cubrir el semen y producir infertilidad en los varones obesos. Pero el órgano más interesante en este aspecto es el intestino. Según Schwartz, el intestino es un sistema nervioso de gran complejidad, nuestro «segundo cerebro». Y este segundo cerebro se habitúa a querer más azúcar, con lo que envía unos mensajes al primer cerebro que son imposibles de combatir.

Cada vez hay más evidencias científicas de que la fructosa también puede provocar procesos que conducen a la toxicidad hepática y a un sinfín de enfermedades crónicas. Los hombres que ingieren bebidas azucaradas con mayor frecuencia tienen un veinte por ciento más de posibilidades de sufrir un ataque al corazón que los que beben menos. Schwartz dice que este ataque al organismo es tan completo que puede compararse a un ataque al sistema nervioso.

Así pues, si la industria alimentaria era responsable, ¿cómo pudieron irse de rositas? ¿Algo que la Organización Mundial de la Salud ha llamado la crisis sanitaria más seria a nivel mundial del siglo XXI? Me reúno en San Francisco con David Kessler, antiguo director de la agencia de alimentación más importante de Estados Unidos, la FDA, y el responsable de la introducción de advertencias sanitarias en los paquetes de cigarrillos a principios de la década de 1990.

¿Cómo pudo Kessler introducir advertencias en los paquetes de tabaco, pero no en los de alimentos? Kessler da un sorbo a su té. «Porque en aquel momento nadie podía refutar a la ciencia la relación entre los cigarrillos y el cáncer, pero lo que es más importante, llegamos cuando ya era tarde. La industria tabaquera había dado por perdido Estados Unidos y Europa. Sus nuevos mercados estaban en China, la India y Sudamérica, ahí es donde está el negocio. Así que lo dejaron pasar.»

Kessler cree que con la industria alimentaria sucederá lo mismo cuando nadie pueda refutarle a la ciencia la culpa por la epidemia de obesidad, si es que llega a suceder. La diferencia es que la industria tabaquera es débil en comparación con la de la alimentación, que está ligada a una compleja matriz integrada por intereses diversos entre los que se incluyen medicamentos, productos químicos, dietéticos, e incluso el propio tabaco. El abanico de industrias satélite que ganan dinero con la obesidad hace que esta suponga para la alimentación un beneficio neto.

Como una de las representantes de los grupos de presión de Washington me expuso, la industria alimentaria está al mismo nivel que la petrolera y la armamentística en cuestión de acceso a la Casa Blanca. «Cuando puedes hacer que el presidente de Estados Unidos se ponga al teléfono durante cinco minutos, ya no necesitas a gente como yo para que presione.» La industria de la alimentación tiene un poder real.

Según me contó, a finales de la década de los noventa circulaba un chiste que ilustra el poder de la industria alimentaria en la Casa Blanca. Era algo así: «¿Cómo interrumpes al presidente Clinton cuando Monica Lewinsky está haciéndole una felación? Diciéndole que tiene una llamada de Monsanto».

La razón por la que la industria de la alimentación es tan poderosa es simple. La comida es una necesidad básica que se ha convertido en vicio. Y el azúcar ha transformado la comida en vicio mediante la creación de un vínculo irreductible entre el estómago y el cerebro. Es tan adictivo como los cigarrillos o el alcohol. Pero al contrario que los cigarrillos y el alcohol, la tentación te espera a cada paso implacablemente y sin que nadie la regule. En las máquinas expendedoras, cafeterías, establecimientos de comida rápida, supermercados, cines, incluso en los gimnasios, bibliotecas, supermercados, piscinas públicas y estaciones de trenes. Está por todas partes.

122 • ¡TRATO HECHO!

«El azúcar es hedonismo —dice Kessler—. Comer es un gran placer. Te proporciona ese éxtasis momentáneo. Toma el mando de tu cerebro.» Y lo hace en el momento preciso en que nos han puesto en el plato un entorno de obesidad genética que lo acapara todo.

El ataque del tiburón de los refrescos

Al doctor Tony Goldstone no le interesan las generalidades sobre lo que le sucede al cerebro. Lo que le preocupa en el Hammersmith Hospital, Londres, es localizar las zonas específicas del cerebro y las vías neurológicas que estimula el azúcar.

Puede que haya dado con un indicio. Según Goldstone, hay una hormona llamada leptina que deja de funcionar adecuadamente en los cuerpos obesos. En condiciones normales, la leptina es producida por el organismo para informarnos de que estamos llenos. No obstante, en los obesos esta hormona queda reducida gravemente y la clave para ello es una alta ingesta de azúcar. Cuando la leptina no funciona, tu cerebro simplemente no se percata de que deberías parar de comer, del mismo modo que las ratas de laboratorio de Sclafani no podían dejar de atiborrarse de *snacks* dulces.

La leptina nos lleva a hacernos una pregunta: ¿creó la industria alimentaria conscientemente alimentos adictivos que inhibían la hormona de la saciedad? Volvemos a San Francisco para preguntar a Kessler, que es cauto en su respuesta: «¿Entendían la neurociencia? No. Pero aprendieron cómo funcionaba a base de experiencia». Lustig coincide en ello. «¿Ha surgido alguien que se encargue de remover las conciencias en la industria de la alimentación? No. ¿Existe alguien que lo haga? Que yo sepa, no.»

Si posteriormente ha quedado comprobado que la industria alimentaria inhibió la leptina conscientemente y la ciencia confirma que después de comerte una barrita de Mars o un Big Mac sigues teniendo hambre, esas demandas como las del tabaco deberían estar al caer y hundir la industria que nos alimenta.

Kelly Brownell de la Yale University cree que sucederá y que estamos solo a dos años de que la primera demanda fructifique. Según las cifras sobre obesidad actuales, la mitad del planeta debería poder demandar a la industria alimentaria por modificar la respuesta que da nuestro organismo a la leptina con el objeto de hacernos comer más. Una cosa es alterar los componentes de la comida, y otra, alterar nuestro propio cuerpo.

La defensa de la industria alimentaria ha sido siempre la misma que dio la industria tabaquera, que la ciencia no ha demostrado nada. Susan Neely, presidenta de la American Beverage Association, es una mujer sonriente y alegre vestida con una pulida combinación de traje pantalón que llega a nuestra reunión en las oficinas de la ABA de Nueva York y se acomoda con gran vitalidad, como si fuéramos a ver una película. «Hace mucho calor aquí, ¿no le parece?»

La ABA es un grupo de presión fundado por la industria de los refrescos, y el trabajo de Neely consiste en defender de manera rutinaria a Pepsi, Coca-Cola, Seven Up y a decenas de otras marcas asociadas de las acusaciones de haber causado y continuar causando obesidad.

«Se realizan denodados esfuerzos para intentar establecer una causalidad —dice Neely—, y que yo sepa no existe ningún estudio que lo consiga.» ¿Cree ella que los refrescos pueden contribuir mínimamente a la epidemia de obesidad? Susan sonríe. «Yo creo que nadar en el mar no significa que vaya a morderte un tiburón. Que alguien beba un refresco no significa que vaya a convertirse en obeso.»

Es una respuesta rara, pero también acertada en su extravagancia. Neely sabe que la ciencia puede ser combatida; si algún día se encuentran pruebas, lucharán contra ellas, así como lucharon contra los intentos de introducir un impuesto para el azúcar del alcalde Bloomberg en Nueva York, el Gobierno de Obama y la secretaria nacional de Sanidad del Reino Unido, Sally Davies, en 2015.

La industria alimentaria puede hacerle frente, y si finalmente pierde, esa derrota no supondrá una gran pérdida en ningún caso. Exactamente igual que pasa con el tabaco, Europa y Estados Unidos son migajas en comparación con el resto del planeta. Se trata de un mal menor cuando sabes que el mundo espera para ser conquistado.

Progreso

Amanece en el Amazonas y la bruma se alza sobre sus imperturbables aguas. En un recodo del río aparece un barco cubierto con unas vallas publicitarias enormes que anuncian barritas y batidos de chocolate. Toca la bocina de a bordo varias veces entrecortadas y empieza a salir gente de la selva.

El *Nestlé Até Você a Bordo* (Nestlé te sube a bordo) se describe en la página web de la empresa como un «supermercado flotante». Su misión es surcar el Amazonas deteniéndose en aldeas y campamentos remotos para llegar hasta un número potencial de 800.000 pobladores de tribus con bajos ingresos. La tripulación del barco de Nestlé entrega gratuitamente muestras de helado, leche para bebés, batidos y barritas de chocolate a personas que jamás antes han visto ni han comido alimentos procesados.

En Brasil, el desplome de la dieta tradicional amazónica y el auge de la obesidad han coincidido con la adopción de una alimentación occidental con alto contenido calórico. Al mismo tiempo, muchos brasileños urbanitas de clase media están adoptando la «dieta amazónica» para perder peso y mantenerse saludables. Así es el progreso del siglo XXI, tal como ha sucedido en la India, donde la urbanización y el auge de la obesidad van de la mano. ¿Supone la llegada de alimentos altamente procesados y calóricos una nueva forma de colonialismo, o la verdadera discriminación sería negar a estas personas de todo el mundo el acceso a las mismas oportunidades de engordar que tienen en Occidente?

En San Juan Chamula, México, el quinto país en consumo de Coca-Cola del mundo, las paredes de la iglesia local están decoradas con botellas de este refresco, que ha sido deificado desde su introducción en la ciudad en la década de los años sesenta. Igual se la venera como a un dios que se la vilipendia por ser un riesgo sanitario. Tanto en México, como en Brasil, la India y China, países que caminan a pasos forzados por la vía del cambio económico, se sufren las secuelas de la obesidad. China no es solo la economía que crece más rápidamente del mundo, sino también el mayor mercado de Weight Watchers.

¿Es la obesidad el precio inevitable que hay que pagar por el crecimiento? Francia mantiene una de las tasas de obesidad más bajas del mundo occidental y ha conservado su cultura alimenticia autóctona, basada en la comida casera y el enorgullecimiento por la cocina nacional, lo mismo que los brasileños de la urbe intentan hacer. Pero el proceso de industrialización de Francia sucedió hace ciento cincuenta años, por lo que su crecimiento económico y la movilidad social no equivalen a adoptar una alimentación más práctica elaborada a partir de la ciencia. En aquel momento, la comida procesada no existía y por ello ahora Francia no es una nación obesa. Nunca tuvo la oportunidad de serlo. Brasil, la India, China y México tuvieron la desgracia de modernizarse cuando ambos factores estaban interrelacionados.

La cura

A pesar de la aparentemente obvia correlación entre crecimiento económico y obesidad, la profesión médica elude la causalidad científica entre la manipulación de los alimentos y la obesidad de la población. ¿Por qué? La razón tiene poco que ver con la ciencia y más con el hecho de que la industria alimentaria es la que financia a los científicos que llevan a cabo las investigaciones sobre su papel en el asentamiento de la obesidad.

El poco dinero que se destina a la investigación independiente, sumado a los recortes que sufre, hace que la industria alimentaria se haya convertido en una fuente de ingresos vital. Esto implica que no solo son lentos en establecer esa causalidad, sino que la misma ciencia que combate la obesidad se utiliza para refinar los productos que nos hacen ser obesos. Muchos de los científicos con los que me he encontrado tienen miedo de ofrecer su testimonio, porque temen que si hablan la industria alimentaria les retirará la financiación.

¿Cómo se ha producido esta relación de simbiosis inseparable?

Permitidme que esboce dos escenarios alternativos. En el primero nos encontramos a finales de la década de 1970 y las empresas de alimentación producen nuevos alimentos sabrosos. Las personas empiezan a engordar. En la década de 1990, los costes médicos relacionados con la obesidad suben como la espuma. El Gobierno, los expertos en salud y, sorprendentemente, los representantes de la industria alimentaria son llamados a consulta para decidir qué se debe hacer. Todos coinciden en que ellos no tienen la culpa, sino nosotros, los consumidores. Teníamos que responsabilizarnos de nuestros actos, hacer dieta y más ejercicio. Pero el plan no funcionó. En el siglo XXI, la gente engorda más que nunca.

De acuerdo, ahora planteemos el segundo escenario. Las empresas de alimentación producen nuevos alimentos sabrosos. Las personas empiezan a engordar. En la década de 1990, las empresas de alimentación y, más importante, la industria farmacéutica observan el ascenso de la obesidad y se percatan de que pueden ganar una inmensa cantidad de dinero con ello. Una gallina de los huevos de oro de miles de millones que incluye no solo comida baja en grasas, sino medicamentos dietéticos, gimnasios caseros, dietas de moda, dietas relámpago, aplicaciones con recetas y consejos para adelgazar; todo ello promocionado por famosos de aspecto remozado que prometen «un nuevo tú» al cabo de menos de dos semanas.

Si se mira puramente en términos de beneficios, el gran mercado no estaba en los clínicamente obesos (aquellas personas con un IMC superior a 30). El dinero estaba en esos miles de millones de personas ordinarias en todo el mundo que tienen un poco de sobrepeso y no consideran que su figura suponga un problema de salud relevante. Para ganar dinero con ellos era necesario hacer que estos millones de personas empezaran a percibir su peso como un problema.

Para hacerlo realidad, la ciencia necesitaba decirnos que estábamos en peligro. Y todo confluyó en un acuerdo alcanzado el 3 de junio de 1997. Ese día, la Organización Mundial de la Salud (OMS) convocó una consulta de expertos en Ginebra que sería la base para un informe que definiría la obesidad no ya como una catástrofe social en proceso, sino como una «epidemia».

La palabra «epidemia» es crucial cuando hablamos de ganar dinero con la obesidad, porque una vez que se declara epidémica significa que existe una catástrofe médica. Y si es médica, alguien podrá proporcionar una «cura».

El autor de ese informe era uno de los expertos en obesidad más importantes del mundo, el profesor Philip James, que ejercía de médico en la década de 1980, fue uno de los primeros en identificar el auge de la obesidad.[107] En 1995, James creó un cuerpo llamado IOTF (International Obesity Task Force o Grupo de Trabajo Internacional contra la Obesidad), que informaba sobre el auge de los niveles de obesidad en todo el mundo y sobre las políticas sanitarias propuestas para atajar el problema.

James es comúnmente aceptado como la primera persona que advirtió el problema de la obesidad, así que resultaba apropiado que fuera la IOTF quien redactara el borrador de la OMS de finales de la década de 1990 que definiría la obesidad mundial. El informe dibujaba un cuadro apocalíptico de obesidad desproporcionado en todo el planeta.

La clave estaba en los pormenores. Y esos pormenores incluían decidir dónde está la frontera entre «normalidad» y «sobrepeso». Varios colegas de profesión cuestionaron la decisión del grupo de bajar la nota de corte para el «sobrepeso» de un IMC de 27 a uno de 25. De un día para otro, millones de personas del mundo pasarían de tener un peso «normal» a entrar en la categoría de personas con «sobrepeso». Exactamente igual que sucedió cuando Louis Dublin bajó el punto de corte en la década de 1940.

La profesora Judith Stern, vicepresidenta de la Asociación Americana contra la Obesidad, fue crítica y suspicaz. «Hay ciertos riesgos relacionados con la obesidad. Pero ese riesgo es bajo en el espectro que va de un índice de veinticinco a veintisiete. Cuando pasas de veintisiete, los riesgos son mayores. ¿Por qué hacer que toda una categoría entre en el espectro de riesgo cuando realmente no lo está?»

---

107. Professor Philip James: https://www.worldobesity.org/scope/fellowship/philip-james/.

¿Por qué exactamente? ¿Por qué millones de personas que eran consideradas «normales» tienen ahora «sobrepeso»? ¿Y por qué se consideraba que su salud corría tanto peligro como las de las personas verdaderamente obesas?

Pregunto al doctor James en su piso de Londres qué datos científicos había para establecer el límite del IMC en 25. «Los números de muertes con índices de veinticinco subieron en Estados Unidos y subieron en Gran Bretaña, y los datos confirmaban la idea de que un IMC veinticinco era el punto de corte práctico más razonable en todo el mundo. Así que cambiamos la política global sobre obesidad.»

En su día, James redefinió quién estaba gordo y quién no lo estaba. Una decisión que afectaría a los diagnósticos médicos de miles de millones de personas. Se trataba de una decisión que influía directamente nuestra comprensión global de la obesidad y lo que podía hacerse al respecto. Y todo estaba basado, según me contó James, en «datos previos a la guerra proporcionados por Metropolitan Life», los mismos datos que había falseado Louis Doublin en la década de 1940.

¿Quién salía ganando con ese informe de la OMS? Le pregunto a James de dónde procedía la financiación para redactar su informe. «Ah, eso es muy importante. Las personas que fundaron la IOTF eran compañías farmacéuticas.» Y ¿cuánto le pagaron? «Solían entregarme cheques por valor de 200.000 dólares cada vez. Y creo que recibí un millón o más.» Y ¿le pidieron alguna vez que incluyera algo específico en la agenda? «En absoluto.»

James afirma no haber sido influido por las compañías farmacéuticas que financiaban su trabajo, pero no cabe duda de que su informe reclasificó de un día para otro a millones de personas como individuos con sobrepeso y que expandió de manera masiva la base de clientes de la industria farmacéutica que buscaba explotar el mercado del adelgazamiento. Esas personas que «solían entregarme cheques».

En la década de 1940, Louis Doublin había creado de la nada una epidemia de obesidad sobre el papel, y cincuenta años después, Philip James había usado esos mismos datos para expandir los parámetros de una epidemia de obesidad real.

Sus críticos dijeron que ese alarmismo tenía como único objeto beneficiar a las compañías farmacéuticas, pero James señala con razón que necesitaba el poder de estas para hacer entender la urgencia de la crisis de obesidad que estaba desarrollándose. Aunque es obvio que estas empresas no lo hacían por altruismo. Si la OMS clasificaba la obesidad como epidemia, la industria farmacéutica estaría en posición de proporcionar una cura. Para justificar su implicación en ello era preciso que se tratara de una situación crítica en todo el mundo.

Si vuelves a hablar con la prensa, empezarán a pasar cosas muy feas

El problema era que la cura no estaba al alcance de la mano. Desde la década de 1950, la respuesta de la industria farmacéutica a la pérdida de peso habían sido las anfetaminas, que fueron recetadas a millones de amas de casa que querían adelgazar. En la década de los años setenta las prohibieron por ser altamente adictivas y contribuir a la proliferación de infartos y ataques al corazón.

Pero ahora las drogas volvían a estar en la agenda como «cura» y el potencial de dinero a ganar era inmenso. La industria farmacéutica se centró en un área específica, unos supresores del apetito llamados flenfuraminas. Tras probarlo en Europa, los gigantes farmacéuticos estadounidenses Wyeth desarrollaron Redux, que fue aprobado por la Administración de Alimentos y Medicamentos estadounidense (FDA), a pesar de las evidencias, que demostraban que las mujeres a las que se administraba desarrollaban hipertensión pulmonar.[108]

El doctor Frank Rich, un cardiólogo de Chicago, empezó a ver pacientes que habían tomado Redux y desarrollaban lo que él consideró como síntomas alarmantes. Cuando una de las mujeres en Oklahoma City se derrumbó y falleció, Rich decidió hacerlo público y contactó con el telediario estadounidense *Today*.

Nos reunimos en su casa de Chicago y me cuenta lo que sucedió después. «Esto se grabó por la mañana; cuando fui a mi despacho, una hora después, recibí una llamada de un alto ejecutivo de Wyeth que había visto el programa y estaba muy enojado. Me advirtió que no volviera a hablar con los medios sobre su medicamento. Dijo que, si lo hacía, empezarían a pasar cosas muy feas y colgó el teléfono.»

El ejecutivo de Wyeth en cuestión niega la versión de los hechos dada por Rich. Pero una vez que se abrieron los casos de responsabilidad jurídica, surgieron pruebas en documentos internos que demostraban que Wyeth conocía muchos más casos de hipertensión pulmonar que habían sido decla-

---

108. Redux: http://en.wikipedia.org/wiki/fenfluramine/phentermine.

rados a la FDA o a pacientes. Redux fue eliminado del mercado y Wyeth preparó 21.100 millones para pagar las indemnizaciones. La compañía siempre ha negado su responsabilidad en el caso.

Pero ahora que Wyeth estaba fuera del mercado, otras compañías de medicamentos tenían las puertas de la obesidad abiertas. «Ah, permíteme que me explique claramente —dice Rich—. Si consigues un medicamento que te haga adelgazar sin tener unos efectos secundarios nocivos, sería un producto que valdría un dineral de miles de millones.»

Cómo la comida se convirtió en el nuevo tabaco

Estoy en el planeta Krypton, en un patio interior de mármol que asciende al cielo con esquirlas de vidrio de aspecto futurista que cuelgan del techo hasta la recepción. Una recepcionista con auriculares asiente levemente y me informa de que Gustav espera mi visita. Gustav Ando es director de IHS Healthcare Group y uno de los expertos más importantes en medicamentos y obesidad de la industria farmacéutica. Sus oficinas del centro de Londres son realmente impresionantes, pero, según me cuenta Ando, muy poco del dinero con el que se creó este imperio multimillonario procedía de la obesidad.

Quiero saber si la financiación que la industria farmacéutica ha destinado a las personas que definieron la obesidad como una epidemia ha merecido la pena. ¿Cómo influyó la decisión de la OMS en los beneficios obtenidos por la industria? «Lo cierto es que llamó la atención de muchos. Definir la obesidad como epidemia tuvo una importancia enorme a la hora de cambiar la percepción del mercado.» Porque ahora las compañías farmacéuticas podrían proporcionar «la panacea».

Empezaba la carrera para producir esa panacea. El gigante británico GlaxoSmithKline (GSK) averiguó que su antidepresivo Wellbutrin tenía un efecto secundario muy oportuno. Te hacía adelgazar. Blair Hamrick era el representante de la compañía en Estados Unidos encargado de convencer a los médicos para que recetaran el medicamento como adelgazante y como antidepresivo, un movimiento que ampliaría considerablemente el mercado y sus beneficios. Esto es lo que en el negocio se llama «uso alternativo».

«Si un médico receta algo, está en su derecho, pero que yo fuera y vendiera un uso alternativo del producto para adelgazar es inapropiado —dice Hamrick—. Más que inapropiado. Es ilegal. Hay vidas en juego.»

GSK gastó millones en sobornar a los médicos para que recetaran Wellbutrin como medicamento dietético, pero cuando Hamrick y otros dieron la voz de alarma sobre las actuaciones relacionadas con Wellbutrin y otros dos medicamentos, la empresa fue a juicio en Estados Unidos y aceptó pagar una multa de 3.000 millones de dólares, el acuerdo de pago por fraude sanitario mayor en la historia del país.

Las farmacéuticas han intentado crear una panacea y capitalizar la obesidad, pero su fracaso ha sido monumental. Ando dice que esa «panacea» sería estupenda si existiera. «Yo todavía no la he visto.»

Encontrar una cura significaría que se quedarían sin clientes. Medicar y gestionar la crisis de obesidad es mucho más lucrativo que solucionarla. La diabetes de tipo 2 es una consecuencia de la obesidad y también una de las gallinas de los huevos de oro de la industria farmacéutica, que continuará poniendo siempre que siga existiendo la epidemia de obesidad.

Y la industria de los medicamentos no es la única que se beneficia de la gestión de esta crisis sanitaria. La industria alimentaria también tiene una mina de oro inagotable en la creación de líneas dietéticas, no solo para los clínicamente obesos, sino también para esa enorme zona gris que representan las personas a las que inquieta tener un poco de sobrepeso.

Ahora existen dos mercados bien diferenciados. Los que hacen dietas interminables, adelgazando para después volver a engordar, que proporcionan una fuente de ingresos constante a las industrias alimentaria, farmacéutica y dietética a lo largo de sus vidas como adultos. Y los verdaderamente obesos, a quienes la sociedad deja a la deriva, abandonados por las repetidas iniciativas sanitarias fallidas del Gobierno.

Como señala la doctora Kelly Brownell, la comparación entre el tabaco y el cáncer de pulmón es mucho más profunda de lo que cualquiera pensaría.

«La industria tabaquera sigue un manual muy claro, y si lo comparas con lo que hacen ahora mismo las empresas de alimentación, son prácticamente idénticos. Tergiversa la ciencia y afirma que sus productos no causan daño alguno, cuando saben que no es cierto.»

Pero la solución a la obesidad podría seguir el mismo camino que la del tabaco. Según Brownell, el acto de fumar solo llegó a ser marginal cuando se consiguió tumbar a la resistente industria tabaquera utilizando una combinación de imposición fiscal elevada en los precios, una legislación estricta (prohibición de fumar en espacios públicos) y una larga campaña propagandística (advertencias en los paquetes; una efectiva y continuada campaña de publicidad antitabaco; y lo que es más crucial, la educación en las escuelas).

Se produjo un cambio generacional de actitud y, en opinión de Brownell, solo un movimiento sísmico como este podría hacer lo mismo con la obesidad. El hecho innombrable entre los expertos en sanidad de todo el mundo es que, igual que sucedió con el cáncer de pulmón, se ha permitido que toda una generación quedara abandonada a su suerte y muriera antes de que tuviera lugar ese cambio. En público, los Gobiernos prometen una y otra vez que lucharán contra la obesidad, pero la realidad es que saben que es inútil.

La analogía con el tabaco resulta irónica. Porque al fondo de los archivos de la San Francisco University hay una circular confidencial escrita por un ejecutivo del gigante del tabaco Philip Morris de finales de la década de 1990, justo cuando la OMS definía la obesidad como una pandemia en ciernes, aconsejando al gigante de la alimentación Kraft sobre las estrategias que debían emplear cuando comenzaran a recibir críticas por generar obesidad.

Titulado «Lecciones aprendidas sobre la guerra contra el tabaco», se trata de una fascinante lectura. La circular explicaba que, del mismo modo que los consumidores culpaban a las tabaqueras del cáncer de pulmón, también acabarían culpando a las empresas de alimentación de la obesidad, a menos que pusieran en funcionamiento un abanico de estrategias defensivas. El plan era seguir su mismo manual, refutar la ciencia, desacreditar a los críticos, pasar a la ofensiva, no ceder ni un centímetro. Si Kraft seguía ese plan, podría ganar un tiempo precioso.

La circular afirmaba que «estamos en una guerra y necesitamos ganarla». Existía una buena razón por la que la industria alimentaria invirtió en dietética. No se trataba de nada personal, simplemente eran negocios.

6

DROGAS:

La medicación de la vida moderna

Eran las 10.15 de la mañana del 14 de octubre de 2008 y me encontraba en una reunión en Londres cuando sucedió algo muy raro. El suelo empezó a agitarse bajo mis pies. Las paredes empezaron a acercarse y después retrocedieron. Me sentía como un barco en una tormenta.

Fui al baño y me eché agua en la cara. Las gotas de agua que tenía en la mano temblaban. Mi imagen en el espejo estaba deformada. Entonces empecé a sentir un hormigueo en los dedos. El hormigueo ascendió hasta mi mano, después por el brazo y llegó al hombro. Cuando iba camino del hospital sentía como si una mano de gigante hubiera surgido del cielo y aplastara mi cuerpo contra un rinconcito minúsculo de la ambulancia.

Estaba sufriendo un infarto, pero tuve suerte. Podía hablar y sabía dónde me encontraba. En las camas del hospital que me rodeaban había hombres que parecían estar sanos y en forma, tipos de entre veinticinco y cuarenta años. Un basurero que hacía a diario el equivalente a una minimaratón; un comerciante de la ciudad que iba al gimnasio tres veces a la semana; un camarero que bailaba salsa en su tiempo libre; un soplón al que visitaron dos policías que le llevaron uvas; y yo.

Todos habíamos sufrido infartos años antes de lo que cualquiera de nosotros imaginaríamos que era la edad normal para tenerlos. ¿Por qué? ¿Por estrés? Todo el mundo sufre estrés, pero no todos sufren infartos. Había perdido algo de sensibilidad, pero me recuperé al cabo de unos minutos. No estaba ciego ni me costaba permanecer en pie como a algunos de los otros pacientes. El tipo que había en la cama de al lado me dijo: «Cuando tenemos un infarto nos aplastan de un martillazo, pero tú lo esquivaste».

Salí del hospital con una bolsa llena de medicamentos.

Al llegar a casa inspeccioné el contenido. Había infinidad de botes. Tenían un color arcilloso y todos llevaban una palabra inscrita en ellos: Simvastatin. Me metí uno en la boca.

La zona gris

Estados Unidos tiene una población de 320 millones de personas. Según el Centro Nacional de Estadística Sanitaria (NCHS), aproximadamente la mitad de los adultos acuden al armario de su cuarto de baño para tomar un medicamento como el que acaban de darme.[109] Es una forma de vida de la que somos dependientes, y cada vez más. En el año 2000, solo el ocho por ciento de los adultos tomaba cinco o más medicamentos recetados por el médico, pero al cabo de menos de veinte años esa cifra se ha duplicado con creces.

Somos la sociedad más medicada de la historia y si continúa la tendencia actual, cuando lleguemos a 2050, todos los estadounidenses podrían tomar algún medicamento con receta. Evitarlos parecerá extravagante, incluso irresponsable.

El número de enfermedades no ha aumentado desde hace cincuenta años por arte de magia. Desde el año 2000 nos hemos convertido en una sociedad más vieja y más gorda, pero el aumento en el uso de medicamentos con receta excede en mucho estas necesidades. Todos los grupos socioeconómicos toman pastillas. Los norteamericanos blancos más ricos que no pertenecen al grupo étnico hispano toman casi el doble de medicamentos con receta que los individuos más pobres de origen mexicano, a pesar de que si esa necesidad estuviera dictada principalmente por la riqueza debería suceder justo lo contrario. Los epidemiólogos lo llaman la «paradoja hispana».[110]

La columna vertebral de la industria de los medicamentos está formada por las denominadas «Big 3 Ds»: depresión, diabetes y demencia. Pero el medicamento que se expande con mayor rapidez en todo el mundo es la estatina, que se usa para rebajar los niveles de colesterol. Es la droga que me dieron al salir del hospital.

---

109. Centers for Disease Control and Prevention (CDC), resumen de la utilización de medicamentos terapéuticos en Estados Unidos, 19 de enero de 2017.

110. «The Hispanic Paradox», *Lancet*, 16 de mayo de 2015.

Las estatinas son fundamentales para comprender cómo nos hemos enganchado todos a los medicamentos. Cuando tuve el infarto entré en la zona gris que divide las soleadas tierras altas de la salud del profundo valle de los enfermos. En esta zona gris es donde está el negocio de la industria farmacéutica. Al ampliar esta zona gris en toda su extensión, maximizaron el potencial de enfermedades y se hallaron ante una revelación. En lugar de medicar enfermedades existentes, medicarían el estilo de vida moderno en sí. Reinventarían las enfermedades mediante la catalogación de ansiedades y neurosis confusas de la vida moderna como síndromes médicos. Y así, de hecho, sí que hemos llegado a tener más enfermedades que hace cincuenta años como por arte de magia.

Al sufrir un infarto me coloqué en las laderas más bajas de la zona gris, en la que los medicamentos se toman como «medida preventiva sensata». Pero hay millones de personas en el mundo que toman Simvastatin sin siquiera haber sufrido un infarto. ¿Por qué les recetan estatinas?

Días después de recibir el alta, formulo esta pregunta al especialista que sigue mi tratamiento. «¿Quiere saber la versión oficial o lo que yo pienso?» Las dos cosas. «De acuerdo. La versión oficial es que incluso si las posibilidades de sufrir otro infarto son del 0,05 por ciento debería tomar estatinas durante el resto de su vida.»

¿Y qué hay del resto de los pacientes que no lo han sufrido?

«Hace unos diez años, las compañías farmacéuticas llegaron y recibieron carta blanca para entregar estatinas a los médicos, no solo para los infartos, sino para todo. Así que ahora las recetamos como si fueran caramelos a cualquier mayor de cuarenta años como medida preventiva. Al paciente se le vende como si fuera el líquido descongelante del coche o el descalcificador de tu tetera eléctrica.»

«Sin embargo, no sabemos con quién funcionan —añade—. Podría ser menos del cinco por ciento, y el otro noventa y cinco por ciento estaría tomándolas inútilmente. Pero una cosa está clara: si hay alguien que sale ganando, es la industria farmacéutica.»

No soy un detractor de las farmacéuticas. Más bien lo contrario. Me enojo con la gente que piensa por defecto que todo lo que hace la industria farmacéutica es malo. Mis abuelos sobrevivieron gracias a los medicamentos que les recetaban. Los medicamentos han mantenido a raya la presión alta de mi padre durante cuarenta años. La empresa farmacéutica ha prolongado vidas y ha aliviado el dolor diario de miles de millones de personas.

Y aquí me veía yo, dudando si debía tomar una pastilla que me habían asegurado que me mantendría con vida. ¿Qué problema tenía con eso? El problema era que no soy el único en esa nueva zona gris entre la salud y la enfermedad. Todos estamos en ella.

Un paquete de chicles Wrigley

¿Cómo se creó esta zona gris? La respuesta está en la decisión de un solo hombre. La visión de un atribulado CEO de una multinacional de los medicamentos que, en un intento de salvar su negocio de la ruina, simplemente cambió la definición de enfermedad para que pasara de ser algo que se contrae a algo que te identifica como ser. Él sería quien transformaría la anomalía de la enfermedad en normalidad. Su objetivo era simple: convertirnos a todos en pacientes.

En 1980, Henry Gadsen, CEO de Merck Pharmaceuticals, fue entrevistado por la revista *Fortune*.[111] Los seis gigantes de la industria farmacéutica estaban en apuros por primera vez en sus ciento cincuenta años de historia. El *boom* de posguerra de las recetas de medicamentos, que había tenido su punto álgido en la década de 1960 con el Valium, se encontraba ahora amenazado. Las patentes en las que se habían basado para pasar de ser boticas de barrio del siglo XIX a conglomerados mundiales del siglo XXI estaban a punto de hacerse genéricas. Y todas estas patentes caducaban al mismo tiempo.

Para que apreciemos mejor cómo este desastre podía considerarse también como una colosal oportunidad de negocio, veamos lo que hizo la empresa de medicamentos Actavis UK en marzo de 2016. Dos inversores llamados John Beighton y Guy Clark realizaron una presentación en una sala de juntas revestida de madera del Waldorf Hotel de Londres para sus inversores. Actavis tuvo éxito con la venta de una pastilla de hidrocortisona al sistema sanitario nacional, pero estaba a punto de perder la patente y convertirse en marca blanca. Es decir, su precio ya no estaría sujeto a regulación y cualquier compañía podría producirlo como «genérico».

La clave para la ingeniosa solución de Beighton y Clark residía en la primera consecuencia, que dictaba que su precio ya no estaría sujeto a regulación. Algunos de los medicamentos que se hacen genéricos pueden ser fácilmente reproducibles por sus competidores, pero ellos opinaban que si desarrollaban medicinas específicas con fórmulas complejas limitarían la competencia cuando perdieran la patente y podrían maximizar el verdadero

---

111. Para obtener un relato completo de la entrevista a Gadsen y sus consecuencias, ver: Ray Moynihan y Alan Cassels, *Selling Sickness. Medicamentos que nos enferman e industrias farmacéuticas que nos convierten en pacientes (El gran engaño)*, Terapias Verdes/Nabona, Barcelona 2011.

potencial de beneficio del producto. Remplazarían la patente por una licencia de exclusividad. El resultado es todo lo contrario a genérico.

Pero el toque maestro estaba aquí. Con el fin de la regulación en los precios, la caducidad de la patente se convertía en una oportunidad para subir el precio hasta niveles desorbitados. Beighton y Clark propusieron un trato entre Actavis y la Sanidad británica para subir el precio del paquete de pastillas de 10 miligramos y que pasara de costar 0.99 libras a 88. El paquete de 20 miligramos subió su precio un 9.500 por ciento.[112]

La solución que dio Henry Gadsen al problema de la patente en 1980 fue diferente e incluso más osada en su concepción. «El problema que teníamos era limitar el potencial de medicamentos a las personas enfermas —afirmó en la revista *Fortune*—. Podríamos ser más como el chicle Wrigley..., desde hace mucho tiempo sueño con crear medicamentos para personas sanas. Vender a todo el mundo.»[113]

La solución de Gadsen era genial. Quería convertir la medicación preventiva en un paquete de chicles que se mete uno en la boca cada mañana sin pensar en ello. Gadsen quería que las personas sanas comenzaran a tomar drogas y continuaran tomándolas por el resto de sus días como medida preventiva. Como ampliación de la clientela base resultaba impresionante. Pasarían del quince por ciento de personas que estaban realmente enfermas al cien por cien de una población que podría enfermar algún día. Todo podía medicarse, independientemente de que el riesgo al que se estuviera expuesto fuera mínimo. Y para los demás podían diagnosticarse un sinfín de síndromes y enfermedades nuevas o desconocidas. El plan de Gadsen era convertirnos a todos en pacientes.

Para hacer realidad este sueño, las empresas farmacéuticas tenían que salir desvergonzadamente de su zona de confort para inventar o redescubrir toda una nueva gama de enfermedades. Las farmacéuticas ya no estarían meramente en el juego de curar enfermedades, sino también en el de hacerlas realidad.

La vida moderna te hace enfermar

La industria farmacéutica tuvo un inesperado compañero de viaje. En 1960, el psiquiatra R. D. Laing publicó *El yo dividido. Un estudio sobre la salud y la*

112. *Daily Telegraph*, 16 de diciembre de 2016.

113. Ray Moynihan y Alan Cassels, *Selling Sickness, op. cit.*

enfermedad.[114] El libro se convirtió en una Biblia de la contracultura. Fue usado por los *hippies*, poetas *beatnik* y manifestantes contra la guerra que se movilizaron en los campus universitarios de Estados Unidos y Europa, que citaban la máxima de Laing que define la locura como «una respuesta perfectamente racional a un mundo insano».

La fama de Laing se extendió rápidamente. Se convirtió en la figura insigne del movimiento de la «antipsiquiatría», que abogaba por el fin de la categorización de la salud mental. Laing veía la locura como un constructo. Según él, en una sociedad que promueve la guerra en Vietnam y el tiroteo a estudiantes universitarios en los campus, los enfermos mentales difícilmente pueden ser considerados más perturbados que la propia sociedad en sí. De hecho, catalogar como «locos» a aquellos que disienten es una forma de silenciar sus voces.

El periodo de posguerra de Vietnam, el caso Watergate y la idea *shakespeariana* de que solo los locos ven la verdad se convirtieron en un principio clave de la izquierda antiautoritaria, articulada por el escritor de ciencia ficción Philip K. Dick, que resumía la locura como una «respuesta apropiada a la realidad».[115]

Pero R. D. Laing llevó esta idea más lejos, otorgándole credibilidad médica. Laing decía que encarcelar a los enfermos mentales en instituciones psiquiátricas y obligarlos a tomar pastillas pacificadoras era opresión política. Los internos eran presos políticos. Por contraste, tomar drogas de expansión mental como el LSD podía ayudar a que el público en general percibiera la farsa de la vida moderna.

Laing fue tomado muy en serio. Aparecía en programas de debate formales y se le consideraba un genio en las universidades estadounidenses. Laing aducía que toda nuestra comprensión de la enfermedad en la sociedad moderna estaba equivocada. Los enfermos no éramos nosotros, sino que la sociedad capitalista nos enfermaba, obligándonos a cumplir rituales como el consumismo y el trabajo de oficina. Si intentabas escapar a esto, se te tildaba de loco. Pero no eras tú el que estaba loco, sino el sistema.

El «marxismo lisérgico» de Laing estaba en todas partes, pero, con el fin de la guerra de Vietnam, la caída en el olvido colectivo del caso Watergate, el colapso de la contracultura y el ascenso de las ideas de la Nueva Derecha de mediados de la década de 1970, pasó de moda rápidamente. Sus ideas desaparecieron tan pronto como habían surgido.

---

114. R. D. Laing, *El yo dividido. Un estudio sobre la salud y la enfermedad,* Fondo de Cultura Económica, México, 2014.

115. Philip K. Dick, *Una mirada a la oscuridad,* Minotauro, Barcelona, 2002.

Pero entonces sucedió algo extraordinario. En 1980, Gadsen realizó esa entrevista para *Fortune*. Estados Unidos estaba cautivada por los *yuppies*, Wall Street y las comidas energéticas. Pero la industria farmacéutica revisó las desacreditadas teorías de Laing y percibió algo que nadie había sabido ver anteriormente.

Si, como decía Laing, el enfermo no eras tú, sino que era el capitalismo el que provocaba la enfermedad, había algo que podían aprovechar. Las enfermedades podían ser ocasionadas por tu trabajo, tu casa, tus amigos y tus hijos. Podían estar motivadas por tu ansiedad al respecto de la limpieza o por tu vecindario. Por el sexo, la comida, tus mascotas, las multitudes, las compras, los espacios amplios, pequeños, silenciosos, ruidosos, tu pareja, tu coche, la luz del sol, la oscuridad, o cualquier fobia que tuvieras, desde el miedo al césped, hasta a los payasos y a las fiestas para niños. Y estas enfermedades podían mostrarse en forma de sudores, palpitaciones, miedos irracionales, mareos, náuseas, comportamientos compulsivos o incluso el simple hecho de mover la pierna constantemente mientras veías la televisión. Todo esto podía ser redefinido como «enfermedad».

R. D. Laing, el sumo sacerdote del anticapitalismo, había acudido al rescate de la industria farmacéutica sin saberlo. La vida moderna era susceptible de hacerte enfermar, pero, al contrario que Laing, la industria de los medicamentos tenía recetas para solucionarlo. Y la clave para conseguir que estas drogas entraran en el mercado era conseguir que fueran aprobadas por el organismo regulativo más importante del Gobierno de Estados Unidos: la FDA.

El problema era que la FDA exigía pruebas. Y esto significaba acceder a los departamentos de las universidades. A principios de la década de 1980, estos departamentos se encontraban en dificultades. El presidente Reagan acababa de ser reelegido con una promesa de recortar el gasto público y los primeros en la lista eran los departamentos universitarios de corte izquierdista. Los mismos que enseñaban a R. D. Laing en sus clases.

Pero el factor por el que estos departamentos universitarios eran tan poco atractivos para la administración de Reagan era precisamente lo que resultaba útil a la industria farmacéutica. Para conseguir la aprobación de la FDA necesitaban que estos departamentos proporcionaran estudios académicos creíbles sobre estos síndromes. Necesitaban un plan.

Históricamente, los departamentos universitarios eran independientes de la financiación exterior. La intención de tal independencia era proteger al público estadounidense contra las «evidencias» que pudieran ser proporcionadas para vender drogas inefectivas o incluso potencialmente nocivas. Que era exactamente lo que querían hacer ahora las empresas farmacéuticas. Pero había una forma de sortear el problema.

El senador Bob Dole no era meramente amigo del presidente Reagan y un personaje respetado en Washington, también estaba en la junta de Verner Lipvert Bernhard, un bufete de abogados a sueldo de la empresa farmacéutica Pfizer. Dole promovería un proyecto de ley (la ley Bayh-Dole de 1980) que abriría los departamentos universitarios a la financiación directa de las empresas de medicamentos. Si el proyecto de ley era aprobado, tendría consecuencias en todos los hombres, mujeres y niños de Estados Unidos.[116]

Cuando comenzó la redacción del borrador se emprendió una carrera por conseguir que lo apoyaran algunos académicos cuya credibilidad tuviera gran impacto. El profesor John Abramson, de Harvard, uno de los expertos más importantes del mundo en el campo de la atención primaria rechazó la propuesta. «El pueblo estadounidense verá esto dentro de cincuenta años como el momento en el que el Gobierno los dejó en manos de la industria farmacéutica», dijo.[117]

Han pasado cincuenta años. El proyecto de ley fue aprobado después de que Abramson, que inicialmente se opuso, fuera informado de que le resultaría muy difícil conseguir financiación si entorpecía la maniobra.[118] La ley fue aprobada en 1980: el mundo estaba a punto de enfermar con trastornos de todo tipo de los que nunca nadie había oído hablar.

Peter Rost trabajó como ejecutivo de Marketing para medicamentos en Pharmacia. Rost afirma que el amparo contra las drogas sin prueba clínica que ejercía la FDA era eludido gracias a esta nueva «sociedad» entre las farmacéuticas y los departamentos de las universidades. Aquello generó un toma y daca. Las empresas entregaban un medicamento a la universidad, que hacía un trabajo de investigación selectivo, después lo probaba clínicamente en nombre de la farmacéutica, fingiendo un halo de «independencia» y les daban pistas sobre los posibles problemas que tendrían con la FDA.[119]

El santo grial estaba en crear una nueva condición médica que el público estadounidense ni siquiera supiese que tenía. Vince Parry era ejecutivo en

116. Howard Markel, «Patents, Profits and the American People: The Bayh-Dole Act of 1980», *New England Journal of Medicine*, 29 de agosto de 2013.

117. John Abramson, *Overdosed America: The Broken Promise of American Medicine*, Harper Collins, 2004.

118. *Ibid.*

119. Peter Rost, *The Whistle Blower: Confessions of A Healthcare Hitman*, Soft Skull Press, 2006.

Roche y describió los procesos de descubrimiento de estos nuevos achaques como un cuidadoso proceso de selección.[120]

El trabajo de Parry era digno de admiración, «fomentar la creación de trastornos médicos, regenerar enfermedades poco conocidas y poner al día trastornos olvidados». ¿Era posible que los estudiantes que sobrevivían a base de pizza con las cortinas cerradas sufrieran de insuficiencia de vitamina D y estuvieran en riesgo inminente de raquitismo o de «trastorno afectivo emocional»? Parry comparaba este acto de retomar enfermedades largo tiempo olvidadas y endosarle un medicamento con el trabajo del diseñador de moda.

He aquí que aparecieron un sinfín de síndromes de los que nadie tenía conocimiento anteriormente y que fueron popularizados y extendidos para cubrir inmensas parcelas de la vida diaria que afectaban a millones de personas. En caso de que alguna de estas condiciones médicas hubiera existido anteriormente, rara vez habrían sido diagnosticadas. A partir de ese momento dejaría de ser así. Ahora sus nombres estaban reconocidos: trastorno del déficit de atención (TDA), encefalomielitis miálgica, trastorno bipolar, trastorno obsesivo compulsivo (TOC), síndrome HRD, trastorno por estrés postraumático (TEPT), síndrome del intestino irritable (SII), síndrome metabólico, trastorno generalizado del desarrollo (TGD) o síndrome premenstrual (SPM), trastorno de ansiedad social (TAS)... Y además de estas siglas había un sinfín de fobias y adicciones indefinidas que abarcaban desde el miedo a las superficies brillantes a la ansiedad causada por perder una ganga en las rebajas.

Lo importante para la industria farmacológica era que cualquier sensación o ansiedad dudosa o indeterminada podía convertirse en una condición médica irrebatible acreditada por un estudio universitario. La consigna era no crear nada completamente espurio. Muchas de las afecciones existían desde hacía décadas y tenían sus verdaderos pacientes, para quienes sería valioso disponer de un diagnóstico y su medicación. Pero la oportunidad de negocio residía en popularizar y extender el diagnóstico a millones de otras personas que resultaban difícil de diagnosticar, hasta ese momento. Los millones de personas que se hallaban en la zona gris se habían convertido en pacientes.

Esto tuvo su parte positiva. A los pacientes que sufrían casos severos de intestino irritable o trastorno obsesivo compulsivo les reconocían un problema verdadero y creíble. Ya no estaban solos, podían organizar grupos de

---

120. Vince Parry, «The Art of Branding a Condition», *Medical Marketing & Media*, vol. 38, Issue, 5 de mayo de 2003.

apoyo y aprender de las confidencias de otros pacientes. Este diagnóstico cambió las vidas de muchas personas. Pero estos verdaderos sufridores no conformaban un enorme mercado por explotar, sino los millones de personas al filo del diagnóstico a quienes se podría recetar un medicamento que los atara definitivamente a una categoría establecida. Esa era la zona oculta donde residía el dinero.

Los nootrópicos y vivir hasta los 150

Los adultos de Gran Bretaña y Estados Unidos residen ahora en esta zona gris. Un lugar idílico no solo para las farmacéuticas, sino para una nueva industria creada a partir del paquete de chicles de Gadsen: «El bienestar». Un mastodonte de cientos de miles de millones de dólares que abarca todo lo que va desde la medicación preventiva al ejercicio y los suplementos vitamínicos. Desde tecnología deportiva portátil a la alimentación limpia y el abanico de terapias alternativas y dietas que usamos para protegernos contra la vida moderna y las enfermedades potenciales que conlleva. Y eso es solo el principio. En Internet disponemos de unos programas de edición genética a medida que «eliminan» enfermedades hereditarias y agregan atributos deseables como la inteligencia o unos pómulos marcados.

La industria del bienestar se basa en la prevención, no en la cura, y la prevención es un increíble producto para vender porque es imposible comprobar su eficacia. ¿Quién sabe si funciona o no? Si no te pasa nada, es porque ha funcionado. Si enfermas, siempre podremos echar la culpa a otra cosa. Lo importante es, antes que nada, que te apuntes a la ideología del bienestar. ¿Quién se beneficia de que te preocupes tanto por tu salud? Tú mismo, cuando funciona. Pero la verdad oculta tras ese concepto de bienestar es que quienes quieran cuidar su salud siempre lo harán, y los que no quieran no lo harán. Como estrategia de salud, el «bienestar» no funciona, simplemente porque los que la adoptan ya están convencidos de antemano.

En mayo de 2014, Gallup publicó un estudio de Rand Corporation sobre los programas de bienestar que se ofrecían en entornos laborales de Estados Unidos. Más del ochenta y cinco por ciento de las empresas estadounidenses que tienen más de mil empleados ofrecen algún tipo de programa de bienestar personal, pero solo el sesenta por ciento del personal conoce la existencia de esos programas. Y de entre estos, solo el cuarenta por ciento los utiliza. Solo el veinticuatro por ciento de los empleados participaron en ellos.[121] Esto se corresponde con el veinte por ciento de la población estadounidense que realiza el ejercicio mínimo recomendado a la semana y lo hacen por decisión propia.[122]

La verdad imposible de digerir para los Gobiernos y las compañías que dirigen programas de salud para sus empleados (no en menor medida porque mejora el balance de asistencia y productividad) es que la mayoría de nosotros nos mostramos reacios a que se nos ayude a ejercitarnos más, aunque nos sirvan esa ayuda en bandeja.

La esperanza de que el bienestar creará un «efecto de contagio» que se extenderá entre unos empleados que alcanzarán un estado saludable a base de flexiones y abdominales es menos probable que la de crear un «efecto proselitista», es decir, que las personas opongan resistencia al bienestar porque les están diciendo lo que tienen que hacer.

Se está abriendo una brecha entre quienes quieren estar bien y los que deciden no hacerlo y el veinte por ciento de los que practican el bienestar se está separando del ochenta por ciento de personas que no lo practica en maneras que a veces resultan extremas. En Gran Bretaña y Estados Unidos está surgiendo con fuerza un movimiento llamado «yo cuantificado» (QS) o *life-logging*. Son personas que registran y «cuantifican» todas las actividades y contribuciones que hacen a su vida. No se trata simplemente de «bienestar», sino de alcanzar un estado último de «optimización» del yo.[123]

Cuentan meticulosamente cada una de las calorías que consumen y queman. Registran la cantidad de cafeína de su organismo, los niveles de toxinas presentes en sus alimentos, los niveles de estrés, cuánto trabajan, cuánto duermen, la calidad del aire que respiran, cuántas veces tienen relaciones sexuales y el tiempo que duran, incluso los restos químicos de su orina y de sus heces. El objetivo del yo cuantificado es que su organismo se convierta en una máquina (un «yo optimizado») que funcione con la máxima eficiencia durante todo el tiempo.

Junto al QS está el movimiento nootrópico, o de las drogas inteligentes, personas que toman drogas para mejorar sus capacidades cognitivas y su

121. «Why your workplace wellness program isn't working», *Business Journal*, 13 de mayo de 2014.

122. «80% of American adults don't get recommended exercise», CBS News, 3 de mayo de 2013.

123. «Quantified self: self-knowledge through numbers»: quantifiedself.com.

productividad.[124] No se trata de tomar drogas para colocarse, sino para concentrarse. Los estudiantes llevan mucho tiempo usando anfetaminas para trabajar el día entero, pero los nootrópicos afinan este proceso para dirigirse a zonas del cerebro que realizan tareas específicas. Utilizan Aderall para mejorar el funcionamiento de la memoria, metilfenidato para mejorar el rendimiento cerebral o estimulantes eugeroicos como el modafinilo para frenar la falta de sueño. Los mileniales toman nootrópicos con gran entusiasmo y los utilizan como herramienta para tener ventaja en el trabajo.

Estoy en una terraza en San Francisco, mirando la ciudad desde arriba. Un hombre con una diadema que conecta sus pensamientos a Internet está meditando. «¡Alexa!», ordena a su robot asistente, un pequeño tubo negro. «Pon mi banda sonora de lluvia relajante.» Si Eric Matzner medita adecuadamente, Alexa emite cantos de pájaros y él puede pasar a su siguiente tarea.

En la planta inferior de su extraordinaria mansión tecno-victoriana estilo *steampunk,* Eric realiza una rápida sesión de ejercicios de tres minutos en su gimnasio a la última con acabados en piel y cromados. Se levanta enérgicamente y se apresura hasta un equipo de monitorización en cuyo teclado empieza a escribir frenéticamente de pie sobre una especie de plataforma de goma plana. Le pregunto qué hace. «Compito con otros coches mediante un sistema que mide cuántas palabras puedo escribir por minuto.» Los dedos de Eric vuelan sobre el teclado. Y además, lo hace con una precisión increíble. Puede escribir unas ocho veces más rápido que un ser humano corriente. Es como ver un humano a cámara rápida.

Eric es un proselitista de los nootrópicos, particularmente dos de ellos, el noopept, un asistente para la memoria desarrollado en Rusia en la década de 1960, y fenilpiracetam, usado por los astronautas para potenciar la resistencia.

Eric ingiere a puñados entre setenta y ochenta suplementos cada mañana y los pasa con un poco de agua («el agua es buena»). Los tiene organizados en botes de cristal y comprenden desde exoesqueletos de gusanos de seda a algas de alta mar secas y reconstituidas en forma de una pringue verde brillante. Eric saca una poción de una bolsita plateada y me pide que la huela. Es una de las cosas más pestilentes que haya olido nunca. Se la bebe de un trago. Para Eric, Giurgea es Dios. Igual que él, no ve ningún motivo por el cual no vivir hasta los 130 años y utilizar nootrópicos para conseguirlo. Tie-

---

124. «Could brain altering nootropic drugs make you smarter?» *ABC 7*, 16 de noviembre de 2016.

ne intención de establecer comunicación con científicos «que estuvieron muertos» cuando los resuciten criogénicamente en un futuro próximo. Eric habla completamente en serio. «Si alguien inventara una droga que mejorase los cerebros de los diez millones de científicos del mundo en un uno por ciento, sería como crear diez mil nuevos científicos.» Eric es un tipo increíblemente interesante con el que conversar, aunque sus hábitos nootrópicos tienen el desafortunado efecto secundario de hacerle hablar más rápido que ningún otro ser humano al que yo haya conocido. Pasa largos periodos de tiempo hablando tan rápido de cosas que parecen descabelladas que no tengo ni idea de lo que está diciendo. Eric vende su potenciadores cognitivos bajo el nombre de Nootroo, una pastilla plateada y otra dorada, como en *Matrix*. Su mayor competidor es Nootrobox, que está apoyado por empresas de Silicon Valley. Sus fundadores dicen que lo digital era la antigua frontera y que «el cuerpo es la nueva plataforma». Veinte años atrás la tecnología era un fin en sí mismo, pero ahora el yo optimizado supone un mercado enorme y sin explotar. La tecnología y los datos simplifican la herramienta para hacer que el tecno-humano sea una realidad.

Estos movimientos representan una versión extrema de lo que todos hacemos. Usan tecnología portátil como Fitbit o Jawbone para monitorizar y mejorar las prestaciones de nuestro organismo. Para quienes están sanos no es más que la confirmación en datos de lo que ya sabemos, que estamos bien y que nos ejercitamos lo suficiente.

Pero para quienes están en baja forma oculta una intención diferente, una vigilancia del cuerpo que no tiene un fin curativo, sino la categorización del afectado como preludio a la retirada de la asistencia sanitaria. Los mismos datos que registras y amasas a través de tecnología portable pueden ser usados por las compañías de seguros o la Seguridad Social nacional para denegar o cancelar un plan de salud o una ayuda. Esos datos que aparentemente se recogían por tu propio bien se convierten en un arma que puede ser utilizada en tu contra.

Si tu teléfono dice que no has subido suficientes escaleras hoy, o tu reloj informa de que no has hecho todo el ejercicio necesario en el gimnasio, estos datos se transforman en hechos irrefutables. En 2013, la cadena de farmacias Boots de Gran Bretaña introdujo medidores de nicotina para los fumadores y otorgaba parches a quienes estuvieran limpios. La Seguridad Social nacional planea hacer lo mismo con los obesos: usar un registro de datos sobre las dietas y el ejercicio para ofrecer o denegar la asistencia sanitaria.

Pero ¿es bueno para quienes están gordos y no hacen ejercicio decirles que —redoble de tambor— los datos confirman que están gordos y no hacen ejercicio? Una vez que se cataloga definitivamente a una persona como fracasada, los datos no sirven más que para reforzar esa etiqueta.

En 2016, la agencia de seguros Admiral comenzó a mirar las entradas de Facebook de sus conductores primerizos para evaluar el riesgo que suponían para el resto.[125] No se basaban en su conducción, sino en el número de fotografías en las que aparecían borrachos en fiestas. Posteriormente, Facebook bloqueó a Admiral para que no pudieran usar su información para poner precio a los seguros de automóviles. Pero si hay empresas que basan las decisiones sobre sus pólizas en fotos borrosas que se transforman en «datos» instantáneamente, ¿qué no harán las aseguradoras sanitarias con la extracción de «datos» referente a cuántas veces has comido en McDonald's el pasado mes?

Los datos influyen mucho más que la salud individual, respaldan la revolución de la tecnología sanitaria y la idea de que la responsabilidad por la salud en un mundo futuro sin Seguridad Social recaerá exclusivamente en el individuo. Esto no repercutirá en quienes viven en las tierras doradas de la buena salud, que casualmente también son los que practican el «bienestar». Pero a los que padecen males crónicos, que también fracasan crónicamente en el ejercicio del «bienestar», el hecho de no alcanzar sus objetivos de salud se convertirá en una profecía cumplida. Cuando les cierren la puerta de la Seguridad Social lo único que les quedará será aceptar un seguro privado que les cobrará una póliza mucho más cara.

Hay más de veintiocho millones de estadounidenses que no tienen seguro médico, lo que supone un coste per cápita de 6.223 dólares al año.[126] Los sesenta y cuatro millones de británicos a los que cubre la sanidad nacional actualmente suponen un coste de 2.008 libras esterlinas. Menos de la mitad que en Estados Unidos. Pero esto podría estar a punto de cambiar radicalmente. La lección que nos ofrece el extinto Obamacare y la dificultad para encontrarle un recambio es saber que necesidad extrema e incapacidad para pagar suponen una combinación catastrófica. Esas mismas personas que más necesitan cobertura médica son quienes no pueden costeársela, y por ello mismo no contratarán un seguro médico.

En Gran Bretaña, el sistema sanitario sigue proporcionando cobertura completa, pero el modelo está cambiando rápidamente a uno en que tu acceso a ella podría depender principalmente de los datos registrados. Las

---

125. «Facebook blocks Admiral from using profiles to price car insurance», *Daily Telegraph*, 2 de noviembre de 2016.

126. US Health Insurance Cover – CDC FastStats: www.cdc.gov.

consultas médicas están abarrotadas de pacientes a los que se asignan diez minutos de asesoramiento en el que pueden hablar solo de un problema médico por visita. En un sistema que se estira hasta el límite, el uso de los datos rozará la ilegalidad para poder tomar una decisión sin tu permiso. Bajo la resplandeciente superficie de la industria de la prevención subyace la cruda realidad de acabar con el sistema de cobertura sanitaria completa, y asoma el lugar en el que nos dejará esto realmente.

Yo no puedo recetarle un mejor marido

La doctora Marie Williams es médica de cabecera en Blackpool, la ciudad de Gran Bretaña que más se medica por la depresión. «No puedo recetar ningún medicamento para que encuentren un mejor trabajo, un mejor marido, ni una mejor vivienda. Existe una relación directa entre pobreza y salud precaria, pero mi trabajo no es lidiar con las causas ocultas. Eso va más allá de mi cometido.» ¿Piensa Williams que cuando receta pastillas, más que tratar la depresión, lo que hace es habilitar la pobreza? «Vaya, esa es una pregunta muy compleja. Pero la respuesta breve es que sí.»

Paso un par de días reuniéndome con algunos de los pacientes de la doctora Williams. John (no es su nombre verdadero) tiene veinticuatro años y ha intentado suicidarse varias veces. Nunca llega a conseguirlo, porque siempre acaba imaginándose con vida al final y porque «No quiero sentir la cuerda incrustándose en mi cuello». Cuando tiene uno de sus «episodios» necesita antidepresivos para que lo ayuden a salir del hoyo. Pero a veces tardan semanas en hacer efecto y mientras tanto depende de la terapia oral.

Coincido con varias personas como John en Blackpool, gente con depresión clínica y tendencias suicidas. Todos dicen lo mismo. Lo que les permite seguir adelante es la terapia oral (mantener una relación regular con un individuo empático), no los antidepresivos. La terapia psicológica le cuesta al sistema sanitario mucho menos que los siempre caros antidepresivos, y según Steve, un asesor psiquiátrico que trabaja en el noroeste de la ciudad, supone la única solución a largo plazo para que los pacientes regresen al mundo funcional. No cabe duda de que los antidepresivos no lo consiguen.

John está de acuerdo y dice que en Blackpool los antidepresivos tienen el carácter de las drogas ilegales, «pero no te hacen sentir tan bien». Se trafica con ellos en la calle junto con el resto de las drogas y simplemente proporcionan otra opción para salir del agujero, a veces combinadas con temazepam o heroína.

Parte de la profecía cumplida de una sociedad sobremedicada es que una vez que ha sido creada somos nosotros quienes pedimos la medicación. La doctora Williams dice que hay pacientes que vienen a verla porque se ha muerto su mascota y quieren antidepresivos. Según dice, están tristes, no deprimidos, y sentirse triste es parte de la condición humana. Pero como la infelicidad no forma parte del folleto propagandístico de la vida moderna, pedimos medicación para anularla. «La gente tiene la expectativa de que la felicidad debe ser un estado de normalidad permanente. No es así, pero nos hemos generado una expectativa irrealista», de modo que tenemos las drogas para hacerlo realidad.

Vince Parry trabajaba para Eli Lilly en Estados Unidos, donde se desarrolló originalmente el fármaco Prozac como medicamento adelgazante. Como ayuda para perder peso no tenía ningún éxito, hasta que a una persona de la empresa se le ocurrió una genial idea.[127] Loren Mosher, psiquiatra de Princeton, creyó que lo mejor sería sacar el fármaco del mercado del adelgazamiento y ponerlo en el de la depresión. Prozac estaba a punto de realizar la industria de la felicidad. El problema de lanzar un nuevo antidepresivo era que se trataba de un campo saturado. De modo que para que Prozac resaltara y llamara la atención necesitaba un reclamo exclusivo. A Eli Lilly se le ocurrió este: «Hará que quieras ser depresivo». El Prozac despojaría a la depresión de la vergüenza y el estigma y haría que consumir la droga se convirtiera en una opción de vida positiva.

El problema de la depresión, según Mosher, es que era depresiva. Si Eli Lilly conseguía que los usuarios pudieran presumir de tomar Prozac y hacer que sus virtudes se extendieran gracias al boca en boca, tendrían un éxito mayor en sus manos. Prozac se convertiría en el primer antidepresivo que tomarías con orgullo. Y funcionó. Prozac hace ganar a Lilly 6.000 millones de dólares al año.[128]

La felicidad es un deseo humano universal, pero según la doctora Williams, la expectativa de que siempre tenemos que estar animados nos hace estar más deprimidos y aumenta esa sensación en los pacientes de que no dan la talla. Se ha subido el listón, y cuando tenemos la expectativa tan poco realista de sentir una felicidad estable todo el tiempo, no puede tolerarse nada que quede por debajo de él, por lo que exigimos medicación para mantenernos en el mismo nivel.

---

127. Vince Parry, «The Art of Branding a Condition», *op. cit.*

128. David Healy, *Let Them Eat Prozac: The Unhealthy Relationship Between the Pharmaceutical Industry and Depression*, NYU Press, 2006.

Y para los cambios de humor sutiles o matizados que no encajan en este estado figurado de alegría emoticónica tenemos síndromes y drogas definitivas para llevarte al séptimo cielo. Los medicamentos con receta se convierten en un sedante que normaliza cualquier tipo de estado: euforia, desasosiego, aburrimiento, depresión, astenia por sobrepasar las expectativas, pobreza y todo lo que esté en ese espectro. Drogas para soportar la vida moderna, como soñaba Henry Gadsen, y pastillas para equilibrar y anular cualquier tipo de sensación. Y en ningún otro sitio está más extendida esta categorización y entumecimiento por medicación que en el sector de los niños «difíciles», millones de los cuales están en el espectro de diagnóstico del TDAH.

Más de seis millones de niños estadounidenses, el once por ciento de los que tienen edades comprendidas entre los cuatro y los diecisiete años, han sido diagnosticados con TDAH (trastorno por déficit de atención con hiperactividad). Esta cifra se ha duplicado en una década y aumenta gradualmente cada año.[129] Observemos de nuevo el espectro de edades: entre los 4 y los 17 años. Los niños de cuatro años no son los más pequeños a los que diagnostican este trastorno. Niños de dos y tres años reciben regularmente prescripciones médicas para tratar su TDAH con fármacos anfetamínicos, y no existe un umbral mínimo para que un niño sea considerado un problema y se lo someta a medicación y normalización con el objeto de que encaje en casa o en la escuela.

Así como los antidepresivos posibilitan el mantenimiento de la estructura económica de pobreza subyacente, los fármacos anfetamínicos sirven para medicar a niños «problemáticos» para soportar la arquitectura de la nueva familia atomizada.

Los padres que, extenuados por el estresante horario del pluriempleo, los bajos ingresos y las exigencias de la vida en casa, aparcan a sus niños de cinco años narcotizados frente al iPad o la Xbox, consiguen lidiar con esta estructura presurizada mediante el uso de drogas, tanto para ellos como para sus hijos.

Asisto a una sesión terapéutica entre un psiquiatra y un niño de nueve años diagnosticado con TDAH en la ciudad de San Bernardino. Cuando realizaron el primer diagnóstico, el niño tenía cinco años, aunque el terapeuta recibe visitas de pacientes que apenas han cumplido los tres. El chico no puede quedarse quieto en ningún momento. Cuando le preguntan por qué está allí, murmura que no lo sabe; y cuando la psiquiatra se interesa por sus sentimientos, retuerce sus manos con furia. Pregunto a los padres por qué actúa de ese modo. «Está medicado.» ¿Creen que eso es beneficioso para él? «Sin duda. Se concentra

129. Data and Statistics: ADHD – CDC FastStats: www.cdc.gov.

mucho más en la escuela.» ¿Cómo se lo diagnosticaron? «No creíamos que tuviera ningún problema, pero cuando empezó la escuela su profesora dijo que posiblemente tenía TDAH, así que se lo diagnosticaron.» ¿Antes no creían que tuviera ningún problema? «No.» ¿Cuántos niños tienen ese mismo problema en su clase? «Aproximadamente el treinta por ciento de ellos tienen TDAH.»

¿Es la carga económica de las familias modernas más severa que hace cien años? No. Pero las expectativas sí lo son. La medicación para los niños con TDAH proporciona un cuidador químico para ellos, una herramienta para que guarden silencio en la escuela, o permiten que una familia que está al límite pueda soportar la vida hogareña. En un contexto más amplio, las drogas posibilitan la imposición del estrés y los salarios bajos en millones de familias para que estas puedan soportarlo. Tratar las enfermedades o promover una vida sana son factores que no se tienen en cuenta.

Los padres se preguntan a menudo si medicar a sus hijos es la opción correcta, pero dado que son los médicos quienes recetan las drogas... Como comentaba uno de los padres en un foro de apoyo a los niños con TDAH: «Tal vez se comporte simplemente como un niño». La base médica del TDAH suele estar cuestionada incluso por las mismas personas que lo diagnostican, y el viaje que ha realizado este síndrome para pasar de la inexistencia a ser una condición incuestionable y genuina ilustra el de todos esos otros trastornos que antes eran invisibles y ahora posibilitan la vida moderna. Una solución para un problema que no reconocíamos como tal hasta que nos ofrecieron la solución.

El DSM III

Este viaje hacia la medicación de la vida moderna dio un giro brusco a principios de la década de 1970. La reputación de la profesión psiquiátrica se encontraba en horas bajas. En la Unión Soviética se había usado la psiquiatría para silenciar a los disidentes políticos, catalogándolos como esquizofrénicos. Los psiquiatras de Occidente empezaron a examinar la fiabilidad de las prácticas de diagnosis propias de su profesión. Lo que descubrirían, y lo que posteriormente propondrían, cambiaría nuestra forma de definir la normalidad.

David Rosenhan, psicólogo social de la Universidad de Stanford, quería poner a prueba la perspicacia de la psiquiatría. Cuando era estudiante, Rosenhan asistió a las clases de R. D. Laing, en las que el profesor aducía que la esquizofrenia era «una teoría, no un hecho», y comenzó a formular su debate contra «el modelo médico de la enfermedad mental». Laing era como el líder de una secta que se manifiesta ante un público de devotos cautivado. Rosenhan estaba tan embelesado como todos los demás.

En 1973 quiso probar la base médica de los diagnósticos de esquizofrenia y seleccionó a un número de pseudopacientes del que se excluyó a cualquiera que hubiera tenido algún historial de trastorno psiquiátrico previo. Rosenhan les pidió que se presentaran en alguna clínica de salud mental local y se quejaran de que oían voces en su cabeza que les decían palabras como «vacío» y «golpe». Aparte de esto, tenían que comportarse con absoluta normalidad.[130]

Lo que sucedió a continuación lo dejó perplejo. Todos los pseudopacientes fueron admitidos inmediatamente como internos y diagnosticados como psicóticos. Su psicosis fue catalogada como esquizofrenia, un diagnóstico basado únicamente en que los pacientes oían la palabra «golpe». Incluso hubo pacientes que admitieron el hecho de que su dolencia era fingida, pero los médicos no los creyeron. Cuando finalmente los mandaron a casa tras dejar de mostrar síntomas de psicosis, muchos de ellos fueron dados de alta catalogados como pacientes con «esquizofrenia en remisión». No obstante, a uno de ellos le negaron el alta y tuvo que ser rescatado por Rosenhan tras varias semanas confinado.

Dos años después del experimento de Rosenhan salió la adaptación al cine de la novela de Ken Kesey *Alguien voló sobre el nido del cuco*, protagonizada por Jack Nicholson en el papel de un pseudopaciente al que negaban la baja en una institución mental. La antipsiquiatría de R. D. Laing y Rosenham se convertía en un éxito de taquilla en el que convergían el mensaje antiinstitucional de la antipsiquiatría y la extendida desconfianza en la autoridad de los estadounidenses provocada por el caso Watergate.

Melbin Sabshin, director médico de la American Psychiatric Association, creía que la psiquiatría tenía que reaccionar a este ataque. En 1977 afirmó que «deberían realizar un esfuerzo vigoroso para remedicalizar la psiquiatría». Sabshin declaró una guerra de relaciones públicas contra los críticos de la psiquiatría.

Para restablecer su reputación, la profesión psiquiátrica reclutaría a Robert Spitzer, de Columbia, para idear un plan que concibiera criterios científicos «fiables» para todas las condiciones psicológicas. Una Biblia del diagnóstico sólida que no dejara ninguna afección psicológica sin describir ni definir.[131] Crearían una etiqueta diagnóstica común para todas las personas

130. David Rosenhan, «On Being Sane in Insane Places», *Science*, 19 de enero de 1973.

131. Obituario de Robert Spitzer, *New York Times*, 26 de diciembre de 2015.

que entraran a un hospital diciendo que oían la palabra «golpe» en sus cabezas. Spitzer sería el encargado de llevar a Estados Unidos por el camino de catalogar a todas las personas como sufridores de alguna dolencia.

Al cabo de menos de tres años, las enfermedades mentales pasaron de conformar una serie de síntomas amplia que se interpretaba subjetivamente a definir una enfermedad categóricamente, utilizando un modelo que equiparaba estos síntomas visibles y mesurables a la presencia de una enfermedad. Publicaron una Biblia de la psiquiatría llamada DSM, o *Manual Diagnóstico y Estadístico de los Trastornos Mentales*.

Para crear un diagnóstico clínico definitivo, el equipo de trabajo del «DSM III», que dirigía Robert Spitzer, adoptó un enfoque «tipo test» para asignar etiquetas a los síntomas y a las afecciones mentales. Solo tenías que marcar seis casillas de una lista de diez síntomas y, *voilà*, ya tenías ante ti a un esquizofrénico. ¿Por qué seis? Como explicó Spitzer posteriormente, seis síntomas «parecía el número adecuado».

Este énfasis en los síntomas favorecía intereses variados. Por una parte, ayudaba a silenciar a los críticos de la psiquiatría, que afirmaban que las enfermedades mentales no podían ser definidas de manera objetiva. Por otra, permitía a los propietarios de las clínicas recibir cobros de las aseguradoras. Y por último, y no menos importante, ofrecía enfermedades mentales específicas a las empresas farmacéuticas para las que podrían proporcionar medicamentos.

Desde la edición publicada en 1980 han aparecido dos nuevas biblias DSM y en cada una de ellas han surgido nuevas enfermedades. El DSM lidera las listas de libros más vendidos y, esas nuevas afecciones mentales van engrosando su volumen progresivamente. Incluso sus autores opinan que el DSM de Spitzer ha conducido a una proliferación de diagnósticos erróneos de enfermedades mentales. El doctor Allen Frances, que dirigió el equipo de trabajo del DSM IV en 1994, entonó después el *mea culpa*. Ahora confiesa que la epidemia de diagnósticos de autismo, TDAH y depresión que siguieron a la publicación del DSM IV fueron en gran parte «iatrogénicos», es decir, producto de una serie de errores bienintencionados por su parte.[132]

Me reúno con él en San Diego, donde reside actualmente. Es un personaje formidable y de una sinceridad sorprendente. «Aquello no fue en absoluto fruto de la casualidad.» ¿Se hizo algo mal? «Por supuesto que se hizo algo mal. Lo hicimos mal. Todos los que participaron se arrepienten. No

---

132. Allen Frances, *¿Somos todos enfermos mentales? Manifiesto contra los abusos de la psiquiatría*, Ariel, Barcelona 2014.

puedes pasarte la vida sin hablar de las cosas de las que te arrepientes, por eso ha venido usted a hablar conmigo. ¿Podemos solucionarlo ahora? No lo sé. Hemos estado medicando a miles de millones de personas a las que no tendríamos que haber medicado, basándonos en evidencias de tres al cuarto.»

Allen cree que muchos de los médicos implicados en la invitación a la sobrediagnosis y sobremedicación que implica el DSM se arrepienten tanto como él.

En 2013 se publicó el DSM-V. «La mayoría de las modificaciones realizadas en el DSM-V se basan en datos limitados —dice—. Las pruebas son extraordinariamente insuficientes para cambiar algo. El DSM-V abre la posibilidad a que millones y millones de personas que actualmente son consideradas normales sean diagnosticadas con un trastorno mental y reciban una medicación y un estigma innecesarios.»

El DSM-III creó unas categorías psicopatológicas claras y estandarizadas. Eso proporcionó a las compañías farmacéuticas un incentivo para realizar pruebas aleatorias controladas en medicamentos farmacológicos de nueva elaboración para el tratamiento de esos trastornos específicos de nueva aparición. El manual supuso una bendición para las farmacéuticas. Para que la FDA apruebe un medicamento es necesario que la droga se demuestre efectiva en el tratamiento de una enfermedad específica. Pero gracias a las relaciones que mantienen los panelistas de la FDA con las empresas farmacéuticas esto es fácil de conseguir.

El DSM-III generó un nuevo mercado inmenso. En los años siguientes a su publicación, el Gobierno y la industria farmacéutica asignaron miles de millones de dólares a la investigación psicofarmacológica. A lo largo de la década de 1980, el presupuesto de investigación federal asignado al Instituto Nacional de Salud Mental de Estados Unidos (NIMH) aumentó un ochenta y cuatro por ciento, hasta alcanzar los 484 millones de dólares anuales.[133]

Esta expansión permanente del concepto de enfermedad mental y su consagración como hecho médico en cada nueva edición del DSM significan que cada año hay millones de estadounidenses más recibiendo tratamiento farmacológico. Pero solo cuando el DSM amplió su ámbito de actuación a los niños a través del déficit de atención y el TDAH, llegó a cruzarse la línea y a romperse el tabú. Cuando empezó a considerarse a los niños como pacientes y a ver la expresión de la infancia no como parte inherente del comportamiento de un niño, sino como síntoma de una enfermedad, sucedió un cambio de paradigma.

---

133. *Ibid.*

Las compañías farmacéuticas y los psiquiatras no hicieron esto por sí solos. Independientemente de que la vida moderna pueda ser más o menos estresante, los adultos comenzaron a percibir más estrés en sus vidas y se mostraban dispuestos a aceptar un diagnóstico psiquiátrico para sus hijos, porque esto les proporcionaba una justificación para sedarlos. No tendríamos que lidiar con los problemas que el niño mostraba en casa o en la escuela, especialmente si identificábamos al niño con el problema en sí. Simplemente teníamos que tomarnos unas pastillas antes de ir a trabajar para sobrevivir a la jornada laboral y otra por la tarde para soportar la vida doméstica. Al darles pastillas a los niños, estos se hacían invisibles y dejaban de ser un «problema». La vida moderna se hacía posible gracias a una medicación acorde a los tiempos que corrían, y ahí residía la perspicacia de la visión que tuvo Gadsen en 1980 cuando supo adivinar el futuro en un paquete de chicles.

Una enfermedad a la que nadie es inmune

En 1987, siete años después de la entrevista de Gadsen en *Fortune*, su sueño todavía no se había cumplido. El DSM iba camino de convertir a la mitad de la población estadounidense en enfermos mentales, pero la industria farmacéutica todavía no había encontrado una enfermedad a la que nadie fuera inmune. El panorama estaba a punto de cambiar: aquí es donde mis pastillas para el infarto hicieron su entrada triunfal. Se había descubierto una enfermedad que era peor que el cáncer, peor que las enfermedades coronarias, y todo el mundo la contraería. Se llamaba «riesgo».

Cuando la profesión médica trata a personas que están realmente enfermas, el porcentaje de la población afectado es minúsculo. Al tratar a personas en riesgo, el número de pacientes a los que se medica aumenta exponencialmente. Cuando defines el riesgo con unos parámetros tan amplios como sea posible, el juego cambia por completo. Todos nos convertimos en pacientes.

El riesgo funcionó de maravilla a la hora de reinventar Wall Street, pero cuando se aplicaba a la enfermedad rendían unos beneficios que ni siquiera los pioneros en utilizarlo en la medicina creían que fuera posible. El riesgo se ha convertido en el concepto médico clave de los últimos veinte años. En muchos aspectos, hace justo lo contrario a lo que Spitzer y el DSM buscaban con las enfermedades mentales, realizar diagnósticos irrebatibles.

Con el riesgo se necesita justamente lo contrario. Una enfermedad claramente diagnosticable tiene que convertirse en una definición borrosa del riesgo potencial de contraer una enfermedad en el futuro. La frase: «Tiene usted cáncer y aquí está la medicación para combatirlo», se convierte en: «Estos son los veinte riesgos asociados al cáncer y aquí tiene usted los veinte medicamentos que ayudan a prevenirlo». El riesgo es el factor decisivo para la creación de una sociedad medicada. Porque, en última instancia, todos nos encontramos en riesgo de contraer una enfermedad y nadie se atreve a arriesgarse de hacer caso omiso al pronóstico.

En 1987, el riesgo encontró su vehículo. Merck lanzó al mercado Mevacor, una estatina para el colesterol. El colesterol siempre fue considerado un factor, más en las enfermedades coronarias, pero ahora se convertiría en el principal factor, y si Merck (Pfizer o Lipitor) lo decidía, también sería el único.

Así fue como se obró el milagro. En 1995 se consideró que trece millones de personas de Estados Unidos (cinco millones en Gran Bretaña) corrían el «riesgo» de tener colesterol alto. Estas cifras estaban determinadas por el Instituto Nacional de Salud (NIH), el organismo sanitario independiente más importante de Estados Unidos, y se basaron en la clasificación de niveles de colesterol elevados.

¿Cómo llegó a suceder esto? Raymond Moynihan y sus compañeros de *PLOS Medicine* llevaron a cabo un estudio sectorial de la ampliación del riesgo y los lazos existentes entre los expertos y las compañías farmacéuticas entre 2000 y 2013. De entre dieciséis publicaciones que hablaban sobre catorce enfermedades comunes, diez proponían cambios para ampliar las definiciones y solo una de ellas quería restringirlas. En los catorce comités que publicaron información reveladora, el número medio de vínculos con la industria farmacéutica era del setenta y cinco por ciento.[134]

Podríamos pensar que comités como el del NIH, y por supuesto el de la FDA, son organismos independientes. No lo son. Es una práctica común que un gran número de miembros de un comité «independiente» tenga vínculos estrechos con alguno de los seis gigantes de la industria farmacéutica. Sería ingenuo creer que esto no sucede, o incluso que no es necesario hasta cierto punto. Las grandes farmacéuticas están desarrollando medicamentos que necesitan ser probados y reevaluados constantemente, de modo que están debida e inevitablemente en contacto continuo con las personas que deciden si esa droga consigue una licencia. La cuestión es si esa cercanía los lleva a cruzar una línea.

---

134. Moynihan, Cooke, Doust, Bero, Hill, Glasziou, «Expanding Disease Definitions in Guidelines and Expert Panel Ties to Industry: A Cross-sectional Study of Common Conditions in the US», *PLOS Medicine*, 7 de febrero de 2013.

Los miembros de los comités están bajo una presión inmensa y, cuando se reúnen y toman una decisión que evitará que un medicamento multimillonario obtenga su licencia, se convierten en un problema. Que ese problema no surja a la superficie redunda en beneficio de la industria farmacéutica.

Tras la decisión del NIH de 2001, el número de estadounidenses a los que se consideraba «en riesgo» de tener colesterol alto se triplicó de la noche a la mañana, pasando de trece mil a treinta y seis millones. En 2004, esa cifra volvió a subir hasta los cuarenta millones. En Gran Bretaña se produjo un milagroso salto cuantitativo análogo, de catorce a veintisiete millones. No se trataba de un incremento gradual, sino de un aumento sin precedentes. En ese mismo periodo hubo un incremento del ochocientos por ciento en los pacientes diagnosticados con trastorno por déficit de atención.

Se trataba de un salto mareante de cifras, pero ¿es posible que el aumento del colesterol fuera debido a otra causa, como la explosión de obesidad que se dio en ese mismo periodo? La verdad es que no. Los obesos ya tenían colesterol alto desde el principio. Estaban incluidos en las cifras originales.

La explicación es muy simple. Millones de pacientes que antes estaban en la zona segura de la línea habían sido barridos de repente y empujados a la zona roja denominada «en riesgo». Esto es lo que se conoce como «ampliación de la red». Apresar a los pacientes que tienen síntomas relativamente leves y meterlos en el saco de una dolencia mucho más grave. De esta forma, la osteoporosis se convierte en una palabra baúl para cualquier tipo de dolor reumatoide.

Otra manera de ampliar la red es diagnosticar a una persona como «dentro del espectro». La depresión puede ampliarse para incluir a cualquiera que se siente un poco mal: esos pacientes tristes que acuden a la doctora Williams en Blackpool exigiendo medicación. El «espectro del autismo» engloba a cualquiera que vaya desde el tímido social a aquellos que tienen un autismo severo real. Hay otro término para el «espectro del autismo». Se llama pertenecer al sexo masculino. En 2014, la revista *British Medical Journal* estimó que el cuarenta por ciento de los varones se encuentran en el espectro del autismo. Eso significa ampliar la red espectacularmente, ya que incluye al cuarenta por ciento del cincuenta y dos por ciento que conforma el total de la población.

La ampliación de la red se nos vende como progreso; un diagnóstico de mayor complejidad debe de significar que existe una mejor comprensión de la condición. Pero también podríamos encontrarnos ante el caso contrario, la difuminación de términos médicos que antes eran nítidos para apresar en la red a más pacientes, lo cual se traduce en más personas a las que se administran medicamentos.

Una vez que se les dice que corren el riesgo de contraer una enfermedad, estos clientes potenciales se alarman, y todavía pueden asustarse aún más, gracias a la valiosa información disponible sobre las consecuencias que puede acarrear ese riesgo. El trabajo de Peter Rost en Pfizer era identificar enfermedades que pudieran ser recreadas artificialmente mediante el «*astroturf*», la creación de un movimiento comunitario o una corriente de opinión pública discretamente financiada por una empresa farmacéutica.

En 2004 surgió de la nada la coalición Boomer, un grupo en defensa del paciente que exponía las necesidades sanitarias de las personas nacidas durante la explosión de natalidad de la posguerra. La campaña estaba liderada por Henry Winkler, el Fonzie de la serie *Días felices*, y Linda Carter, que encarnaba a la *Mujer Maravilla* (*Wonder Woman*). Pero detrás de esa aparentemente inocua idea de motivar a las personas de mediana edad para que hicieran más deporte había una llamada al seguimiento de los niveles de colesterol.

La campaña Boomer tuvo cobertura en todo el mundo, gracias a un vídeo que se hizo viral en el que Henry Winkler aparecía haciendo flexiones con su mítica chaqueta de cuero. Pero la letra pequeña de su «Manifiesto Boomer» exigía que se recetaran estatinas a todo aquel que pasara de los cuarenta. Al final, resultó que Pfizer, los propietarios de la estatina para el colesterol Lipitor, estaban detrás de esa campaña.[135]

Joe Dumit, profesor asociado de antropología y ciencia de la tecnología en el MIT, ha realizado un estudio sobre las prácticas de ampliación de la red, y afirma que tienen un doble sentido. Son afecciones verdaderas con una base estable, como el colesterol alto o la osteoporosis, que se usan para agrupar bajo un mismo bando a millones de personas con versiones mucho más leves de estas enfermedades.

Pero «yo no trazaría una frontera tan clara entre las enfermedades reales y las procesadas». Y esa ambigüedad es la que hace que funcione el negocio. En la década de 1990, los veteranos de la guerra del Golfo que querían una audiencia en Washington para hablar sobre el horrendo conjunto de síntomas que experimentaban al volver de la batalla (náuseas, depresión, pensamientos violentos y suicidas) pincharon en hueso. Ni el Ejército ni la Casa Blanca tenían intención de que el síndrome de la guerra del Golfo fuera reconocido.

135. Erin White, «Behind the Boomer Coalition: A Heart Message from Pfizer», *Wall Street Journal*, 10 de marzo de 2004.

Pero una vez que consiguieron el respaldo de las farmacéuticas, el carácter del debate cambió completamente. El síndrome de la guerra del Golfo se fundió con la controvertida afección socio-médica llamada «trastorno por estrés postraumático» (TEPT), una condición para la cual todavía había que determinar una base médica. «Cuando en 1999 se aprobó el uso de Zoloft para tratar el TEPT, prácticamente todos los artículos que hablaban sobre esta enfermedad ya no cuestionaron su existencia, sino que hablaron sobre su tratamiento».[136]

Al vincular el síndrome de la guerra del Golfo con el trastorno por estrés postraumático, Bayer podía argumentar que el Zoloft era la solución. El TEPT es admitido actualmente como enfermedad, y no solo se les diagnostica a los soldados que se despiertan temblando de miedo en mitad de la noche, sino también a un niño que se cae de un tobogán o a una señora mayor a la que muerde un perro. El TEPT ha extendido su red para incluir a cualquiera, y la definición de trauma podría ampliarse hasta el infinito hasta que llegue a referirse a cualquier cosa desagradable que nos suceda.

Sobreviviré, y si no lo consigo, es culpa mía

Ahora medicamos todos los aspectos de nuestra vida, cada una de las fisuras nuevas que van apareciendo. No importa que se trate de neurosis, ansiedades, tics o de la extraña sensación de incomodidad que sentimos cuando caminamos por el centro comercial o estamos en un atasco de tráfico, lavando los platos o riñendo a nuestros hijos. Todo es susceptible de ser catalogado, suavizado o insensibilizado para permitirnos pasar el día en una nube de medicación. Gadsen era más visionario incluso de lo que él pensaba.

En 1980, cuando le hicieron esa entrevista en *Fortune,* no habría sido nada fácil encontrar una de esas raras tiendas de comida sana dirigidas por empleados con piel cetrina y jerséis de punto casero que vendían algún que otro bote de vitaminas polvoriento.

Actualmente, la industria del «bienestar» está valorada en 300.000 millones de dólares. Suplementos, vitaminas, superalimentos, yoga, osteopatía craneal, atención plena, terapia de recaptación de la serotonina, irrigación de colon, desintoxicación del estómago, el hígado, los intestinos o, simplemen-

---

136. Howard Wolinsky, «Disease Mongering and Drug Marketing», informe EMBO: www.ncbi.nlm.nih.gov.

te, retiros para reconducir todo tu ser a 500 dólares la sesión en un centro de bienestar recubierto de piedra natural con una orquídea solitaria colocada estratégicamente sobre un mostrador de recepción de mármol. Un empleado con una bata blanca nos recibe, como si embarcáramos en nuestro avión médico privado.

Gadsen hizo que el bienestar pasara de ser un mero aislamiento contra enfermedades futuras para convertirlo en una identidad elitista. El bienestar significa, en realidad, éxito y riqueza. Una indicación de la seriedad con la que nos tomamos el hecho de competir en el mundo. El que hayamos mercantilizado nuestros cuerpos y los tratemos como una materia prima con valor de mercado que puede cotizar junto a otros cuerpos lustrosos nos da la medida de lo extendido que está el concepto neoliberal de mercado en nuestra vida diaria. Hace veinte años llevábamos ropa deportiva ancha, ahora se lleva ajustada, como muestra de un físico con valor de mercado que es extrapolable a tu lugar de trabajo. La prueba de que te esfuerzas al máximo en el gimnasio se convierte en una demostración implícita de que trabajarás incansablemente en la oficina.

El bienestar es la identidad de los que alcanzan el éxito y la enfermedad es ahora la identidad del pobre. Así como a finales de la década de 1960 y principios de la de 1970 tuvimos una explosión de identidades políticas para los marginados y desposeídos (el Frente de Liberación Gay, los Panteras Negras, los movimientos feministas de todo el mundo, grupos nacionalistas separatistas que iban desde los vascos a los palestinos), aquellos que tenían una condición médica se apropiaron también de una identidad.

Del mismo modo que la industria farmacéutica se apoyó en la «antipsiquiatría» de R. D. Laing, ahora se apropiaba de las ideas de la política de extrema izquierda, especialmente las «políticas de identidad» que otorgan poder a los desposeídos. Una de las claves en la venta de los síndromes es ofrecer una categorización al paciente. Así como los marginados ganaron poder etiquetándose como «gais», «negros» o «feministas», quienes sufrían una afección médica podían recibir el nombre de «bipolares», «depresivos clínicos» o «supervivientes del cáncer».

El pensamiento positivo se considera esencial para sobrevivir a una enfermedad como el cáncer. Pero bajo este «empoderamiento» subyace la realidad de pasar sutilmente la responsabilidad del proveedor de asistencia médica al paciente. La responsabilidad es tuya. Si sobrevives a un cáncer, lo haces gracias a tu propio esfuerzo y fuerza de voluntad. Si no lo consigues, será que no pusiste suficiente empeño.

El «pensamiento positivo» es el mantra de nuestros tiempos. Al dramatizar la enfermedad como una batalla entre el héroe (el paciente) y el invasor (la condición médica), hemos transformado inconscientemente la salud en la plataforma última de la autodeterminación. Una batalla contra nosotros mismos en la que nuestra mitad fuerte con voluntad propia lucha contra la otra mitad débil dominada por la enfermedad. Un combate que libran nuestros propios cuerpos. El verdadero mensaje del pensamiento positivo es que solo sobreviven los que tienen mayor determinación y capacidad de concentración, como en los negocios. Pero esto es médicamente falso. Si sobreviviste al cáncer, es porque pudiste hacerlo, y los medicamentos juegan un gran papel en ello. Pero el «pensamiento positivo» sugiere que la clave está en el autocontrol y que el resto es mero contexto. Una idea moral subyacente que la escritora y superviviente del cáncer Barbara Ehrenreich describe como «sonríe o muere».[137]

Cuando el pensamiento positivo y el autocontrol del cuerpo se apliquen al sistema sanitario nacional, serán el ariete perfecto para su desmantelamiento. Si te esfuerzas lo suficiente, no necesitas cuidados; y si no lo haces, no mereces esos cuidados. La motivación de esta nueva filosofía de la autoayuda por la que supervisamos obsesivamente nuestros niveles de colesterol, la ingesta de calorías, los pasos que damos y las visitas al gimnasio es crear un cepo con datos irrefutables que decidirán con precisión lo que recibirás cuando te llegue el momento de pedir ayuda.

Para quienes no consiguieron esforzarse lo suficiente siempre quedarán los medicamentos. Pero este cuento esconde una trampa. Tomad como ejemplo las estatinas, que generan 35.000 millones de dólares para la industria farmacéutica. El doctor David Malik, analista farmacéutico de Matriz Partners, ha analizado su efectividad, como hizo mi especialista cuando tuve el infarto: «Las estatinas tienen un margen de beneficios muy alto, de modo que si generan en torno al veinte por ciento de las ventas de una empresa es muy probable que contribuyan al treinta por ciento del total de sus beneficios».

Pero ¿funcionan?

«Las estatinas han sido el cuento de hadas de la industria —dice Malik—. Sin embargo, las enfermedades coronarias siguen siendo la principal causa de muerte en el mundo occidental, así que el dinero que invertimos en su utilización es muy discutible.» El medicamento multifuncional milagroso, la

---

137. Barbara Ehrenreich, *Sonríe o muere. La trampa del pensamiento positivo*, Turner, Madrid, 2012.

droga que se receta cada vez más en el mundo, ni siquiera hace cosquillas a la enfermedad más letal.

Dos especies

El profesor Julian Savulescu mira a través de la ventana el césped inmaculado de la facultad de Oxford en la que imparte sus clases mientras alisa las arrugas de su camisa rosa.

«Me acusan de nazi. —No lo es. Es un académico controvertido de voz sosegada—. Algunos de mis compañeros podrían serlo más que yo.»

Uno de ellos, un genetista sueco llamado Anders Sandberg, cree que en un futuro los seres humanos podrán desarrollar alas como añadido cosmético genético si así lo desean.

Savulescu es uno de los evangelistas mundiales de la «edición genética», un avance en la ingeniería del ADN diseñado específicamente para permitir que ciertos genes, tales como los que transmiten enfermedades hereditarias, queden aislados y sean eliminados en el estado embrionario. Es posible gracias a una técnica extremadamente precisa desarrollada en 2012 llamada CRISPR-Cas9, que permite seccionar el genoma y extraer el gen transgresor. Y lo que es más controvertido aún, hay ciertos atributos, como mejoras en los pómulos, la inteligencia y la fuerza física, que pueden ser añadidos. Según Savulescu, esto supone una oportunidad para mejorar la raza humana.

En abril de 2015, Francis Collins, director del Instituto Nacional de Salud de Estados Unidos, manifestó que CRISPR-Cas9 supone un peligro grave para la humanidad. Según explica, se trata simplemente de «una línea que no debemos cruzar».

«Existen pruebas de que pueden editarse los genes de los monos para que sean más trabajadores —dice Savulescu—. ¿Queremos que suceda esto con los humanos? ¿Queremos tener la capacidad de aislar el síndrome de Down o el autismo y eliminar sus genes? Son preguntas que debe hacerse la sociedad, pero la tecnología ya existe.»

Pero ¿eso no sería eugenesia? «Sí, es eugenesia. Pero también lo fue lo que sucedió anteriormente. El animal humano no es una obra maestra sumamente equilibrada de creación divina. Es el resultado de una selección natural bajo presiones medioambientales particulares. Los humanos exhiben unos doscientos cincuenta trastornos genéticos, solo entre el veinte y el veinticinco por ciento de los embriones tienen la capacidad física para desarrollarse como bebés, y el seis por ciento de los recién nacidos exhiben un defecto de nacimiento importante. La manipulación del ADN nos permite corregir estas anomalías genéticas... Nos permite liberarnos de las limitaciones biológicas de la evolución y avanzar hacia un estado de evolución diseñado individualmente.»

Según Savulescu, negar el poder que tiene el ser humano actualmente para remplazar a la naturaleza, con todas las crueldades y anomalías que conlleva, sería un error perverso. Los nazis, en su opinión, dieron una mala reputación a la eugenesia. La edición genética permite a los seres humanos perfeccionarse a sí mismos por medio de la erradicación de todo lo accesorio, desde afecciones hereditarias graves como la enfermedad de Huntington a pequeños retoques cosméticos de rasgos que no nos gustan.

¿Bebés con los ojos azules? ¿Por qué no? Savulescu afirma que la decisión de perfeccionar al hijo debería tomarla el padre, y entonces no hablaremos de nazismo, sino de la elección del consumidor, como en la cirugía cosmética. Si lo que quieres es continuar el embarazo o eliminar un feto que probablemente tendrá síndrome de Down, las opciones serán las mismas que actualmente, decidirlo cuando la madre se haga la biopsia de Corión.

Según Savulescu, el mundo feliz de la edición genética ya está aquí. Se trata de una carrera armamentística y Occidente la está perdiendo. China está experimentando a «escala industrial» con embriones, porque allí no tienen las manos atadas por las limitaciones éticas de la «tradición judeocristiana». ¿Qué supondría perder esta carrera armamentística de la genética? «¿Conseguirá China desarrollar una raza maestra físicamente superior? De momento no, pero ¿por qué no en un futuro? Ellos no tienen escrúpulos para utilizar cualquier medio que esté a su alcance para ganar.»

La consecuencia de la edición genética será la división en dos especies. Los que actualmente practican la vida sana del «bienestar» se dejarán llevar hasta el siguiente nivel de perfección, a un estado genético de superioridad: más fuertes, con mejor físico, más guapos y sin enfermedades. Los pobres continuarán siendo humanos que sobreviven como meros mortales, con las mismas enfermedades, rasgos faciales y tendencias a engordar, envejecer y ser frágiles que sus antepasados. Pero la diferencia clave es que la desigualdad económica se convertirá en desigualdad biológica. Los ricos simplemente dispondrán de un maquillaje genético diferente al del resto. Una clase mejorada de seres humanos que tuvo su origen en un paquete de chicles.

7

TRABAJO:
Dime dónde trabajas y te diré quién eres

El doce por ciento de la población mundial se despertará esta noche y revisará su correo electrónico. Cuando llegue la mañana, el cincuenta y un por ciento de nosotros pasará más tiempo mirando el *e-mail* que tomando su desayuno. El setenta por ciento lo revisa una hora al día; el diez por ciento, cada diez minutos.[138]

La frontera entre el tiempo que dedicamos al trabajo y el que dedicamos a nuestros asuntos personales ha desaparecido y nuestra forma de trabajar se ha convertido en modo de vida. El ochenta y un por ciento de nosotros revisa los correos durante el fin de semana, el cincuenta y nueve por ciento también lo hace durante las vacaciones. Uno de cada diez padres que lleva a su hijo a competiciones deportivas revisa el correo laboral mientras este está corriendo una carrera. Las personas que asisten a funerales no paran de manosear el teclado mientras el ataúd pasa delante de ellos. El trabajo se ha apoderado de nuestras vidas, pero esos que revisan sus correos en un entierro no son unos pocos extravagantes obsesionados con el trabajo. Si nos dan la oportunidad de trabajar, en cualquier parte y a cualquier hora, lo haremos.

En el año 2015, los investigadores James Roberts y Meredith Davis, de la Baylor University Business School, analizaron el uso del teléfono móvil en 453 estadounidenses e identificaron el «*phubbing*» o ninguneo telefónico

---

138. Dr. Nerina Ramlakhan, «Tech-free bedroom for a peaceful sleep», Silentnight/Ofcom 2014, 5 de marzo de 2015.

como una forma de juego de poderes en las relaciones. El que se lleva la palma es revisar el correo electrónico.[139] Ningunear a tu pareja por medio de la revisión de tu correo de trabajo es una forma de mostrar desdén y superioridad, y de destruir cualquier posibilidad de vínculo romántico.

Pero revisar el correo del trabajo en una primera cita tiene una función biológica útil, ya que es un marcador social que indica que estás solicitado y tienes éxito. El trabajo ha conseguido inmiscuirse en nuestro proceso de selección de pareja.

Esa tecnología que usamos para monitorizar el trabajo destaca por sí sola en la oscuridad. El brillo azul que destellan los teléfonos causa estragos en la melanina, la hormona del sueño, haciendo que nuestro cerebro crea que es de día. La falta de sueño continuada conduce a un aumento de la presión sanguínea, lo cual incrementa el riesgo de contraer enfermedades coronarias y diabetes, ansiedad, depresión e incluso descenso de la fertilidad.

La persona media pasa más tiempo al teléfono y con el portátil que durmiendo. Ocho horas y veintiún minutos de sueño frente a las ocho horas y cuarenta y un minutos que pasamos frente a los aparatos electrónicos. El ochenta por ciento de los chavales con edades comprendidas entre los trece y los quince años utiliza pantallas en la cama, y esta normalización generacional de pantallas resplandecientes sobre nuestra almohada está obrando un cambio en la naturaleza del descanso.[140]

Mirar el teléfono y revisar los correos en la cama genera un sueño ligero «activo», ya que se reactiva la memoria en funcionamiento. La tecnología lleva al cerebro a un estado cercano a la ansiedad, preparándolo para que se despierte en cualquier momento. Eso significa que nunca acabamos de desconectar realmente cuando dormimos. Tres cuartas partes de los adultos son incapaces de conseguir descansar bien por la noche, de modo que cuando nos levantamos estamos cansados.

Anteponer el trabajo a todo lo demás es sagrado, pero aun así nos odiamos por hacerlo. En la película *Elf*, James Caan interpreta a un padre adicto al trabajo al que en la víspera de Navidad dan a elegir entre buscar a su hijo desaparecido o hacer horas extra en el trabajo para repasar una presentación en PowerPoint. Su jefe le grita: «Si sales por esa puerta, estás despedido». James Caan elige buscar a su hijo y marcharse. Se trata de una fantasía de

139. «Cellphones can damage romantic relationships, lead to depression», Baylor Study, 29 de septiembre de 2015.

140. Dr. Nerina Ramlakhan, *op. cit.*

poder que todos queremos creer, la de elegir la vida antes que el trabajo, pero la verdad es que nadie contradice al jefe por miedo a que lo despidan.

En momentos de estrés extremo, el trabajo nos proporciona un entretenimiento que requiere toda nuestra atención y nos aleja del trauma emocional. Nos centramos en lo que conocemos, y eso nos lleva a refugiarnos cada vez más en nuestro trabajo, en lugar de buscar el apoyo emocional de nuestras familias. ¿Cómo hemos llegado a esto? ¿Cómo ha llegado el trabajo a meterse tan de lleno en nuestras vidas y adónde nos conduce tal situación como especie?

La invención de la eficiencia

En 1888, un joyero de Aubern, Nueva York, que respondía al nombre de Willard Le Grand Bundy, inventó un reloj. Este reloj no solo marcaba la hora, también permitía que los empleados señalaran el momento exacto en el que fichaban al entrar y salir del trabajo.

Al contrario que las anteriores versiones de tarjetas de asistencia y relojes de fichar, el Bundy tenía claves individuales para cada empleado, de modo que nadie podía engañar al sistema haciendo que una persona picara un montón de tarjetas. Por primera vez se había creado una máquina a prueba de fallos para controlar las horas activas de la mano de obra, y su introducción se debió a un individuo, Frederick Winslow Taylor, el hombre al que puedes agradecerle que te despiertes a las tres de la mañana para revisar tus correos.

En 1878, una década antes de la invención del reloj de Bundy, Fred Winslow Taylor, un estudiante de Derecho de Harvard miope procedente de una familia adinerada, abandonó la carrera de abogacía y se hizo maquinista de la Midvale Steel Works, en Nueva Inglaterra. Gracias a su disposición para ascender (y a los vínculos que tenía su familia con los propietarios), recibió una promoción para pasar de maquinista a supervisor. Al cabo de un tiempo, Taylor informó a sus jefes de que tenía un plan.[141]

Les dijo que se había percatado de que sus compañeros no trabajaban tanto como deberían. Para maximizar la eficiencia, Taylor sugirió una «evaluación científica» del trabajo realizado con el objeto de identificar a los holgazanes. Llegaron a un acuerdo.

---

141. Daniel Nelson, Ed., *A Mental Revolution: Scientific Management Since Taylor*, Ohio State University Press, 1992.

Durante los siguientes seis meses, Taylor mantuvo una actividad incesante, corriendo de un lado a otro de la mina con un sujetapapeles en el que lo anotaba todo y usando un cronómetro para calcular la productividad de los mineros. Los directores de Midvale quedaron impresionados con los descubrimientos de Taylor. Proporcionó «estudios temporales» (más tarde llamados «estudios de tiempo y movimiento»), cálculos para la optimización del levantamiento de peso y los periodos de descanso mínimos para trasladar el arrabio, además de una «ciencia de la palada». Taylor desglosó con precisión forense cada una de las tareas de la fuerza laboral, incluso el tiempo óptimo para ir al lavabo. Solo había un problema.

Se lo había inventado todo. Taylor había trabajado hasta altas horas de la noche falseando los gráficos e inventando datos para otorgar credibilidad «científica» a sus descubrimientos. Unos descubrimientos que había dado por descontado antes de emprender su tarea.[142]

A Taylor se lo reconoce en todas partes como el inventor de la «gestión científica» del trabajo. Pero en Midvale Steelworks ya había aplicado la primera regla de la asesoría de gestión empresarial: decirle al cliente lo que este quiere oír. Midvale ya había identificado anteriormente ineficiencias variadas. Tras meses de evaluación «científica», Taylor llegó milagrosamente a la misma conclusión.

El verdadero talento de Taylor residió en utilizar la «ciencia» para justificar un plan que ya estaba implementado. Pero hubo algo que resultó crucial. Afirmar que las conclusiones a las que había llegado tenían una base científica proporcionó a la dirección «pruebas» que los trabajadores contrariados no podían poner en tela de juicio.

La dirección podía culpar al experto, que a su vez señalaría a la ciencia. De esta forma, las decisiones ya no parecían proceder de un ser humano, sino de un árbitro objetivo demiúrgico llamado «dato».

Tras su triunfo en Midvale Steelworks, Taylor fue reconocido como genio y se convirtió en el primer gurú de la administración de empresas del mundo, gracias en gran parte a que el abogado Louis Brandeis lo introdujo en los círculos de poder de Boston. Taylor escribió un libro, *Principios de la administración científica*, que se convirtió en superventas.[143] En 1911, Taylor

---

142. Matthew Stewart, *The Management Myth: Why the Experts Keep Getting It Wrong*, W. W. Norton & Company, 2009.

143. Frederick Winslow Taylor, *The Principles of Scientific Management*, Harper and Brothers, 1911.

llenaba auditorios en todos los rincones de Estados Unidos en los que explicaba su ciencia de la productividad y cómo esta cambiaría el mundo.

El público lo acogió con los brazos abiertos, dado que la ciencia parecía capaz de solucionarlo todo. En 1886, Charles Darwin había utilizado la ciencia para explicar la evolución. Freud la había usado para descifrar el subconsciente. El gurú de la administración Peter Drucker dijo que Taylor era un titán que jugaba en la misma liga que estos. «El primer hombre del mundo que, en lugar de dar el trabajo por sentado, se detuvo a observarlo y estudiarlo.» Para Drucker, Freud, Darwin y Taylor eran las bases del mundo moderno, los descodificadores de una fórmula científica que abarcaba todo el comportamiento humano.[144] La industria estadounidense no tardó en hacer cola para llamar a la puerta de Taylor: las minas de carbón, la banca y los ferrocarriles, todos buscaban su conocimiento especializado. Taylor se hizo millonario y se convirtió en uno de los hombres más ricos de Estados Unidos (un multimillonario en términos actuales).

A nadie se le ocurrió en ningún momento comprobar la veracidad de lo que afirmaba, así que en 1913 recibió una invitación para dar una charla sobre cómo implementar sus ideas para el beneficio de Estados Unidos. Cuando el presidente Theodore Roosevelt dijo en su comparecencia ante la primera conferencia de gobernadores de la Casa Blanca que «la conservación de nuestros recursos naturales es solo un paso previo para la más importante cuestión de la eficiencia nacional», era Taylor en estado puro.[145]

Si hubiera llegado a un acuerdo para trabajar como asesor gubernamental, habría cimentado su posición en el núcleo duro del poder y se habría embolsado una fortuna. Pero en 1915 Taylor murió en plena madrugada. Nunca llegó a ver cómo su grandiosa «ciencia de la administración de empresas» dominaba el mundo. Pero eso fue lo que hizo, encender una mecha que consigue que estés quemado al final de tu jornada en la oficina y que sigas revisando los correos a las tres de la mañana.

La anomalía del trabajo para toda la vida

Nos entregamos al trabajo noche y día, pero rechazamos la idea de que somos meros engranajes de una máquina supereficiente, como quería Taylor. Ansiamos libertad y autonomía, sentir que valemos algo por nosotros mis-

---

144. «Guru: Frederick Winslow Taylor», *The Economist*, 6 de febrero de 2009.

145. Joseph Raynus, *Improving Business Process Performance*, Auerbach Publications, 2011.

mos y que no somos simples piezas humanas que se trasladan por una cadena de ensamblaje.

Para ser justos, Taylor no quería que los trabajadores se sintieran inútiles. Él creía que la eficiencia llevaría a una sensación de contento mayor. Al trabajar al límite de nuestras posibilidades, nuestro jefe nos valoraría. Esta valoración nos haría tener estabilidad laboral. La eficiencia se convertiría en un círculo virtuoso.

En la década de 1880, el empleo eran tan precario como hoy en día. Taylor creía que una mayor productividad de la mano de obra generaría un equilibrio que redundaría por igual en la empresa y en el empleado. Con la eficiencia ganaríamos seguridad.

Pero al ver este intercambio justo desde el punto de vista de la primera mitad del siglo XXI resulta tentador preguntarse qué ha salido mal. Jamás habíamos trabajado tanto y con menos seguridad que ahora. Somos tan vulnerables a que nos pongan en la calle como los trabajadores metalúrgicos de Midvale, y no solo estamos amenazados por la mano de obra barata, sino también por la revolución de la automatización. Taylor nos hizo trabajar más, pero nos engañó. La seguridad prometida nunca llegó a concretarse.

No del todo, al menos. Pero sí durante un tiempo. Hubo un periodo de treinta años, entre 1950 y 1980, en el que existió aquella anomalía llamada trabajo de por vida. ¿Cómo llegó a concretarse esta anomalía histórica de la estabilidad laboral y quién nos volvió a despojar de ella, dejándonos de nuevo con la misma incertidumbre que al principio?

Tomemos como ejemplo tres generaciones de mi familia. Mi abuelo era un inmigrante corso que llegó a Londres en 1930 en busca de un trabajo informal. Tocaba el chelo, de modo que empezó a actuar en orquestas de cafés teatro. Cada noche trabajaba en uno diferente y le pagaban en efectivo, pero hasta que llegaba la noche siguiente no sabía si ese día tendría trabajo. Su vida, y con ella la de su familia, pendía de un hilo.

En la década de 1950, todo eso cambió. Mi padre, que se había criado en una incertidumbre financiera perpetua, consiguió un trabajo a tiempo completo. Estuvo trabajando para la misma empresa estatal, el Ayuntamiento de Londres, durante treinta años. Al contrario de lo que sucedía con su padre, el mío siempre recibía un cheque a final de mes. No necesitaba salir a la calle a mendigar con su chelo unas monedas. Se levantaba cada día, se afeitaba e iba a trabajar.

Pero esta seguridad era un constructo de la gestión, igual que lo fue la eficiencia científica de Taylor. En la década de 1950, Peter Drucker, el sociólogo austriaco que equiparaba a Winslow Taylor intelectualmente con Freud y Darwin, se trasladó a Estados Unidos para reinventarse como asesor en la gestoría de empresas.

Drucker quería cambiar la mentalidad de las grandes corporaciones. Creía que se necesitaba un nuevo tipo de jefe. En el siglo XIX, el sociólogo Max Weber había modelado su visión de la corporación a imagen y semejanza del Ejército prusiano, un cuerpo disciplinado y jerarquizado con un CEO que se comportaría como un general.[146]

Tras la Segunda Guerra Mundial, Drucker creía que se obtendría una mayor productividad con un jefe más amable y paternalista. Se trataba de una figura paternal que miraría por tu carrera a largo plazo y con quien jugarías al golf los sábados para obtener ventaja sobre tus colegas.

Este mundo laboral fue al que accedió mi padre a finales de la década de 1950. Pero esa «empresa comprensiva» ocultaba una motivación por objetivos igual de dura. Drucker defendía una nueva «ciencia» del entorno laboral en la que el jefe seguía siendo Dios, pero los resultados se conseguían gracias al chantaje psicológico, en lugar de con la vara de la eficiencia.

Multinacionales como IBM usaron las teorías del chantaje psicológico de Drucker para escribir a las esposas de sus empleados varones y decirles que Stanley no obtendría la bonificación ese año porque no se había esforzado lo suficiente en su trabajo. No hay bonificación, así que te quedas sin el abrigo de pieles, cariño. Ese era el mundo prefeminista de la comedia *I Love Lucy,* que fue satirizado con mayor precisión a finales de la década de 1960 en *Embrujada,* en la que las vidas de Samantha y de su neurótico marido giran alrededor de lo que su jefe piensa sobre las nuevas cortinas. En este entorno de control asfixiante, Drucker quería que las esposas se convirtieran en agentes de la empresa. Su razonamiento era que el empleado haría antes lo que dijera su esposa que lo que exigiera su jefe.

Al final, esta empresa paternalista tampoco te cuidaba tanto. Se trataba de un sistema total, un ojo omnisciente que determinaba lo que sucedía en el trabajo y además usaba a tu familia para forzarte a trabajar más. La empresa había conseguido infiltrarse en el tejido de la vida doméstica y la presión que ejercía seguía presente cuando la mujer de Stanley le ponía una copa al final de la jornada y le preguntaba qué había hecho para recibir esa carta crucial de su jefe.

Pero sucedió algo que hizo estallar el mundo de Drucker y puso la eficiencia en el punto de mira. En 1973, la crisis petrolera de la OPEP llevó

---

146. Richard Sennett, *La cultura del nuevo capitalismo,* Anagrama, Barcelona, 2006. Este libro supone una revisión suprema del desarrollo de las ideas que respaldan el sistema ideológico de las corporaciones.

al mundo a una recesión global. De repente, las empresas ya no buscaban generar beneficios con nuevos negocios, sino haciendo recortes internos. El *boom* de posguerra, que había traído consigo un momento histórico de prosperidad y estabilidad para millones de personas llegaba ahora a su fin. El mundo de precariedad en el que había vivido mi abuelo regresaba de manera dramática, fagocitaría el empleo de mi padre y definiría el mundo laboral al que yo tendría acceso.

Todo se desarrolló con gran rapidez. Una mañana de 1979, mi padre llegó al trabajo y se encontró a un grupo de hombres que jamás había visto antes ataviados con lo que él describía como trajes Willoughby. Se habían apoderado de una planta entera y deambulaban por cada uno de los departamentos haciendo anotaciones y preguntando a las personas cuál era su trabajo. Tres meses más tarde llegaron los despidos.

Estos hombres vestidos con trajes Willoughby eran «consultores de gestoría» y estaban a punto de racionalizar el mundo laboral con una nueva «ciencia» de la eficiencia, que sería tan persuasiva como la de Winslow Taylor. Sus gurús eran dos hombres, Tom Peters y Robert Waterman, dos estrellas nacientes de la agencia más poderosa y esquiva del mundo, McKinsey.

Lo que mi padre no sabía en 1979, el día en que acudió a la oficina y vio a esos hombres con sus cuadernos, era que seguían un nuevo modelo de negocio recién estrenado que habían desarrollado Peters y Waterman.

Lo llamaban el modelo de las 7S y se trataba de una obra digna de mención. Peters y Waterman afirmaban que el negocio exitoso del futuro no consistiría en una pirámide de dirección rígida y jerárquica, sino que se parecería a una compleja molécula.[147]

La empresa molecular se basaba en siete elementos interrelacionados que debían estar perfectamente alineados, como las estrellas del horóscopo. La primera letra de todos estos elementos claves era la S: *strategy* («estrategia»), *skills* («habilidades»), *structure* («estructura»), *systems* («sistemas»), *style* («estilo»), *staff* («plantilla»), y el núcleo: *superordinate goals* («objetivos superordinados») o *shared values* («valores compartidos»). El jefe sería itinerante, es decir, se pasearía haciendo microgestión y fisgoneando en general. De hecho, a esto se le llamaba MBWA (*Management by Walking Around*) o «gestión itinerante».[148]

---

147. John Hayes, *The Theory and Practice of Change Management*, Palgrave MacMillan, 2014.

148. Tom Peters y Robert Waterman, *En busca de la excelencia. Lecciones de las empresas mejores gerenciadas de Estados Unidos*, Harpercollins Español, Nashville, 2017.

Este panóptico de piel de cordero no era nada nuevo —la corporación de Drucker ya monitorizaba al empleado—, pero el enfoque de Peters y Waterman estaba a punto de cambiar la mentalidad del empleado. Según decían, el nuevo mundo era turbulento, y si no eras productivo te pondrían de patitas en la calle (el lema de McKinsey para sus propios empleados era «asciende o vete»). Todo aquel que no se atuviera a la obediencia total a la empresa no sobreviviría, pero esta obediencia tenía que ser por voluntad propia. El trabajo se convertiría en tu secta y los empleados serían devotos que venerarían a la empresa como si de una religión se tratara.

La secta

McKinsey buscó su inspiración en Japón, donde los empleados se arrodillaban cada mañana en el suelo de la zona de descanso para empleados y rezaban para que Hyundai o Toshiba fueran más productivas. El culto japonés al trabajo era tan extremo que los empleados morían de cansancio en su escritorio habitualmente. Era algo tan común que los japoneses incluso tienen una palabra para ello: *karoshi*. En las afueras de Tokio hay un «bosque del suicidio» al que van a ahorcarse los trabajadores estresados. Al pie de los árboles hay unas instrucciones muy valiosas que han dejado los anteriores visitantes del bosque.

A finales de la década de 1970, Japón suponía un milagro económico y el mundo estaba deseoso de aprender sus lecciones. Peters y Waterman estaban tan cautivados como cualquier otro y ansiaban aplicar su fórmula de éxito. Sabían que el culto japonés al trabajo no era extrapolable a Occidente, pero se preguntaban cómo podían crear una versión de devoción a la empresa inspirada en la voluntad propia.

El problema era que los empleados occidentales tenían una mentalidad completamente diferente a la de los japoneses. El sentido de autoestima occidental no se había creado asimilando la identidad personal a la de la empresa o la nación, sino mediante Locke, Descartes y la Ilustración. El individualismo está tan integrado en la psicología occidental como en Japón lo está el colectivismo responsable. Las libertades *jeffersonianas* están escritas en la Constitución de Estados Unidos. En suma, los trabajadores occidentales no se creerían lo del culto a la empresa.

Pero Peters y Waterman tenían un plan. En lugar de vender un culto, venderían la devoción al trabajo como libertad, como algo «creativo» y «gratificante». Si el empleado alcanzaba la plenitud con su trabajo, tendría más posibilidades de afiliarse a la empresa como seguidor devoto de los valores de la compañía. La secta se generaría por sí sola.

Lo primero era librarse de la idea del trabajador esclavizado de nueve a cinco. El trabajo tenía que convertirse en algo «satisfactorio». El objetivo del trabajo dejaría de ser esperar a que dieran las cinco de la tarde para poder volver a casa y pasaría a ser completar la faena, algo que llegaba cuando tocara. Permanecerían allí toda la noche con tal de terminar la tarea asignada.

Los trabajadores de las oficinas tenían que dejar de verse a sí mismos como esclavos del salario y empezar a actuar como minijefes independientes y con motivación propia. Tenían que pensar como si fueran trabajadores autónomos. Las personas que trabajaban con ellos dejarían de ser simplemente colegas, para adoptar una nueva identidad esquizofrénica. Serían amigos y rivales. Un amigo en la zona de descanso y un rival para el ascenso. El trabajo debía convertirse en una actividad obsesiva y el empleado tenía que formar parte del juego a todas horas. Confía en tus colegas como si fueran tu familia (pero tampoco demasiado), y al invertir emocionalmente en tu labor, trabajarás con más ganas.

Aquí tenéis un extracto de la página web de un empleado anónimo redactada por un coordinador de personal que trabajaba para Airbnb en Dublín: «Las horas que teníamos que trabajar sobrepasaban lo ridículo y lo excesivo. Tener cualquier tipo de relación familiar o vínculo personal fuera del trabajo es muy difícil. La mayoría de las veces da la impresión de que hay un montón de chavales jóvenes corriendo de un sitio a otro sin saber qué hacer, dándose aires de importancia con sus reuniones y sus "¡Choca esos cinco!" Además, la compañía desperdicia una enorme cantidad de dinero en… un consumo de alcohol excesivo para la hora feliz de los empleados, dulces, pasteles… Sería preferible que (todo) eso repercutiera directamente en tu sueldo. Hay personas que ocupan puestos con nombres rimbombantes y no queda muy claro a qué se dedican… El proceso de selección es tan intenso… Una de las cosas sobre las que te entrevistan son tus "valores fundamentales", que tienen que adecuarse a los de la empresa. Sé simpático, agradable y trabaja en equipo…, vende hospitalidad. ¡Pues la mayoría de las personas con las que he trabajado eran todo lo contrario a esto! Me sentía cada día como si estuviera en la película *Chicas malas*».[149]

A mediados de la década de 1970, todo el mundo dejó de dirigirse a sus compañeros mediante el apellido y se empezó a usar el nombre de pila.

---

149. «Join the cult and give up any free time in your life», antiguo coordinador de selección de personal para Airbnb en Dublín, Glassdoor App.

«Buenos días, señor Johnson», se convirtió en «Hola, Pete». El objetivo de este nuevo enfoque de gerencia era crear un entorno de apariencia hogareña «desenfadado» en el que había máquinas de café y espacios lúdicos tales como gimnasios, y se organizaban jornadas para fomentar el espíritu de equipo y salidas nocturnas en masa para ir al cine o a restaurantes. Se derribaban los muros para crear oficinas de planta abierta, y áreas de esparcimiento conjunto cómodas, en lugar de un regimiento rígido de hileras de escritorios. Al borrar las fronteras entre el hogar y el trabajo, creando un entorno agradable, querrías permanecer más tiempo en el trabajo y entregarte completamente a él.

Actualmente, la mayoría de las grandes marcas exitosas tienen una cultura de fidelidad. Innocent Drinks es uno de los productores de batidos más exitosos de Europa. Sus oficinas son deliberadamente extravagantes, con suelos de césped artificial, falsas empalizadas de madera blanca y letreros campestres que señalan las salas de juntas de la corporación. Cada lunes por la mañana tienen un evento para el fomento del espíritu de equipo diseñado para motivar al empleado para la semana entrante con estrafalarios juegos y entregas de premios. Cuando pedí a Innocent si podía observar esta ceremonia semanal, accedieron, pero luego lo pensaron mejor y me dijeron que «no querían parecer una secta».

Peters y Waterman sabían que convertir el trabajo en un culto de fidelidad era algo ajeno a la cultura occidental, pero pensaban que no tenía por qué serlo. Según decían, los empleados debían perder sus inhibiciones. Si se entregaban completamente a su trabajo, este les recompensaría con la satisfacción de sus necesidades emocionales más profundas. El trabajo se convertiría en tu familia.

Hace poco estaba esperando para entrar en el cine del complejo de edificios Barbican de Londres cuando oí voces y gritos de júbilo procedentes de uno de los salones de congresos adyacente que alquilan para la celebración de eventos corporativos. Me asomé a echar un vistazo. Una de las principales cadenas de cafeterías celebraba el evento anual para nombrar al empleado del año. Baristas de toda Gran Bretaña habían venido a Londres para «compartir» durante un día lo que significaba para ellos preparar cafés con leche de soja con sabor a canela y calabaza por 7,5 libras la hora.

Me quedé anonadado observando a hombres y mujeres con idénticos uniformes de color morado que se acercaban al estrado y se posicionaban ante el pie de micro. «Hola, soy Mario, de Italia.» (Aplausos.) «¡Solo quería decir que llevo dos años trabajando con mi equipo, y vosotros, chicos, me dais la vida!» (Vítores y gritos de alborozo.) «Hola, soy Verónica.» (¡Hola,

Verónica!). «Aplaudíos a vosotros mismos, porque ¡os quiero, chicos!» (Más algarabía y aplausos, Verónica sale del estrado visiblemente emocionada.)

La deidad a la que todos veneran pende sobre sus cabezas, un logo con una taza de café gigante lleno hasta el borde con una espuma exultante. Si la puerta no hubiera estado entreabierta, ni siquiera hubiera oído la ceremonia que tenía lugar: una congregación eclesiástica devota en la que no faltaban los cantos y aplausos, pero con una taza de café gigantesca en el lugar que normalmente ocuparía la cruz.

Es gracias a Peters y Waterman por lo que nos entregamos en cuerpo, alma y mente a nuestra empresa. Y dependiendo de lo grande que sea la marca, así de exagerado es el culto a la fidelidad y el secretismo.

Un analista de la industria de la alimentación con el que hablé me dijo que entre todas las convenciones del sector a las que había asistido hay un grupo que permanece apartado de todos los demás —la gente de McDonald's—, como si supieran algo que el resto de nosotros desconoce.

Los residentes de San Francisco suelen ver el «Google Bus» durante sus salidas nocturnas. Transportan hasta la ciudad a los empleados del «campus» de Mountain View, en Palo Alto, para que cenen en restaurantes o acudan al cine en masa (previo acuerdo a través de una ronda de correos electrónicos). Los empleados de Google creen en la marca no como en una empresa cualquiera, sino como la única empresa que importa, y ese sentimiento no puede fingirse.

Preguntadle a cualquiera que tenga serias esperanzas de ascender en la escala corporativa si son críticos con la empresa y harán una mueca. El desdén y la disconformidad están *verboten*. No obstante, la crítica puede ser una herramienta útil a la hora de ganarte un ascenso, ya que las empresas con una identidad sectaria «acogen» las críticas de sus seguidores, porque la contante «reevaluación de metas y objetivos» forma parte de la lengua franca corporativista actual. Pero asegúrate de que tu crítica sea «constructiva».

La contraprestación del inmigrante

Peters y Waterman remozaron el trabajo para convertirlo en una secta y una familia que te entrega un cheque a final de mes. Grandes empresas como Google, que rivalizan en poder con algunas naciones pequeñas, generan una fidelidad inquebrantable entre sus «ciudadanos». La gran mayoría de los nuevos empleados del café con los que me topé por casualidad en esa reunión casi religiosa eran de Sudamérica y Europa del Este. A miles de kilómetros de casa, a menudo sin una estructura de apoyo en una gran ciudad como Londres, el trabajo se convierte verdaderamente en tu nueva familia. No se consideran como empleados en un trabajo sin futuro, sino que se muestran agradecidos por formar parte de la familia de esta cadena de cafeterías, una familia que los ata en corto.

En 2016, Costa Café subió el sueldo a sus trabajadores dos veces por encima del salario interprofesional británico de 7,20 libras la hora. Costa, como sus principales rivales, Pret A Manger y Café Nero, utiliza un alto porcentaje de trabajadores extranjeros, muchos de los cuales no pueden permitirse los desorbitados costes de los alquileres. La empresa se convierte así en un benefactor al que no puedes dar la espalda y a quien estás eternamente agradecido. En muchos aspectos, esto supone una réplica de la filantropía victoriana de empresas como Lever Brothers, que compraban pueblos enteros para sus empleados, como Port Sunlight, que recibe su nombre de la marca de productos de limpieza que ellos mismos crearon.

Pret A Manger también ofrece comida gratis durante el trabajo y a mitad de precio cuando no estás de servicio. El folleto de selección de personal de Pret afirma que cuando te incorporas «entras a formar parte de la familia Pret, donde nos lo pasamos bien y cuidamos unos de otros».

El auge de la industria de los servicios británica de la década de 2000 fue impulsado gracias a la mano de obra inmigrante, que procedía principalmente de los nuevos países del este que entraron en la Unión Europea: Polonia, Rumanía y la República Checa.

En 2003, cuando Europa esperaba para comprobar los efectos que tenía la ampliación de la Unión Europea, el Gobierno británico llamó a filas a un economista del University College of London que responde al nombre de Christian Dustmann y le pidieron que escribiera un informe que predijera las cifras probables de la inmigración al Reino Unido.[150] Dustmann reunió consigo a un equipo de economistas soberbio, entre los cuales había un investigador que sería consejero económico principal de la canciller Merkel.

Sus predicciones fueron cautas. Creían que las cifras netas estarían con toda probabilidad (una vez que se contrastara el número de emigrados con el de inmigrantes) en torno a las doscientas mil personas.

---

150. «The Impact of EU Enlargement on Migration Flows», *Home Office Online Report*, 3 de marzo de 2003.

Según me explicó Dustmann: «Hay que recordar que en 2003 la economía británica estaba en pleno auge. Era imposible conseguir un fontanero o un electricista, y ahí teníamos a esos trabajadores competentes de Polonia y Rumanía que llegaban con preparación». No se veía a estos trabajadores como un problema, sino como un activo. Cuando el Gobierno de Blair rompió una lanza a favor de la economía de servicios, la inmigración de la Unión Europea se consideró necesaria para potenciar este auge del sector.

Se asumía tácitamente que los empleados británicos carecían de la actitud necesaria. Eran reticentes, no trabajaban lo suficiente ni sonreían lo suficiente. Los inmigrantes realizarían esos trabajos que nadie quería hacer, estaban preparados para sonreír veinte veces por minuto mientras servían cafés y se apuntarían al culto de la familia subrogada en el trabajo, ya que se encontraban a miles de kilómetros de su hogar.

A finales de la década de 1960, con pleno empleo y una economía que crecía rápidamente con el modernizador Gobierno laborista, la inmigración procedente de las Antillas británicas y el subcontinente indio posibilitó un auge similar en el sector de los servicios (en el transporte público y en la venta al por menor), y con Blair volvió a suceder lo mismo cuarenta años después en las cafeterías, la construcción, las guarderías y las empresas de limpieza con los trabajadores de los nuevos países de la Unión Europea. Pero según Dustmann, había un problema. El plan predecía que Alemania y los otros países bien posicionados de la Unión Europea registrarían los mismos números que Gran Bretaña. Dustmann y sus colegas habían escrito una cláusula a modo de vía de escape que cubría esta eventualidad, una pequeña sección en la página cincuenta y siete de su informe. Era como la tarjeta que te saca de la cárcel en el Monopoly.

¿Leyó algún representante del Gobierno el informe cuando estuvo preparado? «No lo sé.» Pero ¿qué sucedió después? «Lo que sucedió después es algo para lo que yo no estaba preparado.»

Las cifras de inmigración superaron con creces las predicciones del informe. Dustmann y sus colegas recibieron los ataques de la prensa y de algunos parlamentarios del Gobierno. Uno de ellos dijo que su informe era la predicción económica menos precisa de la historia y que fallaba en un treinta mil por ciento.

Alemania había incumplido su parte del trato, como se predecía en la página cincuenta y siete. ¿Sabía Dustmann que el ministro de Interior David Blunkett y el Gobierno sospechaban que Alemania no abriría sus fronteras completamente, pero continuaron con su política de puertas abiertas igualmente? «No lo sabía, pero ¿por qué no iban a hacerlo? Atraer a la inmigración beneficia la economía en su conjunto, eso es un hecho.»

Pregunté a David Blunkett ante el telón de fondo de la Casa de los Comunes si sabía que Alemania no abriría sus puertas. Blunkett se muestra increíblemente sincero al respecto. Dustmann no fue el único que se equivocó. El Gobierno también lo hizo. Blunkett llevaba tiempo advirtiendo de los peligros que conllevaba la apertura, pero se trataba de una posición impopular y políticamente incorrecta. Estaban ante un clima político de auge y expansión, no de recesión y antiinmigración.

Y cuando la economía pasó del auge a la caída tras 2008, la inmigración de Europa del Este ya no parecía tan buena idea, sino un problema para quienes tenían peores sueldos, esos mismos pobres que, según Dustmann, eran los más afectados negativamente por la inmigración europea. El hecho inmutable de que la inmigración beneficia a la economía en su conjunto dejó de tener importancia cuando se contraponía con el hecho específico de que el diez por ciento que conformaban el sector más pobre de la población salía perdiendo. Gran Bretaña comenzaba su carrera hacia el Brexit.

Gran Bretaña se autoexpulsaba de Europa. Así como la inmigración había propulsado en su momento la revolución del sector servicios, ahora era la antiinmigración la que daba alas al Brexit. Una ventaja económica se había convertido en una desventaja política. Ahora todos los empleos de Gran Bretaña pertenecen al sector servicios. La policía ha dejado de ser un «cuerpo» para llamarse «servicio» y reciben cursos para aprender a detener a las personas educadamente. Los cobradores de morosos ya no son ejecutores, sino un «servicio» para las personas cuyas casas están a punto de abrir a patadas. Ahora incluso celebran los premios de «cobrador de morosos del año».

Tanto la policía como los cobradores de deudas han vivido el lado más duro de la austeridad en Gran Bretaña desde 2008, y no resulta sorprendente que se hayan transformado en auxiliares de la cultura de servicios. Para realizar su trabajo han tenido que convertirse en trabajadores sociales con otro nombre, tratando con los más vulnerables y necesitados en un momento de crisis. La policía se lleva la peor parte de los recortes en servicios sociales y tienen que tomar decisiones sobre situaciones extremas que antes quedaban fuera de sus competencias. Y como me dijo un cobrador de morosos de Newcastle: «Si no simpatizo con la situación del otro, no podemos llegar a un acuerdo y nadie consigue lo que quiere». El servicio es realmente la forma más eficiente de hacer negocios cuando llegan los tiempos duros.

¿Que me lo inventé todo? ¿Y qué? Me quedé corto

En el año 2017, Status Life, una empresa de inteligencia artificial con sede en Londres, comenzó a ofrecer un nuevo servicio diseñado a la medida de sus clientes, un sistema de microvigilancia constante de la jornada de sus empleados. Las cámaras se ocultan en el entorno laboral (en los escritorios, los pasillos, la fuente de agua fría, incluso en los aseos). Al medir el tiempo que pasan en el almuerzo, cotilleando con los compañeros, mirando el móvil o el que tardan en ir al lavabo, se da cuenta de cada segundo trabajado.

Los algoritmos, que evalúan tanto los datos relativos netamente a la productividad como unos niveles de motivación en el trabajo, que se deducen del tiempo que pasas sin hacer nada en comparación con el de tu dedicación expresa, pueden también usarse para decidir las diferencias de salario y tomar decisiones sobre la duración del contrato. Se trata de la eficiencia que Winslow Taylor prometió a la dirección de Mivale Steel Works un siglo antes.

En noviembre de 1979, cuando los consultores de gerencia realizaban esa auditoría en el trabajo de mi padre, Peters y Waterman preparaban una presentación de su modelo molecular de las 7S con una serie de setecientas diapositivas para la empresa de tecnología alemana Siemens en Múnich.

Las noticias de la nueva teoría de Peters y Waterman habían corrido como la pólvora. El presidente de Pepsi, Andy Pearson, y sus ejecutivos de Pepsi Global HQ, en Purchase, Nueva York, convocaron una reunión con Peters y Waterman para comprobar cómo el modelo 7S podía transformar su imperio.

La versión sintetizada de los siete puntos presentada en Siemens y Pepsi se materializó en el libro *En busca de la excelencia: lecciones de las compañías mejor dirigidas de Estados Unidos*. La recesión, lejos de ser una calamidad, suponía una oportunidad para reprogramar la mano de obra. El auge de la posguerra había generado empleados complacientes con un sentido exagerado de su propia valía, una valía que habían dejado de tener.

Al enfrentar a los empleados unos contra otros por sus propios puestos de trabajo en un «mercado interno», estos aprenderían a ser competitivos. Se trataba de darwinismo corporativo. Ya nadie trabajaría más que para sí mismo. A partir de ahora seríamos todos trabajadores autónomos.

Los japoneses, en los que se habían inspirado Peters y Waterman, llevaban décadas trabajando tanto como fuera humanamente posible, pero eso no impidió que su economía cayera en una profunda recesión, al tiempo que estos teóricos ensalzaban su modelo económico como el ejemplo que seguir.

El libro se convirtió en una sensación editorial y se erigió en el título sobre economía de empresa más vendido de la historia.

En 1988, una película llevó su filosofía a la gran pantalla. En *Armas de mujer*, Melanie Griffith interpretaba a Tess McGill, una recepcionista cuyas brillantes ideas empresariales son robadas por una jefa conspiradora, Katherine Parker, interpretada por Sigourney Weaver. En su primer día de trabajo en la oficina, Tess saca sus pertenencias más preciadas de una caja y las coloca sobre el escritorio. Encima de todo quedaba una copia de *En busca de la excelencia*. Aquella era su Biblia para la supervivencia y el público tenía que saber que nada detendría a ese personaje. Era una ganadora nata.

Treinta años después, cuando cualquiera de los concursantes de *El aprendiz* a los que despiden se marcha diciendo: «Gracias por la oportunidad», es a Peters y Waterman a quienes tenemos que agradecer esta inquebrantable positividad.

Peters y Waterman basaron *En busca de la excelencia* en «análisis científicos de las sesenta y dos compañías más importantes del mundo». El gráfico de las 7S era un resumen de todo lo que habían seleccionado tras meses estudiando meticulosamente las estructuras de gestión de cada una de estas compañías junto a sus compañeros de McKinsey. Pero en 2002, coincidiendo con el vigésimo aniversario de su publicación, Tom Peters tenía una confesión que compartir con el público.

Lo habían inventado todo. No había ciencia alguna. Habían utilizado datos de relleno para demostrar lo que les convenía. En realidad, Peters y Waterman se lo habían sacado todo de la manga. Tom Peters explicó lo que sucedió realmente en una serie de «confesiones» para la revista *Fast Company*:

En busca de la excelencia fue una ocurrencia tardía, el cachorro pequeño de la camada de la consultora McKinsey, un proyecto improvisado sin visos de ser gran cosa... Mi segunda confesión es la siguiente: no tenía ni idea de lo que hacía... No había ningún plan de trabajo diseñado escrupulosamente. No había teoría alguna que probar. Salí y hablé con personas verdaderamente inteligentes. Tenía un presupuesto para dietas infinito que me permitía viajar en primera clase y alojarme en hoteles de cinco estrellas, y licencia de McKinsey para hablar con tanta gente interesante como pudiera encontrar en Estados Unidos y en el mundo.

¿Y qué? Lo que decía *En busca de la excelencia* es que a partir de ese momento el mundo cambiaría... Ya nada será igual que antes, y si quieres saber cómo será a partir de ahora, tienes que leer este libro.

Confesión número tres. Esto es una menudencia, pero ya que estamos, lo confesaré. Falseamos los datos... *En busca de la excelencia* comenzó siendo un estudio de sesenta y dos compañías... Después, como McKinsey es McKinsey, sentimos la necesidad de inventarnos ciertas medidas cualitativas del rendimiento. ¿Tenía nuestro proceso una base fundamentalmente sólida? ¡Sin duda! Se empieza usando el sentido común, confiando en lo que te dice tu instinto y solicitando opiniones de gente «extraña» (es decir, que no sean convencionales). Los datos siempre pueden probarse *a posteriori*.

¿Cómo conseguimos que se lo tragaran? Conseguimos que se lo tragaran porque Bob Waterman y yo vestíamos trajes negros McKinsey con corbatas finas McKinsey y hablábamos la lengua de los negocios de la consultora McKinsey.

En busca de la excelencia contravenía todos los manuales de estilo de gestión empresarial con los que se dirigían los negocios en Estados Unidos de 1981. Pero esa no es la confesión. La confesión es que me quedé corto.[151]

Me reúno con Tom Peters en una cárcel de Boston que ha sido reconvertida en un hotel de lujo. Es el lugar idóneo para hablar de trabajo, le digo a Tom mientras intercambiamos gentilezas. A simple vista, lo que destaca de este lugar son sus servilletas dobladas, las barras tenuemente iluminadas y un café que te cuesta treinta dólares. Pero tras esto se oculta su arquitectura, un panóptico brutal para verlo todo, desde cualquier lugar y en cada momento.

«¿Sabes quién fue el consultor más grande de todos los tiempos?», me pregunta Tom con un brillo en la mirada. No tengo ni idea. «Ulysses Grant», me contesta. Antes de que Grant llegara a la presidencia de Estados Unidos había sido comandante general del Ejército. Según Tom, el genio de Grant consistió en presentarse ante el enemigo derrotado en el campo de batalla de la guerra de Secesión. «¿Sabes lo que hizo Grant? Recorrió una milla a lo largo de la línea del frente y se quitó el sombrero ante los soldados derrotados. ¿Sabes lo que eso? Eso es ser un gran gerente.»

¿Por qué contó Tom al mundo que el modelo de las 7S —la reforma laboral más importante de los últimos cuarenta años— había sido una invención? «Todo necesita tener una buena envoltura, ¿verdad? Y eso es lo que

151. Tom Peters, «Tom Peters's True Confessions», *Fast Company*, 30 de noviembre de 2001.

eran las 7S, una envoltura genial. Las personas necesitan algo en lo que creer. ¿Quieren un sistema? Lo que la gente quiere es que le digan que hay alguien detrás que sabe lo que hace. Pero el principio subyacente sigue siendo cierto. Los individuos tienen que tomar el control de su propio destino. Si lees entre líneas, eso es lo que el libro dice.»

¿Qué le diría a esas personas que pusieron toda su confianza en el entorno del trabajo corporativo y después se sintieron traicionadas? ¿Personas que no son capaces de determinar su destino?

«Buena suerte. Porque la vais a necesitar.»

El Valle de la Muerte

Como todos los revolucionarios, Tom Peters y Robert Waterman creían en ellos mismos. No hicieron historia, simplemente leyeron sus runas y entendieron que «si quieres saber cómo será a partir de ahora, tienes que leer este libro». Eran la personificación exacta de cómo había que actuar para tener éxito en el nuevo mundo.

Las consultoras tomaron el mando en esa era de gran incertidumbre de la década de 1970 marcada por la OPEP, donde las viejas reglas no parecían poder aplicarse, porque, como me dijo Tom, la gente quiere que le digan que alguien sabe lo que hay que hacer. Ni el Gobierno ni los economistas daban la impresión de confiar en sus propios conocimientos para gobernar o determinar la dirección de la economía. Ese vacío generado suponía una oportunidad de negocio enorme para unos individuos con mucha labia que aparentaban saber lo que decían.

John Bennett trabajaba como consultor de gerencia en la década de 2010 para una de las empresas de las llamadas «*Big Four*»: Deloittes, KPMG, PWC y McKinsey. Su especialidad era asesorar sobre decisiones en materia de atención sanitaria que afectarían a millones de personas.

«Cada vez que te reúnes con un cliente intentas buscar nuevos problemas que te permitan extender el trabajo. Es como ser un mecánico que mira bajo la carrocería de tu coche, aspira entre los dientes y te dice que está mucho peor de lo que crees. Es una estrategia a la que llamamos "contratar y expandir".»

Bennet dice que la clave de esta estrategia de gestión está en emitir primero un pequeño diagnóstico, una «plantilla» de trabajo. Esta plantilla de trabajo es como «el pie que se pone en la puerta» y suele ofrecerse gratuitamente. El dinero está en «contratar y expandir» el negocio una vez que ya estás dentro de la casa.[152]

David Craig es un hombre intenso con gafas de pasta y un bastón que usa para señalar las enormes mayúsculas de las imágenes de su presentación. Nos vemos en una enorme sala de reuniones a oscuras cerca de Whitehall, donde la única luz es la que procede del proyector. Las primeras palabras que aparecen sobre la pizarra blanca son: VALLE DE LA MUERTE.

David trabajó durante treinta años como consultor vendiendo millones de libras en contratos para el sector público y el privado. Me explica cómo contrataba y expandía sus negocios. «Tienes que dar un golpe duro al cliente. Algo parecido a esto: "Es peor, mucho peor de lo que usted imaginaba". Así los envías a lo que nosotros llamamos el Valle de la Muerte. "Solo si corregimos esto inmediatamente tendremos esperanza de darle la vuelta".»

¿Qué pasa después del Valle de la Muerte? «Después les ofreces las tierras doradas de la salvación en la forma de un proyecto de departamento informático que les cuesta cincuenta millones.» Como en la industria farmacéutica, el dinero real no está en encontrar una cura, sino en medicar una afección crítica permanente. Bennet lo llama «fomentar una sociedad». «Lo que buscas es crear una cultura de dependencia de tu empresa a largo plazo.» Crear una situación de crisis permanente en la que el Gobierno o la empresa no puedan pasar sin ellos.

En Gales, PricewaterhouseCoopers se inventó una ingeniosa nueva clase de «sociedad» llamada «contrato de riesgo y compensación» diseñada para sacar dinero de los recortes. Os explicaré cómo funciona. En lugar de pagar a los consultores por adelantado para que hagan recortes, cerrando un trato que podría ser bochornoso políticamente, lo que hacen es ocultar el cheque. Los consultores reciben un porcentaje de todos los recortes sugeridos que se lleguen a concretar. En otras palabras, cuanto más se recorte en servicios públicos, más dinero ganan ellos.

Después de 2008, cuando se realizaron unos recortes de austeridad sin precedentes en el sector público, se duplicó el uso de consultoras externas que tomaban el mando para salvar a los Gobiernos locales del Valle de la Muerte, no solo en la primera línea de gestión, sino también en la administración de esos recortes. Se hicieron indispensables como sistema de soporte vital, y ahí es exactamente donde quieren permanecer, como bien dice David Craig.

---

152. Entrevista que realicé a John Bennett en *Who's Spending Britain's Billions?*, BBC2, octubre de 2016.

El ejército de jefes esclavo

Ahora todos somos nuestro propio jefe. Y en este nuevo mundo globalizado y desindicalizado, ya seas un jefe que recoge plátanos en una plantación de Kenia, un jefe que conduce un taxi en Oslo, un jefe que reparte pizzas a domicilio en Newham o un jefe que escribe un libro en Hackney, todos formamos parte de esa gigantesca clase de trabajadores autónomos amorfa llamada precariado.

Vivimos en la misma precariedad que mi abuelo, pero nuestra mentalidad es diferente. Mi abuelo siempre imaginó que algún día llegaría a tocar en una orquesta a tiempo completo. Nosotros sabemos que esto no sucederá nunca, así que vivimos en una paradoja. Somos jefes de nuestro propio destino, pero vivimos con una mano delante y otra detrás. Somos al mismo tiempo jefes y esclavos.

En el año 2016, la doctora Rachael Orr, de Oxfam, llevó a cabo un estudio sobre las actitudes hacia el trabajo de jóvenes entre los catorce y los dieciocho años y se percató de un descenso continuo de las expectativas de futuro.[153] En la década de 2010, esta caída de las expectativas se ha acelerado año tras año, hasta que hemos llegado a un momento en el que no esperan nada del futuro y agradecen cualquier cosa.

La doctora Orr se centró en estudiar el peldaño más bajo de la escala de los contratos sin horas de la industria avícola estadounidense. En Texas, los trabajadores avícolas que hacen turnos de ocho horas llevan pañales para adultos porque no tienen permiso para ir al aseo. La doctora Orr entrevistó a un empleado al que su supervisor le dijo que la seguridad no suponía ningún problema en la fábrica porque «tu vida es menos valiosa que la del pollo». Lo que ejemplifica la impotencia del asalariado precario global no son solo las condiciones laborales, sino el hecho de que los trabajadores apenas oponen resistencia alguna.

Estos trabajadores están desvalidos y no pueden hacer fuerza. No es nada sorprendente. ¿Qué sucede con la clase media? ¿Siguen teniendo poder para negociar? Según percibió la doctora Orr, la clase media ha cambiado los aumentos de salarios en términos reales por la «satisfacción en el trabajo». Compensamos el salario bajo de un trabajo precario imaginando que nuestro trabajo nos completa como individuos. El grupo de expertos económicos

---

153. Rachael Orr, «How to Close Great Britain's Great Divide: The Business of Tackling Inequality», Oxfam, septiembre de 2016.

Resolution Foundation considera que en términos reales no estamos mejor que hace veinte años, pero los profesionales de la clase media se consuelan a sí mismos diciéndose que pueden tomar decisiones propias. Tienen control, que es justamente aquello de lo que carece el asalariado avícola.

El profesional de clase media posee una dignidad en el trabajo. Pero a medida que bajan los sueldos, también lo hace ese sentimiento de autoestima. A medida que desaparecen los sueldos, también lo hace la dignidad. Y a medida que este ejército de jefes acabe engrosando la ingente cantidad de mano de obra barata disponible, se presenta la mayor oportunidad para transformar el trabajo desde que hace cuarenta años Peters y Waterman inventaron el nuevo culto a la autodeterminación. Ahora, por primera vez, tenemos la oportunidad de crear un planeta de jefes esclavos.

La epifanía de los Campos Elíseos

Era una noche helada de enero de 2008 y dos estadounidenses se encontraban en los Campos Elíseos de París intentando parar un taxi. Los copos de nieve caían cada vez con más fuerza y el tráfico empezaba a congestionarse. Tenían menos de una hora para coger su vuelo a Nueva York. Mientras se formaba el atasco en los Campos Elíseos y los coches tocaban el claxon, vieron parpadear una luz amarilla en la distancia, la del único taxi libre de toda la zona, atrapado en el tráfico a más de medio kilómetro de distancia. Jamás lo conseguirían.

En ese momento, uno de ellos, un estudiante de treinta y cuatro años de UCLA llamado Travis Kalanick, que había dejado su carrera a medias, tuvo una ingeniosa idea. «Imagina que todos los coches que estamos viendo se convirtieran en taxis —dijo a su colega Garret Camp—. Que no hubiera solo una luz amarilla intermitente, sino cientos de ellas, y que todos se ofrecieran a llevarte al aeropuerto. ¿Y si cada una de las personas que ves ante ti se convirtieran en taxistas?»

Kalanick acababa de inventar Uber. No había creado simplemente un nuevo servicio de taxis. Había transformado el trabajo mediante la reconceptualización del jefe esclavo. En 2008, el mundo estaba al mismo tiempo cayendo en picado y resurgiendo, como dos placas tectónicas en una película de catástrofes. La economía mundial estaba inmersa en una deuda sin precedentes debido al fraude de las hipotecas de alto riesgo, al tiempo que el iPhone y los aparatos de telefonía móvil «liberaban» al mundo para que trabajara de una forma complemente nueva. Una de las placas ascendía, mientras la otra se hundía bajo el magma.

Con la economía y el crecimiento tan estancados como el tráfico de los Campos Elíseos, Uber no solo supuso una innovación para la economía, sino que reinventó el futuro. Ahora nuestros aparatos de telefonía móvil nos permitirían ser nuestros propios jefes y nos esforzaríamos por convertirnos en corporaciones de una sola persona.

Al mismo tiempo que Kalanick inventaba Uber, dos compañeros de piso de San Francisco llamados Brian Chesky y Joe Gabbia sufrían para pagar el alquiler de su piso. Solo disponían de dos habitaciones que utilizaban ellos mismos, así que no tenían la opción de alquilar una de ellas. Entonces a Chesky se le ocurrió una idea. «¿Por qué no convertimos el salón en un *bed and breakfast*?» Anunciaron su «Airbed & Breakfast» en una página web aprovechando que se celebraba una conferencia de diseñadores en la ciudad y recibieron tres peticiones de inmediato. Fue el nacimiento de Airbnb.

Airbnb, como Uber, suponía una reconceptualización de la definición de valor. Así como Uber redefinió el valor del trabajo, Airbnb te decía que reconsiderases el espacio que ocupabas y te plantearas seriamente cuál es el verdadero valor de cualquier espacio físico y de qué manera puede sacársele todo el beneficio. ¿Por qué no puede una casa convertirse en hotel y viceversa? En este nuevo mundo, todo podía tener fluidez. Su función y su valor extraíble estaban sujetos a una constante redefinición.

En 2016, menos de ocho años después de que Chesky y Gabbia pusieran un colchón hinchable en su salón e inventaran Airbnb, su valor alcanzó los 30.000 millones de dólares. Uber estaba valorada en 70.000 millones. No obstante, el potencial de ambas sobrepasa en mucho esas cifras.

El capital de lanzamiento de Uber le permitió instalarse en San Francisco, pero al cabo de menos de un año ya habían firmado acuerdo con Google Ventures, Toyota y el motor de búsqueda más importante de China, Baidu. Airbnb tuvo un ascenso meteórico similar y adquirieron en propiedad a competidores extranjeros como su rival alemán Accoleo, abriendo oficinas desde Moscú a São Paulo al cabo de menos de veinticuatro meses.

Esta increíble expansión global había tenido lugar en el campo del taxi y los apartamentos. La verdadera revolución comienza cuando se aplica a cualquier tipo de trabajo.

Airbnb hizo con cuatro paredes lo que Uber hizo con cuatro ruedas, pero ahora plantean una pregunta más importante al ser humano. ¿Cuál es el valor extraíble de todo lo que haces? ¿Dónde está ese déficit vital que puede ser mercantilizado? Ambos modelos de negocio nos desafían a buscar algo en nuestras vidas que no pueda convertirse en una mercancía para poner a la venta.

Existe todo un vendaval de aplicaciones laborales que se dedican a esto mismo, no con tu coche o con tu casa, sino con tu tiempo. Por ejemplo, los quince minutos que tienes para el almuerzo. TaskRabbit vincula el mercado libre de trabajo a demandas locales en busca de paseantes de perros, repartidores de pizzas a domicilio o alguien que haga cola para conseguir el nuevo iPhone. Puedes estar de regreso en el trabajo a las dos sin que tu jefe se haya percatado. Pero eres tu propio jefe, así que eso importa poco.

¿Quién es el jefe? El jefe que tienes en la oficina solo manda sobre ti de nueve a cinco. Pongamos que necesitas que alguien recoja tu ropa de la tintorería. Te apuntas a una web que paga por horas y alguien que necesite unos ingresos extra la recoge por ti. Entonces tú te conviertes en su jefe durante una hora. Ya no existen jefes, sino un ejército de jefes esclavos y unos segmentos temporales en los que nuestro puesto de trabajo cambia constantemente. Lo único cierto en este nuevo mundo es que eres tu propio jefe, porque todos hemos pasado a ser corporaciones de una sola persona.

Los últimos dos párrafos son, obviamente, una patraña promocional. El microempleo es una de esas palabrejas que pone de moda Silicon Valley para enmascarar una verdad mucho más prosaica y decepcionante. Convertirnos a todos en jefes con «flexibilidad» infinita significa que todos somos explotables.

Tanto Uber como Deliveroo han sido llevados a juicio por empleados que buscaban derechos laborales básicos. Salvo que estas personas no son empleados, porque trabajan por cuenta propia. Uber ve a sus conductores como jefes, con todo lo que ello implica.

«Es realmente una idea genial —me dice un conductor de Uber durante un trayecto—. No tienen nada en propiedad, salvo la aplicación. Nada. Yo compro el coche y lo pago todo. Si no trabajo, pierdo dinero. Y ellos se llevan el veinte por ciento de todo lo que gano. ¿Quién es el tonto?»

En 2017, el fundador de Uber, Travis Kalanick, utilizó su propio servicio de transporte. No en los Campos Elíseos, sino apretado entre dos mujeres en el asiento trasero de un coche en San Francisco, jugueteando distraídamente con su teléfono y contoneándose al ritmo de la canción de Daft Punk que sonaba en la radio. Cuando llegaron al final del trayecto, el conductor se enfrentó súbitamente con él. «Estoy en la ruina por tu culpa», dijo Fawzi Kamel. «Mentira», respondió Kalanick. «Estás subiendo los estándares y bajando los precios —continuó Kamel—. La gente ya no confía en ti. He perdido 97.000 dólares por tu culpa. No paras de cambiar cosas.»

El problema de Kamel reside en el hecho de que a los conductores de Uber Black se les exige que conduzcan modelos recientes de coches de lujo, con lo que cobran precios más elevados, pero compiten con los UberX, que son más baratos. Kamel probablemente había comprado o usufructuado un coche, pensando que los ingresos futuros cubrirían la inversión y se encontró con que Uber bajaba las tarifas y subía las comisiones.

Kalanick siguió jugueteando con su teléfono, mientras Kamel le explicaba su situación, y al final le soltó una frase magistral: «Hay gente a la que no le gusta responsabilizarse de su propia mierda. Siempre culpan a otros de lo que sucede en su vida». Después, se bajó del coche y deseó «buena suerte» a Kamel. Y ahí, en ese coche, tenéis las dos visiones contrapuestas del nuevo capitalismo, la de ser el jefe y la de ser un jefe esclavo.[154]

El planeta de los jefes esclavos

La economía «compartida», o economía del pequeño encargo, un planeta de jefes esclavos, supone la mayor transformación en nuestras vidas laborales desde la Revolución industrial. En 1998, una década antes de que Travis Kalanick intentara conseguir un taxi en los Campos Elíseos, dejó a medias su carrera en UCLA para crear una red entre iguales para compartir archivos similar a la Napster, que se dedicaba al intercambio de música en formato MP3.

Se llamaba Scour y fue destruida por la industria musical, como también le pasó a Napster cuando Metallica y Dr. Dre demandaron a Shawn Fanning por infringir la ley de derechos de autor, cosa que le obligó a cerrar el negocio. Kalanick se enfrentaba a una demanda de la industria cinematográfica estadounidense, la Recording Association of America y Music Publishers Association. Scour estaba acabada.

La idea de las plataformas entre pares parecía extinguida para siempre. Napster y Scour habían intentado robarles la cartera a las empresas de entretenimiento más grandes del planeta. Pero habían creado el germen de una nueva idea que Kalanick resucitaría ocho años después cuando se encontró esperando un taxi en una acera de París bajo la nieve. Una platafor-

---

154. «Uber CEO caught on video arguing with driver about fares», Bloomberg, marzo de 2017.

ma entre pares, pero diferente. En lugar de compartir música, compartir empleados.

Con las plataformas entre pares, ambas partes se convierten tanto en consumidores como en proveedores. No existe un servidor de clientes de un solo punto. Es un sistema colaborativo en el que los pares contribuyen entrando y saliendo del servidor. En la utópica burocracia de ventas de la economía compartida, nadie tiene ya un solo trabajo, porque podemos dedicarnos a treinta o trescientas ocupaciones diferentes en cualquier momento que los necesitemos. La única constante es que somos nuestros propios jefes.

Los que consideran la economía compartida con optimismo se refieren a esta igualdad de libre mercado como «puntocomunismo». En teoría, el puntocomunismo le resta autoridad a cualquiera que quiera imponerse como jefe autoritario, ya que otorga el poder al individuo para elegir dónde y cómo quiere trabajar.

Una demanda infinita de servicios diferentes implica que el trabajo se convertirá en algo infinitamente diverso y variado. Podríamos jugársela a cualquier jefe malicioso, porque carecen del monopolio del empleo. Las estructuras jerárquicas se destruyen al reproducirse el igualitarismo de las redes sociales.

He aquí una visión menos optimista. Pongamos el ejemplo de Fawzi Kamel en su Uber. En teoría, tiene la posibilidad de trabajar para cualquiera, como insinúa Kalanick. Pero en realidad está atado a Uber, porque tienen el monopolio virtual del taxi en San Francisco. Siempre podría hacerse jefe esclavo en otro trabajo con salario reducido, pero ha invertido en el taxi y tiene que pagarlo. Está atrapado.

El trabajo autónomo o hiperflexible, también llamado trabajo «contingente», aumenta exponencialmente y pasará de conformar el treinta y cuatro por ciento de la fuerza laboral estadounidense en 2017 al cincuenta por ciento en 2020. Eso supone un incremento del dieciséis por ciento en personas que se convierten en su propio jefe esclavo en solo tres años. El proceso de migración del campo a la ciudad de la Revolución industrial duró veinte años. Tal vez no sea tu caso, pero pronto lo será.

La palabra «contingente» resulta curiosa. Significa que tendrás empleo dependiendo de la «contingencia» de que exista trabajo para ti. La nueva «economía compartida» tal vez ofrezca nuevas «oportunidades», pero el número de personas que ofrece sus servicios supera enormemente a la demanda. Y con la tecnología amenazando con realizar una reducción de plantilla de miles de millones de personas en todo el mundo, nos encontraremos con que somos nuestros propios jefes justo en el momento exacto en el que no hay ningún trabajo que hacer.

El fundador de PayPal y multimillonario de la tecnología Elon Musk ha sugerido una solución: la «renta básica universal». Si la automatización reporta prosperidad económica, básicamente podrían pagarnos por no hacer nada. Se podría tasar el trabajo de los robots para que paguen impuestos del mismo modo que ahora lo hacen los ciudadanos. Los ingresos resultantes se usarían para pagarnos a nosotros, que recibiríamos dinero por comprar, ya que el consumismo seguirá siendo el motor de la economía. Nuestro trabajo retribuido sería ir de compras. Además, los robots todavía no han aprendido a hacerlo.

Estos ingresos por compras tendrían que suponer una inyección de efectivo inmensa. El salario medio por hora trabajada actual posee prácticamente el mismo poder adquisitivo que tenía en 1979. Los 4,03 dólares la hora que se pagaban en enero de 1973 tienen el mismo poder adquisitivo que los 22,41 dólares actuales. Y gracias a este estancamiento llevamos una vida en la que nunca paramos de trabajar y nunca dejamos de preocuparnos por no estar trabajando lo suficiente. Pero esto no es fruto de la casualidad. Formaba parte de un plan, y lo irónico es que nos lo vendieron como la libertad de ser nuestros propios jefes.

Dentro de diez años, un puesto de trabajo en plantilla como el de mi padre será algo raro y muy apreciado. Todos los demás serán CEO de su propia empresa, ya se trate de Warren Buffet o de la persona que limpia las papeleras que hay bajo su escritorio.

La ecuación de los productos baratos

La ecuación global basada en salarios bajos y crecimiento cero depende de un tercer factor que cree un equilibrio, la existencia de productos baratos. Si los bienes continúan siendo baratos no tienen que pagarte un sueldo más alto. Tomemos como ejemplo la caja que tengo sobre mi escritorio. Es un bolígrafo con cartuchos comprado en Internet por dos libras, menos de lo que cuesta un café en Starbucks. Ha sido transportado de la India a Londres y cuesta más procesar la transacción (5,50 libras) que el objeto en sí mismo.

Esta nueva era del trabajo flexible sin paga se basa en dos cimientos. Tiene que haber productos baratos que prácticamente no cueste nada producir en el taller de explotación global que suponen los jefes esclavos, donde siempre habrá alguien que cobra incluso menos que tú. Para mantener ese pleno empleo de salarios bajos aquí, los productos procedentes de cualquier parte del mundo tienen que seguir siendo baratos y su precio debe continuar bajando, caer en picado al mismo ritmo de los salarios. Pronto un niño de un taller esclavista de Singapur tendrá que pagarme a mí para que me lleve sus camisetas.

Alzo la vista del ordenador y veo un paquete que llegó esta mañana desde China. Contiene un solo artículo, un cable telefónico que cuesta 99 peniques. Tengo una estantería de Ikea que cuesta 24 libras en la que descansan libros que valen el doble que la estantería entera. Llevo una camiseta que cuesta sorprendentemente dos libras. El precio de la taza de la que bebo asciende a cuatro. El grano con el que se hace el café vale más que la propia taza. Estamos tan acostumbrados a comprar cosas baratas que no podemos imaginarlo de otro modo, pero deberíamos. Porque la subida de precios está en camino, y no podremos permitírnosla.

Las importaciones baratas comenzaron con la visión empresarial de un hombre que buscaba una oportunidad en la guerra de Vietnam. En 1967, el magnate de la importación Malcolm McLean, CEO de la compañía de contenedores estadounidense Sea-Land Service Inc., llegó a un acuerdo con el Ejército, que estaba desesperado por hacer llegar provisiones rápidamente a Indochina. Sea-Land comenzó a transportar millones de toneladas de alimentos, cigarrillos y productos sanitarios en unas enormes cajas de metal oblongas que recorrían miles de kilómetros por mar. McLean había inventado de un solo golpe el transporte en contenedores, y en 1971 su acuerdo con el Ejército estadounidense estaba valorado en 100 millones de dólares anuales.

Pero había un problema. Los contenedores de McLean solo ganaban dinero en su viaje de vuelta a Vietnam y volvían vacíos a la costa este americana.

De modo que McLean tuvo una brillante idea. ¿Por qué no cerrar otro trato, esta vez con Japón, la economía de mayor crecimiento en el mundo?

Entre 1960 y 1973, Japón cuadriplicó su producción industrial. Los consumidores estadounidenses soñaban con un producto por encima de los demás cuyo precio seguía siendo prohibitivo, pero que Japón podía ahora proporcionarles a precios baratos: tecnología doméstica.

Gracias a la importación en contenedores, Estados Unidos quedó inundado de la noche a la mañana con aparatos de alta fidelidad, radios y televisores. La tecnología, antes territorio exclusivo de los ricos, era ahora «*Made in Japan*» o «*Made in China*» y venía a precios rebajados. Estos artículos de lujo se hicieron asequibles para todos.

Los productos baratos fueron una bendición para los consumidores, pero para la industria occidental aquello resultó desastroso. La importación coincidió justamente con el derrumbe de la manufactura. Los contenedores fueron el golpe de gracia. Marc Levinson ha calculado que hay 300 millones de contenedores que cruzan cada año los océanos del mundo y que el veintiséis por ciento de ellos procede de China exclusivamente.[155]

La caída de los precios ha continuado implacablemente y los consumidores contamos con ello. Un televisor cuesta hoy en día un tres por ciento de lo que valía en 1980. Las cámaras fotográficas son un setenta y cinco por ciento más baratas que en 2000 gracias a las que vienen incluidas en los teléfonos móviles, que cuestan en sí la mitad de lo que costaban en 2005. El primer modelo de teléfono móvil comercial, el Motorola DynaTAC 8000X, salió a la venta en 1983 a un precio de 4.000 dólares. La tecnología, que antes solo estaba al alcance de los ricos, ha pasado a ser propiedad de todos como recompensa material por la congelación de los salarios.

Pero los sueldos siguen bajando, y la pregunta es si los precios de los productos podrán mantener ese ritmo descendente. Si el mundo se queda sin materias primas, indudablemente no. Steve Howard, director global de sostenibilidad de Ikea, dice que hay un problema. Una subida de precios global inminente.[156]

En la década de 1990, antes del despegue de Internet, Ikea nos ofrecía un ingenioso ejemplo del aspecto que tendría la Red si estuviera diseñada como una tienda. Cualquiera que haya entrado en Ikea ha comprobado la trampa que oculta este diseño. Vas siguiendo un pasillo serpenteante que dicta tu ruta y a la vez te permite pensar que puedes desviarte de él para mirar una cama, un servilletero o unas estanterías. El diseño de la tienda te lleva de la mano sin que te des cuenta, haciéndote creer que puedes elegir en qué centras tu atención. Te da una ilusión de libertad, exactamente igual que el modelo de las 7S de Peters y Waterman.

Todos los artículos de Ikea se diseñan en retrospectiva, tomando como punto de partida el espacio que ocuparán en plano sobre las estanterías del

---

155. Marc Levinson, *The Box: How the Shipping Container Made the World Smaller and the World Economy Bigger*, Princeton University Press, 2008, cuenta esta increíble historia con todo lujo de detalles.

156. Entrevista con Steve Howard para *The Men Who Made Us Spend*, ep. 1, BBC2, septiembre de 2014.

almacén. También los precios se generan a la inversa. Si una taza de café tiene un precio de venta fijo de 2 libras esterlinas, todas las decisiones de diseño parten de este hecho.

El ochenta por ciento de las personas acuden a Ikea con un solo artículo grande *in mente* que quieren comprar o mirar. Pero salen de allí con una esponja en forma de fresa, un patito de goma que hace las veces de tapón para una botella de vino, velas perfumadas y galletas suecas.

¿Qué tenían en común todas esas cosas que hemos comprado? Eran baratas. «¿Cuánto tiempo podemos esperar seguir forzando los márgenes a medida que el consumidor exige precios cada vez más baratos?», se pregunta Steve Howards. La inflación de los precios hará que resulte simplemente imposible sostener un modelo económico basado en los salarios bajos y el crecimiento cero.

«En algún momento, los precios tendrán que subir, ya que la materia prima cada vez es más cara. Se trata de una subida de precios global inminente, y ¿quién va a pagarlo si no se traspasa al consumidor?» Steve afirma que las empresas no pueden traspasar esto al consumidor, ya que perderían su base de clientes, así que hemos creado un enigma irresoluble.

Por el momento hay otro que paga el pato: la persona que fabrica el objeto al otro extremo de la cadena. Una mujer de un taller clandestino de Filipinas que factura 150 chaquetas al día o los 200 millones de trabajadores chinos que usan benceno o químicos cancerígenos para extraer oro, platino y paladio de viejos teléfonos y portátiles.

De momento, creemos que no tenemos nada en común con esa gente del otro lado del mundo que fabrica productos baratos para nosotros, pero muy pronto dejará de ser así. Todos seremos jefes y tendremos una vocecita en la cabeza, nuestro jefe interior, que nos dirá que trabajemos más. O perezcamos en el intento.

8

ACTUALIZACIÓN CONTINUA:
Ingeniería de la insatisfacción

A cincuenta kilómetros de San Francisco se encuentra la ciudad de Livermore. A mitad de camino de su calle principal llena de cafeterías y tiendas de antigüedades hay un parque de bomberos, y en lo más alto de la pared trasera, detrás del reluciente coche de bomberos antiguo que abrillantan a diario unos voluntarios jubilados con hermosos bigotes blancos, está el objeto del que los residentes de esta ciudad están más orgullosos. Se trata de una bombilla que desprende un inquietante destello amarillo y emite un suave ronroneo. Pero, al contrario que cualquier otra bombilla del mundo, esta no ha dejado de funcionar en 116 años.[157]

Shelby Electrical Company produjo la bombilla centenaria en 1901. Un filamento de carbono en vidrio soplado que emitía treinta vatios y ahora da cuatro, como la lámpara de noche de la habitación de un niño. Pero lo sorprendente es que sigue funcionando. ¿Por qué? Es un misterio, y nos obliga a plantearnos la siguiente pregunta. Si en el parque de bomberos de Livermore hay una bombilla que lleva funcionando cien años, ¿por qué el resto de nosotros tiene unas que se funden cada seis meses?

En esa bombilla polvorienta de Shelby reside el secreto del consumismo. Es el primer paso en el viaje para comprender cómo se fraguó originariamen-

---

157. Visité el parque de bomberos de Livermore en 2014. La historia completa se encuentra en su página web: «Home of the World's Longest Burning Light Bulb»: www.centennialbulb. org.

te la obsolescencia programada y se generó la actualización continua.[158] Hoy en día, la actualización es un modo de vida. Cambiamos de teléfono cada once meses; el veintiocho por ciento de nosotros cambia el sofá cada tres años;[159] nuestra pareja nos dura una media de dos años y nueve meses (al veintiocho por ciento les dura más el sofá que su compañero).[160] Pertenecemos a la secta mundial de lo que los diseñadores de productos llaman «novismo infinito», una desconfianza hacia todo lo «viejo» en la que se emplea ese término para referirse a cualquier producto que hemos remplazado hace apenas dos semanas.

La actualización se ha transferido incluso de los objetos a nosotros mismos. La perpetua mejora del yo es una obsesión en todas las esferas de nuestra vida, desde el perfeccionamiento del cuerpo en el gimnasio, a llegar a ser cada vez más productivo en el trabajo, conseguir mejores colegas, parejas, cocineros, amantes, padres, cuidadores, humanos... Este implacable y universal impulso por la mejora del yo es la cultura de la actualización. No salió de la nada por arte de magia, fue programada, y la bombilla Shelby nos da la primera pista acerca de cómo empezó todo.

La segunda está a 9.000 kilómetros de distancia. En 1989, cuando cayó el comunismo y las multitudes treparon por encima del Muro de Berlín, un historiador llamado Gunter Hess se coló discretamente en un edificio de la zona oriental de la ciudad, la sede central de Osram Electrical Company.

En su interior, Hess encontró archivadores volcados y papeles tirados por el suelo. Hess se puso a hurgar entre los detritos administrativos y encontró algo que captó su atención. Actas confidenciales de una reunión que tuvo lugar en Ginebra en 1932 entre dos de los ejecutivos más importantes de la junta de Osram y las cinco compañías eléctricas más importantes del mundo. Cuando dos décadas después me entrevisté con él en una cafetería de Berlín y le pregunté qué tenían de particular esos papeles, Gunter abrió su maletín.

Los cinco mayores productores de bombillas del mundo se habían reunido en Ginebra para tomar una decisión política que cambiaría el curso de la historia. Crearían un cártel secreto, llamado Phoebus, con un solo objeti-

---

158. El documental de 2010 *Comprar, tirar, comprar*, de Cosima Dannoritzer, examina extensamente las pruebas de la obsolescencia programada, con entrevistas a personajes clave.

159. «Does the UK have a problem with old sofas?» BBC News, 11 de diciembre de 2015.

160. «Death of the Seven Year Itch: average relationship is now just 2 years 9 months», *Daily Mail*, 4 de febrero de 2014.

vo, sacar del negocio a cualquiera que creara una bombilla que durase más de seis meses.[161]

Esos papeles demostraban algo que todos hemos pensado alguna vez cuando nuestra tostadora se rompe misteriosamente a los seis meses de comprarla. Pues resulta que es cierto lo que sospechábamos: la obsolescencia programada.

El cártel Phoebus fue fundado por William Meinhardt de Osram y Anton Philips, el promotor del coloso eléctrico holandés que lleva su mismo nombre. Querían sistematizar la obsolescencia, imponiendo una política global para la vida útil de la bombilla y destruyendo a cualquier empresa que se alejara de la máxima del cártel.

Hess me mostró quienes eran los signatarios de la reunión inaugural. Entre ellos estaba la compañía eléctrica más grande de Estados Unidos, General Electric, AE de Gran Bretaña, Compagnie des Lamps de Francia, GE Sociedad Anonyma de Brasil, el mayor productor de bienes eléctricos de China, General Edison, Lámparas Eléctricas de México y Tokyo Electric.

Las actas delinean el plan en términos precisos: acortar la vida de todas las bombillas a seis meses. Si alguien se salía del programa establecido, cargaría con una lluvia de multas que tendrían que pagar en francos suizos o marcos alemanes.

Estas cinco empresas no producían solo bombillas. Proporcionaban las infraestructuras básicas de la vida moderna. Manufacturaban farolas, hilo de cobre para las líneas telefónicas, cableado para barcos, puentes, vías ferroviarias y de tranvías. Producían bienes de consumo duraderos como neveras y hornos. Proporcionaban componentes eléctricos para coches, viviendas y oficinas. Y a partir de 1932 todo estaría fabricado expresamente para romperse.

La era de dos mil años de ingenuidad en la que se manufacturaron productos para que durasen el máximo llegaba a su fin.

A partir de entonces la producción en masa implicaría un paradójico ejercicio de ingeniería inversa para diseñar el objeto a partir del momento en que fuera a romperse, de atrás hacia delante. Cada uno de los objetos tendría una vida útil que se detallaría específicamente en una hoja de cálculo. Gunter Hess me mostró las categorías meticulosamente calibradas en una escala descendente de obsolescencia pergeñadas en casillas escritas a vuelapluma, cada una de las cuales estipulaba un tiempo de vida útil. Era de vital importancia que el consumidor no supiera nada de ello. La bombilla del parque de bomberos de Livermore fue la única que escapó de la quema.

161. *Comprar, tirar, comprar, op. cit.*

¿Hizo algún mal Phoebus? En 1932, el mundo libre hacía equilibrios sobre la cuerda floja que separaba la depresión de la recuperación económica. Hitler estaba preparado para tomar el poder en Alemania. El plan de Phoebus de sistematizar la obsolescencia programada no solo conseguía vender más bombillas, sino que salvó al capitalismo, y por lo tanto la democracia, cuando esta se encontraba en mayor peligro. Permitió que la gente siguiera comprando.

Lo más nuevo de lo nuevo

A la entrada de la tienda Apple de Regent Street, en Londres, hay dos mil personas haciendo cola para conseguir el nuevo iPhone. Esperan de pie pacientemente, mientras utilizan su anterior versión del aparato, que quedará obsoleta en los próximos diez minutos. La policía que vigila la multitud también mira sus teléfonos móviles. La cola da la vuelta al edificio, baja hasta la siguiente calle y se adentra en el parque colindante.

Los que están primeros en la cola llevan esperando casi cuarenta y ocho horas. El primero de todos, que está sentado en una silla de playa, lleva un colchón enrollado y una lona impermeable para resguardarse de la lluvia. Tiene un pequeño fogón en el que se calienta la sopa. Empezó a hacer cola el sábado por la tarde. Es lunes por la mañana.

«¿Le importaría decirme que tiene el nuevo iPhone que no tuviera su anterior teléfono?», le pregunto. Frunce el entrecejo, molesto por la estupidez de la pregunta. «¿Qué quiere decir?» «Bueno, lleva usted haciendo cola casi cuarenta y ocho horas a la intemperie y me preguntaba qué tiene de especial este nuevo teléfono.»[162]

El hombre suspira y se inclina hacia delante. «Es nuevo.» Y ahí reside la clave. Faltan cuatro minutos para las nueve. Cuando se abran las puertas y los empleados de Apple aparezcan jaleando, vestidos con sus camisetas azules, mientras intentan contener la marea humana, mi recién encontrado amigo será el primero en poseer el iPhone más nuevo que se pueda comprar en el mundo, durante un breve periodo de tiempo. Dos minutos después, los primeros compradores lo pondrán en eBay y ya se habrá quedado viejo.

La obsolescencia se instala en lo nuevo, una falla que reside en el interior de todo lo que compramos. No lejos del parque de bomberos de Livermore

---

162. *The Men Who Made Us Spend*, ep. 1, BBC2, septiembre de 2014.

y de la bombilla más antigua del mundo, hay un almacén lleno de aparatos electrónicos completamente nuevos que nunca han llegado a usarse: teléfonos, tabletas, portátiles, impresoras, hornos microondas, navegadores por satélite, auriculares, drones, tecnología portátil para ayudarte a mantener a raya tu propia obsolescencia transformándote en tu yo optimizado. Todo permanece en sus cajas, sin abrir, donados a la beneficencia por compañías que compraron los productos en lote, pero que actualizaron la mercancía antes de llegar siquiera a abrirlas.

«¿Adónde se destinarán todas estas cosas?», le pregunto al encargado del almacén. A Baltimore, a Bangladés, a cualquier lugar en el que las quieran. Según admite, el problema es que nadie las quiere, porque la tecnología desfasada es tan poco atractiva para la mitad pobre del planeta como para los más ricos.[163]

En 2008 realicé una visita a Malaui, uno de los países más pobres del planeta. En pueblos perdidos que no tienen agua limpia ni electricidad sí que hay nativos con un iPhone, porque ya reconocen el teléfono inteligente como una herramienta esencial para la modernización. Como dijo el colaborador de *Financial Times* William Wallis en 2016: «El teléfono móvil significa para el África subsahariana lo que el barco de vapor para la Europa del siglo XIX, la bestia de carga mecánica que tira del carro de la transformación social y económica».

Mark Essian, un empresario hotelero de Nigeria, dice que la propia falta de infraestructuras funciona como una ventaja, ya que África se actualiza a sí misma al por mayor como continente. «El futuro de la tecnología en África no está en intentar ponernos al día, sino en ver las cosas que nos faltan y utilizar esos huecos como oportunidad para inventar algo que podamos usar para superar al resto del planeta.»[164]

McKinsey calcula que en el año 2025 la mitad de los mil millones de personas que viven en el África subsahariana tendrá acceso a Internet, lo cual supone unos 360 millones de teléfonos inteligentes nuevos. Ya hay aplicaciones para pastorear vacas (i-Cow, en Kenia), para proporcionar seguridad privada (hei julor!, en Gana) y un servicio similar a Uber que conecta a lavanderas con personas que tienen colada sucia (Yoza, en Uganda).[165]

---

163. *Ibid.*

164. «Smart Africa: smartphones pave way for huge opportunities», *Financial Times*, 26 de enero de 2016.

165. *Ibid.*

Ningún africano ni asiático quiere una impresora Dell de hace diez años, y la cultura de la actualización se adopta con más ferocidad en África y Asia que en el viejo mundo desarrollado, ya que son dos de los mercados que se transforman con mayor rapidez del planeta y actualizarse significa tomar ventaja en la carrera.

Las compañías de tecnología están encantadas de servirles. Hay programas de *software* como IoS que inutilizan tu teléfono o portátil si no actualizas al mismo ritmo que el resto del mundo. Es un tren del que nadie puede bajarse.

El cártel Phoebus inventó la obsolescencia programada y las reglas que las empresas tienen que seguir, los parámetros de la actualización por decreto, ya se trate de una bombilla o del programa informático IoS. Pero para quedar embelesado con la actualización (sentir la necesidad psicológica de querer siempre la última novedad) era preciso el fracaso de la obsolescencia programada y que esta quedara remplazada por una nueva idea. La propia obsolescencia necesitaba una actualización.

Ingeniería de la insatisfacción

Pensamos con superioridad en la década de 1950 como una época ingenua donde el público en general todavía no se había quitado la venda de los ojos, pero nada queda más lejos de la realidad. La guerra había educado y politizado al gran público. A resultas del trabajo en fábricas y cadenas de montaje, la gente sabía cómo se fabricaban las cosas y lo que realmente valían. Esto significa que conocían lo suficiente para que nadie los engañara.

La comedia de 1951 de Ealing Studios *El hombre del traje blanco* estaba protagonizada por Alec Guinness en el papel de un científico que accidentalmente inventaba un nuevo material que no podía desgastarse ni ensuciarse. Pero en lugar de ser recibido como un genio, los sindicalistas y los empresarios industriales se unían contra él para destruir su fórmula.

El hombre del traje blanco era una sátira que hablaba sobre la obsolescencia programada y la complicidad de la industria y los sindicatos para perpetuar su estafa al pueblo. Su éxito demuestra la rabia profunda que sentía el público en general y el cinismo que mostraban hacia quienes parecían llevar a cabo pactos turbios tras las puertas cerradas de las salas de juntas. El antihéroe protagonizado por Guinnes lleva un traje blanco como símbolo de la honestidad e integridad del público en un mundo de conspiraciones oscuras.

Pero el guion de Roger MacDougall y Alexander MacKendrick estaba lejos de ser anticapitalista. Mostraba el mismo desdén por los trabajadores que por sus jefes. Se trataba de un nuevo tipo de desilusión pública, la desilusión del consumidor. Y esto era potencialmente mucho más peligroso que la desconfianza en los políticos, a quienes nadie creía. La desilusión del consumismo suponía una amenaza para el crecimiento de la economía en un momento crítico, cuando los Gobiernos occidentales más necesitaban que el público comprara.

El año que salió *El hombre del traje blanco*, el Gobierno laborista británico se jugaba la reelección. Durante su primera legislatura habían conseguido el Estado del bienestar, pero no consiguieron crear un auge en el consumismo. Winston Churchill presintió su oportunidad para volver al Gobierno. El manifiesto conservador afirmaba: «Lo que necesitamos es abundancia. La producción de nueva riqueza... algo mucho más beneficioso que la lucha de clases».

Churchill intentaba crear un nuevo sector demográfico, el de los consumidores. Y esos consumidores desempeñarían un papel muy político en la resurrección de Gran Bretaña. En 1951 se declaró la guerra de Corea. El mundo se enfrentaba a una elección aparentemente difícil entre dos marcas: «comunismo» y «capitalismo».

Para que el capitalismo triunfara, Churchill y el presidente estadounidense Truman necesitaban que el consumidor cumpliera con su deber y empezara a realizar grandes compras en Gran Bretaña y en Estados Unidos que propiciaran el resurgimiento del consumismo y con ello la recuperación económica.

Tanto el comunismo como el capitalismo ofrecían nirvanas alternativos basados en ideas de la libertad contrapuestas. Los comunistas tenían tanques y nosotros teníamos compradores. Ellos prometían la libertad de clases, y nosotros, libertad para comprar; pero la diferencia era que el capitalismo podía ofrecer ese nirvana al momento; nada de un mundo del mañana sin clases, en un futuro totalmente improbable.

Esto resultó ser una ventaja crucial cuando llegó la hora de ganarse las cabezas y los corazones del pueblo.

El capitalismo ofrecía pruebas tangibles a los trabajadores de que su sistema funcionaba, esos productos comprados que poseíamos en nuestras casas. El comunismo lo único que tenía era un sistema ideológico. En la lucha contra el comunismo, los bienes eran pruebas y el acto de comprarlos se consideraba tu deber como ciudadano.

Pero surgió un problema. En ese deber de comprar había gato encerrado y no tardamos en descubrirlo. La obsolescencia programada se reía de la ideología del consumismo y de nuestro deber como consumidores. ¿Por qué teníamos que cumplir con nuestro deber si todo era una estafa? Si los productores querían que el consumismo volviera a tener credibilidad en la mente de los consumidores, necesitaban sacarse un nuevo as de la manga.

Alfred P. Sloan junior era el CEO de General Motors y llevaba treinta años manejando el rumbo de la compañía de manera sensata. A pesar de ser un jefe muy competente para GM, Sloan había trabajado durante décadas a la sombra de un coloso. Un genio innovador de la industria automovilística que incluso tenía su propio ismo llamado Henry Ford, de Ford Motors.

El genio de Ford procedía de una sencilla revelación. En las décadas de 1880 y 1890 se había interesado enormemente por los trabajadores de la industria cárnica de Chicago, que habían aprendido a separar las carcasas de los animales eficientemente, pieza a pieza, a lo largo de una cinta transportadora. En realidad, habían creado la primera cadena de montaje moderna. Ford se preguntó qué pasaría si invertíamos el proceso. ¿Y si, en lugar de usar la cadena de montaje para despiezar una vaca, la utilizáramos para ensamblar un coche?

La cadena de ensamblaje con la que construyó el Ford Modelo T en 1908 revolucionó la producción. Mientras, Sloan se convertía en un pasajero de General Motors que observaba el desarrollo de la revolución de la automatización tras la ventanilla. Pero en 1956 dio un paso al frente y se decidió a cambiar la historia por sí mismo. Sloan estaba a punto de relanzar la obsolescencia programada y lo conseguiría mediante la reprogramación de nuestra forma de pensar.

En un congreso de publicidad de 1954, Brook Stevens, diseñador industrial de Milwaukee, comunicó a los delegados lo que consideraba el mayor reto al que se enfrentaba la industria de posguerra: «Infundir en el comprador el deseo de poseer algo que sea un poco más nuevo, un poco mejor, un poco antes de lo necesario».[166]

Sloan tenía un plan para hacerlo realidad. Resucitaría la desacreditada doctrina de la obsolescencia programada mediante la invención de una nueva mentalidad para el consumidor. Una por la que seríamos nosotros mismos quienes decidiríamos que el producto había quedado obsoleto.

---

166. Glenn Adamson, *Industrial Strength Design: How Brook Stevens Shaped Your World*, MIT Press, 2003.

Lo que haría que quisiéramos deshacernos de un coche ya no sería el fallo mecánico programado en el vehículo por General Motors, sino el rechazo que proyectaría el propio consumidor sobre él. El cerebro se convertiría en la herramienta de la obsolescencia. Sloan describió todo el proceso mediante una expresión de brillante frialdad: «Ingeniería de la insatisfacción».

En la autobiografía de Sloan, *Mis años con la General Motors*, describe su teoría de manera detallada: «Los cambios realizados en un nuevo modelo (de coche) tienen que ser tan novedosos y atractivos que generen demanda... y cierta insatisfacción respecto a los modelos anteriores en comparación con el nuevo».[167] Sloan generaría insatisfacción en el consumidor mediante la invención de la actualización escalonada.

Me reúno en San Francisco con el hombre que estaba al mando del proyecto de Sloan, Tom Matano, que se crio en el Tokio de finales de la década de 1940 y estaba maravillado con diseños estadounidenses como la pluma Parker, la botella de Coca-Cola y la nevera de General Electric. En cuanto tuvo la oportunidad, Matano puso rumbo hacia Estados Unidos para trabajar como aprendiz de diseñador en General Motors.[168]

Uno de los primeros encargos de Tom fue trabajar en el primer coche diseñado mediante «ingeniería de la insatisfacción», el Chevrolet Bel Air de 1956. Hace un hermoso día de primavera y Tom me lleva por el Golden Gate en uno de los modelos originales. «¿Ves el brillo en el salpicadero? —dice Tom señalando la pátina azul brillante en la que se refleja el cielo—. Ese color lo sacamos de un pintaúñas. El coche tenía que ser un accesorio que hiciera juego con tu abrigo o bolso nuevo.»

El coche también venía con un catálogo en el que se mostraba el aspecto que tendría el nuevo modelo, disponible al cabo de solo seis meses. Ese catálogo es fundamental para entender la forma en la que pensaba Sloan. En el preciso instante en que comprabas el Chevrolet te percatabas de que saldría uno mejor, de manera que tu coche ya estaba obsoleto. Era un coche nuevo que acababa de quedarse anticuado y sentías una decepción inmediata, porque ahora querías el modelo nuevo.

¿Qué le parecía a Tom trabajar con esos parámetros? «Nosotros éramos diseñadores de moda, no de automóviles. Bajo el capó del vehículo no había

167. Alfred P. Sloan, *Mis años con la General Motors*, Ediciones Universidad de Navarra, Navarra, 1979.

168. *The Men Who Made Us Spend, op. cit.*

cambio alguno. Nuestra labor era trabajar en la mejora de los extras: tapicería, alerones, nuevos colores brillantes. Este era el tipo de cosas que generaban más ventas.»

Alfred P. Sloan lo había cambiado todo drásticamente. La fiabilidad y el rendimiento resultaban irrelevantes para las ventas del coche. Lo único que importaba eran los cambios cosméticos. Pero esta nueva y dulce compra te dejaba un regusto amargo, pues se había quedado anticuada de antemano y necesitarías actualizarla pronto. Habías cumplido tu deber comprándote el último modelo, pero no era perfecto. Tu insatisfacción había sido manipulada con éxito.

El aprendizaje de Tom en GM le granjeó una buena posición. Pronto sería director del Departamento de Diseño de Toyota. Pero como aprendiz de diseñador en la industria automovilística, ¿no le parecía que estaban engañando al cliente con ese Chevrolet? «La verdad es que no. La idea de Sloan de vender como nuevo un coche que bajo el capó era exactamente el mismo fue genial. Es muy ingenioso.»

Lo que Sloan hizo fue relanzar la obsolescencia generando la duda irritante de que el objeto que acabábamos de comprar tenía los minutos contados y una falla inherente.

Pero había un breve momento de placer asegurado, ese que se producía cuando tenías tu reciente adquisición en las manos por primera vez y desaparecían todas las dudas. Ese era el momento que mi amigo que estaba al principio de la cola de la tienda Apple esperaba sentir brevemente con su nuevo iPhone. La más nueva de las novedades, sin sombra alguna de obsolescencia inminente.

La droga y el bucle «decisión-recompensa-subidón de endorfinas»

Gabe Zichermann vive a un tiro de piedra del puente Golden Gate. Hombre pegado a su barba, con una cabeza calva como la de un monje zen, que soltaba mil palabras por minuto, parecía demasiado grande para su diminuta casa de tintes asiáticos ultraminimalista, equipada incluso con área de meditación y jardín de bambú propios.

Zichermann es uno de los profetas más importantes de la neurociencia de la venta y estudia concienzudamente los mecanismos que se ponen en marcha en nuestro cerebro en el momento de comprar algo.[169]

---

169. Ibid., Ep. 3.

Habla con gran energía sobre lo que está sucediendo: «El mundo entero está lleno de empresas que intentan venderte cosas, así que ¿cómo pueden conseguirlo? El cerebro consciente piensa que es demasiado astuto como para caer en un ordinario discurso de ventas. Sabemos que estamos en un ciclo de actualización, así que tenemos que congraciarnos con esto, y para ello inventamos un nuevo argumento para el producto. En otros tiempos, la narrativa era profesar fidelidad de por vida a una marca de cigarrillos o un detergente, pero ahora la fidelidad se consigue a través de la actualización. Eso es lo que nos lleva a usar la misma marca de coche o de teléfono, ya que nos convencemos de que están en un proceso de mejora continua».

Y esa actualización no afecta solo al producto. Pensamos que nuestras vidas deberían avanzar hasta el infinito, conseguir un trabajo mejor, una casa mejor y una pareja mejor. Mejorar en todo lo que hacemos, tener mejores vacaciones, cuerpos de gimnasio, citas mediante aplicaciones, comer comida «limpia» para mejorar nuestra salud. Los productos se adaptan a este discurso de la mejora infinita, actualizándose al mismo ritmo que lo hacemos nosotros, y nosotros a su vez nos convertimos en un producto que está en proceso de mejora continua a la venta para el resto de las personas. El ser humano espera en una estantería para que alguien lo compre o lo abandonen a su propia suerte.

Los objetos actualizables marcan los avances de nuestras vidas. Al rodearnos de lo último y lo más novedoso nos decimos a nosotros mismos que progresamos con ellos. Se produce una especie de ósmosis entre la tecnología actualizable y nuestro sentido de la autoestima, hasta quedar identificados uno con otro.

Aunque lo que fascina a Zichermann es lo que sucede un microsegundo después de la compra, y eso ha hecho que se convierta en la persona a la que acuden las grandes compañías que buscan meterse verdaderamente en el interior de nuestras cabezas. «Cuando compramos algo nuevo, nuestro cerebro se toma esta decisión como si fuera una recompensa. Entonces, se genera una pequeña segregación de endorfinas que nos hace disfrutar, ya que supone un subidón. Una droga. De tal modo que se crea un bucle entre la decisión, la recompensa y la segregación de endorfinas. Y este bucle es adictivo.»

Usamos ingenuamente las expresiones «ir de compras como terapia» y «adicción a las compras», como si supiéramos lo que significan, pero estos son términos ordinarios para designar un proceso neurológico complejo que es real. Lo que anhelamos no es el objeto, sino la segregación de endorfinas que acompaña a la adquisición de algo nuevo. Una descarga que se disipa tan rápido que desaparece antes incluso de haber recibido el correo de confirmación de la compra o de que hayamos salido de la tienda. Y para obtener otra dosis volvemos a comprar, cuanto antes mejor.

Tal vez Sloan sacara una nueva actualización de Chevrolet de la cadena de montaje cada seis meses, pero actualmente la obsolescencia escalonada es una realidad perpetua e imparable. Una mentalidad de actualización infinita. Un impulso eléctrico constante que tintinea en nuestras cabezas sin que podamos seguir su ritmo. Y cuando no compramos nada, esta intensa relación entre la descarga de endorfinas y la ingeniería de la insatisfacción es más fuerte que con el teléfono móvil de Apple.

¿Lo entendéis?

Corría el año 2007 y un hombre alto con un jersey negro de cuello alto se presentaba en una sala de conferencias en la que reinaba un silencio absoluto. A su espalda, una manzana plateada gigante brillaba en la oscuridad. El hombre se detuvo y miró hacia el publico. «Ha llegado el día que tanto esperaba —dijo—. A veces, aparece un producto revolucionario que lo cambia todo. Uno puede sentirse muy afortunado si llega a trabajar en uno de ellos a lo largo de su carrera.»

En el auditorio no se oía el más mínimo ruido. El hombre hizo una pausa, miró a su alrededor y continuó su charla.

«En 1984, Apple presentó el Macintosh. No solo cambió a Apple, sino toda la industria informática. En 2001 introdujimos el primer iPod. No solo cambió la forma en la que escuchamos música, cambió toda la industria musical. —El público comenzó a aplaudir—. Bien, pues hoy les presentamos tres productos revolucionarios. —Se volvió hacia la pantalla que tenía detrás y apareció un icono—. El primero es un iPod de pantalla ancha con control táctil.»

No se trataba de un «icono» con el que el público estuviera familiarizado. No era ningún pantocrátor ni una fotografía de Marlon Brando en *La ley del silencio*. Se trataba de un dibujo animado para niños en el que se veía un iPod blanco en un fondo naranja brillante. Los aplausos se intensificaron.

«El segundo es un teléfono móvil revolucionario.» Un teléfono blanco apareció mágicamente sobre un rectángulo verde. El público comenzó a dar gritos de júbilo y algunos se pusieron en pie. «Y el tercero es un avanzado aparato de navegación por Internet.» El lugar rugía de emoción. «Tres cosas. Un iPod, un teléfono y un navegador para Internet.» Repitió las palabras lenta y deliberadamente una y otra vez, como si fueran un mantra: «Un iPod, un teléfono y un navegador para Internet». Los iconos comenzaron a dar vueltas cada vez más rápido hasta transformarse en uno solo. «¿Lo entendéis? ¿Lo entendéis? No se trata de tres aparatos diferentes. Es un solo aparato, y lo llamamos iPhone.»[170]

Steve Jobs se dio media vuelta y el mundo había cambiado por completo. La hipérbole no suele adaptarse a la realidad, pero en este caso Jobs se había quedado corto en la promoción de su producto. El iPhone no formaría simplemente parte del futuro, sino que el futuro se crearía a partir de él. En el momento en que Jobs preparaba su discurso, la banca se derrumbaba en su mayor caída desde el crac de 1929. El iPhone saldría de entre sus cenizas para ocupar su lugar. Poseía un sistema informático más potente que el Apolo 11, pero su verdadero poder residía en algo que nadie podía predecir, ni siquiera Steve Jobs.

El iPhone no se convertiría en una simple herramienta para interactuar con el mundo físico, reformularía el mundo físico conforme a su propio diseño digital. Y todo ello con un objeto del tamaño de la brújula con la que Cristóbal Colón llegó al nuevo mundo de las Américas 515 años antes. Como Jobs, Colón se había atrevido a ser el primero en un nuevo mundo cuya verdadera escala apenas podía llegar a imaginar.

La cuadratura del círculo pentagonal

Uno de los diseñadores que había contratado Steve Jobs para desarrollar el iPhone fue Dan Crow. Nos reunimos en su sede londinense en la «*Silicon Roundabout*» de Shoreditch. El iPhone fue un invento extraordinario, pero me pregunto cuánto deben sus actualizaciones (iPhone 5, 6, 7, 8 plus, etcétera) a la teoría de Alfred Sloan sobre la «ingeniería de la insatisfacción». ¿Eran conscientes de la deuda que tenían con la actualización perpetua cuando desarrollaron el producto?

Dan bebe un poco de agua y responde. «Apple ha ido mejorando cada vez más en diseño iterativo a lo largo de los años, empezando en la década

---

170. Steve Jobs – Presentación del iPhone, 9 de enero de 2007, YouTube.com.

de 1970. Bueno, en parte es la actualización la que lo impulsa, ¿verdad? Y eso es interesante. El problema es que todo viene motivado por la tecnología y es inevitable que la innovación acabe ralentizándose.»

Steve Jobs había localizado un problema en la ingeniería de la insatisfacción. Llega un momento en que, aunque siguieras lanzando versiones numeradas de iPhone 6, 7, 8 o 9, el público se percataría del truco. «Puedes mejorar el sensor táctil, instalarle una cámara mejor, hacer un teléfono de oro o lo que quieras, pero el producto acabará estancándose irremediablemente. Llegados a cierto punto ya sabes que el aparato no mejorará mucho más.»

Esa inevitable ralentización de la innovación requiere abandonar cuando se está en lo más alto e inventar algo nuevo, razón por la cual Apple no se quedó en el Macintosh de la década de 1970, sino que siguieron mirando hacia delante. La genialidad de Jobs consistió en crear una jirafa para después deshacerse de los bocetos y crear un rinoceronte, más tarde un león y luego un tiburón. Sabía que el público no seguiría comprando la jirafa, aunque volviera a pintarla de diferente color.

Y según Dan Crow, el cambio de color es lo que delata que un producto está acabado. Cambiar el color del producto supone gastar la última bala de la actualización. Los colores nuevos resplandecientes son una señal implícita para el público de que el producto ha dejado de mejorar realmente. Fue lo que le sucedió al Chevrolet Bel Air y es la amenaza que pende sobre el iPhone, por lo cual en Apple pasan página e intentan inventar el próximo elefante.

Steve Jobs aprendió de Sloan y General Motors que la actualización solo te sirve durante un tiempo determinado. Al final necesitas una especie nueva. La razón por la que GM sucumbió fue que ellos nunca aprendieron la lección, y Jobs se prometió que a Apple no le sucedería nunca. Esa fue la lección que aprendió realmente de Alfred Sloan.

Pero antes del iPhone, Apple también estuvo implicada en la obsolescencia programada de los viejos tiempos al estilo del cártel Phoebus, como cualquier otra marca.

En el año 2004, un estudiante de Nueva York llamado Casey Neistat acudió a la atención telefónica de Apple con un problema. La joya de la corona de Apple por aquel entonces era el iPod y el de Casey Neistat había dejado de funcionar misteriosamente.

Casey llamó al servicio de asistencia técnica para que le dijeran cómo se cambiaba la batería. «El iPod me había costado 400 dólares, así que cuando se quedó sin batería quise arreglarlo. El tipo de Apple me informó de que una nueva me costaría 250 dólares, más los gastos de envío. Y después me dijo: "Por ese precio, podrías comprarte uno nuevo".»

Casey se quedó perplejo. «¿Cuándo compraste tu iPod?», le preguntó el tipo de la asistencia técnica. «Hace dieciocho meses», respondió Casey. «Ah, vale. Ha pasado ya su año.»

La frase «Ha pasado ya su año» revelaba que la vida útil de un iPod era doce meses. Apple no esperaba que sus iPod durasen más de un año y, aunque el servicio de asistencia técnica estaba obligado legalmente a ofrecer un recambio de batería, la política de ventas de Apple era conseguir que Casey y el resto de los usuarios compraran un nuevo iPod por otros 400 dólares. Esto significaría que cada cliente gastaría potencialmente 400 dólares al año solo en ese aparato.

El motivo de esto era que Apple se enfrentaba a un dilema. Como empresa se parecen más a Land Rover que a Ford. Son los líderes del mercado y no les importa poner un límite a su cuota de mercado si con ello mantienen su posición número uno en la innovación tecnológica. Para ellos esto tiene más importancia que las ventas, pues sin la excelencia en el diseño dejarían de vender productos.

Si querían que el iPod fuera lo suficiente fino para llevarlo en el cinturón o el bolsillo, había que sacrificar la batería. Si el consumidor quería un iPod que durase más, había que ofrecerle un producto más voluminoso. El diseño pondría en peligro la practicidad, y eso en el mundo de Apple significaba vender el perro para comprar el collar. Steve Jobs no pensaba hacerlo y esa es la razón por la que el iPod de este usuario había quedado inutilizado.

Casey estaba furioso, así que empezó a pintar los anuncios de iPods de las siluetas danzarinas con auriculares que decoraban Nueva York con una plantilla en la que decía: «El sucio secreto de Apple: la batería irremplazable del iPod dura solo 18 meses».

Su reivindicación iba acompañada con un vídeo que se hizo viral en YouTube y salió en el *Washington Post, Rolling Stone,* Fox News y la BBC. Al llamar la atención sobre la duración de la batería del iPod, Neistat puso en marcha una nueva corriente de pensamiento antiactualización: «iFixit» (yo lo arreglo), o la cultura de la desactualización. Se trataba de un grupo de técnicos voluntarios de esos que despiezan la tecnología nueva en cuanto aparece para averiguar su funcionamiento y hacen algo que la mayoría de nosotros dejamos de hacer mucho tiempo atrás: arreglar las cosas.

Carl Hebrau trabaja en una pequeña empresa emergente de tecnología en Silicon Valley, pero en lugar de llevar el uniforme de pantalones y camisa de vestir, sus compañeros y él llevan un uniforme de verdad como el que verías en un taller mecánico o un almacén, un mono de trabajo marrón con el logo de iFixit en la solapa. Hebrau y sus colegas de la empresa desmontan cada artilugio tecnológico que llega a sus manos para crear algo de lo cual carecen desde hace décadas la mayoría de nuestros televisores o neveras: un manual de instrucciones.

Hebrau ha redactado más de doscientos manuales y los ha subido a Internet junto con un vídeo de YouTube para que se pueda acceder a ellos gratuitamente y la gente aprenda a arreglar cosas que los productores creen que no queremos molestarnos en reparar. Carl dice que, si no queremos molestarnos en arreglarlas, ¿cómo es posible que la gente acuda en masa a sus vídeos y manuales?

Carl descubrió algo extraño al desmontar el iPhone. Un tornillo pentagonal para el cual no existen destornilladores.

Cuando estuve en su taller le pregunté por qué creía que habían hecho eso. «Para evitar que el cliente pueda abrirlos. Si consigues llegar al interior del teléfono ves que Apple usa tornillos Philips estándar, así que está claro que no hay ninguna razón estética ni práctica para poner un tornillo de cinco caras en el exterior. Se trata simplemente de una especie de alambrada para proteger el teléfono de quien pretenda abrirlo.» Así que Carl decidió fabricar el único destornillador del mundo que puede quitar ese tornillo de cinco caras y ahora los regala.

Me preguntaba qué sentido tenía eso de los tornillos de cinco caras, así que concerté una entrevista con Apple. Un hombre con gafas elegantemente vestido accedió a reunirse conmigo en una gigantesca oficina acristalada del centro de Londres. Se llamaba Benedict Evans, analista de tecnología y articulador del pensamiento de Apple.

«¿Crees que los teléfonos siguen mejorando de verdad, o Apple simplemente crea ingeniería de la insatisfacción por medio de sus actualizaciones?»

«Todavía vemos mejoras drásticas específicas. Los productos están hechos para durar y Apple se preocupa mucho de que el cliente esté contento.»

«Pero cuando le pregunté al hombre que esperaba el primero en la cola ni siquiera supo decirme cuáles eran esas mejoras.»

«El trabajo del consumidor no es saber si algo es mejor y tampoco tener una opinión sobre algo que todavía no ha visto.»

Las personas del tipo iFix representan un porcentaje mínimo de los usuarios de Apple. Benedict argumentaba que estos productos tienen que adaptarse a las necesidades de todo el mundo y la mayoría de la gente lo único que quiere es que su teléfono funcione bien. Si tienen algún problema, suelen preferir llevarlo a Apple que arreglarlo ellos mismos.

Tampoco ve nada malo en cuanto a la actualización.

«La polémica (contra la actualización) dice que estábamos mucho mejor cuando nuestro consumo y nuestras vidas eran mucho más lentas que en el momento presente. Cuando entre el ochenta y el noventa por ciento de la población estaba compuesta por campesinos. La historia del movimiento migratorio del campo a la ciudad es en parte la historia del consumo.»

Apple ha cambiado las vidas de miles de millones de personas con el iPhone; si la consecuencia involuntaria ha sido una sociedad obsesionada con la actualización, no tiene por qué ser necesariamente culpa de Apple.

Deshacerse de productos prácticamente nuevos es una opción del consumidor generada por la actualización. Perseguimos algo mejor, pero jamás seremos capaces de obtenerlo. Esta orilla en perpetua retirada es el producto perfecto. Apple simplemente inventó una plataforma para la búsqueda de ese producto perfecto. El resto fue cosa nuestra.

Benedict me pregunta si he visto la escena del avión de Bill Murray en *Saturday Night Live*. No, no la he visto. Bill Murray interpreta a un hombre de negocios quisquilloso que está en un avión y se queja con rabia a la azafata de que su *whisky* no está lo suficientemente frío. Se queja, no para de quejarse, y sus quejas son cada vez más irritantes.

Al final, la azafata se harta: «Lo que tendría usted que hacer, señor —le dice a Bill Murray— es maravillarse ante el hecho de estar viajando a dos mil kilómetros por hora y a treinta mil pies de altura. Y no preocuparse por la temperatura de su hielo».

El iPhone es el avión y yo soy Bill Murray quejándome del hielo. La cultura de la actualización es más importante que el iPhone y las críticas que se hagan al respecto. Todo acaba siendo incorporado a ella, aunque sepamos que esta mentalidad nos reporta un rendimiento decreciente. Los nuevos productos jamás llegan a hacernos felices, y, sin embargo, no nos importa. Seguimos actualizándonos. ¿Por qué?

La actualización es inmune al criticismo, ya que nuestra mente está condicionada desde hace tiempo por la creencia en que la actualización equivale a progreso tecnológico, el tipo de progreso más creíble e incuestionable. Se trata de la reprogramación de un estado mental que trajo a colación por primera vez el genio de Alfred P. Sloan. Este estado mental tiene su origen en algo mucho más profundo que el simple hecho de querer adquirir algo nuevo o la descarga de endorfinas que supone poseer la última novedad. Procede de querer ser una persona mejor.

La actualización biológica: el humano 2.0

Ahora, por primera vez en la historia, tenemos la posibilidad de mejorar nuestro ser. Los multimillonarios de Shanghái han empezado a respirar un aire diferente al del resto de las personas de a pie. En Pekín hay áticos de lujo a los que suministran oxígeno puro de la montaña bombeado desde las Rocky Mountains canadienses por compañías como Vitality Air, una empresa con sede en Alberta que vende bombonas del «aire más limpio del mundo» por un precio que ronda entre 20 y 32 dólares. Cada una de ellas dura entre 150 y 200 inspiraciones. «Nuestra página web china no para de colapsarse», dice Harrison Wang, representante de Vitality Air para el mercado chino. «Cuando el aire (en el exterior) es malo, las ventas suben en picado. El esmog es, sin duda, nuestra mejor publicidad.»[171]

Aethaer, otro proveedor de aire puro, afirma en su página web que es «filtrado orgánicamente por la naturaleza a medida que fluye entre hojas de las arboledas, absorbe prístinas aguas a su paso por borboteantes arroyos y riachuelos del bosque». Se vende en un bote de cristal que cuesta 80 libras y su fundador, Leo De Watts, dice que es un aire que tiene que saborearse al inhalarse, como el buen vino.[172]

Si sales al exterior y tienes que respirar aire contaminado, siempre puedes usar un medidor de la calidad del aire al que llaman «*laser egg*» (huevo láser), que puedes comprar por 79 dólares. «La gente quiere disponer de una forma objetiva de ver la calidad del aire, y la tecnología puede ayudarnos a controlar nuestro entorno», afirma Jess Lam, fundador de Origins, la marca que comercializa el huevo láser.[173]

Shanghái está renovando su aire. Al mismo tiempo que es una de las ciudades más contaminadas, acoge a algunas de las personas más ricas del mundo. En Londres, otro nodo contaminado para los multimillonarios del mundo, la expectativa de vida baja un año cuando viajas a cada parada

---

171. «Bottled air started as a joke. Now China can't get enough», *Mashable*, 12 de mayo de 2016.

172. *Ibid.*

173. *Ibid.*

de metro que te alejas de Westminster por la línea Jubilee en dirección este. Para quienes viven en Canning Town, a ocho paradas de distancia de Westminster, la expectativa de vida es ocho años menor. Setenta y dos años frente a setenta y ocho.

En el siglo XIX, los ricos vivían más que los pobres debido a que su dieta y sus condiciones sociales eran mejores, pero ahora esa brecha es mayor incluso gracias a las oportunidades de actualización biológica de las que disponen.

Las interfaces neuronales directas, BCI o interfaces cerebro-ordenador, son artilugios implantables que se crearon con la intención de ayudar a los discapacitados a mover extremidades inertes. Ahora pueden usarse para crear prótesis robóticas que otorguen más poder a tu ser y convertirte en un humano optimizado que no es ni máquina ni carne y hueso, sino una combinación indivisible entre ambos que puede renovarse hasta el infinito. Las extremidades biónicas son la cirugía plástica del siglo XXI.

Este nuevo ser optimizado podrá recargar su memoria y conectar el cerebro directamente a Internet para crear un almacenamiento de recuerdos infinito, lo que significa que los ricos no se olvidarán de nada y además pensarán más rápido. Habrá una lucha de cíborgs humanos contra el hombre común de toda la vida. La versión 2.0 contra la versión 1.0.

Me encuentro en un portal discreto de color blanco en Harley Street, Londres. Es una exclusiva clínica de salud llamada Viavi («Gestión de la salud. Optimización de la vida»). Me acompañan a una habitación blanca con una cama blanca y cortinas también blancas. Los únicos colores brillantes de la habitación son las moras y las fresas del inmaculado cuenco de porcelana que me han traído en una bandeja.

Estoy aquí para reunirme con la doctora Sabine Donnai, una de las principales autoridades acerca del potencial que tiene la actualización en los humanos. Antes de montar su propio negocio exclusivo en Harley Street era directora médica de Nuffield y directora clínica de BUPA, de modo que me pregunto por qué una persona con una posición tan privilegiada en la empresa sanitaria más importante del Reino Unido ha decidido dar el salto en solitario a la salud del futuro. La razón era simple. Se le presentó una oportunidad con la tecnología y decidió aprovecharla.

«Gracias a los avances en biotecnología estamos en un momento en el que podemos recopilar infinidad de datos sobre tu persona, lo que comes, cuándo, cómo afecta a tu organismo, tus niveles de estrés, tus niveles de glucosa, la presión sanguínea, tus patrones de sueño, cómo resiste tu cuerpo cada segundo del día. Pero, además, podemos adentrarnos en estos datos a una escala micro nunca vista hasta ahora. Cada conjunto de datos en sí puede desglosarse a un nivel de precisión con el que nadie soñaba hace solo cinco años. La clave no está en la recopilación de estos datos, sino en lo que hagas con ellos.»

Me ofrezco voluntario para que me muestre lo que puede hacerse con ellos, un servicio de mapeo biométrico a medida que cuesta 13.000 libras al año, usado por personajes como las estrellas de cine, los CEO de algunas empresas, políticos y jugadores de fútbol. Me inyectan un medidor de glucosa en el brazo y cargan mis datos cada cinco horas, con un monitor para el corazón que parpadea en la distancia y mide los niveles de estrés y las pulsaciones durante tres jornadas. Escupo cinco veces al día dentro de diferentes sueros de colores para que los analicen en el laboratorio, orino «mi mejor orina de la mañana» en tubos de ensayo y defeco en una «cuña» plateada de la era espacial.

El objeto es crear la inspección técnica del cuerpo definitiva y usar los datos para «optimizar tu ser». La doctora Donnai no cree que sus clientes multimillonarios busquen el perfeccionamiento de sus organismos, sino tener licencia médica para llevar la vida que quieren. Una vez que tienes los datos, pueden encontrar «los eslabones más débiles del ADN, cuya debilidad es acentuada por el estilo de vida que cada uno escoge tener». Su solución es un ataque centrado en estos eslabones débiles.

Pero la verdadera oportunidad no reside en los miles de clientes multimillonarios que tiene ahora, sino en los millones de clientes potenciales que tendrá cuando lance la versión barata de su servicio para todos los públicos y la implante en toda Gran Bretaña y Europa. Viavi se convertirá en la principal marca generalista en el uso de esa técnica de edición de vanguardia llamada CRISPR. Una combinación entre una farmacia de calle y *Blade Runner*.

CRISPR ya ha identificado el gen específico que causa las cataratas y la fibrosis quística. Se está usando para eliminar posibles enfermedades hereditarias y en el perfeccionamiento de plantas y animales para el consumo humano. La Viavi china, una empresa con sede en Pekín llamada BGI-Shenzhen, dice que estarán en disposición de secuenciar tu ADN por menos de lo que vale un iPhone. Deep Mind, de Google, ha emprendido una carrera par convertirse en el primero en descifrar la base genética de la inteligencia.

George Church, genetista de Harvard, trabaja en el desarrollo de herramientas que recodifiquen el código genético para permitirnos diseñar bacterias resistentes a las infecciones virales. No descarta la posibilidad de cambiar el ADN humano para crear un nuevo tipo de ser que no necesite apoyarse en poderosas extremidades robóticas, ya que será superior biológicamente. Un ser humano 2.0.

Le pregunto a la doctora Donnai si deberíamos tener miedo de CRISPR y ese mundo futuro que está surgiendo con gran rapidez. «La verdad es que no. Hace veinte años nos aterrorizaba la idea de concebir mediante fecundación *in vitro*. Las historias de terror que se contaban hablaban de selección genética y superbebés, pero la realidad es que hubo millones de parejas que milagrosamente tuvieron la posibilidad de concebir unos hijos que nunca habrían imaginado tener.»

¿Será el ser humano actualizado algo al alcance de todos, como Donnai predice, o el comienzo de la creación de dos especies: el humano 1.0 y su pariente actualizado más rápido, más listo, más fuerte y más rico?

El historiador Yuval Harare cree que se tratará más bien de esto último. Nos reunimos en Londres y parece tremendamente contento al decirme que el ser humano tal como hoy lo conocemos dejará de existir dentro de cien años. «Solo importará el ser actualizado.» Básicamente será la personificación de la desigualdad. El biotécnico de Oxford Anders Sandberg se refiere a esta bifurcación de la raza humana entre la versión actualizada y la subclase no actualizable como «especiación».[174] Y lo que comenzará como una división médica generada por los ingresos y el acceso a la decodificación del ADN se convertirá en algo biológico, irreversible y decretado con el paso de las generaciones. La actualización será hereditaria como lo son ahora los genes.

Cuando aquellos seis hombres del cártel Phoebus se sentaron alrededor de la mesa para crear la obsolescencia programada hace ochenta años, jamás podrían haber imaginado que lo que acabaría quedando obsoleta sería la propia humanidad.

174. «Body upgrades may be nearing reality, but only for the rich», Ian Sample, *Guardian*, 5 de septiembre de 2014.

9

PODER:

La empresa que lo controla todo

En 2014 estuve en el Dorchester Hotel de Londres entrevistando a Wang Jianlin, el hombre más rico de China, presidente del imperio de la construcción Dalian Wanda. Wang tiene una fortuna valorada en 32.000 millones de dólares y se encontraba en Londres porque tenía unos 7.000 millones de calderilla y buscaba algo «grande» en lo que gastarlos.

Una corte de empresarios con intereses particulares hacía cola a su puerta para vender a Wang una oportunidad «que no debía dejar pasar». Entre la pléyade de hombres y mujeres vestidos con trajes caros que esperaban en el pasillo con sus carpetas en la mano, se incluía un estudio cinematográfico, un plan para construir el edificio más alto de Londres y uno de los equipos de fútbol más importantes de la liga inglesa.

Las probabilidades de que cualquiera de esos tratos llegara a realizarse dependían completamente del humor que tuviera Wang ese día, tal es el capricho de esos Calígula que están situados en la nube más alta de la estratosfera de los superricos, muchísimo más ricos que los meros multimillonarios ubicados en las nubes más bajas. Su pulgar podía dar el visto bueno o mandarlos a los leones. Wang es uno de ese 0,000001 por ciento de los más ricos del planeta. Está en la nube más alta.

Wang permaneció en la sombra, como el jefe de Spectra en la película de James Bond. Estaba sentado en una sala privada con las luces apagadas junto a seis de sus socios empresariales y un traductor (después me dijo que entendía el inglés perfectamente, pero que a veces resultaba útil fingir que no lo hacía). Diferentes personas habían sido acompañadas al interior discretamente durante el día entero para soltar un discurso de ventas de 30 segundos de duración.

Minutos antes de que me llamaran, corrió el rumor de que dos modestos personajes recorrían el pasillo nerviosamente de arriba abajo. Se llamaban David y Boris, y resultó que uno de ellos era el primer ministro de Gran Bretaña y el otro el alcalde de Londres, que después sería ministro de Exteriores.

Lo que me sorprendió no fue que se reunieran con Wang, sino que hacían cola para entrar como todos los demás. En otros tiempos, Wang habría ido a Downing Street agradecido de que le concedieran una audiencia. Ahora los afortunados de poder verle eran ellos y tenían un tiempo limitado como el resto de nosotros.

Actualmente, son las empresas quienes tienen la sartén por el mango y no el Gobierno. Y la empresa ya no tiene que influir sobre estos, porque quienes gobiernan realmente son ellas. China dice ser comunista, pero está dirigida como la mayor compañía limitada del mundo, en tanto que el presidente del país más poderoso del mundo es un hombre de negocios.

El trabajo del Gobierno actual no es servir a las personas, independientemente de lo que digan los políticos, sino administrar la economía tan bien como pueda en beneficio de las empresas. Esto no es un juicio de valor, sino un hecho. Los socialistas claman contra el «secuestro corporativo», pero lo cierto es que las empresas creen que los políticos han gestionado tan mal la economía que han tenido que tomar cartas en el asunto. Ni siquiera quieren hacerlo, pero se ven obligados a ello.

La relación de poder se ha invertido. Presenciar esta escena de políticos que se reúnen con empresarios de éxito como Wang es como ver a un adolescente de sonrisa nerviosa que conoce a una estrella del *rock*. No saben cómo tienen que comportarse. Resulta bochornoso.

Las corporaciones que dirigen estos empresarios se han transformado en elefantes de la sabana africana que rugen imperiosamente por el planeta en busca de los mejores acuerdos impositivos y paraísos fiscales. Estas multinacionales operan mucho más allá del alcance de unos Gobiernos que son demasiado tímidos para desafiarlos y que aunque quisieran, tampoco disponen de las herramientas necesarias para hacerlo.

Además, estas compañías también poseen más riqueza para invertir en un país que el PIB de algunas de las naciones en las cuales tienen sus negocios. Multimillonarios como Wang tienen los medios para transformar las vidas de millones de personas de un solo manotazo. Wang era seducido en

Londres con una «oportunidad» para invertir sus miles de millones en viviendas asequibles. ¿Qué ganaba él con eso? La oportunidad de construir el edificio más alto, superando el Burj Khalifa de Dubái. Todavía no he visto la torre de Wang perfilada sobre el horizonte londinense, así que está claro que no cerraron el trato.

¿Cómo y por qué empresarios como Wang llegaron a ser más poderosos que los Gobiernos? ¿Quién tomó las decisiones que lo hicieron posible? Y, si son los negocios los que redactan las leyes, ¿podrían realmente mejorar su labor en el gobierno del Estado? Para responder a estas preguntas, primero necesitamos comprender cómo y por qué el Gobierno quedó absorbido por las empresas.

El presidente que advirtió al pueblo

El 17 de enero de 1961, Dwight Eisenhower, presidente de Estados Unidos, realizó su discurso de despedida de la nación. Eisenhower era un militar de los pies a la cabeza, un general condecorado con cinco estrellas y comandante jefe de las fuerzas aliadas durante la Segunda Guerra Mundial. En 1944, Eisenhower supervisó los planes para el desembarco de Normandía. Se convertiría en el primer comandante en jefe de la OTAN antes de llegar a la presidencia de Estados Unidos. Era el hombre más poderoso de la Tierra, y esa es la razón por la que resultaron tan extraordinarias sus palabras de despedida al pueblo estadounidense cuando salió del Gobierno en 1961.

En lugar de pronunciar banalidades como que había dejado a Estados Unidos en mejor posición, Eisenhower utilizó su comparecencia para hacer una rigurosa advertencia. Según dijo, había una nueva fuerza insidiosa que operaba en los círculos de poder y ponía en peligro la democracia. Una amenaza de la que el pueblo tenía que ser consciente.

«Dentro de tres días —declaró—, después de medio siglo al servicio de nuestro país, abandonaré mis responsabilidades en el Gobierno. Esta noche acudo a vosotros con un mensaje de despedida.»[175]

Eisenhower comenzó describiendo la amenaza conocida, el comunismo. Pero este peligro, dijo, había sacado a la luz otro peligro que permanecía

---

175. James Ledbetter, *Unwarranted Influence: Dwight D. Eisenhower and the Military-Industrial Complex*, Yale University Press, 2011, explica el discurso de Eisenhower en el contexto de la escalada de la Guerra Fría.

oculto, la fuerza de presión que ejercía la industria armamentística en los círculos de poder de Washington.

«En el Gobierno —advirtió Ike— debemos estar prevenidos ante la adquisición de una influencia injustificada por parte del complejo de la industria militar, ya se haya buscado o no. Jamás debemos permitir que el peso de esta combinación ponga en peligro nuestras libertades o procesos democráticos. No debemos dar nada por hecho. Solo una ciudadanía alerta e informada puede conseguir que la inmensa maquinaria industrial y militar se adecue a nuestros métodos y propósitos pacíficos.»

Estas siguen siendo hoy en día las palabras más extraordinarias que ningún presidente estadounidense haya dicho a su pueblo. Una advertencia lúcida de un hombre situado en el centro mismo del poder, un cara a cara de presidente a electorado. Interpretaciones posteriores de su discurso han señalado correctamente que Eisenhower se enfrentaba a un conjunto de circunstancias particulares cuando habló del «complejo de la industria militar». La Guerra Fría era inminente. El cincuenta por ciento del gasto del Gobierno y el diez por ciento del PIB anual estaban dedicados al gasto militar, y la cifra iba en aumento.[176] La amenaza potencial que la industria militar suponía para la democracia podía tener visos de realidad.

Ike era un anticomunista acérrimo, pero aun así en las décadas de 1960 y 1970 pensadores de la izquierda radical como Noam Chomsky se apropiaron de la idea del «complejo de la industria militar» que tomaba el mando del Gobierno como explicación para el funcionamiento conspirador del capitalismo.

Ike había ofrecido al público estadounidense una visión de lo que se ocultaba tras el telón del poder y les había dicho lo que había. Y esta revisión de la realidad chocaba enormemente con la idea de democracia transparente que tenía el público. Ese día, el pueblo estadounidense comenzó a creer en las fuerzas oscuras que trabajaban entre bambalinas. Empezaba la vorágine de desconfianza en los políticos, y había sido uno de ellos quien la había provocado.

Antes del discurso de Eisenhower, el pueblo creía que la industria armamentística defendía la democracia, en lugar de ponerla en peligro usando su poder como contrapeso para conseguir mayores beneficios e influencia. Eisenhower daba a entender que estas fuerzas invisibles ejercían presión para controlar el brazo del poder. ¿Quiénes eran estos grupos de presión y de dónde procedían?

---

176. James Ledbetter, «What Ike Got Right», *New York Times*, 13 de diciembre de 2010.

El Willard Hotel

En la década de 1870 solía verse a un hombre barbudo corpulento y huraño sentado en el vestíbulo del Willard Hotel de Washington fumando puros y bebiendo coñac. Este hombre de mediana edad había sido aceptado en la prestigiosa Academia Militar de West Point a los dieciséis años. Había llegado a convertirse en un jinete diestro y fue condecorado como capitán por sus campañas en la guerra civil mexicana y en Fort Humboldt, y había ascendido finalmente a comandante general del Ejército estadounidense.[177] Pero ahora tenía un nuevo empleo, lo cual explicaba parcialmente que estuviera sentado en el vestíbulo del Willard Hotel.

Ulysses S. Grant era el decimoctavo presidente de Estados Unidos y por las tardes iba al vestíbulo del citado hotel para escapar de los políticos y burócratas de Capitol Hill. Pero no había escapatoria posible. Le seguían la pista y se presentaban ante él en aquel vestíbulo para suplicarle e intentar convencerle de que apoyara una ley u otra. Grant había pasado toda una vida en el negocio brutal de la guerra, pero sus tácticas no le gustaban en absoluto. Se refería a ellos como «esos malditos *lobistas*» y se quedaron con ese nombre.[178]

¿Es cierta esa historia? El término «*lobbying*» ya se usaba en 1850 para describir a los peticionarios que esperaban para hablar con los legisladores en el vestíbulo del New York State Capitol, en Albany. Al otro lado del Atlántico, en Londres, también se usaba el mismo término para describir a los plebeyos que esperaban en los vestíbulos del palacio de Westminster para hablar con su miembro del Parlamento.

Ya desde la década de 1640, tras la guerra civil inglesa, ese *lobby* se consideraba el lugar aceptado para llevar a cabo negocios confidenciales con los nuevos representantes del pueblo susceptibles de ser convencidos.[179]

Durante trescientos años, esos grupos de presión trabajaron por el beneficio mutuo entre políticos y empresarios. Hoy por ti, mañana por mí. Pero en la década de 1960, las cosas cambiaron. Hubo cambio de Gobierno y también en los grupos de presión. El pleno empleo y el ascenso de la

---

177. Ronald C. White, *American Ulysses*, Random House, 2016, supone una exhaustiva biografía del presidente en la que se incluye sus inicios en el Ejército.

178. En inglés «vestíbulo» se dice *lobby*. De ahí que se use ese nombre para referirse a los grupos de presión.

179. Barry Popik, «Origin, Myth of the "Lobbyist"», *RedState*, 31 de enero de 2010, indaga sobre las primeras referencias históricas del término.

lucha por los derechos civiles trajeron consigo dos nuevos grupos de interés poderosos a los vestíbulos: las minorías y las organizaciones de trabajadores. Entraron en escena grupos por los derechos del consumidor, por el medio ambiente, por los derechos de los homosexuales, de las feministas, de los negros y un conjunto de nuevos corredores de la política de los grupos de presión que no representaban una mera molestia para los viejos negociadores, sino que poseían una fuerza propia.

Los políticos tenían el deber democrático de atender (o hacer ver que atendían) a estos grupos. El orden del vestíbulo se había visto alterado y estos nuevos actores podían hacer que los políticos desoyeran las peticiones de las empresas. Los intereses de las corporaciones parecían quedar fuera de los círculos de poder. Los grupos subversivos y radicales influían profundamente en el Gobierno, forzando un programa de reformas que apelaba a la sensibilidad. Las empresas empezaron a preocuparse seriamente. Estos nuevos grupos de interés no se centraban en el cierre de un negocio ni en una modificación de la legislación, sino que querían cambiar la naturaleza de la sociedad civil. Había que hacer algo.

El memorando confidencial

El 23 de agosto de 1971, Lewis Franklin Powell, uno de los abogados más respetados y prominentes de Estados Unidos, se sentó a escribir una circular a su amigo Eugene B. Sydnor. El «memorando confidencial» representaría un momento decisivo del contraataque de una clase empresarial en retirada, su particular *cri de coeur*.[180]

«La empresa —decía Powell—, ha sido el chivo expiatorio favorito de los políticos durante muchos años. Pero la medida para saber hasta dónde han llegado la encontramos en las visiones antiempresariales que expresan ahora varios de los candidatos a la presidencia de Estados Unidos.»[181]

«Eso de que los países "capitalistas" están controlados por las grandes empresas es una doctrina marxista —continuaba diciendo—. Esta doctrina,

---

180. «Powell Memorandum: Attack on American Free Enterprise System», Washington and Lee University School of Law: https://law2.wlu.edu/powellarchives/. Existe una traducción al castellano realizada por Andreu Espasa en: http://rebelion.org/noticia.php?id=158701.

181. Confidential Memorandum, «Attack on American Free Enterprise», 23 de agosto de 1971. De: Mr Eugene B. Sydnor, Chairman Education Committee, US Chamber of Commerce. En: Lewis F. Powell, PBS Supreme Court Primary Sources.

repetida por la propaganda izquierdista en todo el mundo, goza de gran aceptación entre el público estadounidense.

»Pero, como cualquier ejecutivo de empresa sabe, pocos elementos de la sociedad estadounidense actual tienen menos influencia en el Gobierno que los hombres de negocios, las corporaciones, o incluso los millones de accionistas de estas. Si alguien duda de esto, que cumpla la función de ofrecer el punto de vista de la empresa ante los comités del congreso... No exagero al decir que, en términos de influencia política respecto al curso de la legislación y las acciones del Gobierno, el ejecutivo empresarial estadounidense es el "gran olvidado".»

Según Powell, la empresa se había visto obligada a retirarse, perseguida por un conjunto de enemigos liberales y declaradamente marxistas, que se habían granjeado la atención del Gobierno. Powell resumía estos enemigos de manera más detallada. Eran la «televisión» y el «periodismo», las agrupaciones que velaban por los intereses de las minorías feministas, negras y homosexuales que ahora constituían los grupos de presión y los jueces débiles del Tribunal Supremo que habían permitido a estos grupos distorsionar la Constitución según su propio interés.

Después estaban los académicos marxistas y los sindicatos estudiantiles de las universidades, que expandían un plan antinorteamericano y antiempresarial. Y los responsables sindicales empeñados en frustrar la productividad, que también tenían a políticos a su favor. Incluso la Cámara de Comercio, el grupo de presión de los negocios en Washington, se había mostrado «impotente» ante este aluvión de socialismo.

«Ejemplos actuales de la impotencia de la empresa y el desprecio que se muestra a las visiones de los hombres de negocios son las estampidas de los políticos para apoyar prácticamente cualquier legislación relacionada con el "consumismo" (derechos del consumidor) o el "medio ambiente"», dijo Powell.

«La empresa tiene que aprender la lección que hace tiempo aprendieron los trabajadores y otros grupos con intereses propios. El poder político es necesario, y ese poder hay que cultivarlo constantemente y usarlo agresivamente y con determinación cuando sea preciso.» Concluía diciendo que, aunque «la empresa ha evitado la confrontación», ahora no debían mostrar «ninguna vacilación para atacar».

El contraataque estaba a punto de comenzar, y para recuperar el control del Gobierno tendrían que jugar sucio. Powell veía esto nada menos que como un momento crucial de la historia, una «lucha por la libertad».

Lee Drutman, autor del libro *The Business of America is Lobbying*, considera que ese memorando de Powell fue la mecha que encendió una nueva ideología política: el neoliberalismo.[182] En la década de 1960 se había producido «un exceso regulatorio espoleado por la nueva ola de grupos de interés público. Las grandes multinacionales se habían quedado de brazos cruzados en su mayoría, sin saber bien cómo actuar». A esto se refería Franklin Powell con «socialismo», a los minúsculos nudos e hilos invisibles que constituían el sinfín de ordenanzas diseñadas para pararles los pies a la empresa.

El memorando secreto de Powell fue un libro de cabecera para un conjunto de grupos de presión a favor de la empresa que brotaron en pequeños despachos de todo Washington: Heritage Foundation (fundado por la cervecera Coors), American Legislative Council (ALEC), el Manhattan Institute y el Cato Institute. La Carthage Foundation fue creada en 1964 por el magnate Richard Mellon Scaife para financiar explícitamente y hacer posible la visión de Powell de un Gobierno antisocialista a favor de la empresa. La Carthage Foundation quería volver al intervencionismo y al paternalismo estatal *keynesianos* que habían comenzado con el *New Deal* de Roosevelt, para hacer que Estados Unidos volviera a su custodio legítimo: el empresario industrial.[183]

En Gran Bretaña se creó el Centre for Policy Studies (CPS), el laboratorio de ideas de la Nueva Derecha. Su presidenta era una estrella naciente de la política británica llamada Margaret Thatcher. El CPS trabajaba mano a mano con el Institute for Economics Affairs (IEA), creado por el magnate de la industria aviaria Anthony Fisher en la década de 1950. Fisher se encontró un día por casualidad con una copia de la revista *Readers Digest* y leyó un extracto de *Camino de servidumbre,* de Friedrich Hayek.[184] Acababa de convertirse al neoliberalismo y quería hacer realidad esas ideas, igual que la Carthage Foundation en Estados Unidos.

Camino de servidumbre se convirtió en su Biblia particular. Fisher tuvo una revelación al leerlo y decidió que usaría la fortuna de sus negocios para fundar un laboratorio ideológico que se dedicara a deshacer un Estado socialista que, en opinión de Hayek, acabaría esclavizándonos a todos.

---

182. Lee Drutman, *The Business of America is Lobbying: How Corporations Became Politicized and Politics Became More Corporate (Studies in Postwar American Political Development)*, OUP USA, 2015.

183. Jane Mayer, *Dark Money: The Hidden History of the Billionaires Behind the Rise of the Radical Right*, Knopf Doubleday, 2016.

184. Friedrich August von Hayek, *Camino de servidumbre*, Alianza, Madrid, 2011.

En la década de 1970, estos grupos unieron sus fuerzas con el auge de la revolución económica a favor de la oferta monetaria promulgada por Milton Friedman y la Escuela de Chicago. Juntos sentarían las bases de una revolución ideológica que cambiaría la forma del último tercio del siglo XX y moldearía el destino del siglo XXI. En el programa de televisión de diez capítulos que Friedman realizó para PBS en 1980, *Libre para elegir*, describe su grandiosa visión: acabar con la tiranía del Gobierno y liberar a la humanidad a través de la soberanía de los mercados. Friedman se inspiró en el economista escocés del siglo XVIII Adam Smith.

«La genialidad de Adam Smith estaba en saber ver cómo los precios que salían al mercado —precios de productos, salarios de los trabajadores, coste del transporte— eran capaces de coordinar el comportamiento de millones de personas independientes, totalmente extraños unos para otros, sin que nadie les dijera lo que tenían que hacer. La idea principal (de Adam Smith) era que el egoísmo podía crear una sociedad ordenada que beneficiara a todos.»

Había entrado en escena «una mano invisible». En *La riqueza de las naciones*, Smith hablaba de la forma en que los individuos que actúen según sus propios intereses se verán llevados por una mano invisible que los conduce a promover el bienestar público aunque no tengan intención de hacerlo.[185]

Se trataba de un alejamiento total del socialismo y del Estado, que para ellos eran sinónimos. Según Friedman, el socialismo hacía que las personas fueran egoístas, al obligarlos al bien colectivo. Pero si se les permitía simplemente seguir sus propios intereses egoístas, generarían un bien colectivo sin percatarse de ello.

Es imposible exagerar respecto a la importancia de la sociedad que se produjo entre la empresa y la ideología. La suma del empresario Fisher más el intelectual Hayek daba como resultado la revolución aplazada. Pero cuando en 1980 el economista Friedman unió su fuerza a la de los políticos Thatcher y Reagan, la historia salió repentinamente de su eje anterior y empezó a moverse sobre el que nos encontramos actualmente.

Los últimos ochenta años pueden dividirse claramente en un antes y un después de este momento. Entre 1945 y 1979, los Gobiernos eran principalmente quienes movían los hilos de la historia, mientras que la empresa intentaba influir sobre ellos. A partir de 1979 sucedería justamente lo contrario.

---

185. Adam Smith, *La riqueza de las naciones*, Alianza, Madrid, 2011.

En *Masacre: ven y mira,* la obra maestra de Klimov sobre la invasión alemana de Bielorrusia, los últimos cinco minutos de la película incluyen veinte catastróficos años de historia que dan marcha atrás a gran velocidad ante los ojos del espectador.[186] Si la historia se rebobinara a cámara rápida a través de Silicon Valley, el desplome de los bancos, la desregulación, la caída del Muro de Berlín y el primer encuentro de Milton Friedman con el presidente estadounidense Reagan y la primera ministra británica Margaret Thatcher, se detendría repentinamente en 1971, cuando Lewis Powell se sentó a su pesado escritorio con vade de piel y comenzó a redactar un memorando que puso en marcha el futuro.

Semanas después de redactar su memorando, Powell se convirtió en el elegido del presidente Nixon para el Tribunal Supremo. Eugene Sydnor, el director de la Cámara de Comercio a quien iba dirigido ese memorando, comenzó a hurgar en busca de una reliquia del pasado que ofreciera una fuerza motora agresiva para el contraataque de la empresa.

Se creó una nueva y secreta organización de *lobistas,* la Business Roundtable (mesa redonda de la empresa), formada por los CEO de las principales empresas estadounidenses. Su objetivo era volver a ganar influencia política en Washington y dar la vuelta a esa visión negativa de la empresa que imperaba en los campus universitarios y los entornos laborales estadounidenses. Como dijo el CEO de Alcoa, John Harper, a sus compañeros empresarios: «Creo que todos reconocemos que ha llegado el momento en que debemos dejar de hablar de ello... y hacer algo».

Librarse de los funcionarios

El arma de la empresa era el cabildero profesional. Y hacer presión significaba dejar de susurrar al oído de manera discreta y educada para moverse a niveles industriales. Se contrató a miles de profesionales de la influencia que se apoderaron de una calle de Washington que estaba a un tiro de piedra de la colina del Capitolio, K Street.

Los *lobistas* acosaban, engatusaban, negociaban trueques de votos, amenazaban y regateaban para influir en el Gobierno. En Londres se concentraron en bloques de oficinas acristalados de Victoria Street y en edifi-

---

186. *Masacre: ven y mira,* dirigida por Elen Klimov, Mosfilm/Belarusfilm, Unión Soviética, 1985.

cios anónimos de estilo georgiano en St James's Square. Los cabilderos dejaron de merodear por los vestíbulos de los hoteles. Ahora eran una industria por derecho propio.

Las firmas más importantes de K Street eran respetadas y temidas. Consiguieron derogar la reforma laboral, bajar los impuestos y, lo más importante de todo, preparar el terreno para generar la desconfianza entre el público hacia el «gran Gobierno». Al cabo de menos de una década, el cabildeo pasó de ser un arte olvidado a convertirse en la forma natural de hacer negocios.

Lee Drutman afirma que el éxito que tuvieron a principios de la década de 1980 los puso en una encrucijada. «Las corporaciones podrían haber cantado victoria y marcharse a casa. Pero, en lugar de eso, permanecieron en sus puestos y siguieron a lo suyo. Muchos de ellos estrecharon sus vínculos con la política. Al fin y al cabo, tenían a los grupos de presión para ayudarlos a ver lo que estaba en juego en Washington y las diferentes maneras en las que permanecer activo políticamente podía ayudar a sus negocios.»[187]

El cabildeo estaba a punto de realizar su mayor salto, el de pasar de ser una máquina reactiva a una proactiva. Hasta ese momento, la función de los grupos de presión era evitar que el Gobierno interfiriese en sus negocios y lo habían conseguido. A partir de entonces traspasarían el umbral, accederían al interior del Gobierno y presionarían para realizar cambios legislativos, redactar leyes y frenar el avance del Estado «socialista». La empresa estaba a punto de convertirse en el Gobierno.

Solo había un obstáculo que se interponía en su camino, los funcionarios. Llevaban más de mil años ocupando discretamente el interior de la madriguera del Gobierno. La importancia de los funcionarios se ensalzó por primera vez en la China imperial del siglo XVI, durante la dinastía Han. La idea de un servicio civil que se basara en los méritos, en lugar de en la herencia del título, era revolucionaria y tendría efectos muy profundos en la sociedad china. El sistema shaoliano destruyó de un solo golpe la idea del puesto hereditario. Los candidatos tendrían que enfrentarse a un duro y competitivo examen. Los que aprobaran conseguirían el trabajo.

En 2009 se encontraron «chuletas» en Qingdao, en la zona oriental de China, y en el sur, en la isla de Hainán, que databan de la década de 1750. Estos pequeños folletos impresos en seda medían menos de un

---

187. *The Business of America is Lobbying, op. cit.*

centímetro y cabían en una caja de cerillas, pero podían contener hasta 140.000 caracteres que servían para copiar en los exámenes.[188] Estas chuletas dan fe de la importancia que se otorgaba a aprobar los exámenes para ocupar una plaza entre el funcionariado, una puerta abierta a la mejora de la posición social.

En 1847, el cónsul británico de China, Thomas Taylor Meadows escribió un panegírico sobre la meritocracia china en el examen para ser funcionario: «La larga duración del Imperio chino se debe exclusivamente al buen gobierno que consiste en que solo prosperen los hombres de talento y mérito».

El resultado de la misiva de Meadows fue que el funcionariado británico se seleccionara de la misma forma. Los exámenes se introdujeron bajo la reforma de Northcote-Trevelyan en 1854. La meritocracia puso los cimientos en los que se basa el funcionariado británico y el indio, así como el sistema burocrático prusiano y el servicio civil moderno de Estados Unidos, que quedó establecido con la ley Pendleton.

La meritocracia se convirtió en la fuerza motriz de la nueva clase media. En China, propulsó la urbanización y la expansión educativa. Cuando se aplicó a Gran Bretaña y Centroeuropa mil años después, impulsó el crecimiento de la clase media y socavó la autoridad política de una aristocracia que estaba a punto de ser derrocada. La meritocracia era un mecanismo para el cambio sin revolución y el encargado de llevarla a cabo sería un funcionariado selecto.

Sin embargo, en las décadas de 1960 y 1970, el funcionariado pareció transformarse en una fuerza de inercia, una burocracia a su propio servicio, tan autocomplaciente como lo había sido antes la aristocracia. El funcionario se convirtió en una caricatura de sí mismo: hombres apáticos y aburridos que vestían trajes grises y promulgaban un papeleo que entorpecía el cambio al asfixiarlo con la burocracia.

En la década de 1970, los cabilderos profesionales accedieron a los Gobiernos de Washington y Londres, pero había llegado la hora de cambiar el funcionariado presente en la sala. Era el momento de poner en práctica la expresión de moda en la consultoría, «transformación», y los primeros en saborearla serían los funcionarios.

---

188. «Ancient Chinese "cheat sheets" discovered», Malcolm Moore, *Daily Telegraph*, 15 de julio de 2009.

La Firma

La encargada de llevarlo a cabo sería una empresa, McKinsey, la consultora más influyente del mundo. McKinsey «asesoraba» a noventa de las cien empresas más grandes de la lista *Fortune* y a decenas de Gobiernos de todo el mundo. Los nuevos aspirantes eran seleccionados entre los estudiantes con beca Rhodes y Baker de las universidades de Oxford y Cambridge, como se hizo en su momento con los nuevos empleados del MI5 y la CIA.

Cuando empiezas a trabajar en McKinsey te ofrecen dos analogías para comprender mejor la naturaleza del sitio en el que vas a trabajar. La primera son los jesuitas. Una orden sagrada solo para los elegidos, cerrada a los foráneos, a la que se profesa lealtad de por vida. El resto de los consultores de gestoría no se refieren a ellos como McKinsey, sino simplemente como «La Firma». La segunda comparación es la confección a medida de trajes que realizan en Savile Row. Son personas anónimas que trabajan con discreción a la sombra del Gobierno, personas de las cuales tú no sabes absolutamente nada, pero que lo saben todo sobre ti.[189]

Según el motor de búsqueda Google, McKinsey es una empresa de «consultoría». Pero su verdadero campo de acción es el poder, igual que el de Google es el control y la aplicación al mundo real de todos los datos que recogen. McKinsey ocupa solo el séptimo puesto en tamaño ante sus competidores mundiales: Boston Consulting Group, Bain, Pricewaterhouse-Coopers y Deloitte. Pero McKinsey no se basa en su volumen, sino en el poder. Su importancia es mucho mayor que la de todas las otras consultoras en conjunto, el engranaje secreto indispensable en la maquinaria de Gobierno del que nadie ajeno a los círculos de poder de Washington y Londres oye hablar.

Aquellos funcionarios arrogantes representaban un problema para los políticos de finales de la década de 1960, que anhelaban un cambio, y McKinsey estaba allí para ayudarlos. La revolución tecnocrática —«la tecnología candente»— había proporcionado un grupo de nuevos expertos seguros de sí mismos y persuasivos que tenían un aspecto mucho más dinámico que el de los anticuados funcionarios.

Estos hombres no se pasaban la mañana almorzando en clubes exclusivos, sino que hablaban la incansable jerga de la gestoría moderna de los ro-

---

189. Duff McDonald, *The Firm: The Story of McKinsey and its Secret Influence on American Business*, Simon & Schuster, 2014.

tafolios y las gráficas. Eran eficientes y ajenos al Gobierno. Tony Benn, ministro de Energía durante el mandato de Harold Wilson, no confiaba en los funcionarios para implementar el tipo de reformas modernizadoras radicales que buscaba y empezó a contratar a estos nuevos «expertos» externos.

En la década de 1970, los políticos empezaron a usar más consultores, principalmente de McKinsey, que ofrecían asesoramiento «independiente» sobre estrategias. El nuevo mantra era «Políticas, no posicionamientos políticos» y a los funcionarios se los consideraba atrapados en esto último. En contraste, los soldados elegantemente vestidos que McKinsey ponía sobre el terreno tenían un aura de personas perspicaces que tienen prisa por acudir a la siguiente reunión y están demasiado ocupados para hacer política. Los políticos estaban cautivados por esa desenvoltura, y McKinsey se convertiría en el nuevo susurro en el oído del político. Parecían saber algo que nadie más que ellos sabía.

«La Firma» tuvo un papel instrumental en la reestructuración de personal y la dirección de la Casa Blanca.[190] En Westminster, estuvieron detrás del programa de privatización mastodóntica de los conservadores en la década de 1980. Cuando estos salieron del Gobierno y llegó Tony Blair, MacKinsey siguió con él. Con la llegada del nuevo laborismo de finales de la década de 1990 y principios de 2000, McKinsey fue fundamental para la modernización británica de Blair, la «transformación del pensamiento» de la gestión sanitaria, la educación y otras áreas clave de gobierno en la que se los consideraba indispensables. Hacían que los políticos pensaran lo impensable. No había nada que no pudiera ser reformado radicalmente. No había nada sagrado.

En 1997, McKinsey cristalizó su revolución en cuatro palabras: «Guerra por el talento». Veinte años antes, McKinsey ya había reconfigurado el entorno laboral con el «modelo de las 7S» desarrollado por sus estrategas: Pascal, Peters y Waterman. La «guerra por el talento» era el siguiente paso en la evolución del humano en el entorno laboral.

Ed Michaels, Helen Handfield-Jones y Beth Axelrod, de McKinsey, observaron el comportamiento de setenta y siete empresas florecientes de Estados Unidos de una amplia gama de sectores y realizaron un sorprendente descubrimiento. Había una escasez de «talento». Solo el veintitrés por ciento de los ejecutivos encuestados por McKinsey creía que sus compañías atraían a los mejores empleados.

---

190. *Ibid.*

A pesar de ello, los ingresos de estas empresas habían aumentado el doble que el PIB durante los últimos cinco años. Pero los consultores de McKinsey consideraban que el hecho de que estas compañías crecieran tan rápido, pese a emplear a personas con menos talento, no contradecía su teoría, sino que la confirmaba. Dijeron que si se quedaban sin su bien más preciado, esos profesionales competentes, estarían acabados.[191]

Lo que se leía entre líneas en la declaración de la «guerra por el talento» era una reafirmación de la necesidad de contratar personal McKinsey. Según decían, cuando la economía está al alza, no hay que dejarse engañar por los números. Las cosas se pondrán feas y, cuando esto suceda, necesitarás tener a los mejores profesionales y no a personas incompetentes. Nos necesitas a nosotros.

El nuevo traje del emperador

El impacto inmediato de la «guerra por el talento» fue justificar la explosión en el aumento salarial de los CEO, que ascendió exponencialmente, pasando de duplicar los dígitos de la paga de los empleados de menor rango a multiplicar su sueldo por setecientos u ochocientos. Conocí a Martin Sorrell, el fundador de WPP, la agencia de publicidad más grande del mundo, con un valor estimado de unos 250 millones de libras. «¿Sabes en cuánto está valorada tu fortuna?», le pregunté. «No sabría decir con exactitud.» «Y ¿cuánto te pagas a ti mismo?» «Me pagan lo que el mercado decide que merezco. Funciona así para todo el mundo, Jacques.»[192]

La «guerra por el talento» era en realidad una mera reformulación del incansable impulso de Arch Patton, director de McKinsey, de promover sueldos más altos en las empresas. Hubo un momento en que el salario de Patton llegó a suponer una décima parte del conjunto de gastos de la empresa.

El talento era el nuevo rey. Significaba que podías pagarte lo que quisieras a ti mismo, porque McKinsey había decretado que el talento era la criptonita de la empresa. Los «talentosos» eran inmunes al escrutinio y dejaron incluso de fingir que seguían las mismas reglas que el resto de los mortales porque... ellos tenían talento.

191. «War for Talent», la encuesta de McKinsey: https://Invosights.wordpress.com.

192. *The Super-Rich and Us*, ep. 2, BBC2, 2015.

En octubre de 2000, en un suntuoso salón de festejos de un hotel de Palm Beach, Andrew Fastow, director ejecutivo financiero de una de las compañías de mayor crecimiento del mundo, se puso en pie para dirigirse al comité financiero de la empresa. La petrolera Enron con sede en Houston representaba una historia de éxito inaudita, el ejemplo de un nuevo negocio resolutivo, agresivo y expansionista, el paradigma de la «guerra por el talento» de McKinsey. Enron suponía el ejemplo de ese principio. Según Fastow, para dar más impulso al crecimiento meteórico de la compañía necesitaban un «socio».[193]

El extraordinario crecimiento de Enron en el negocio del suministro de energía se debía a un hombre, Jeff Skilling, que previamente había sido consultor de McKinsey durante veinte años. Y Enron, con Skilling al mando, pagaba ahora a McKinsey 10 millones de dólares al año por su «asesoramiento». Este asesoramiento incluía unos veinte informes de McKinsey, así como el respaldo de los métodos de contabilidad de Enron. Se trataba de una relación simbiótica. Richard Foster, uno de los socios de McKinsey, correspondió al cumplido entrevistando a un alto ejecutivo de Enron para su libro *Creative Destruction*. «Contratamos a personas inteligentes —decía el ejecutivo con orgullo— y les pagamos más de lo que creen que merecen.» La máxima expresión de la «guerra por el talento».

En octubre de 2001, los frutos de la «guerra por el talento» estaban ya maduros. Enron se desplomó de manera espectacular, la implosión más drástica de una sola corporación en la historia de la empresa estadounidense.[194]

Enron se había tomado la «guerra por el talento» de McKinsey muy a pecho. Habían permitido que unos ejecutivos ostentosos con mucha labia y mínima experiencia ascendieran rápidamente en el escalafón de la empresa y tomaran decisiones de enorme importancia, porque parecían saber lo que hacían. Otros ejecutivos emprendían iniciativas multimillonarias a su antojo. En la dirección ni siquiera sabían lo que estaba sucediendo. La empresa era un caos absoluto revestido de negocio serio. Pero en lo más profundo de este caos reinaba el principio de que había que darle una oportunidad a los empleados con talento. Richard Foster lo llamaba «destrucción creativa». Enron, esclavizada por la búsqueda de la «creatividad», había causado su propia «destrucción».

---

193. McKinsey's close relationship with Enron raises question of consultancy's liability', *Wall Street Journal*, 17 de enero de 2002.

194. Ben Chu, «McKinsey: How does it always get away with it?», *Independent*, 7 de febrero de 2014.

Al mismo tiempo que McKinsey ideaba la estrategia de Enron, también asesoraba a los bancos de Wall Street, promoviendo la titularización de activos hipotecarios y animándolos a financiar sus cuentas mediante la deuda. Como denunció el periodista financiero Ben Chu, «haciendo bajar sus límites de seguridad patrimonial con el objeto de obtener más beneficios en una práctica que envenenó el sistema financiero mundial y precipitó el colapso del crédito de 2008».[195]

Los propios jefes de McKinsey no eran inmunes a meter la mano en la caja. En el año 2012, el director de la empresa Raj Gupta fue condenado por uso de información privilegiada al pasar datos confidenciales de corporaciones al fondo de riesgo multimillonario de un amigo. Otro de los socios de McKinsey también estaba implicado en el cártel de tráfico de información.

El caso Enron escoció en McKinsey. Cuando en 2002 Malcolm Gladwell escribió un artículo para el *New Yorker* («The Talent Myth») en el que desgranaba los vínculos entre Enron y McKinsey, rompieron su código de silencio y publicaron un alegato. Algo que nunca hacen.

Me reuní en Nueva York con Beth Axelrod, una de las autoras de «La guerra por el talento» de McKinsey. «Ese artículo hizo mucho daño en McKinsey», dice. ¿Qué podía perjudicarlos más que el propio desplome de Enron? Arthur Andersen, la asesoría financiera de la empresa, también cayó con ella, pero McKinsey estaba más fuerte que nunca. «En Enron hubo una mala praxis indignante, pero McKinsey no tuvo nada que ver en ello.» «¿No dirías que vuestro informe "La guerra por el talento" fue el responsable directo de esa misma mala praxis indignante?» Beth hace una mueca de dolor. «No, no creo que puedan estar relacionados en la manera en que pareces insinuar.»

McKinsey era indestructible y siempre levantaba cabeza. En 2012, el candidato republicano a la presidencia Mitt Romney dijo que cuando fuera electo llamaría a McKinsey para que «arreglara» el Gobierno. Una de las primeras decisiones de Mark Carney cuando fue nombrado gobernador del Banco de Inglaterra en 2013 fue citar a McKinsey para revisar las operaciones del Banco Central.

Existe cierto desacuerdo sobre si McKinsey realmente tiene algún papel. Duff McDonald dice que indudablemente han reestructurado el Gobierno de algún modo, por el simple hecho de que han permanecido en el centro del poder durante mucho tiempo, pero Chu afirma que «McKinsey no pue-

195. *Ibid.*

de decir que haya contribuido lo más mínimo en aportar al mundo ni un solo avance tecnológico o comercial».

Si este fuera el caso, supondría toda una hazaña para una compañía permanecer en el núcleo del poder desde la década de 1920 sin hacer absolutamente nada. Aunque tal vez hayan seguido la simple regla del éxito que Bob Hope dio cuando le preguntaron por el secreto de su éxito en el mundo del espectáculo: «Seguir al pie del cañón».

El PFI y el sector público se dan cita en una habitación

De modo que, a pesar de que Enron se arruinó, el director de McKinsey fue declarado culpable de traficar con información privilegiada y se pusieron las bases para el derrumbe financiero, McKinsey seguía acercándose más incluso al núcleo de Gobierno.

El paisaje de cabilderos de Gran Bretaña y Estados Unidos quedó irreconocible tras la «guerra por el talento» y la clave de esto fue permitir que la empresa tomara el mando en su relación con el Gobierno. Para decirlo de una manera simple, los consultores tenían el talento para realizar el cambio dinámico y los políticos no sabían que no servían para nada, porque sus consultores no se lo habían dicho.

Tres pequeñas letras simbolizaban este cambio en el poder, PFI (Private Finance Initiative), la «iniciativa financiera privada» que respaldaba todos los proyectos de infraestructuras importantes.

El PFI puso a la empresa al mando en la toma de decisiones de inversión a largo plazo valoradas en miles de millones o incluso billones. Cuando el Partido Laborista Británico ejercía la oposición se mostró contrario al PFI, pero dos meses después de tomar el gobierno en 1977, Alan Milburn, ministro de Salud, dijo: «Se trata del PFI o la quiebra».[196] George Monbiot señaló en el *Guardian* que «el libre mercado se ha convertido en un plan de prestaciones para las multinacionales».[197]

Así como al funcionariado se le había enseñado a perder la confianza en su propia capacidad para desempeñar su trabajo, los políticos pasaban por una crisis existencial de autoestima. Y a medida que el desembolso

---

196. George Monbiot, «The great free market experiment is more like a corporate welfare scheme», *Guardian*, 4 de septiembre de 2007.

197. *Ibid.*

público menguaba, la empresa podía entrar en escena para salvarnos con el PFI.[198] Allyson Pollock ha estudiado la utilización del PFI en el sistema sanitario británico cuando la financiación se convirtió en un problema para el Gobierno laborista y ha descubierto que, a pesar de que la financiación podría parecer la justificación más racional para el PFI, la que usaron los políticos fue la pobre gestión realizada por el sector público, es decir, ellos mismos.

Gordon Brown, ministro de Hacienda, declaró en repetidas ocasiones que «el sector público está mal gestionado y solo el sector privado es eficiente y puede gestionar bien los servicios».[199] La financiación suponía un problema, pero lo que en realidad pasaba era que la empresa haría una mejor gestión de los fondos. Ese era el mensaje que transmitían los políticos, que actuaban a la sombra de McKinsey.

La razón era sencilla. Por medio de la repetición del argumento de que la empresa gestionaría mejor el dinero del Gobierno, esto llegó a convertirse en un hecho para todos: el votante, la empresa y, lo que es más importante, el propio Gobierno. Los únicos escépticos eran los profesionales de la salud, la educación y los servicios sociales que realizaban realmente ese trabajo. A partir de ahí, la financiación privada, la externalización y sus innumerables modificaciones actualizadas serían la consecuencia lógica. Y McKinsey siempre estaba en el trasfondo de todo, susurrando su narrativa a los oídos de los políticos y convirtiéndose en el nuevo funcionariado.

A medida que el antiguo funcionariado queda socavado a través de las rondas de despidos, McKinsey y el resto de las consultoras vieron cómo estos salían del Gobierno llevándose sus treinta años de trabajo en cajas de cartón.

Ahora en quienes se confiaba eran las consultoras y su papel como nuevo funcionariado era real, porque se habían convertido en los únicos que tenían continuidad. Habían sobrevivido a los funcionarios y sobrevivirían a esos políticos que hoy están y mañana desaparecen del mapa. Se habían hecho indispensables en el funcionamiento del Gobierno por el simple hecho de estar al pie del cañón cada día, como Bob Hope. Pero, al contrario que el funcionariado y Bob Hope, ellos tenían un plan.

---

198. Allyson M. Pollock, *NHS plc: The Privatisation of Our Healthcare*, Verso, 2005.

199. *Ibid.*

234 • ¡TRATO HECHO!

La empresa dentro de la empresa

Los profesionales de McKinsey no son esos expertos independientes que aparentan ser. Tienen dos caras, una que asesora al Gobierno y otra que vela por los intereses empresariales de sus clientes privados, muchos de los cuales están especializados en unas áreas del Gobierno para las que McKinsey, curiosamente, también hace trabajo de consultoría.

En 2010, cuando el Reino Unido se embarcaba en la mayor reforma del sistema sanitario de su historia, McKinsey estuvo al frente de la redacción del borrador.[200] El plan era abrir un proceso de colaboración en el que estuvieran presentes los médicos y profesionales de la salud, así como los ministros y, por supuesto, McKinsey.

Las reuniones no se llevaron a cabo en Whitehall, sino en las oficinas de McKinsey.[201] El doctor Lawrence Buchman representaba a la profesión médica en las negociaciones. Buchman dice que no podía creer lo que sucedió cuando comenzaron el debate. «Cada vez que asistías a una reunión, alguien había escrito un informe que parecía ser un hecho consumado. A los que creíamos que tendríamos algo que decir en la formulación de esto se nos marginaba sistemáticamente o se nos decía: "Esto se va a hacer así".»[202]

Buchman no tardó en darse cuenta de que ni el proceso ni lo que sucedería finalmente con el sistema sanitario tenían nada de abierto ni de transparente. Afirma que McKinsey tenía la sartén por el mango y que les habían pagado millones para asesorar en materia de recortes en los servicios públicos. Pero no era ahí donde estaba realmente el dinero.

En 2016, el *Financial Times* investigó a McKinsey y descubrió que los socios de la empresa dirigían un fondo de riesgo privado por sí solos. Una empresa dentro de la empresa que se llamaba MIO Partners. Cuando McKinsey asesoraba sobre recortes en la sanidad pública británica estaba en posición de sugerir las empresas privadas a las que sería externalizado el servicio, unas empresas privadas de tecnología médica en las que McKinsey solía tener participación directa a través de MIO.[203]

---

200. *Who's Spending Britain's Billions?*, BBC2, 2016.

201. *Ibid.*

202. *Ibid.*

203. Harriet Agnew, Miles Johnson y Patrick Jenkins, «Inside McKinsey's private hedge fund», *Financial Times*, 6 de junio de 2016.

Buchman no tiene ninguna duda de que el objetivo a largo plazo de las reformas del sistema sanitario es la privatización completa del servicio, y no se trata de un posicionamiento ideológico, sino de la combinación de una crisis de financiación y la presión continua desde los márgenes para privatizar y aliviar la crisis. Es una guerra de desgaste, pero lo están consiguiendo, según Buchman. McKinsey podría beneficiarse directamente a través de sus vínculos con las empresas de sanidad privadas, con las que mantiene una relación directa. Pero como MIO es una empresa privada, el público no tiene forma de descubrirlo. Es imposible unir la línea de puntos, porque MIO no es transparente.

MIO Partners, la empresa secreta dentro de la empresa, permite a McKinsey estar en el centro de las reformas más lucrativas y de mayor alcance planeadas por los Gobiernos a los que «asesoran» en todo el mundo. Pero MIO y la función que cumple en McKinsey siguen siendo un misterio para quien no pertenezca al círculo exclusivo de los socios mayoritarios. Ni siquiera los empleados de McKinsey conocen los detalles sobre su funcionamiento.[204]

Alan Leaman actúa como portavoz de la industria consultora al completo. Me reúno con él en su gigantesca caja acristalada de Londres para averiguar qué tipo de controles impone la industria a McKinsey cuando hay un conflicto de intereses de tal magnitud.

«Por desgracia, eso tendrías que hablarlo directamente con McKinsey —dice Leaman—. Ellos no se adhieren a nuestro código de conducta.» «¿No siguen vuestro código de conducta? Pero si vosotros sois los supervisores de la industria. Si no los controláis vosotros, ¿quién puede hacerlo?» McKinsey tiene su propia ley.[205]

La clave del control que tiene McKinsey sobre los Gobiernos de todo el mundo está en sus antiguos empleados y el código de lealtad jesuítico que cumples cuando has trabajado en «La Firma». Sheryl Sandberg, jefa de Operaciones de Facebook, trabajó en McKinsey, como Tidjane Tima, director ejecutivo de Credit Suisse, Charlotte Hogg, antigua jefa de Operaciones del Banco de Inglaterra, y James Gorman, CEO de Morgan Stanley.

Pero es en los nombramientos del Gobierno donde estos vínculos son más fuertes. Peter Orszag, director presupuestario de Barack Obama, trabajó para McKinsey. William Hague, ministro de Asuntos Exteriores bajo el mandato de Cameron, trabajó para McKinsey. Sus empleados ocuparon los

---

204. *Ibid.*

205. *Who's Spending Britain's Billions?, op. cit.*

puestos de los ministerios de Economía de todo el mundo: Corrado Passera en Italia, Lazar Krstic en Serbia, Eric Wiebes en Holanda, Jayant Sinha en la India y Toshimitsu Motegi en Japón.

McKinsey incluso ha cultivado una profunda relación con los líderes comunistas de China. Walter Kiechel, autor de *The Lords of Strategy*, ha realizado un estudio profundo de las prácticas de McKinsey en los mercados emergentes y dice: «La capacidad de "La Firma" para insinuarse a las élites locales hace que sus competidores se vuelvan locos de envidia».[206]

Poco después de las elecciones presidenciales a Estados Unidos de 1994, Tom DeLay, jefe del grupo parlamentario republicano, llamó a su despacho a los cabilderos más influyentes de Washington. Había revisado los registros públicos de las contribuciones políticas que habían hecho a los dos principales partidos. Les recordó que quienes estaban al mando ahora eran los republicanos y que sería mejor que sus donaciones se adecuaran a esa nueva realidad, «o de lo contrario...». Según Craig MacDonald, del grupo de anticorrupción Texans for Public Justice, ese «o de lo contrario» significaba que les impedirían acceder a la Casa Blanca.[207]

Comparad el enfoque de poder sutil de McKinsey con este burdo intento de intimidar al Gobierno. En el año 2007, el Congreso estadounidense aprobó el «Honest Leadership and Open Government Act» (la «Ley de Liderazgo Honesto y Gobierno Abierto») para detener el «K Street Project», un intento explícito del Partido Republicano de presionar a los grupos de presión de Washington para que contrataran a sus militantes y recompensar así a los grupos afines con el acceso a funcionarios y comités más influyentes.

Ese nepotismo descarado no es en absoluto el estilo de McKinsey, que había conseguido formar parte del ADN del Gobierno. El funcionamiento de McKinsey se parece más a una versión consultora de las Islas Caimán, un sutil y discreto mecanismo por el que las corporaciones pueden estar al mando sin que jamás, en apariencia, hagan nada.

Entre McKinsey y los Gobiernos en los que se «implica» no hay fisura alguna. Son exactamente lo mismo y la puerta giratoria da vueltas permanentemente. McKinsey no tiene necesidad de convencer a nadie de nada. Son McKinsey: lo que dicen va a misa.

---

206. Walter Kiechel, *The Lords of Strategy: The Secret Intellectual History of the New Corporate World*, Harvard Business School Press, 2010.

207. Josh Marshall, http://talkingpointsmemo.com, 11 de abril de 2006.

10

NEGOCIOS:
Por qué tomaron el mando las corporaciones

El director del banco de Hitler

En la década de 1930, Herman Abs era socio del banco alemán privado Delbruck Schickler & Co. Gestionaban una cuenta muy especial de cuya consecución y buena gestión se enorgullecían enormemente: la cuenta corriente del Partido Nazi.

Herman Abs era el director del banco de Hitler, el responsable de pagar los salarios de la cancillería del Gobierno cada mes. Según escribió en sus memorias: «La cuenta de la cancillería del Gobierno era la más grande de Berlín y a través de ella Adolf Hitler recibía su salario como canciller del Reich».[208]

Abs tenía vínculos personales con el Partido Nazi. Era amigo de Martin Bormann, jefe de la Cancillería. En 1943, con la creación del comité bancario del partido, Abs pudo ayudar a Bormann a transferir capitales, oro y acciones a Suiza.[209]

Pero Abs no era un nazi de los que llevan el carnet de afiliado. Ante todo era banquero y mantenía su cercanía con Hitler al tiempo que hacía todo lo necesario para protegerse de cualquier crítica de infidelidad que pudiera

---

208. Para leer un relato excelente acerca de Abs y sus inicios: Harold James, *The Nazi Dictatorship and the Deutsche Bank*, Cambridge University Press, 2004.

209. *Ibid.*

afectarle, incluida la «arianización» de empresas judías. Según su biógrafo, el historiador de Princeton Harold James, Abs era escurridizo. Un enigma envuelto en humo de puros habanos que nadie, ni siquiera los nazis, era capaz de descifrar.

Después de la guerra, al contrario de lo que sucedió con los colaboradores nazis que fueron ejecutados o encarcelados, Abs fue nombrado presidente del banco más grande de Alemania, Deutsche Bank. Él supervisó los préstamos que reconstruyeron la Alemania del Oeste bajo la presidencia de Adenauer. Como Werner Braun, el ingeniero espacial que inventó el cohete V2 que arrasó buena parte de Londres y recibió el salvoconducto para viajar a Estados Unidos y participar en el programa espacial de la NASA en la década de 1960, Abs era demasiado «talentoso» y demasiado inteligente para que lo relacionaran con algún delito bélico por el que pudiera ser castigado.

En 1958, como figura empresarial poderosa y respetada, director del mayor banco de Alemania, Abs se inmiscuyó en la historia para realizar una atrevida proposición. Según decía, el mundo de posguerra había quedado enmarcado en una discusión sobre los derechos. Incluso se había creado la declaración de los derechos humanos, en gran medida para evitar que volvieran a repetirse las atrocidades de los nazis. Y ¿quién defiende los derechos de la empresa?, se preguntó Abs.[210]

Abs creía que la empresa había quedado marginada tras la guerra, como segunda prioridad en las necesidades de la pujante maquinaria del Gobierno. Pero era la empresa la que tenía que decir la última palabra sobre su futuro, no el Gobierno. Abs propuso una «Carta Magna» internacional para los inversores privados que consagrara sus derechos de soberanía sobre los del Gobierno.[211] En otras palabras, los bancos y las corporaciones deberían disponer de la maquinaria legal para demandar a los Gobiernos si sentían que se comprometía su derecho inalienable a obtener beneficios.[212]

Si esa «Carta Magna» para los inversores privados iba a hacerse realidad, necesitaba disponer de tribunales internacionales que pudieran proteger el capital de la intromisión de estos políticos. Las decisiones de inver-

---

210. Claire Provost y Matt Kennard, «The obscure legal system that lets corporations sue countries», *Guardian*, 10 de junio de 2015.

211. Antonio Parra, *The History Of ICSID*, OUP Oxford, 2012.

212. Provost y Kennard, «The obscure legal system», *op. cit.*

sión eran demasiado grandes e importantes para someterse a la jurisdicción del país en el que la compañía había invertido. Abs parecía querer decir que los Gobiernos no deberían poder evitar que las corporaciones se instalaran donde quisieran e hicieran lo que les pareciera oportuno.

Abs había sido clave en el suave devenir de la maquinaria nazi y en la suave pavimentación de la nueva Alemania democrática, y resultaba fundamental a la hora de borrar toda huella de ese pasado. Pero su verdadero legado fue proponer una nueva coalición del poder fundamental en las democracias occidentales de posguerra, un poder que se alejaría del Gobierno y quedaría en manos de unas multinacionales emergentes que ya estaban en disposición de poner a los gobernantes a sus pies.

ISDS: un mundo bajo el peso de la ley

Este tribunal sería fundado por el Banco Mundial en 1958 y recibiría el nombre de Arbitraje de Diferencias entre Inversor y Estado, conocido por sus siglas en inglés, ISDS. Era el sueño de Abs hecho realidad.

Fue creado para juzgar las disputas entre los países y las multinacionales en un «tribunal colectivo» con sedes en Londres, París, Hong Kong y La Haya. Pero el tribunal más importante era el ICSID, el Centro Internacional de Arbitraje de Diferencias de Inversión (CIADI en castellano), que tenía su sede en el Edificio J del Banco Mundial en Pennsylvania Avenue, Washington D. C.

Cuarenta años antes de que los sospechosos de terrorismo fueran interrogados en *black sites,* esos centros clandestinos que no aparecen en el mapa donde la CIA decide las reglas de la tortura, ya existían estos lugares para que los abogados pudieran interrogar a los Gobiernos.

En octubre de 2014, *The Economist* explicó cómo funcionan estos tribunales colectivos: «Las empresas extranjeras tienen un derecho especial para solicitar un tribunal secreto compuesto por caros abogados de empresa para pedir compensación cuando un Gobierno aprueba una ley que, por ejemplo, disuada a los fumadores, proteja el medio ambiente o prevenga una catástrofe nuclear..., a través de un proceso conocido como "Arbitraje de Diferencias entre Inversor y Estado", o ISDS».[213]

---

213. «Investor-State Dispute Settlement: The Arbitration Game», *The Economist,* 11 de octubre de 2014.

Claire Provost y Matt Kennard, investigadores del grupo The Investigative Fund, realizaron un extenso análisis en el año 2015 acerca del sistema ISDS para The Nation Institute, en el que descubrieron que esos tribunales fueron promovidos como una medida para ayudar al crecimiento del mundo en desarrollo.[214]

En la década de 1960, el Banco Mundial se apropió esa idea, diciendo que un sistema así ayudaría a que los países más pobres del mundo atrajeran capital extranjero. «Estoy convencido —dijo George Woods, presidente del Banco Mundial en aquel momento— de que aquellos que adopten como política nacional la acogida de inversión extranjera (y eso significa, hablando claro, ofrecer a los inversores extranjeros una oportunidad justa de generar ganancias atractivas) alcanzarán sus objetivos de desarrollo más rápido que los que no lo hagan.»[215] En resumen, eso es lo que hay.

El acuerdo se formalizó en Tokio en 1964, en el congreso anual del Banco Mundial. Veintiún países —todos los países latinoamericanos, Irak y Filipinas— se opusieron firmemente a la moción. Esos países interpretaban la palabra «desarrollo» como «explotación». Pero sus protestas fueron ignoradas.

El académico del derecho estadounidense Andreas Lowenfeld, que observó el proceso, dijo: «Creo que es la primera vez que una resolución importante del Banco Mundial ha salido adelante con tamaña oposición». El ISDS dejaba todas las cartas en manos de unas corporaciones que podían usar sus tácticas intimidatorias en el tribunal y tenían a los abogados necesarios para conseguirlo.

Los países del mundo emergente, llamado entonces «Tercer Mundo», no podían reunir el mismo arsenal legal y estaban incapacitados para oponer resistencia alguna en el tribunal. Desde el año 2000, cientos de compañías han demandado a la mitad de Gobiernos del mundo en esos tribunales secretos, y han ganado sus juicios.

Vodafone llevó a juicio a la India por intentar hacerles pagar impuestos. Ganaron. El gigante estadounidense del sector agrícola Cargill/ADM demandó a México por introducir un impuesto sobre el azúcar en las bebidas carbónicas para luchar contra la obesidad infantil. Cargill/ADM ganó. México fue demandada también por atreverse a poner límite al precio del agua, cuyo acceso es un derecho humano básico contemplado en la carta de las

---

214. «The obscure legal system», *op. cit.*

215. *Ibid.*

Naciones Unidas. El productor ganó, y, como resultado de ello, ahora en México es más barato beber Coca-Cola que agua embotellada.[216]

En 2006, la empresa Occidental Petroleum, con sede en Houston, demandó a Ecuador por poner trabas a un programa de extracción mineral, y ganó. Obligaron a Ecuador a pagar el equivalente de su presupuesto sanitario anual.

Pero no solo el mundo en desarrollo pierde en los tribunales del ISDS. El gigante de la energía Vattenfall demandó al Gobierno alemán por intentar clausurar una central eléctrica que funcionaba con carbón y a la que se oponía gran parte de la población. Vattenfall ganó.

La «Carta Magna» de Abs se ha hecho realidad. Vivimos en un mundo de dos niveles, el de los Gobiernos y el de las corporaciones, dos niveles que solo se cruzan cuando se produce una disputa sobre impuestos o cuando la legislación no les conviene. Las corporaciones operan de manera horizontal por todo el planeta, con libertad para moverse a su antojo, y los Gobiernos están obligados a la verticalidad de las limitaciones legales de las fronteras nacionales.

El efecto que producen estas victorias aplastantes unilaterales de las corporaciones en los tribunales del ISDS es el del «miedo al palo». Si las corporaciones tienen éxito en su demanda a todo un país, los otros países se lo piensan dos veces antes de introducir políticas sociales o medioambientales que puedan generar un conflicto con las corporaciones. Los Gobiernos se asustan antes incluso de que hayan levantado el palo para pegarles.

El gigante de la minería canadiense Goldcorp se enfrentaba a una protesta enorme del pueblo guatemalteco, así como a la recomendación de la Comisión Interamericana de Derechos Humanos de que cerraran una mina de oro. El pueblo se manifestó para exigir su cierre. El Gobierno también se oponía a la mina, pero dejó que Goldcorp siguiera adelante porque sabían que perderían indefectiblemente ante un tribunal del ISDS.

La razón por la que se aprobó el acuerdo de Tokio de 1964 es que, a pesar de la enorme oposición de los países pobres, las potencias ricas occidentales no creían que pudiera sucederles a ellos. Pero así ha sido.

Cuarenta años después del acuerdo de Tokio, cualquier Gobierno puede ser demandado. Todos los pueblos, desde las zonas desindustrializadas de Estados Unidos a los talleres de explotación laboral del Sudeste Asiático, comprenden lo que la globalización significa para ellos. Un mundo que vive bajo el peso de la ley de las corporaciones.

---

216. *Ibid.*

El presidente Trump contra el presidente Zuckerberg

El ISDS fue el mecanismo que nos presentó la realidad de la globalización y la capitulación del Gobierno electo. Los asuntos políticos se dirimen ahora entre líderes empresariales que compiten por implantar dos visiones de futuro diferentes en las que se enfrentan la globalización positiva contra la globalización negativa.

El jueves 16 de febrero de 2017, un hombre publicó una pregunta en Facebook: «¿Estamos construyendo el mundo que queremos todos?» Después, Mark Zuckerberg, fundador de Facebook, describió a qué se refería él con globalización. «La historia es la historia de cómo hemos aprendido a aunar nuestros esfuerzos. En tiempos como estos, lo más importante es... desarrollar la infraestructura social que ofrezca a las personas el poder para construir una comunidad global que funcione para todos.»

Esta publicación fue interpretada por todos como un ataque al presidente Trump.[217] Zuckerberg se apresuró a decir que no quería opositar a ocupar la Casa Blanca. Por ahora. «Esto me recuerda las frases del presidente Lincoln durante la guerra de Secesión —concluyó—: "Solo lograremos tener éxito si estamos unidos. No se trata de lo que cualquiera de nosotros imagine que es mejor, sino de lo que todos podemos hacer mejor. Los dogmas del pasado en calma son inadecuados para el presente tempestuoso. La oportunidad es una montaña de dificultades y nosotros debemos alzarnos cuando se presenta. Así como nuestro caso es nuevo, nosotros también tenemos que pensar de manera diferente y actuar de manera diferente".»

Este discurso presidencial de Zuckerberg en Facebook ofrecía una visión utópica de una comunidad global integrada que crea lazos mediante unos valores progresistas compartidos y permite el cambio a través de una plataforma democrática de alcance mundial llamada Facebook.

Esta es la nueva geografía política. Una confrontación directa disfrazada de democracia entre el presidente Trump, que adopta cualquier posición política existente como estrategia para el éxito empresarial y el Equipo Silicon Valley, que representa la marcha imparable de la globalización del siglo XXI.

Este enfrentamiento no es más que la división política de Estados Unidos de toda la vida, el eje liberal de California y Nueva York contra el resto del

---

217. Kathleen Chaykowski, «Mark Zuckerberg's Manifesto is Facebook's State of the Union», *Forbes*, 16 de febrero de 2017.

país, representado por Trump. A este respecto, considerar a Trump, o incluso a Zuckerberg, como algo esencialmente nuevo sería dejarnos llevar por el empaquetado del producto.

No obstante, en las anteriores ocasiones en las que la llamada «élite» liberal perdió su poder debido a los votos de los votantes de clase media de Estados Unidos, ningún presidente comenzó declarando una guerra abierta a las infraestructuras del Gobierno. Trump lo hizo en 2017, porque, según afirmó, confiaba en secar «el pantano», ese mundo cenagoso e impenetrable de influencias corporativas, consultoras, acuerdos de trastienda y presiones clandestinas acerca del cual nos advirtió Eisenhower en 1952. Quería remplazarlo por el tejemaneje claro de los pactos y la lucha de poderes brutal de la sala de juntas. La diferencia sería que la empresa cerraría sus tratos a plena luz, dando un golpe sobre la mesa del Despacho Oval y no merodeando clandestinamente por los pasillos.

A Trump jamás se le pasó por la cabeza que alguien pudiera oponerse a este sutil cambio en la disposición de los asientos. ¿Por qué iba a cuestionarse el mundo que los empresarios industriales y los CEO tomaran ellos directamente las decisiones sobre empleo, salud y cambio climático, en lugar de presionar indirectamente para influir en esas decisiones? No se trata más que de eliminar al intermediario. Treinta años tirándonos de los pelos por estar en manos de las corporaciones quedaron en el olvido al momento con el ostentoso giro de la pluma del presidente Trump.

Secar «el pantano» y volverlo a llenar

El candidato Trump se llenaba la boca en su campaña electoral diciendo que «secaría el pantano», pero los pantanos tienen la fea costumbre de volver a llenarse. Durante las últimas dos elecciones generales del Reino Unido, el número de consultoras que empleó el Gobierno cayó repentinamente, ya que se sentían bajo el ojo del huracán, pero cuando el nuevo Gobierno salió reelegido, volvió a aumentar y dejaron de estar en el candelero. Tras las elecciones de 2010 el uso de consultoras se duplicó.[218]

Como descubrieron Tamasin Cave y Andy Rowell en esa investigación sobre la influencia de los cabilderos en el Gobierno llamada *A Quiet Word*: «La influencia de los grupos de presión aumenta cuando el público en gene-

---

218. *Who's Spending Britain's Billions?*, BBC2, octubre de 2016.

ral no se percata de ello..., operan en la sombra deliberadamente».[219] Cave y Rowell identificaron diez estrategias que usan los *lobistas* para imposibilitar la expulsión de los habitantes del pantano.

Lo primero que hacen es «controlar el terreno», dictar los parámetros de la conversación en el tema sobre el que quieren influir. Después, hacen que los medios y la industria canten al mismo son. Cuando Mark Britnell, director del Departamento de Sanidad del gigante de la contabilidad KPMG dijo en 2011 que «no tendremos piedad con el servicio sanitario nacional y el mejor momento para aprovechar nuestra ventaja se dará durante los próximos años», el grupo de presión NHS Partners Network se apresuró a conseguir que la industria volviera a transmitir el mensaje común.

Una vez que han conseguido esto, los cabilderos generan un movimiento de seguidores mediante la creación de corrientes y grupos de opinión falsos, pagan a expertos para ganar credibilidad, o financian a algún grupo de divulgación de ideas poderoso, al tiempo que aparentan ser ajenos a ellos. El grupo neoliberal Institute of Economic Affairs fue financiado en parte por la industria tabaquera, pero mantienen su independencia.

Según Cave y Rowell, para los *lobistas* es sumamente importante «consultar con los críticos» cuando surge algún análisis negativo, ya que así dan la imagen de permanecer abiertos y pueden «neutralizar» cualquier oposición.

Cuando han realizado ese trabajo de campo tienen la puerta del despacho del político completamente abierta, sin olvidar que se trata de una puerta giratoria y de que ese político podría estar trabajando para los propios grupos de presión en cuestión de seis meses.[220] Este intercambio de favores significa que todos los implicados tienen un interés personal en que la cosa siga rodando.

Cuando hay miles de empresas que compiten e intentan influir en el Gobierno mediante el uso de estas tácticas, los Gobiernos se convierten en una miasma de interconexiones complejas y aparentemente contradictorias. Nadie sabe realmente para quién trabaja el otro ni cuáles son sus verdaderas motivaciones. Pensar que con Trump nos enfrentamos a complicaciones y contradicciones ideológicas que no existían antes es simplemente desconocer el pasado.

---

219. Tamasin Cave y Andy Rowell, *A Quiet Word: Lobbying, Crony Capitalism and Broken Politics in Britain*, Bodley Head, 2014.

220. Tamasin Cave y Andy Rowell, «The truth about lobbying: ten ways big business controls government», *Guardian*, 12 de marzo de 2014.

Penetrar en este mundo supone tener dos caras e ir de triple farol. He aquí lo que sucedió cuando intenté internarme en este terreno. En 2012, cuando buscaba las raíces del papel que tenía la industria alimentaria en la epidemia de obesidad, una apreciada académica que asesora al Gobierno en materias de sanidad me puso sobre la pista de un acuerdo secreto al que había llegado otro académico rival con un gigante mundial de la industria de la alimentación. La clave de la acusación era que había aceptado una financiación comprometida a cambio de poner su nombre en un producto dietético que la empresa estaba desarrollando.

«¿Por qué me cuentas esto?», pregunté a la académica. «He pensado que deberías saberlo», contestó. «Y ¿quién financia tu investigación?» La académica nombró a una empresa alimentaria rival que estaba desarrollando un producto que competía con el anterior.

Hay diez empresas que controlan prácticamente cada una de las marcas grandes de comida y bebida del planeta: Nestlé, PepsiCo, Coca-Cola, Unilever, Danone, General Mills, Kellogg's Mars, Associated British Foods y Mondelez.[221] En apenas un momento, la académica se había desprendido de su disfraz de consejera independiente del Gobierno y se había vestido tranquilamente con el uniforme de partisana de la industria alimentaria para denostar a un rival. Simplemente había olvidado comentarme que pensaba cambiarse de chaqueta en medio de nuestra conversación.

Todos los que participan de este mundo de persuasión soterrada son jugadores con intenciones ocultas, de modo que esa definición de Trump por la que el Gobierno y las personas que influyen en él conforman un «pantano» es apta. Hay nudos y malas hierbas que se enredan en los pies de quienes habitan la superficie y los atan a algo mucho más grande que acecha lúgubremente en las profundidades.

Una década antes de que Trump se presentara a la presidencia y prometiera drenar este pantano, entrevisté a sir Michael Wilshaw, el director de una escuela académica de enorme éxito en Hackney que pronto mejoraría su posición dirigiendo la oficina de inspección escolar británica, Ofsted. Le pregunté cuál es el mayor obstáculo para la reforma educativa.

Según dijo, el problema que presenta cualquier tipo de reforma en el Gobierno es que «es como lanzar una granada a la niebla. La niebla se dispersa durante un segundo y todos se felicitan, hasta que comienza a descen-

---

221. Informe de *Business Insider* sobre la infografía de Oxfam, «These ten companies control everything you buy», 28 de septiembre de 2016.

der de nuevo». En Gran Bretaña hablamos de niebla; en Estados Unidos, de pantano. Ninguno de los dos puede ser eliminado a tu antojo cuando el propio Gobierno conforma ese turbio ecosistema.

El enfrentamiento de las élites: manos blandas contra manos sucias

En *Tiburón* vemos un ensayo previo del careo entre Trump y Zuckerberg. La tripulación está a punto de reunirse para la misión de matar al tiburón. El malhumorado capitán Quinn, interpretado por Robert Shaw, no cree que el amigo del jefe de policía Brody experto en tiburones, el «universitario» Hooper, tenga agallas suficientes para atrapar al Gran Blanco. Quinn pone a prueba la destreza marina de Hooper pidiéndole que haga un nudo margarita delante de él y no queda muy impresionado con el resultado: «Tiene usted manos de ciudad, señor Hooper, de haberse pasado la vida contando dinero».

Trump se viste con las ropas de Quinn, un hombre ajeno a la política, adalid de la Norteamérica trabajadora. Pero como Hooper, no pertenece a la clase trabajadora, y tampoco es ningún foráneo. Según decía Trump durante su campaña electoral, lo que más odiaba de los multimillonarios de Silicon Valley era su hipocresía. Salvaban al mundo con soluciones filantrópicas para la pobreza global al tiempo que se llevaban al extranjero los puestos de trabajo de los estadounidenses. Los amigos de Trump de la industria tradicional habían ganado su dinero ensuciándose las manos, no con unas manos blandas y «universitarias» como las de Hooper.

Los multimillonarios del petróleo y el acero descansan sobre grandes fortunas creadas a partir de metales forjados en fuego fundido y oro negro extraído de la tierra. Pero estos hombres rara vez se hacen a sí mismos, sino que han heredado sus imperios, igual que Trump. No han ensuciado sus manos, que son tan delicadas y han sido educadas con tantos medios o más que las de Hooper o Trump.

Pero su dinero procede del mundo tangible de hacer las cosas a golpes y eso les otorga credibilidad y autenticidad instantánea a ojos del estadounidense hecho a sí mismo de la Norteamérica profunda que realmente trabajó duro para subsistir. Estos multimillonarios parecen estar a su mismo nivel. Se puede confiar en ellos.

Irónicamente, la aristocracia de la tecnología de la costa oeste estadounidense sí se ha hecho a sí misma, pero se les retrata como una élite que quiere perpetuarse en el poder. Sheryl Sandberg y Mark Zuckerberg, de Facebook, Tim Cook, de Apple, y Jeff Bezos, de Amazon, manosean sus teclados tranquilamente y hablan en voz baja sobre los efectos positivos de la globalización. Trump dijo en 2016 que no confiaba en ellos y que asumía que el electorado estadounidense tampoco lo haría.

Esta desconfianza que generan los multimillonarios de la tecnología se extiende también a su industria. No extraen carbón, sino personas. Pescan nuestros datos y crean sutiles redes con ellos, usan algoritmos para espiarnos mientras nosotros miramos impávidamente nuestras brillantes pantallas. Un mundo de salarios bajos que en sus horas muertas mira Instagram y Facebook mientras le inyectan Kim Kardashian en vena, al tiempo que exprimen hasta el último detalle de sus vidas.

La batalla por la supremacía moral de estas dos élites empresariales es deshonesta y está completamente anticuada. La palabra fea que ambos comparten es «élite» y ninguno quiere que se le relacione con ella. Mark Zuckerberg lleva una camiseta gris con tejanos y va al trabajo en bicicleta, así que no tiene el aspecto de pertenecer a ninguna élite, en tanto que la verborrea de Trump tiene el carácter del improperio.

En otros tiempos se reverenciaba a las élites. Se confiaba en ellas en la misma medida en la que hoy supuestamente se desconfía. Un grupo selecto de científicos, ingenieros, matemáticos, filósofos, clérigos y empresarios comprendían qué era lo mejor para las masas, y nosotros, como parte de esa masa, entendíamos que ellos sabían qué era lo que nos convenía.

La «democracia representativa» del Parlamento es en sí una forma de elitismo estructural. Los parlamentarios toman decisiones en nombre de quienes los eligen, en lugar de consultar al electorado todas las decisiones, como se haría en una democracia directa. La pena capital —la muerte se paga con muerte— ha supuesto históricamente una decisión legislativa que la élite jamás tomaría, pero el pueblo sí. Dado que la élite gobernaba por nosotros, en Gran Bretaña no ha llegado a suceder. El Brexit no habría tenido lugar si hubiera pasado por el filtro de la élite parlamentaria. Pero como la élite cometió el error de permitir que el pueblo eligiera, acabó sucediendo.

En tiempos de crisis se invoca a las élites para que solucionen el problema. En 1917, el presidente Woodrow Wilson creó un grupo de académicos estrechamente unido llamado «The Inquiry» («La consulta») para que le asesorasen en las negociaciones de paz de Versalles tras la Primera Guerra Mundial. En 1933, el presidente Roosevelt formó un comité de diez expertos para formular su primera política intervencionista del «New Deal». En él estaban Rexford Tugwell, Adolf Berle y Raymond Moley, profesores de Derecho de Columbia. Este equipo se deshizo debido a diferencias de estrategia, y Benjamin Cohen, Tom Corcoran y Felix Frankfurter, un triunvirato de élite de la Facultad de Derecho de Harvard, dieron forma al segundo *New Deal*. En su libro *The Revolt Against the Masses*, Fred Siegel, uno de los directores de investigación del Manhattan Institute, relaciona esta tendencia ascendente a creer en una nueva élite de posguerra con trajes caros, con la pujante expansión del Estado.[222] Describe esta nueva élite tecnócrata como la «clerecía», una versión modernizada del clero.

El libro de Siegel actualizaba y profundizaba en el ataque clásico al elitismo de John Carey en *Los intelectuales y las masas*.[223] Carey consideraba que los grandes intelectuales y literatos de principios del siglo xx (D. H. Lawrence, Virginia Wolf, Ezra Pound, H. G. Wells) eran elitistas de la modernidad cautivados por un sentido del destino nietzscheano narcisista que odiaban profundamente a unas masas para las que solo quedaba el camino de la eugenesia o la esterilización.

Siegel amplió este ataque a una clase de dirigentes elitistas en la que incluía al experto de posguerra, el gerente, el tecnócrata, el académico y a quienes se autoproclamaban custodios de los derechos morales, los medios de comunicación. *The Revolt Against the Masses* se publicó un año antes de que Donald Trump anunciara su candidatura a la presidencia de Estados Unidos, pero sentó las bases para su ataque particular al elitismo, en particular a la élite tecnócrata de la costa oeste de Silicon Valley y a la élite de los medios de comunicación de la costa este: la CNN, el *New York Times* y el *Washington Post*. Los medios de comunicación de la vieja escuela contra los medios de comunicación social de la cámara de eco posfactual, también conocida como Twitter.

Según Siegel, esta clerecía funciona en función de dos ilusiones. En primer lugar, creen tener un pensamiento independiente y objetivo, pero en realidad su destino está vinculado directamente al crecimiento continuo del Estado y no relacionan una cosa con la otra. En segundo lugar, creen tener una actitud liberal y democrática. Siegel dice que, en realidad, desprecian tanto a las masas y a la «clase media» como en su momento hacían Virginia Wolf y D. H. Lawrence. Tienen una mentalidad tan cerrada como la de esas

222. Fred Siegel, *The Revolt Against the Masses: How Liberalism Has Undermined the Middle Class*, Encounter Books, 2014.

223. John Carey, *Los intelectuales y las masas. Orgullo y prejuicio en la intelectualidad literaria*, Siglo XXI, Madrid, 2009.

personas a las que desprecian en secreto. El verdadero sistema ideológico de la clerecía es su complejo de superioridad cultural e intelectual sobre los votantes. Este prejuicio se ve reforzado cuando los votantes continuamente piden cosas que la clerecía jamás permitirá.

La insulsa verdad es que el contexto determina cómo se juzga a las élites en cualquier momento de la historia. A veces nos gustan y las necesitamos. Otras veces no. Cuando las cosas van bien económicamente, son nuestras aliadas, pero cuando el tren se descarrila les echamos la culpa de todo. El ruido emitido en la superficie se transforma en antielitismo, pero bajo él las élites se reagrupan y adoptan ese lenguaje antielitista para ganarse el favor de las masas y enmascarar su verdadera naturaleza.

Actualmente, tenemos dos élites que luchan por el poder (el equipo de Trump y el equipo de Zuckerberg) mediante el lenguaje del antielitismo. Esta lucha de la empresa contra la empresa es en realidad una batalla entre dos vencedores. La élite de Silicon Valley y la nueva élite de Washington de foráneos que se autoproclaman «leninistas» y rodean a Trump con la intención de quemar el edificio del antiguo régimen.

Dado que ambas partes proceden del ámbito de la empresa, ninguna de ellas cree que haya algo que pueda oponerse en su camino. Es un juego de suma cero en el que solo pueda quedar un vencedor. A menos que, tratándose de negocios, lleguen a un acuerdo entre ambos.

La empresa como nación

En Silicon Valley piensan que están por encima del Gobierno y lejos de su alcance, exactamente igual que Trump. En 2016, Apple se negó a colaborar con el FBI cuando les pidieron que desbloquearan el teléfono de Syed Farook, sospechoso en el tiroteo de San Bernardino.[224] Tim Cook, CEO de Apple, dijo que se trataba de una cuestión de libertades civiles y sería Apple, no el Gobierno ni el FBI, quien decidiría qué era correcto moralmente. «Este caso va más allá de un solo teléfono o investigación, así que cuando recibimos la orden del Gobierno supimos que teníamos que hacer una declaración pública.»[225]

224. «FBI breaks into San Bernardino gunman's iPhone without Apple's help, ending case», Fox News, 29 de marzo de 2016.

225. «Tim Cook says Apple's refusal to unlock iPhone for FBI is a "Civil Liberties" Issue», *Guardian*, 22 de febrero de 2016.

En otros tiempos, las empresas cuando menos habrían fingido que accedían a las exigencias del Gobierno. Ahora no. Están por encima de ellos. Y en el pasado, los presidentes al menos habrían fingido que accedían a las exigencias de la empresa. No si eres presidente del país y CEO. Durante sus primeras semanas en el poder, el presidente Trump, CEO de USA S. A., pronunció una invectiva contra Ford, Boeing y Carrier por intentar trasladar puestos de trabajo. Cualquier empresa que trasladara puestos de trabajo a otros países tendría que pagar una tarifa del treinta y cinco por ciento.

Después, el presidente CEO Trump se cargó el TTP/TTIP, el Tratado Transatlántico de Comercio e Inversiones que había facilitado Obama. El TTP era la proposición de acuerdo de libre comercio mayor de la historia, el pacto de mayor envergadura desde la creación de la Organización Mundial del Comercio (OMC). Su objetivo era conseguir que Australia, Brunéi, Canadá, Chile, Japón, Malasia, Nueva Zelanda, Perú, Singapur, Vietnam y México se asociaran con Estados Unidos para crear un nuevo eje de poder centrado en el Pacífico. Su equivalente en Europa era el TTIP, que crearía otro bloque de libre comercio entre Estados Unidos y la Unión Europea.

Ambos suponían un intento de prepararse y crear bloques de mayor envergadura ante los acuerdos de comercio bilaterales a los que habían llegado China, la India y Rusia con el resto del mundo. El TTP fue un proceso de negociaciones entre las doce economías más poderosas del planeta (que en su conjunto constituyen más del cuarenta por ciento del PIB mundial) que duró siete años.

Como el economista Joseph Stiglitz señaló en 2015, cuando se fraguaba el TTP/TTIP, «los acuerdos de comercio siempre son promocionados como generadores de puestos de trabajo, y si esto fuera cierto, los trabajadores serían los principales adalides de estos acuerdos. La realidad… es lo contrario, y el hecho de que nuestros líderes políticos (no solo los republicanos, sino también Clinton y Obama) hayan intentado tergiversar estos acuerdos de comercio de tal forma debilita la confianza que depositamos en ellos y recuerda de nuevo a los ciudadanos hasta qué punto nuestros Gobiernos reflejan los intereses de los de arriba».

Las negociaciones del TTP/TTIP se llevaron a cabo como los juicios del ISDS, a puerta cerrada y lejos de las miradas de los miles de millones de personas cuyas vidas se verían afectadas por ello. Y, tanto la izquierda de Bernie Sanders como la vieja derecha de Trump y Breitbart News, se opusieron a él. La izquierda lo veía como la compleción del secuestro corporativo, el hecho de que las corporaciones podrían demandar a los Gobiernos, sin percatarse de que este mecanismo (los tribunales de la ISDS) llevaba cuarenta años en funcionamiento.

De nuevo volvían a erigirse muros. El proteccionismo había vuelto. Pero ¿quién podría creerse eso? Trump lo había expresado claramente con todas sus letras. A este respecto, es como los políticos. Pero un político se agobia ante el peso de la convicción, lo cual convierte su cambio de opinión en «hipocresía».

Cuando el presidente Trump cambia de opinión es por negocios. Y es mejor verlo así. A Ted Malloch, el futuro embajador en Europa de Trump, le preguntaron qué pensaba del acuerdo bilateral entre Gran Bretaña y Estados Unidos posterior al Brexit y el TTIP y dijo que era mejor verlo como una fusión empresarial, una compañía de gran éxito que tomaba el mando de otra más pequeña y en la quiebra. Los negocios eran el lenguaje con el que había que interpretarlo todo. Trump puede cambiar de política a su antojo, porque a él no le agobia el peso ideológico de la convicción. Son negocios. Una semana puede resultar un periodo breve en política, pero en los negocios es una eternidad. Para Trump a cada segundo que pasa hay un nuevo juego con nuevas reglas.

En el bando de Trump no tenían intención de entrar en ningún momento en esa madriguera infernal de las élites llamada Davos, con sus serios debates sobre calentamiento global, desigualdad global y pobreza global. Davos, un foro anual para líderes empresariales y jefes de Estado, adoptaba súbitamente un carácter petulante, anticuado y arrogante.

Tras la victoria de Trump, la agenda de «responsabilidad social» del eje liberal desapareció de golpe. El equipo de Trump representaba la vieja escuela del mercado alcista de 1982 que tenía la intención de proclamar el renacimiento de la industria estadounidense, rechazando tanto las concesiones «antinorteamericanas» globalizadas de Obama y Bush, como el tratado de calentamiento global de París y las reformas bancarias posteriores a 2008.

En este sentido, Trump no es un presidente libremercadista como Reagan, sino un intervencionista tipo Hoover o Roosevelt, que también procedían de una dinastía de hombres de negocios. Tasas de interés bajo para reconstruir Estados Unidos. Un programa de infraestructuras que utilice materias primas y mano de obra nacional. Trump cree que todo esto es posible y no lo dice como político, sino como empresario.

A pesar de sus diferencias ideológicas, Zuckerberg, Tim Cook y Trump comparten la idea de hacer las cosas a su manera. Y ese es el enfoque que muestra el líder empresario que tiene una ambición sin límites. Apostar fuerte, mostrarse duro y después hacer las concesiones que te planteaste desde un principio para conseguir el acuerdo que esperabas. Ese es el «arte» de la negociación.

Actualmente, las tres economías más poderosas del planeta están dirigidas como corporaciones. El CEO zarista Putin dirige un conglomerado de empresas de petróleo y gas llamada Rusia. Trump se pasea a sus anchas por Estados Unidos como si fuera el exuberante CEO de una empresa automovilística en horas bajas al estilo de Chrysler. Xi Jinping es el presidente parco, pero seguro, amante de las hojas de cálculo, de una cartera de valores con el crecimiento mayor del planeta, China Sociedad Ilimitada.

La empresa no ha relevado en el mando al Gobierno; lo ha eliminado. La lucha se dirime ahora entre dos visiones empresariales del futuro opuestas contra las que los políticos de la vieja escuela no pueden combatir, ya que carecen de la suficiente energía y seguridad en sí mismos para hacerlo.

¿Qué hicieron los políticos para quedar en fuera de juego? Erosionar la confianza del pueblo mediante la interposición de unos mismos viejos instrumentos económicos que no permitían cambio alguno. Las tasas bajas de interés solo sirvieron para que nos habituáramos a ellas con la promesa de obtener en un futuro unas tasas aún más bajas que serían potencialmente negativas. Los políticos no ponen sus esperanzas en la recuperación de la producción, sino en que el consumidor gaste más dinero, es decir, en que se endeude más.

Independientemente de los mecanismos que prueben, el crecimiento sigue siendo cero. Cuando una empresa quiebra, se declara la bancarrota, pero no se puede embargar a una nación. En este contexto, entregarla para que sea dirigida como un negocio no es apropiación empresarial, sino lo que dicta la lógica.

Un país gobernado como una empresa no tiene que preocuparse por el sistema de integración liberal de posguerra (la tolerancia, la apertura de fronteras, el Estado del bienestar, ni tan siquiera por la imposición fiscal), sino solo por sus accionistas, los votantes. China lleva ventaja al resto de las empresas rivales en forma de nación, porque ni tan siquiera tiene un electorado de accionistas del que deba preocuparse. Es una sociedad anónima, y la junta directiva es la que lleva las riendas. Cuando se dirige un país como si fuera una empresa, la democracia simplemente es un estorbo para la gestión eficiente del negocio.

Lo que anhelan con más fuerza los ciudadanos accionistas del siglo XXI es que el país reafirme su condición de nación como se hacía en el siglo XIX.

Los valores esenciales de la marca. Trump invocó al Hombre del Saco de la gran empresa globalizada en su campaña presidencial, pero ahora que está en el Gobierno ya no habla tanto de ello. Si el problema era el poder corporativo mundial, su remedio tenía que ser la empresa patriótica, y no la versión que ofrecía Silicon Valley.

Al otorgar importantes puestos en el Gobierno a mandamases de petroleras y siderúrgicas, el presidente CEO ha intentado deshacerse del «pantano» de los grupos de presión e incluso de la necesidad de los tribunales del ISDS. La teoría dice que si todos los implicados están reunidos en la misma sala, cierras la entrada a todo intermediario imaginable: abogados, cabilderos y políticos sumisos.

Pero, paradójicamente, el éxito de esta estrategia depende de la creencia ingenua y anticuada de que se producirá un consenso. A medida que las decisiones tomadas fuera de esa sala empiezan a perjudicar a la Administración, se detiene la maquinaria legislativa, y el mundo de los negocios al que no se ha invitado a la reunión empieza su contraataque, con lo que las paredes de esa habitación cerrada llena de personas afines parecen estrecharse por momentos.

Tal vez Trump llegara a la Casa Blanca con la promesa de drenar el pantano, pero cuando vuelva a llenarse habrá sido poco más que un observador impotente que observaba el curso de los acontecimientos. Fuera de las fronteras de Estados Unidos, un presidente CEO cuya habilidad para llegar a acuerdos depende de un enfoque empresarial inflexible, se encuentra en el patio de los mayores enfrentándose a una calculada guerra psicológica con otras dos empresas con forma de nación que están dirigidas por sendos CEO de una frialdad sin igual. Para ganarle esa batalla mental a Rusia y a China no le bastará con tener amigos en el pantano de Washington. Precisará también un buen número de cerebros políticos a la vieja usanza.

Davos. Allá donde vayas encuentras máscaras de sado

En mayo de 1912, Thomas Mann visitó a su esposa Katia en la clínica Waldsanatorium del doctor Friedrich Jessen, en el pueblo de montaña de Davos, en Suiza. Nadie sabía qué le sucedía a Katia. Al principio creían que tenía tuberculosis, pero no se detectó ningún problema físico en su radiografía. La enviaron al Waldsanatorium para que se recobrase.

Tras su visita a Katia, Mann decidió inspirarse en esta clínica de Davos para idear el sanatorio Berghof de *La montaña mágica*.[226] En la novela de Mann, la tísica burguesía de Europa peregrinaba a Davos para inhalar su fresco aire alpino y depurar sus enfermedades, aliviando síntomas de condiciones médicas cuyas causas y cura nadie conocía. A medida que avanza el libro, parece claro que la enfermedad en sí era la propia idea de enfermedad, que hacía que personas completamente sanas acudieran al sanatorio y cayeran en sus garras psicosomáticas.

La montaña mágica está ambientada en la antesala de la Primera Guerra Mundial y representa una alegoría de una élite europea esclerótica en vías de extinción. No hay que estirar mucho esa analogía para hacer chistes baratos a costa de los líderes mundiales y la élite empresarial que se congrega en ese mismo pueblo de Davos para el Foro Económico Mundial cien años después, como acabo de hacer yo mismo.

Davos es su propio sanatorio privado, donde esta nueva élite que se cuestiona a sí misma se congrega para curarse de las enfermedades del mundo de las que se sienten responsables. Se sientan en salas claustrofóbicas a debatir sobre el calentamiento global, la pobreza global y la desigualdad global. Después vuelven a sus aviones privados y regresan a casa sintiéndose mucho mejor con ellos mismos y con el futuro del mundo.

Rob Hersov es un magnate de la minería sudafricano y uno de los mediadores de poder entre Gobiernos y empresas más importantes del continente; se dedica a facilitar negocios entre inversores y jefes de Estado. Me reuní con Rob en Londres y le pregunté qué le parecía Davos. Sonrió. «Bueno, lo que yo he notado en Suiza... ¿Quieres que te lo cuente?» Por favor. «Allá por donde vayas siempre encuentras máscaras de sado.»

Rob reconoce que en Davos fluye una corriente sexual: la fetichización del poder. Los líderes de las economías más poderosas socializan tomándose un «café» con los líderes de las compañías más viriles del mundo, rodeados por un ejército de asesores y consultores —los fieles seguidores del poder— que aspiran a acercarse a sus ascuas. Se trata de una extraña mezcla en la que sus aires de importancia autocomplacientes y autorreflexivos se combinan con una tensión sexual estirada.

Davos, como el enfrentamiento entre Silicon Valley y Trump, es en realidad una reunión de ganadores. Están en Davos porque han llegado a lo más alto, gobernar el planeta, y esta es la demostración pública de ese poder. Los

---

226. Thomas Mann, *La montaña mágica*, Edhasa, Barcelona, 2009.

CEO y los líderes mundiales se relacionan de igual a igual, pero todos son conscientes de su posición actual. La empresa está en pleno auge, los CEO son los jugadores alfa y han relegado a los gobernantes al papel de consultores de su propia visión de los negocios.

Pregunté a Ken Rogoff, uno de los economistas más importantes del mundo, por qué va a Davos, esperando que resaltara la importancia de esa reunión. «Porque si no vas, no vuelven a invitarte.» El verdadero sentido de Davos es la propia celebración del Foro de Davos, el hecho de verse reflejados en su propio espejo, como esas paredes alicatadas del sanatorio Berghof. Y también disponer de un espacio en el que la empresa pueda debatir consigo misma sobre qué debe hacer con esa nueva omnipotencia mundial.

La nueva lucha capitalista: el jefe contra los accionistas

Esta omnipotencia supone un dilema si eres el CEO de una empresa. ¿Utilizas esa ventaja en tu propio beneficio, o usas ese poder recién adquirido para hacer el bien global como si fueras uno de *Los Vengadores* de la Marvel? Las multinacionales se enfrentan al enigma descrito por el estratega militar Sun Tzu en el año 500 en *El arte de la guerra*: cuando encuentras a un enemigo que está ahogándose, ¿le ayudas a salir del agua o lo empujas al fondo hasta que muera?

Los hombres de negocios más poderosos del planeta se encuentran a sí mismos jugando a ser Dios con este mismo dilema: maximizar los beneficios o salvar el planeta. Paul Polman es un holandés que se expresa pausadamente; cualquiera que lo escuche pensaría que es un miembro de Occupy, en lugar del CEO de Unilever, una de las multinacionales más grandes del mundo, con un volumen de ventas de 50.000 millones de dólares anuales.

«¿Cuánto tiempo podemos continuar secuestrando el futuro?», dice a su público. «Nuestro sistema es un sistema genial, pero no está diseñado para funcionar a largo plazo. Nosotros podríamos ser la generación que dentro de quince años haya resuelto el problema de la pobreza, la que resuelva el cambio climático.» Polman es un jefe que incluso reniega de que lo llamen jefe. «Siempre digo que represento a una de las ONG más grandes del mundo.»

Polman argumenta apasionadamente que la obsesión por los beneficios está destruyendo la sostenibilidad y acabará destruyendo el capitalismo en sí. Dos impulsos aparentemente contradictorios deben coexistir «sin concesiones. El beneficio no es un objetivo. Es un producto final. Yo siempre quiero un resultado más relevante. La gente asume que hacer algo bueno tiene que costar dinero. No sé de dónde han sacado esa idea».[227]

En Pepsico, otra de las mayores multinacionales del mundo, acusada de incitar a la obesidad, la CEO Indra Nooyi dice: «Creo que debemos luchar contra la obesidad. Seamos una buena industria que no lo hace todo a regañadientes, sino por voluntad propia».

Polman y Nooyi no son liberales humanitarios con un pasado en la beneficencia que han sido introducidos en sus compañías para darles una imagen ecologista a través de discursos vacíos. Han pasado toda su vida laboral ascendiendo por el escalafón de las corporaciones. Son empresarios de pura cepa.

Pero ahora ven una amenaza sin precedentes, no solo para la supervivencia del planeta, sino también para el balance de sus cuentas. Cuando Christine Lagarde, del Fondo Monetario Internacional, habla sobre la desigualdad, dice que no solo es inicua, también representa la mayor amenaza para la supervivencia del capitalismo a largo plazo.

Hasta no hace mucho la lucha capitalista era sencilla: trabajadores contra jefes. Pero ahora que el valor-trabajo global cae en picado desde la década de 1970 gracias al fin del largo auge de posguerra, miles de millones de trabajadores de todo el mundo se ven indefensos frente a los despidos.

Súbitamente, las corporaciones pudieron marcharse a cualquier parte del mundo que quisieran y contratar trabajadores allí donde las leyes de empleo favorables a sus propósitos dictaran el salario más bajo. Los trabajadores cualificados, que antes podían hacer fuerza gracias a sus aptitudes, pasaron a ser también prescindibles. La batalla marxista entre el capital y el trabajo había acabado. Los trabajadores habían perdido.

Pero surgió una inesperada nueva lucha para el capitalismo. La batalla en el interior de una empresa entre el CEO, los inversores y los accionistas. En un bando encontramos a reformistas progresistas como Polman y Nooyi, y en el otro a las personas que ponen el dinero y quieren que les reporte muchos más dividendos.

Cuando estos dos bandos entran en conflicto no se encuentran en una línea de piquetes con pancartas y hogueras hechas con montañas de neumáticos. Este conflicto se da en una sala de conferencias anónima gigantesca

227. «Unilever boss Paul Polman slams capitalist obsession with profit», *Daily Telegraph*, 28 de enero de 2015.

que han alquilado durante una semana en Las Vegas o en Hong Kong, donde los accionistas y los inversores se sientan en silencio chasqueando los dientes, mientras el CEO les suelta una perorata sobre la «responsabilidad social» y les dice que hay que devolverle al planeta lo que nos da.

Para ellos, ese CEO estilo ONG supone una profunda amenaza. Reconocen que el jefe necesita hacer el ruido necesario de cara al mundo exterior, pero no poner en peligro lo que Herman Abs llamaba el derecho natural de la empresa a obtener beneficios.

Polman ha reafirmado su posición. «Yo no pienso que nuestro deber sea pensar primero en los accionistas. Para mí es al contrario.» Mostró sus cartas reformistas desde el principio, promoviendo el «dinero lento» y las inversiones a largo plazo en pequeños negocios sostenibles, en lugar de perseguir incansablemente el beneficio a corto plazo. Según ha declarado, uno de sus mayores éxitos en Unilever ha consistido en librar a la compañías de su dependencia de los *hedge funds*, reduciéndolos a la mitad durante su mandato como CEO.

Polman también tiene clara su posición respecto a ese cambio de paradigma en el que la empresa está por encima del Gobierno. El poder de las corporaciones sobre el destino del planeta viene acompañado de una responsabilidad y rehuirla sería inmoral.

Una de las primeras decisiones que adoptó Indra Nooyi en Pepsi al tomar posesión del cargo fue declarar su intención de que la empresa luchara contra la obesidad, pasando a un periodo «postazúcar», del mismo modo que BP quiere pasar a una era «pospetróleo». Nooyi comenzó por contratar a Derek Yach, de la Organización Mundial de la Salud, y diversificar la cartera de productos de Pepsi en infinidad de marcas saludables como Quaker Oats. Se enfrentó a una dura oposición interna.

La doctora Marion Nestle, una de las nutricionistas más importantes del mundo, realizó un estudio de la lucha en la junta directiva de Pepsi tras los intentos de reforma saludable de Nooyi y descubrió que, efectivamente, se encontraba marginada en su propia compañía.

«Los inversores estaban muy contrariados. En 2012 se enfadaron mucho con Indra Nooyi por centrarse en conseguir ingresos a través de productos saludables.» Aquello abrió una brecha en el seno de la compañía y Nooyi estaba en el centro. Era necesario que se produjera una reconciliación, un pacto entre los inversores y la jefa. «(Ahora) Pepsi quiere tener las dos cosas, —dice Nestle—. Aparentar que promueve bebidas más saludables, al tiempo que lucha contra las medidas de sanidad pública para reducir el consumo de bebidas carbónicas.»[228] Los inversores opinaban que Nooyi estaba debilitando el producto estrella, una bebida azucarada, y ahora tenía que centrar sus esfuerzos en aparentar que estaba protegiéndola.

La lucha que antes tenía lugar entre trabajadores y jefes es la que se da ahora entre los inversores y los CEO en esas reuniones silenciadas. Pero se trata de un enfrentamiento igual de violento y con contenidos de gran alcance que nos afectan a todos nosotros.

Quien gane esa batalla interna (la de promover el dinero lento frente a la consecución del dólar fácil) determinará la pauta moral que seguirá el capitalismo en los años venideros. Básicamente, se decidirá si la empresa decide salvar el planeta, o exprimir los beneficios hasta el último céntimo y dejarlo seco en un periodo aproximado de sesenta cosechas.

Los CEO hablan sobre «sostenibilidad», una palabra que pronto pasará a traducirse como «supervivencia», pero el reloj marca las horas, y no solo las que le quedan al planeta, también las del tiempo que falta para que los inversores se cansen de ellos. Estos CEO progresistas estarán a salvo mientras sigan generando ingresos. Pero cuando la economía apriete, habrá una presión radical sobre los balances de cuentas y se pondrá a prueba verdaderamente la determinación de esos CEO reformistas para mantener el desafiante rumbo de sus reformas frente a los inversores. La verdadera prueba será ver cuántos de ellos sobrevivirán a esto.

A principios de la década de 1970, parte de la industria del motor estadounidense intentó acomodarse al creciente movimiento medioambiental, pero su momento para el cambio quedó disuelto en la convulsión económica mundial y la recesión que supuso la crisis de la OPEP. Había que volver a los negocios, y eso significaba ganar dinero primero y pensar en el planeta después.

Paul Polman no aborda este dilema como una cuestión en la que haya que elegir entre una cosa u otra, sino como el pacto más importante del que Unilever podría formar parte. Se trata de subirse al carro de la sostenibilidad y el dinero lento ahora, en lugar de extraer beneficios servilmente cada trimestre, o el barco se hundirá con todos dentro, y eso incluye a los inversores y a los accionistas. Para Polman y el resto de los CEO progresistas hay dos palabras que obstaculizan el camino hacia la supervivencia del planeta: «informes trimestrales».

---

228. Marion Nestle, «Pepsi to reduce sugar in its drinks? Really?», FoodPolitics.com, 18 de octubre de 2016.

El número

El informe trimestral es la doctrina central del capitalismo de la era posterior a 1980. Es lo único que importa a los accionistas. Pero si eres un CEO reformista representa el mayor obstáculo para realizar una renovación significativa. Tanto Nooyi como Polman han declarado una guerra abierta a los informes trimestrales y han vivido una revuelta del accionariado como respuesta a ello.

Los informes trimestrales comenzaron a principios de la década de 1980, cuando Wall Street lo vio como una forma de acelerar el ciclo de beneficios. En lugar de recibir un informe anual sobre la rentabilidad de la empresa, los accionistas e inversores podrían revisarlo trimestralmente.

No se trataba de un simple cambio en la contabilidad, sino de apretar el acelerador. Como resultado de estos informes, si una empresa en desarrollo mostraba unos índices de crecimiento más bajos que en el trimestre anterior, estaba condenada a seguir haciéndolo. Gracias a los informes trimestrales, una empresa exitosa se definía ahora como un fracaso.

El 17 de agosto de 1982, Henry Kaufman, de Salomon Brothers, escribió una nota a sus clientes. Como sabéis, decía, el índice industrial del Dow Jones ha caído hasta el punto de recesión más bajo de los últimos dos años, quedando en 776,92 puntos. Prácticamente la misma cifra con la que el Index cerró en enero de 1964. La inflación de dobles dígitos ha terminado, las tasas de interés están a punto de alcanzar mínimos históricos, la Casa Blanca está eliminando las últimas regulaciones que frenan el avance de los negocios y bajando los impuestos. Ha llegado el momento de la explosión de la libre empresa.[229]

Kaufman encendía una bengala sobre el cielo de Wall Street que suponía el pistoletazo de salida para el mercado alcista más importante del que sería testigo el mundo. Según Kaufman, los inversores y los accionistas podían pisar sobre seguro cuando pidieran algo nunca visto: un rendimiento de beneficios trimestral basado en un informe de los últimos tres meses. Después, podrían pedir más al trimestre siguiente, y seguir haciéndolo cuando este transcurriera.

Había llegado el momento de conducir a todo gas. Pisar el acelerador hasta el fondo se convertiría en el nuevo mantra de Wall Street y no había

---

229. Alex Berenson, *The Number: How the Drive for Quarterly Earnings Corrupted Wall Street and Corporate America*, Random House, 2004.

motivos para no exigir lo imposible cada trimestre, porque existían unos aspectos económicos que podían respaldarlo. El mercado alcista más largo e importante de la historia estaba a punto de comenzar y el mensaje de Kaufman estaba más claro que el agua: hay que exprimirlo al máximo.

Los CEO que pudieron gestionar este vertiginoso trayecto se harían legendarios. El CEO pasó de la noche a la mañana de ser el gerente bancario glorificado de la década de 1950 al «capitán de la industria», alabado en las portadas de *Time* y *Fortune*. Se convertirían en alquimistas que podían invocar el beneficio perpetuo, y el informe trimestral era su Excalibur.

En *The Number: How the Drive for Quarterly Earnings Corrupted Wall Street and Corporate America*, Alex Berenson traza la historia sobre cómo el informe trimestral fue el impulsor fundamental del cambio en el capitalismo estadounidense, que pasó de las inversiones a largo plazo a la exigencia de los inversores de beneficios a corto témino.[230]

Se trataba de un cambio de prioridades simple, pero profundo, y la única manera de mantener este incansable impulso por conseguir mayores beneficios era acabar con el plan a largo plazo. Lo único importante era el lugar que ocuparías al cabo de tres meses. El resto era irrelevante.

Todo dependía de la sincronización. Mientras el mercado alcista seguía en pleno auge, el informe trimestral era un obstáculo sobrepasable; pero cuando comenzó a bajar, esa valla que había que saltar cada tres meses se convirtió en una barrera cada vez más alta. Después, el mercado alcista empezó a convertirse lenta, pero inexorablemente, en un mercado a la baja, y la realidad del informe trimestral resaltaba por sí misma.

Los informes trimestrales eran una máquina de la que nadie podía bajarse y cada vez iba a más velocidad. ¿No podéis aguantar el ritmo? Pues ya veréis lo rápido que va esto dentro de tres meses, y el trimestre después ya ni te cuento.

Para sobrevivir era necesario un nuevo tipo de jefe. Uno que estuviera del lado de los inversores, no del de sus compañeros en la dirección; uno que percibiera que el enemigo por batir era la inercia de la compañía, la incapacidad para correr a más velocidad o saltar más alto. Para este tipo de CEO, el problema no estaba en los inversores y tampoco en el mercado, sino en la cultura de la propia empresa que ellos mismos dirigían.

En la comedia *Por fin me la quité de encima*, Danny DeVito interpretaba a uno de esos nuevos jefes insensibles de la década de 1980. Daba un rapa-

---

230. Jason Trennert, «Remembering the Reagan Bull Market», *Wall Street Journal*, 13 de agosto de 2009: www.jasontrennert.com.

polvo a los accionistas en la reunión anual por no saber entender el nuevo mundo despiadado en el que se encontraban. Las señoras mayores y los viejos coroneles afables miraban al suelo, sintiéndose culpables, mientras DeVito planteaba la nueva ley: hacer lo que hiciera falta para acabar con los competidores y exprimir el beneficio hasta la última gota.

Estos nuevos seres despiadados lo basaban todo en el informe trimestral, pero la película en sí mostraba una añoranza por ese tipo de accionista fiel que había desaparecido. Los gestores de los *hedge funds* habían comprado la parte de esas pequeñas ancianas inversoras y cambiaban de cartera de inversiones tan rápido como un tahúr se cambia las cartas de mano. Los gestores de los *hedge funds*, siempre mirando hacia delante, eran el trasunto humano de los informes trimestrales. Ya nadie mostraba fidelidad a la empresa, sino a los beneficios. El cliente era el único que seguía comprando la marca.

Marcas de electrodomésticos estadounidenses perfectamente establecidas que llevaban décadas teniendo éxito en el negocio eran dirigidas ahora como vehículos para la cobertura y venta en corto de la proyección de beneficios de la compañía, no a tres meses vista, sino en un balance de tres horas. El CEO y la junta se habían convertido en espectadores que observaban cómo el precio de su empresa fluctuaba en una pantalla titubeante. El informe trimestral era su razón de ser, y el resto, ruido de fondo.

Empezaron a calar dos visiones diferentes de la empresa. La de un CEO como Paul Polman en Unilever que atacaba los informes trimestrales y las de las empresas que los acogían con los brazos abiertos. Amazon fracasaba frecuentemente en su generación de beneficios, pero mantenía a los inversores al día de sus objetivos a largo plazo. Para una empresa como Amazon, el informe trimestral no se basa en la búsqueda incansable del beneficio, sino en los datos absolutos respecto a los planes de la empresa, y si los accionistas cuentan con esa información están dispuestos a aceptar riesgos sobre los beneficios a largo plazo.

Amazon ha invertido en la distribución por medio de drones y en tiendas en las que emplean robots, como la que tienen en Seattle, completamente automatizada y sin presencia humana, porque para ellos la alteración del mercado, el riesgo y la inversión son una misma cosa. Ese es su negocio. Para Unilever, basada en los planes de futuro para ser un conglomerado inmenso que abarque alimentación, medicamentos y artículos para el hogar, el informe trimestral carece de sentido. Para Amazon, el informe trimestral funciona, pero para Unilever no.

El informe trimestral se gestó en un periodo de cincuenta años. En 1934, en la cima de la depresión, a las empresas se les pidió que mostraran informes anuales y revelaran más información a los inversores. En 1955 empezó a ser bianual, y a finales de la década de 1970 y principios de 1980, se exigió que fuera trimestral.

Con el informe trimestral, el juego cambió por completo. Todo se basaba en los gráficos y estos tenían que ir siempre hacia arriba. Esta aceleración perpetua era fundamentalmente psicológica. Se trataba de poner deliberadamente una meta inalcanzable con objeto de mantener una presión que nunca desaparecería y que jamás podría satisfacerse. Nunca tendría fin, lo cual contentaba a los inversores. Se trataba de una póliza de seguros contra el estancamiento y la complacencia.

Los defensores y los detractores de los informes trimestrales están ahora frente a frente y con el cuchillo en la mano. En 2015, el bufete de abogados Watchell, Lipton, Rosen y Katz se puso en pie de guerra y pidió a la Comisión de Valores que eliminara el informe trimestral. Un informe conjunto entre la City University, la London University y la Duke University concluyó que las empresas cuyo crecimiento aumentara en el informe trimestral reducirían gastos en activos fijos a largo plazo. Es un intercambio. Lo uno o lo otro. No se pueden tener ambas cosas.

En 2016, Hillary Clinton dijo durante el proceso electoral que «la caída de las inversiones en gran parte es reflejo de los efectos de la miopía gestora inducida por el aumento en la frecuencia de los informes». Clinton creía que acabar con el informe trimestral sería una carta ganadora tanto para las empresas como para el electorado: «Los CEO y los accionistas tienen que concentrarse más en la próxima década y menos en el día siguiente».

Pero Hillary Clinton perdió, y ganó Donald Trump.

Si Carlsberg dirigiera un país, sería probablemente el mejor país del mundo

En 1983, Orson Welles dio voz al primero de la serie de anuncios de Carlsberg Lager «Probablemente la mejor». «En una fábrica de Copenhague, los maestros cerveceros de Carlsberg se empeñan en mejorar el sabor de su cerveza. Pero dado que Carlsberg es probablemente la mejor cerveza del mundo no tienen mucha esperanza en conseguirlo.»

La campaña publicitaria «Carlsberg... *Probably the Best*» fue lanzada con el objetivo de incluir todo tipo de escenarios inimaginados posible. Si Carlsberg fuera un banco, daría dinero gratis a todos sus clientes siempre que lo necesitaran. Si fuera un servicio de taxis, lo tendrías donde quisieras con solo chasquear los dedos, la materialización de Uber antes de su propia gestación.

El mensaje entre líneas del anuncio de Carlsberg era radical: las cosas no tienen por qué ser así. Existe un universo paralelo en el que todo sería mejor si Carlsberg lo dirigiera. A veinte años de la era internáutica, los escenarios soñados eran simplemente estos, pero ahora tenemos crédito a espuertas y Uber para enviarte un taxi con un solo clic de tu teléfono, la fantasía de Carlsberg hecha realidad.

En el Gobierno se generó una fantasía similar y esta vez no era Carlsberg quien dirigía las cosas, sino John Lewis. Bajo los mandatos de Blair y Cameron, se acudió repetidamente al «Modelo John Lewis» de estructura empresarial integradora y reputada con el que los empleados eran «accionistas» como un camino que también podía seguir la empresa pública.

Ahora la fantasía empresarial del Gobierno es Google. El razonamiento es como sigue. ¿Para qué intentar conseguir que Google pague sus impuestos (sin éxito) cuando puedes hacer que dirijan departamentos gubernamentales enteros como el sistema escolar o la seguridad social sanitaria? En 2016, en un evento sobre la reforma fiscal celebrado en Ginebra en el que di una conferencia, el debate entre las corporaciones presentes no era sobre cómo evitar pagar los impuestos encontrando el paraíso fiscal más favorable, sino cuál es nuestro deber de empresas modeladas como naciones. ¿Cómo salvamos a los países arruinados en los que tenemos negocios? ¿Por qué darles nuestros impuestos, cuando ellos los malgastan y nosotros podemos administrarlos mejor? El derecho inalienable a obtener beneficios planteado originalmente por Herman Abs es ahora un hecho consumado. El reto es aceptar la responsabilidad que conlleva ese poder.

11

NOTICIAS:
Por qué ya no hay información

Crema dermatológica y control sobre las armas

En abril de 2013, el profesor Dan Kahan, de la Universidad de Yale, decidió llevar a cabo un experimento. Preguntó a mil personas por sus inclinaciones políticas, si eran republicanos, demócratas, o extremistas. Y si se trataba de este último caso, ¿hasta qué punto? Tras esto, ofreció a esas mil personas datos sobre dos temas sin relación alguna: una crema dermatológica y el control sobre las armas.

Kahan les proporcionó informaciones sobre una nueva crema dermatológica que reducía la irritación de la piel. ¿Funcionaba la crema según los datos mostrados? Después, pidió a esas mismas personas que revisaran informaciones relativas al control de las armas y que dijeran si los datos demostraban que gracias a ello se reducía el crimen.

Kahan quedó descolocado con lo que descubrió. En lo que concernía a la crema dermatológica, un tema que no estaba mediatizado en modo alguno, los mil participantes eran capaces de analizar los datos con exactitud y desapasionadamente, llegando a un consenso sin grandes problemas. Sí, una vez hechas todas las consideraciones, podía decirse que la crema funcionaría con las irritaciones.

Pero en cuanto al control de las armas, la historia era completamente diferente. La gente ignoraba los hechos. Los demócratas a los que se mostraba que el crimen a mano armada no estaba tan extendido como creían, hacían todo lo posible por negar la evidencia. Y los republicanos que veían pruebas de que el control de las armas reduciría el crimen significativamente, hacían lo que estaba en sus manos para evitar llegar a una conclusión que chocara con su visión preestablecida.[231]

«Las personas interrogan y someten la evidencia al tercer grado hasta que les dice lo que quieren oír», concluía Kahan.[232] Las pruebas de que el control sobre las armas reduce el crimen no son claras. Es complicado. Pero nadie quería oír eso. Todos querían creer que existe una sola respuesta y esta tenía que coincidir con lo que ellos creían con anterioridad.

En el debate sobre la «posverdad» que surgió en la campaña presidencial de 2016 no se incluyó el experimento de Dan Kahan y cómo había descubierto que a la gente no le interesa la verdad desde un principio.

El propio surgimiento de este fenómeno de la «posverdad» estaba basado en una premisa falsa, la de que tiempo atrás las personas atendían a los hechos y después decidían racionalmente a quién votarían. Esto nunca fue cierto. Lo extraordinario de la «posverdad» no era hacer pasar mentiras por verdades, sino que creyéramos que las personas escuchan la verdad en un primer momento.

Las primeras noticias falsas

Cuando un político se presenta a las elecciones, necesita contarte una mentira: «Quiero que las cosas cambien». No es cierto. Lo que quieren es confirmar tus prejuicios, y el político que se acerque más a la confirmación de esos prejuicios (o valores fundamentales) es el que gana.

En 1979, la señora Thatcher ofreció políticas más cercanas a los recientemente adaptados valores de los votantes socialistas que el propio partido laborista. Cuando Atlee ganó en 1945, los laboristas mostraron una posición más cercana a los nuevos valores radicales de una Gran Bretaña de posguerra que exigía un cambio.

Churchill había ganado la guerra, pero su recompensa por desconectar de la realidad británica fue perder las elecciones. Lo que tomamos por Gobierno radical es, en realidad, un pueblo radical que ha adaptado sus valores

231. Dan M. Kahan, Ellen Peters, Erica Cantrell Dawson y Paul Slovic, «Motivated Numeracy and Enlightened Self-Government», Yale Law School, *Cultural Cognition Project Working Paper* n.º 116, 8 de septiembre de 2013.

232. «The New World: Nothing but the Truth», BBC Radio Four, 2 de enero de 2017.

y un político que simplemente ha sabido interpretar el clima en el momento justo y ha juzgado adecuadamente el cambio de tornas.

Cuando Karl Rove concibió la sorpresiva reelección de George W. Bush en 2004 con un Gobierno enfangado en una guerra en Irak y en la inminente amenaza del terrorismo, nadie creyó que pudiera salir reelegido. De modo que Rove regresó a lo fundamental: «Alimentar las bases».[233]

«Alimentar las bases» significaba pertrecharse en torno a los principales miedos de las bases republicanas. En 2016, cuando Hillary Clinton intentó «construir puentes» y crear coaliciones multicolores, Trump fue asesorado por su equipo (Jared Kushner, Kellyanne Conway, Steve Bannon y otros) para que «alimentara las bases», exactamente lo mismo que hizo Rove para George W. Bush. A Bush le funcionó, y a Trump también.[234]

Los votantes solo contemplan una «visión» si esta se adecua a lo que ya sienten. Cuando John Fitzgeral Kennedy y Harold Wilson ofrecieron nuevas visiones resplandecientes de Estados Unidos y Gran Bretaña en la década de 1960, lo hicieron porque la economía marchaba bien y eso era lo que sus votantes querían oír. El miedo no estaba de moda, y el optimismo sí. Pero, por lo general, lo que predomina es el miedo.

En 2001, años antes de que las noticias falsas fueran diagnosticadas como síntoma de una sociedad posfactual, el profesor Brendan Nyhan, del Dartmouth College de New Hampshire, decidió crear noticias falsas para demostrar lo fácil que es diseminar la opinión pública e influir sobre ella mediante información no veraz.[235]

Niyan inventó una noticia que decía que Saddam Hussein planeaba hacerse con armas de destrucción masiva para entregarlas a terroristas. Después, se retractó de ello con otro artículo en el que dejaba claro que el anterior era tendencioso y que no había pruebas de la existencia de armas de destrucción masiva en Irak.

Los resultados dejaron anonadado a Niyan. Las personas que querían creer en la existencia de armas de destrucción masiva no solo se resistieron a creer que no hubiera, sino que se convencieron aún más de su existencia cuando les dijeron que no era cierto. Niyan llamó a esto el «efecto del tiro por la culata».

---

233. «Four more years attributed to Rove's strategy», *Washington Post*, 7 de noviembre de 2004.

234. «How Jared Kushner won Trump the White House», *Forbes*, 22 de noviembre de 2016.

235. Brendan Nyhan y otros, «When Corrections Fail: The Persistence of Political Misrepresentations», Dartmouth.edu, citado en: Brendan Nyhan y Jason Riefler, «Misinformation and Fact-Checking», *Media Policy Initiative Research Paper*, New America Foundation, febrero de 2012.

Según decía, todo es procesado a través del prisma de nuestros prejuicios existentes. Cuando obtenemos nueva información, no hacemos más que intentar reforzar ese prejuicio y emprender una búsqueda activa de información para conseguirlo. Los datos que contrarían este prejuicio son sometidos al tercer grado hasta que encajan en nuestra visión.

Actualmente, la «cámara de eco» de las redes sociales supone un filtro que simplemente hace que el refuerzo del prejuicio se produzca de manera más instantánea, pero antes de Twitter y Facebook ya teníamos la «cámara de eco» de los periódicos, cada uno de ellos con su propio posicionamiento o filtro ideológico para encajar en nuestros prejuicios preestablecidos.

Nuestra visión sale reforzada incluso cuando nos presentan datos que cuestionan nuestra forma de entender la vida. «Te paras a pensar y dices "no", pero en realidad empiezas a desarrollar argumentos que puedan rebatirlo —afirma Nyhan—. Durante el proceso de elaboración de estas refutaciones, las personas se enrocan más en sus falsas creencias.»[236] Creemos lo que decidimos creer y nos cerramos a cualquier información que pueda generarnos un dilema. No obstante, siempre hay algo nuevo de lo que podemos convencernos, que vivimos bajo amenaza.

Freud, *Mad Men* y la promoción del miedo

La forma más poderosa de conectar con tu base electoral es a través de sus miedos. Años antes de que Hillary Clinton y Donald Trump se subieran al estrado para apelar al terror que suscitaba la elección del otro, ya se había depurado la utilización del miedo como herramienta de venta.

En Madison Avenue, a finales de la década de 1950, había un grupo reducido de genios de la publicidad (Bill Bernbach, George Lois y Jerry Della Felemina) que intentaban hacer algo que nadie había hecho antes: comprender el impulso primario del subconsciente que puede usarse para convencer a alguien de que compre un producto. Trabajaban en la elaboración de una pócima embriagadora con la que hechizar al público hasta el siguiente siglo.

La elección del consumidor, como los prejuicios políticos de izquierda, derecha o centro, está hecha de antemano. Lo único que se necesita es provocar la compra. Bernbach, Lois y Felemina (los *Mad Men* originales) no

236. «The New World: Nothing but the Truth», *op. cit.*

contaban con la neurociencia para encontrar el botón que accionara el subconsciente, pero tenían a Freud.

Freud decía que todas nuestras decisiones racionales están motivadas por deseos del subconsciente. Buscamos liberar estos deseos, o bien reprimirlos, pero como liberarlos es demasiado peligroso en una sociedad que dicta las reglas de lo que se considera «normal», solemos reprimirlos.

En la década de 1920, treinta años antes de que triunfaran esos *Mad Men* de Madison Avenue, Edward Bernys, el sobrino de Freud, inventó las relaciones públicas basándose en las teorías de la manipulación de masas y en el deseo que tienen las multitudes de ser manipuladas. El banquero de Wall Street Paul Mazur sugirió que podría utilizarse el psicoanálisis de Freud para reflotar el crecimiento económico: «Tenemos que hacer que Estados Unidos cambie su cultura de necesidades por una cultura del deseo». Ernest Dichter utilizó a Freud para sexualizar cualquier compra cotidiana del consumidor, desde comer chocolate a fumar cigarrillos.

Aplicar la teoría de Freud a la publicidad supuso la posibilidad de explotar nuestros deseos sublimados para deformarlos hasta convertirlos en algo que quisiéramos comprar: unos zapatos, un coche, un perfume. Así como nosotros sometemos cualquier dato «al tercer grado» para que nos diga lo que queremos oír, ellos le pondrían la camisa de fuerza a nuestro subconsciente y lo convertirían en un producto de consumo.

Relatar al consumidor datos acerca del producto, como cuánto corre el coche o cuántas lavadoras harás con un bote de detergente, resulta irrelevante. El público no quiere saberlo. Ni siquiera se percata de que no quiere saberlo.

El consumidor busca algo más profundo en la compra, y ningún producto es lo que aparenta en la superficie. Un coche deportivo es en realidad una crisis de la mediana edad; el detergente no solo lava la ropa, también esos «sucios» deseos que se reprimen tras las cortinas en las zonas residenciales.

Según estos *Mad Men,* el consumismo no consistía simplemente en comprar. Permitía que las fantasías sublimadas pudieran saciarse a través de una compra socialmente aceptable.

Pero hubo un gurú de la publicidad que emprendió un camino diferente al de estos *Mad Men.* Rosser Reeves fue uno de los ejecutivos publicitarios más carismáticos de Madison Avenue. Él pensaba que la publicidad no debía hacer afirmaciones falsas sobre un producto, ya que el consumidor no tardaría en descubrirlo, sino apuntar como un misil teledirigido directamente a su «característica única de venta», la USP, que tendría que resumirse en un solo eslogan, como el de M&M's: «Se derrite en tu boca, no en tu mano».[237]

Reeves es famoso por haber acuñado la expresión «el sexo vende». Pero él nunca dijo eso. Lo que realmente dijo fue lo contrario: «El sexo vende si vendes sexo». Según Reeves, el impulso que realmente incita a la compra es el miedo.

Reeves tomó el conocimiento adquirido sobre la venta que colmaba los deseos reprimidos, lo metió en un archivador y lo tiró desde la planta más alta de Madison Avenue.

Según él, lo que los consumidores buscan en la vida realmente es la felicidad. Y la vida moderna nos hace tener miedo. Tememos el fracaso, el rechazo, que nuestra esposa nos deje, que el jefe nos despida. Estos son miedos reales. Para vender un producto a este consumidor asustado, primero es necesario activar esos mecanismos para generarle la máxima ansiedad y después venía la parte que más gustaba a sus clientes, venderles la solución.

Reeves fue la inspiración para crear el personaje de Don Draper, protagonista de la serie de televisión *Mad Men*. En el primer episodio explica su filosofía a los clientes: «La publicidad está basada en una cosa: la felicidad. Y ¿saben qué es la felicidad? La felicidad es el olor de un coche nuevo. Es liberarse del miedo. Es un cartel al otro lado de la carretera que te confirma a gritos que lo estás haciendo bien. Que tú estás bien».[238]

A Reeves no le importaba el producto (era el productor quien tenía que conseguir que fuera lo mejor posible), sino la mente. Al ofrecernos la liberación de los miedos de la vida moderna, nos proporcionaba una solución que haría que los consumidores nunca dejáramos de comprar y los productores nunca parasen de vender.

Actualmente, consumimos miles de productos diarios que ofrecen liberarnos del miedo. Colman los pasillos del supermercado. Desodorantes e inhibidores del mal aliento para desprendernos del estigma social del olor; cremas antiarrugas que nos dan un respiro temporal del miedo a envejecer; espráis y toallitas húmedas que actúan sobre nuestro miedo TOC a acumular gérmenes.

También se tienen en cuenta miedos más importantes. Unas vacaciones de lujo para tus hijos porque temes no ser un buen padre; la «paz mental» de un seguro de vida para que tengan un tejado sobre su cabeza cuando caigas muerto de tanto trabajar para pagar sus vacaciones.

---

237. Rosser Reeves, *Reality in Advertising*, Widener Classics, publicado originalmente en 1961. La edición española está descatalogada.

238. «El humo ciega tus ojos», escrito por Matthew Weiner, *Mad Men*, capítulo 1, temporada 1, 2007.

Roser Reeves lo resumía todo en dos palabras: «Vender miedo». Los genios de Madison Avenue habían transformado los datos en algo nuevo. Los datos eran para ellos una masilla con la que moldeaban cualquier «realidad alternativa» o historia que quisieran contar. Los datos se reordenarían en pos de una causa más importante: la venta.

El miedo a los mexicanos que preconizó Donald Trump, para después ofrecer la solución en forma de muro gigante en 2016, era Roser Reeves en estado puro. El miedo ha pasado a ser un arma de persuasión masiva calibrada de forma refinada. Para descubrir la perspicacia con la que se usa, concerté una cita con el hombre que promovió la venta del miedo en el mundo posterior al 11S y puso los cimientos para acabar con los datos factuales.

El hombre que aprovechó el 11S para vender coches

Son las siete de la mañana y conduzco por una sinuosa y tortuosa carretera de Normandía en busca de un castillo. A medida que mi coche de alquiler desciende por el camino, me sumerjo en una espesa niebla. Mi teléfono móvil me informa de que ante mí tengo un castillo gótico del siglo XVII. Subo por el enorme camino de acceso flanqueado de árboles y localizo a mi anfitrión.

Me recibe uno de los hombres más extraños que jamás haya conocido. El doctor Clotaire Rapaille tiene unos setenta años y un pelo blanco exuberante peinado hacia atrás. Lleva un traje de terciopelo rojo con medallas militares en la solapa. Un largo pañuelo de seda negro ondea al viento a su espalda con teatralidad. Su rostro está cubierto con una espesa capa de base de maquillaje, un sutil matiz de pintalabios y gafas de sol. Rapaille sale de la niebla con paso firme para estrecharme la mano. Es una mezcla entre Luis XIV y Michael Jackson.[239]

A principios del nuevo milenio, Rapaille llevó la idea de vender miedo de Rose Reeves a un nuevo nivel de terror, cimentando el camino de ese mundo de la «posverdad». En su castillo, rodeado de armaduras y enormes retratos de sus ancestros, también tiene un autorretrato en que se le ve con las manos sobre la cabeza, agazapado en una cueva prácticamente desnudo y gritando al viento. Es difícil saber qué representa, pero una cosa está clara: Rapaille conoce el miedo y cómo apelar a él.

La vida de Rapaille se divide en dos partes. En la primera ejerció como psicólogo en hospitales del norte de Francia, diagnosticando y tratando a

---

239. *The Men Who Made Us Spend*, ep. 2, BBC2, septiembre de 2014.

niños autistas. Rapaille era un especialista exitoso y respetado en su campo. Después, en la época en que Dick Cheney y Tony Blair apelaron al dato imaginario de la existencia de armas de destrucción masiva en Irak, Rapaille se encontraba mirando la televisión una noche y vio un reportaje de la CNN que encendió fuegos de artificio en su cabeza.

Según este reportaje, tras el atentado del 11S en las Torres Gemelas, las ventas de Humvees se habían disparado entre los compradores de automóviles de las zonas residenciales. Estadounidenses normales y corrientes compraban, para ir a hacer la compra al supermercado, un vehículo militar diseñado para soportar un ataque de una bomba de mortero de cincuenta kilos.

¿Qué habría dicho Freud de esto?, pensó Rapaille. La razón por la que las ventas de Humvee estaban en pleno auge era que la parte inconsciente del cerebro del consumidor estadounidense respondía al miedo primario a otro ataque terrorista. Lo que Rapaille llamaba el «cerebro reptiliano».

Los vehículos de Humvee no estaban destinados comercialmente a los usuarios domésticos, pero la gente había acudido a ellos por su propio pie y empezaban a comprarlos. Habían identificado el miedo irracional que los atenazaba y habían comprado una solución para ello.

Los acontecimientos del 11S multiplicaron por mil la temperatura de lo que Rapaille llama el «termostato de la ansiedad». En aquel momento su vida cambió y tomó otro rumbo, el del gurú publicitario mundial de la venta del miedo, heredero de Rosser Reeves.

La genialidad de Rapaille consistiría en subir el nivel de la liberación del miedo. Ya no temíamos simplemente el mal aliento o que los vecinos no dieran el visto bueno a nuestro nuevo coche. Ahora estábamos aterrados por el fantasma del terrorismo, la pedofilia, los refugiados y el calentamiento global. Estos eran nuevos miedos en expansión que podían ser explotados para vender productos y proporcionar al consumidor seguridad en lugar de felicidad.

Su primer cliente fue Chrysler. Rapaille se reunió con los ejecutivos de la compañía. Les dijo que los coches suburbanos tenían que parecerse más a los Humvee para aprovechar el clima de miedo generado tras el 11S. Lo que Chrysler necesitaba era un nuevo cuatro por cuatro que proporcionara la misma ilusión de seguridad que un Humvee, pero costara cuatro veces menos; es decir, un tanque elevado con barras de protección y un chasis reforzado que ofreciera sensación de seguridad en un mundo inseguro.

Rapaille tenía muy claro el mensaje indiscutible que tenía que dar el coche a los otros conductores: «Soy un arma. No te metas conmigo. Si chocamos, pasaré por encima de ti y te mataré».

El resultado fue el Chrysler PT Cruiser, que tuvo un éxito absoluto. Irónicamente, tenía tendencia a volcar cuando había fuertes vientos. Esas mismas cosas que proporcionaban una ilusión de seguridad (la posición de «torreta» elevada para el conductor) hacían que fuera potencialmente letal y volcara constantemente.[240] Rapaille no dio pábulo a estas preocupaciones. Los hechos no eran lo importante. El PT Cruiser daba apariencia de seguridad y eso era lo que impulsaba las ventas.

Rapaille cree que ese nuevo clima de terror motivó el aumento en las ventas de un nuevo tipo de coche, el *Sports Utility Vehicle*, o SUV. A principios de 2000, los SUV pasaron de tener una cuota cero en el mercado a constituir el veinte por ciento de las ventas al cabo de solo tres años. Todos los detalles de diseño reforzaban la ilusión de seguridad. Incluso los posavasos no son simples posavasos, según Rapaille. Envían un mensaje de estabilidad: pon tu vaso aquí, no permitiré que caigas.

Rapaille se había convertido en un «antropólogo de la ansiedad» que vendía su teoría del cerebro reptiliano a las compañías más grandes del planeta, todas, desde la gigante tabaquera Philip Morris a los Corn Flakes de Kellogg's. Vender miedo suponía una red de seguridad que podía traspasarse a cualquier producto.

Nintendo llevó a cabo amplios estudios sobre los miedos que perseguían a la familia estadounidense tras el 11S y detectó un hueco enorme en el mercado de los videojuegos.[241] En lugar de diseñar una consola para adolescentes solitarios que disparasen a insurgentes iraquíes en sus habitaciones, Nintendo se dispuso a diseñar una nueva consola que reuniera a la familia en torno a una agradable chimenea digital para jugar juntos a los bolos y a Mario Cart. La llamaron «Wii». La doble «i» era una concesión al mercado asiático, y el «nosotros» de «*we*» sugería unión.

Coca-Cola fue la siguiente, introduciendo una «pizarra de la ansiedad» en las lluvias de ideas que realizaban con los ejecutivos. En estas reuniones se enumeraban las principales ansiedades que pensaban que la gente experimentaba en ese momento y cómo podían vender una Coca-Cola para que representara doce tragos de alivio.[242]

Que estos miedos se basaran en la realidad o no carecía de importancia. No eran los hechos lo que importaba, sino el impacto emocional que genera-

---

240. *Ibid.*

241. *Ibid.*

242. *Ibid.*

ba en el público. Las compañías explotaron esa nebulosa de ansiedad generada por el exterminio del planeta que se difundía incesantemente en las noticias: calentamiento global, la implosión de Oriente Próximo y la consiguiente crisis migratoria, el terrorismo, pandemias, incluso el «hogar tóxico».

El miedo era una herramienta de venta sensacional. A pesar de que nunca antes habíamos estado tan seguros en nuestras casas, ni era menor el peligro de morir en una guerra o por una enfermedad, la percepción de la escalada del miedo estaba siendo elevada a un nuevo plano de histeria. El hecho de que haya más probabilidades de que te mate tu tostadora que un ataque terrorista no contaba en absoluto.

Algunos productos hacían peligrar la credibilidad de la trama. El Brickhouse Child Locator era un dispositivo electrónico que podías hacer llevar a tu hijo. Su lanzamiento estuvo motivado por una oleada de nuevos informes sobre secuestros de niños.

«La peor pesadilla para los padres», comenzaba diciendo el anuncio. Una madre corre desesperadamente por el parque infantil en busca de su hijo. Se trataba de una ansiedad de niveles acongojantes. Según Rapaille «disfrutamos con la experiencia de la montaña rusa», pero ¿no sería llevarlo demasiado lejos aprovecharse del secuestro de niños? Actualmente, el localizador de niños Brickhouse con GPS se vende a 27,99 dólares y es un éxito comercial masivo.

En 1997 se expandió el miedo a una epidemia de fiebre aviar que barrería los aeropuertos del planeta. A la fiebre aviar siguieron el dengue: el síndrome respiratorio agudo grave y la madre de todas las pandemias: el ébola.

El miedo era visceral y ahí estaba la industria jabonera para vendernos la solución. Queríamos algo que aniquilara los gérmenes y destruyera el contagio inminente. El jabón «antibacteriano» se inventó para purgar ese miedo. El jabón pasó de ser un lujo usado una vez al día en el cuarto de baño a un arma utilizada a cada instante en la lucha contra los gérmenes, ya fuera en la cocina para desinfectar los alimentos, en el baño para proteger a los niños o, incluso, para las mascotas.

La batalla contra los gérmenes era en realidad un trasunto de la batalla contra las plagas del mundo que no podíamos limpiar con un paño húmedo antibacteriano. Es decir, la enfermedad, la polución, y el fantasma inventado de la inmigración. Estas cosas escapaban al control del temeroso consumidor. Pero la de la higiene era una guerra que sí podíamos ganar. Todas las superficies domésticas eran identificadas en los anuncios como contenedores de salmonela, bacterias *E. coli* y legiones de microbios que teníamos que pulverizar cada quince segundos como maniacos.

El jabón antibacteriano también captó todo un nuevo mercado impulsado por la existencia de las pandemias: el paciente con TOC. Las técnicas de mercado que apelaban a nuestros peores miedos acerca de la higiene hicieron que el jabón antibacteriano se convirtiera en el nuevo medicamento favorito de los pacientes con trastorno obsesivo compulsivo.

Barry Shafe es un hombre callado que viste de traje. A principios de 2000 era director de desarrollo de productos del fabricante de jabones más importante del mundo, Cussons, y el hombre que ideó Carex, el producto que supondría el lanzamiento mundial de los pulverizadores antibacterianos.

Barry dice que ni siquiera había que explotar los miedos del público. «El ruido de fondo del miedo a la pandemia era lo único necesario para que los consumidores compraran el jabón antibacteriano.»[243] ¿Por qué crear historias de miedo en anuncios cuando las noticias, llenas de atentados terroristas y ébola, hacían por ti la campaña publicitaria? Los pulverizadores antibacterianos, como el Chrysler PT Land Cruiser, vendían una ilusión, la de proporcionar seguridad en un mundo peligroso.

Pero esta «seguridad» se cobraba un precio real. A medida que purgábamos nuestros entornos domésticos de gérmenes, se produjo un aumento en el asma y el eccema infantil que estaba relacionado directamente con este nuevo hogar tóxico. La Agencia de Protección Ambiental estima que actualmente el hogar medio está entre dos y cinco veces más contaminado que el aire exterior a consecuencia de las «emisiones de gas» de los productos de limpieza, ambientadores y aerosoles antibacterianos.

Al librar a nuestras casas de los gérmenes, hemos creado un entorno tóxico. Pero los datos sobre la toxicidad generada al descontaminar el hogar eran ignorados cuando se contraponían a la fantasía sensacionalista de los «peligros». El miedo era simplemente demasiado venenoso y se imponía a los hechos. Nos creíamos el argumento de un aterrador mundo exterior lleno de demonios que había que liquidar. Nadie quiso oír la verdad.

Cómo las noticias eliminaron los hechos

En 1986 había tres cadenas que dominaban la televisión estadounidense: NBS, CBS y ABC. Los tiburones de Wall Street compraron todo el lote de una sola tacada. NBC pasó a formar parte de General Electric. La CBS fue

---

243. *Ibid.*

comprada por Loew's, el grupo de inversiones de Lawrence Tisch. Y Cap Cities, respaldada por Warren Buffet, se hizo con ABC. Las adquisiciones oscilaban entre los 2.000 y los 3.500 millones de dólares, pero los compradores lo vieron como una liquidación por incendio gracias a la que se apropiaban de unos activos enormemente devaluados a precio de ganga. Todo sucedió en cuestión de semanas.

¿Por qué? Los estadounidenses habían crecido al son de estas cadenas. Cada una de ellas poseía un «identificativo» o logo perfectamente reconocible y presentadores de noticias como Walter Cronkite, en quien confiaba todo el país. Estas razones hacían de ellas la plataforma idónea para el lanzamiento de una revolución en la televisión comercial. Se crearían nuevos canales temáticos y de pago a la carta destinados a todos los sectores, desde películas y deportes a niños, entretenimiento y pornografía.

El consorcio Cap Cities/Warren Buffet, que había comprado ABC, pidió a Goldman Sachs que realizara un estudio económico en profundidad sobre la cadena que se convertiría en el modelo para la auditoría de la televisión en su conjunto. No tardaron en realizar un sencillo descubrimiento: todo salía demasiado caro.

La televisión tenía «el problema de *Friends*». En la primera temporada, Jennifer Aniston cobraba 10.000 dólares, pero al llegar a la tercera cobraba un millón, además de un enorme porcentaje de los ingresos generados. Goldman Sachs concluyó que se necesitaban más formatos repetibles y noticias que fluyeran como una corriente continua. Y menos Jennifer Aniston.

Al año siguiente se lanzó *Supervivientes,* el primer *reality* en formato televisivo. La televisión se atenía a los términos exigidos por Goldman Sachs: una producción en masa de contenidos de gran volumen que prescindiera de estrellas caras que tuvieran que volver a la pantalla para contratar a estrellas desechables que pudieran ser remplazadas cada temporada. Si las noticias querían ser rentables, tenían que ofrecer más presencia en la pantalla por menos dinero. Y eso significaba noticias ininterrumpidas.

La estrella ya no sería Walter Cronkite, sino un chaval que irrumpe en el instituto y asesina a sus compañeros con un arma. Las noticias tenían que apostar fuerte y ganar dramatismo. Para destacar en el mercado competitivo era preciso que fueran catastróficas.

Este cambio hacia el catastrofismo de las noticias se produjo rápidamente. En 1994, la sátira de la BBC *The Day Today* parodiaba esta nueva forma grandilocuente de presentar los acontecimientos que estaban pasando con gráficos explosivos y «actualizaciones» incesantes de una historia que no precisaba actualizar su información más que para rellenar tiempo de emisión. Informaciones cataclísmicas basadas en verdades a medias o mentiras absolutas.

La intensificación era algo inherente al formato de las noticias ininterrumpidas, cuyo nivel de histeria debía aumentar progresivamente. La veracidad se convirtió en un simple siervo de la incesante actualización noticiera, que requería una escalada en el tono cada quince minutos, un «desarrollo». Esto suponía que todo tenía que ser «noticia». En la serie de Channel 4 *Brass Eye*, Chris Morris interpretaba a un presentador de rostro impasible que daba noticias nimias como si informara sobre el fin del mundo: «¡Usan la cara de un niño como antena parabólica!» Las noticias se habían convertido en una parodia de sí mismas.

Budd Dwyer, el paradigma del catastrofismo

Para que este bucle eterno de tiroteos, robos y agresiones fuera visionable, era necesario generar dramatismo.

Había que conocer los detalles y estos tenían que ser cruentos. Si el *reality show* realzaba la realidad fingiendo la dramatización de un conflicto entre los concursantes, las noticias catastróficas necesitaban pasar de informar sobre los hechos de manera equilibrada y mesurada a dar bombo a la historia y crear una forma de entretenimiento que enganchara tanto como la ficción.

Pero había un problema ineludible. Para que hubiera más noticias televisivas era necesario que hubiera más noticias emocionantes sucediendo a cada momento. Esto generaba un problema moral a las personas encargadas de su creación. ¿Hasta dónde podemos llegar? El 22 de enero de 1987, las noticias tendrían su prueba de fuego.

El tesorero republicano del senado del estado de Pensilvania, Robert «Budd» Dwyer acababa de ser condenado por recibir un soborno para asegurar un contrato multimillonario, una estafa muy elaborada que incluía una compensación tributaria por la toma de acciones sancionadoras indebidas que repercutieron en miles de empleados del Estado.

Dwyer insistió en su inocencia durante el proceso, e incluso escribió a Ronald Reagan para suplicar su intervención. Pero fue declarado culpable. El día 23 de julio se leería su sentencia, por la que se enfrentaría a una pena de hasta cincuenta y cinco años de prisión.

El día antes de la emisión oficial del veredicto, Dwyer convocó una rueda de prensa a la que se presentaron periodistas de cinco agencias de noticias. Dwyer entregó su carta de dimisión en un sobre. Agradeció el apoyo a sus votantes y reiteró su inocencia: «Les ruego que cuenten mi historia en todas las cadenas de televisión y radio y en todos los periódicos y revistas de Estados Unidos».

Tras esto desveló otro sobre del que sacó un revólver Smith & Wesson modelo 27. Los periodistas allí reunidos se sobresaltaron y empezaron a gritar. Dwyer continuó hablando con calma: «Por favor, quien no tenga estómago o capacidad mental para soportarlo que se vaya, porque no quiero causar malestar físico ni psicológico a nadie». Dos alguaciles intentaron agarrarle, pero Dwyer retrocedió para que no pudieran quitarle la pistola. «No, no hagáis nada. Alguien podría salir herido», les advirtió.

Entonces, Dwyer se giró hacia la cámara principal y miró directamente hacia el objetivo —lo que se conoce como «mirar al cañón»— como si presentara un reportaje sobre sí mismo. «Joanne, Rob, Dee Dee. Os quiero. Gracias por hacerme feliz. Adiós a todos. A la cuenta de tres...» Pero después de contar hasta dos se pegó un tiro en la boca y se voló la tapa de los sesos.

Dwyer había planificado su suicidio para que coincidiera con las noticias del mediodía. Sabía lo que querían y no los decepcionó. Las cadenas de televisión se debatían entre el horrendo contenido gráfico de las imágenes y su tremendo potencial para atraer a los espectadores.

WPVI-TV, de Filadelfia, y WPXI-TV, de Pittsburg, emitieron el suicidio completo. Channel 6 mostró a Dwyer apretando el gatillo, pero cortó la emisión antes del derramamiento de sangre. Los canales de televisión locales de Pensilvania congelaron la imagen en el momento en que apretaba el gatillo, pero dejaron el audio del disparo y los gritos de horror subsiguientes. Action News emitió el suicidio de principio a fin. El *New York Times* cuestionó la moralidad de mostrar esas imágenes, pero era un bomba generadora de audiencia.[244]

En el proceso de Dwyer hubo otro inculpado, otro gobernador republicano llamado William Smith. En 2010, veintisiete años después de que Dwyer se suicidara, Smith admitió que había cometido perjurio al mentir sobre la implicación de Dwyer para conseguir que rebajaran su propia pena.

Dwyer tenía razón desde el principio al decir que le habían acusado injustamente. Era inocente y se suicidó porque nadie investigó lo que afirmaba. Smith fue condenado a un año de prisión por mentir bajo juramento para incriminar a Dwyer, y seis meses después ya había vuelto a la política.

Los canales de noticias no investigaron las afirmaciones de Dwyer porque estaban demasiado ocupados haciendo refritos de su suicidio y buscando nuevas

---

244. «Pictures raise news issue», *New York Times*, 23 de enero de 1987.

formas de aprovecharlo. A nadie se le ocurrió averiguar por qué se había suicidado. El ciclo de las noticias iba demasiado rápido para tenerlo en cuenta.[245]

El suicidio de Budd Dwyer fue una prueba para revisar el código moral de las noticias en este nuevo mundo tan competitivo. Dwyer sabía lo que querían las noticias, lo que significaba para ellos la palabra «relevante», y lo utilizó como altavoz para que se conociera su caso.

Cuando los canales de noticias tuvieron que escoger entre la dignidad de Dwyer y su familia o la cobertura gráfica de su suicidio, se decidieron por esto último. Gracias a la comercialización de las noticias, las cadenas exigían impacto y el mundo se lo concedía.

La presión por emitir noticias más rápido para robarle la exclusiva a los medios rivales había convertido los telediarios en una máquina de desinformación dispuesta a inventar falsedades en cuanto sucedía algo importante. En 2013, tras los atentados de la maratón de Boston, John King, de la CNN, identificó rápidamente a un sospechoso «varón de piel oscura».[246] La periodista Megyn Kelly, de Fox New's, fue más allá, confirmando fraudulentamente que se había detenido a un sospechoso. El *New York Post* publicó una fotografía de dos hombres con mochilas entre la multitud, y los identificó como «Los hombres de la mochila: los federales buscan a estos dos individuos fotografiados en la maratón de Boston». No era cierto, y ni siquiera se trataba de ellos.

El suicidio de Budd Dwyer había preestablecido el directo «tal y como sucede» y la información en el acto, pero a medida que las noticias se hicieron ininterrumpidas y el imperativo comercial ganaba peso sobre la información veraz, la emisión de noticias falsas se convirtió en algo inevitable.

La ciencia se convierte en ciencia ficción

T. S. Eliot dijo en cierta ocasión que «la humanidad no puede soportar demasiada realidad», y esta fue la lección que aprendieron los canales de noticias televisivas de Budd Dwyer. Si un coche bomba decapita a un niño, vemos un reportaje de la noticia del acontecimiento adaptado al público occidental. Se trata de un ejercicio depurado, a medio camino entre lo que ha sucedido realmente y una versión «aceptable» saneada con imágenes escogidas delibe-

---

245. *Honest Man: The Life of R. Budd Dwyer*, dirigida por James Dirschberger, Eighty Four Films, 2010.

246. «Biggest media screw-ups of 2013», Catherine Taibi, *Huffington Post*, 23 de enero de 2014.

radamente para expresar símbolos del horror (un zapato ensangrentado, un padre llorando) sin mostrar detalles gráficos de la explosión. Este es el truco de la información noticiera y constituye la «verdad». El hecho documentado sobre lo que ha sucedido.

Pero las noticias no están solas en esa necesidad de crear una verdad híbrida con objeto de seguir una línea moral al mismo tiempo que generan catastrofismo y controlan el exceso de declaraciones. La ciencia también ha subido las apuestas a este respecto; la razón es que necesitan cobertura periodística para mantener la financiación. Para que un informe científico salga en la noticias tiene que ser algo extremo, rimbombante y equívoco.

En 2013, el profesor John Ioannidis reveló algo impactante en el Seventh Peer Review Congress de Chicago.[247] La mayoría de los estudios científicos son erróneos, y esto se debe a que los científicos están más interesados en conseguir financiación y avanzar en sus carreras que en la veracidad científica.[248]

Ioannidis ilustró su parecer con el ejemplo del *Boston Cookbook*. De cincuenta ingredientes seleccionados al azar entre las recetas, cuarenta de ellos habían sido relacionados con el aumento o descenso del riesgo de cáncer. Estos vínculos con el cáncer habían aparecido en las noticias y en reportajes de los medios de comunicación miles de veces. No obstante, según Ioannidis, el metaanálisis realizado mostraba que estos estudios científicos no eran «correctos» en prácticamente ningún caso.[249]

La ciencia tendría que ser mesurada y cautelosa por naturaleza, pero esto es lo contrario de lo que exigen las noticias. Si el editor de las noticias tiene que escoger entre los beneficios marginales de comer arándanos y «los arándanos curan el cáncer», o mejor incluso «los arándanos provocan cáncer», ¿cuál decidirá publicar?

El público ha dejado de creer las afirmaciones que se hacen respecto a «superalimentos», «medicamentos milagrosos» o vitaminas, ya que estas afirmaciones cambian cada mes, pero el resultado de este proceso ha sido socavar la confianza que se tenía en la ciencia como profesión. La ciencia se ha convertido en ciencia de mentira.

Y en lo que concierne a la curación de enfermedades, la cosa no mejora en absoluto. Ioannidis dijo que en los genes que se relacionan con enfermedades

247. «Why most published research findings are false», John Ioannidis, PLoS Med 2 (8) e124. doi: 10. 137/journal.pmed 0020124, 30 de agosto de 2005.

248. «Time for science to be about truth rather than careers», Richard Smith, *BMJ*, 9 de septiembre de 2013.

249. *Ibid*.

específicas, los análisis de cientos de estudios solo han encontrado vínculos genuinos en el 1,1 por ciento de los casos.[250] En 127 modelos de predicción en los que se encontraron biomarcadores de enfermedades, el riesgo relativo alto se había exagerado prácticamente en todos los casos. Solo una quinta parte de ellos contaban con estudios ulteriores para validarlos.

Ionnidis concluye que la mediatización científica es flagrante y está plagada de afirmaciones exageradas. La razón es sencilla. Estas personas necesitan financiación y para conseguirlo tienen que ser visibles. Dado que las «investigaciones» científicas se han convertido en una fuente de recursos útil para los medios de comunicación que informan sobre «avances» decisivos de la ciencia, tanto la escalada de peligros para la salud como sus soluciones irrealistas se venden como hechos. En realidad, se trata de hechos catastrofistas, igual que las noticias.

Cada semana recibimos nuevas oleadas de peligros que azotan a la sociedad como tsunamis, y después se disuelven sin haber dejado rastro alguno. No obstante, cada una de estas oleadas se considera más peligrosa que la anterior: supervirus, superratas, superlarvas, supervirus informáticos, superfraudes, superneblumo veraniego y superneblumo de invierno, cualquier cosa, desde un meteorito que se aproxima a una mala hierba japonesa indestructible que estrangulará tu jardín. Estas «epidemias» son en realidad sucesos controlables convertidos en catástrofe y exagerados para que supongan una amenaza inminente para la humanidad.

La ciencia ha pasado a formar parte del negocio de las noticias falsas y trabajan en ellas para ignorar los datos con el objeto de conseguir una mejor historia. Se habla de que «el café mata» o de que «el té mata», de «los efectos milagrosos del café» y «los efectos milagrosos del té», de «los efectos nocivos del tabaco mitigados gracias al café y al té».

Pero tras estos titulares hay un juego de poderes. Cuando se habla de que «esto mata», o de que aquello otro «obra milagros», estamos ante investigaciones científicas financiadas con un interés comercial específico para ejercer presión sobre el Gobierno o maquillar un nuevo producto bajo el manto de la ciencia. La investigación es financiada secretamente por la industria farmacéutica, de la alimentación o de la salud, y cada uno de ellos puja por un producto comercial específico para el que necesitan permisos o generar demanda. La ciencia opera en el terreno neutral de los «datos» tanto como las noticias periodísticas.

A veces esto puede resultar peligroso. En 1992 se declaró súbitamente que una píldora anticonceptiva podía causar trombosis venosa. Al año si-

---

250. *Ibid.*

guiente, las cifras de abortos subieron inesperadamente. El sistema sanitario nacional anunció que no existía riesgo añadido en la minipíldora de progestina y solo un «riesgo ligeramente mayor» en la que combina estrógenos y progestina. Las víctimas no fueron las empresas farmacéuticas ni los medios audiovisuales que informaron de esa afirmación exagerada, sino las mujeres que creyeron que sufrían un riesgo.

La «verdad» como anomalía

Las noticias y la ciencia tenían motivos propios para hacer esto, pero el efecto que causó en el público fue que simplemente dejara de creer en los «datos». Pew Research Centre (Centro de Investigaciones Pew) es un centro de difusión de ideas imparcial con sede en Washington que ha estado revisando los niveles de confianza que genera el Gobierno y el periodismo desde hace cuarenta años.[251]

En 1958, durante la Administración de Truman, el setenta y tres por ciento de los estadounidenses afirmaba confiar en el Gobierno «prácticamente siempre o la mayoría de las veces». También confiaban en los periodistas. La confianza en ambas profesiones continuó siendo alta durante la década de 1960, alcanzando su cota máxima bajo el mandato del presidente Johnson, momento en que el pueblo se sentía más seguro. Pero en 1970, gracias a la guerra de Vietnam y al caso Watergate, la confianza en el Gobierno cayó en picado de manera espectacular. En 1974, el porcentaje era del treinta y tres por ciento, y en 1979 apenas alcanzaba el veinticinco por ciento.

Pero al mismo tiempo que la confianza en el Gobierno se desmoronaba, el periodismo venía por sus fueros. Como ejército de la «verdad».

En 1970, Seymour Hersh desveló la historia de la masacre de My Lai. En 1972, Bob Woodward y Carl Bernstein sacaron a la luz el caso Watergate. El equipo de revelaciones del *Sunday Times* expuso numerosos escándalos a lo largo de la década, desde el de la talidomida a la producción secreta de armas nucleares por parte de Israel.

Tras el desplome de confianza en los políticos quedaba un lugar al que el público sentía que podía dirigirse para dar a conocer la verdad y revisar el trabajo del gobernante: los medios de comunicación. Esta creencia en el po-

---

251. «Beyond Distrust: How Americans View Their Government: 1958–2015», Pew Research Centre, 23 de noviembre de 2015.

tencial del cuarto poder aumentó en proporción inversa a la caída en picado del respeto por los políticos.

En la década de 1970, el público veía a los periodistas como caballeros de brillante armadura que entregaban la verdad al pueblo. Los personajes de Woodward y Bernstein en el caso Watergate fueron interpretados por Robert Redford y Dustin Hoffman en *Todos los hombres del presidente*. El periodismo suponía una fuerza para la verdad resplandeciente que no estaba contaminada por la debilidad y podredumbre que se percibían en el Gobierno corrupto.

Pero después se produjo un cambio de poderes. Los propietarios de los medios que estaban del lado de la voz marginal de los periodistas empezaron a querer recuperar su parte de poder real, lo cual significaba ponerse de parte de los políticos. Querían volver al redil.

En 1903, lord Northcliffe, el primer barón de la prensa del siglo XX, advirtió el potencial de poder que ofrecían sus periódicos: «Cada extensión del sufragio otorga más poder a los periódicos y menos a los políticos».[252] En 1918, Northcliffe creía que había ganado la Primera Guerra Mundial por sí solo mediante el uso de su poder para deponer a Asquith y colocar a Lloyd George como primer ministro británico.[253]

En las décadas de 1930 y 1940, lord Rothermere y lord Beaverbrook usaron su poder para influir directamente en asuntos de Estado. Rothermere, propietario del *Daily Mail*, respaldó a la Unión Británica de Fascistas (BUF) y simpatizaba abiertamente con Hitler, a quien percibía como un líder europeo fuerte rodeado de líderes débiles (la misma opinión que tenía el gran público británico).[254]

Beaverbrook, propietario del *Daily Express*, el primer periódico en tener una tirada de dos millones de ejemplares en la década de 1930, unió fuerzas con Rothermere para juzgar y destituir al primer ministro Stanley Baldwin. Un golpe de Estado en toda regla.

El 17 de marzo de 1931, en el Queen Hall de Londres, Baldwin dijo: «Sus periódicos no son periódicos en el sentido ordinario de la palabra, son motores de propaganda para los constantes cambios de política, deseos, caprichos y afinidades personales de dos hombres. Lo que la propie-

---

252. James Curran y Jean Seaton, *Power Without Responsibility*, Routledge, 2003.

253. «Rupert Murdoch is not the first press baron with a thirst for power», David McKie, *Guardian*, 14 de julio de 2011.

254. *Ibid.*

dad de estos dos periódicos ansía es el poder, pero un poder sin responsabilidad, la cual ha sido la prerrogativa de la ramera a lo largo de los
tiempos».[255]

Los barones de la prensa de principios del siglo XX habían provocado
cambios dramáticos en la política. No jugaban simplemente en la misma
mesa que los políticos, sino que querían decidir quién se sentaba allí.

Esto cambió en la década de 1970. El periodismo había inclinado la
balanza del poder creando una anomalía llamada «verdad». «Los hechos ya
no servirían a la consecución del poder para los propietarios, sino que serían
una fuerza que revelaría las mentiras de los políticos al pueblo, diamantes
ocultos en una mina para que los periodistas de investigación los descubrie-
ran y sacaran a la luz.»

Los propietarios aceptaron esta nueva versión de los acontecimientos
siempre que fuera buena para el negocio, pero cuando dejara de serlo, el
barón de la prensa (que resurgía en la figura del magnate de los medios de
comunicación) volvería al sistema por defecto del hombre todopoderoso que
mueve los hilos para decidir quién se sienta a la mesa de gobierno. Y uno de
esos magnates lideraría el camino.

La Fox

En 1985, un magnate de los periódicos australiano con pasaporte estadounidense que había tenido un busto de Lenin en su etapa de estudiante en
Londres compró una pequeña cadena de televisión llamada WTDG.

Frank O'Donnell era productor de la cadena: «Durante los tres primeros
años nos dejó tranquilos, en parte porque tuvimos un gran éxito. Pero un
día recibimos la orden de interrumpir la emisión de las noticias para dar en
directo un homenaje servil a Ronald Reagan que se transmitía en la conven-
ción del Partido Republicano. Nos quedamos de piedra, porque hasta ese
momento se nos había permitido dar noticias legítimas. De repente, los de
arriba nos decían que teníamos que emitir propaganda».[256]

La plantilla de WTDG pensaba que Rupert Murdoch era diferente, pero
se equivocaban. Había heredado su imperio de la comunicación y lo había

---

255. «Clash of the Press Titans», Peter Jackson y Tom de Castella, BBC News, 14 de julio
de 2011.

256. *Outfoxed: Rupert Murdoch's War on Journalism*, dirigido por Robert Greenwald, Mo-
veOn.org/ Ryko Distribution, 2004.

consolidado con astucia, exactamente igual que Northcliffe, Beaverbrook, Rothermere y Cecil King hicieron anteriormente.

Pero Murdoch era mucho más astuto y ambicioso que todos ellos. Había sido leninista en la universidad y sus ansias de revolución continuaron tiempo después de que abandonara sus devaneos estudiantiles con el socialismo.

O'Donnell cree que lo que presenció de primera mano en WTDG con ese bando de la dirección fue el nacimiento de la posverdad que se culminaría veinte años después. Pero esta posverdad de WTDG no era más que la reordenación de los hechos tal como se daba con los barones de la vieja prensa: influir en el poder y cambiarlo.

En 1996 empezó a emitir el canal de televisión Fox News bajo la dirección de Roger Aisles, el que fuera estratega político de Nixon, Reagan y Bush: «Nuestra intención es hacer periodismo justo y equilibrado», dijo, transmitiendo las que serían las consignas de la cadena. Al cabo de pocas horas empezaron a rondar circulares por todo el edificio que informaban a los periodistas sobre de qué se podía hablar. Según Aisle, el aborto era un tema marca de la casa. Fox estaba a favor de la vida. La raza era otro de ellos, pues se trataba de una cuestión que interesaba al votante de izquierdas. El sida también. Cuando comenzaron las pesquisas del caso 11S, una circular advirtió al personal que esto no «se convierta en otro Watergate».[257]

Las voces disidentes se reservaban para debates de estudio en los que se les hacía callar o se les cortaba el micrófono en plena discusión. No se trataba de «equilibrio» en el sentido tradicional, pero la cuestión no era esa. Se trataba de un despliegue de polémica que se disparaba contra Washington como si fuera un láser, y funcionaba. Bill O'Reilly, periodista de la Fox, mandó callar a más de sesenta entrevistados y los dejó con la palabra en la boca. Los periodistas de la escuela de Woodward y Bernstein se quedaban anonadados.

A los contrariados empleados se les obligaba a informar sobre historias que eran imprecisas o pura invención (como sucedió con los tiroteos de Columbine) para crear corrientes de opinión favorables a las armas. A ninguno de los dirigentes de Fox le importaban en absoluto estas críticas anticuadas. Estaban construyendo el futuro del periodismo y pronto todos lo entenderían.

Robert McChesney, profesor de periodismo en la Universidad de Illinois, que realizó un estudio de Fox News; dijo que la cadena de noticias era la catalizadora de la «posverdad», al crear la «eliminación absoluta del perio-

---

257. *Ibid.*

dismo». Pero la intención real de Fox a la hora de aniquilar el periodismo como «verdad» era volver a hacer de él un instrumento político.[258]

Murdoch no quería crear un canal de derechas, ni tampoco eliminar las noticias (HarperCollins es propiedad de Murdoch y publica libros de izquierdas siempre que vendan). Lo hacía para convertirse en un cabildero del poder.

Murdoch, como la nueva camada de propietarios de finales de la década de 1970 y principios de la de 1980 (James Goldsmith, Robert Maxwell y Tiny Rowland), quería influir en el Gobierno desde dentro, replicando las condiciones bajo las que Rothermere y Beaverbrook habían construido sus imperios, como varas de pastoreo del rebaño de políticos.

Convertirse en pieza clave significaba dos cosas: tomar partido político abiertamente y llevar las riendas de los periodistas que escarban en las desgracias de esas personas con las que vas a inmiscuirte para socavar cualquier intento de penetrar en su santuario. O en caso de que encuentres trapos sucios, aprovechar para usarlos en su contra. Se trataba de un cruce de caminos en el que los hechos y el periodismo se enfrentaban contra el poder. Había que tomar una decisión y estos nuevos propietarios escogieron el poder.

El 4 de enero de 1981 se alcanzó un acuerdo.

Durante un almuerzo privado en su casa de campo de Chequers, la primera ministra Thatcher y Murdoch se repartían el mapa de poder al tiempo que los sirvientes repartían el cordero en sus platos. Thatcher necesitaba que la prensa apoyara su revolución y Murdoch quería comprar el *Sunday Times*. Decidieron hacer negocios juntos.

Al día siguiente, las reglas que se aplicaban a los monopolios de los medios de información cambiaron repentinamente. Murdoch tenía vía libre para comprar el *Sunday Times, The Times,* el periódico *Sun* y *News of the World*.

Compró la cadena de televisión por satélite BSB y la rebautizó como Sky Television. A cambio de esto, todos estos medios garantizaban una emisión continuada de *thatcherismo* a todos los hogares de Gran Bretaña.

Murdoch construyó una enorme fortaleza sin sindicar en Wapping por cuyos pasillos deambulaba como un fantasma, sin decir mucho, pero observándolo todo. Y ajustando hasta la esquina más ínfima de cualquier alfombra que no les gustara como quedaba.

El *Sunday Times* estuvo inmerso en una lucha de poderes con el adalid del diario en tiempos pasados, Harold Evans, que perdió la batalla. En Estados Unidos, donde las credenciales marginales de Murdoch se solapaban con

258. *Ibid.*

las de Reagan, consiguió comprar Twentieth Century Fox, HarperCollins Publishers y el *Wall Street Journal*.

Murdoch era imposible de tumbar, un personaje volátil y omnipotente cuyo imperio de las noticias y la televisión se expandía por todos los continentes. Más de cien cadenas de televisión, 175 diarios informativos, cuarenta editoriales y un enorme estudio cinematográfico, la Fox. El conglomerado de medios de Murdoch llegaba a una audiencia global de 4.700 millones de personas, tres cuartas partes de la población mundial.

Ahora, los políticos que perseguían el poder buscaban congraciarse con él. En 1995, Tony Blair voló a la isla Hayman, en la costa de Australia, para recibir su bendición formal. Murdoch no necesitaba consultar con Blair ni quería hacerlo. Lo único que necesitaba de él era que estuviera al otro lado de la línea telefónica al cabo de diez minutos cuando lo precisara. Como Murdoch dijo irónicamente: «Jamás he pedido nada a un político en mi vida». No necesitaba hacerlo.

A principios de la década de 2000, Fox subió las apuestas, al promocionarse como la verdadera voz de Estados Unidos ante la nueva «élite liberal» de Washington. Fox ya no era la voz de los marginados, sino del orden establecido. Aquello supuso un acto de prestidigitación magistral. Eran las minorías y los intereses empresariales quienes se habían infiltrado en el seno del Gobierno, no el pueblo estadounidense. La Fox revistió su logo con la bandera de Estados Unidos.

Su descarado partidismo otorgó a la Fox un estatus marginal que prácticamente caía en gracia y contrastaba enormemente con los canales de noticias formales que regurgitaban informes de prensa y marchaban al son que marcaba Washington. Sus periodistas no eran fieros agitadores de derechas como los de la Fox, sino hombres grises y aburridos que hablaban a cámara con un deje monótono, incapacitados por la imparcialidad y los hechos.

Las noticias que ofrecía Fox eran el entretenimiento provocador de la cámara de eco, y las razones por las que lo hacía no tenían nada que ver con el verdadero posicionamiento político de Murdoch, que era el mismo que el de cualquier empresario avispado y oportunista. Tener una cadena de noticias de derechas era simplemente bueno para los negocios, algo que exigía el momento.

Fox comenzó a redefinir las intenciones de la derecha norteamericana, fusionándose primero con el Tea Party y después con Breitbart News, de Steve Bannon, y con la *alt-right*. Y la *alt-right* se definió astutamente a sí misma en términos de aquello que no eran.

No estaban a favor del matrimonio homosexual o los requerimientos especiales de las minorías. No estaban a favor del control de las armas, del aborto, ni de la inmigración. No estaban a favor de las élites, ni de Washington, ni del islam. Eran una plataforma para un nuevo movimiento político que se definía en términos negativos, pero su tarjeta de visita, lo que Rose Reeves habría llamado USP, era el rechazo a creer en los «hechos» tal como lo definían los medios de comunicación tradicionales.

Las llamadas élites liberales sufrían una justificable neurosis al pensar que la hegemonía absolutista de la que habían disfrutado durante treinta años había acabado. Y así era. Volvíamos al juego de poderes. La «verdad» quedaba como mero contexto.

El mito de los hechos

En 1855, en el punto crítico de la guerra de Crimea, la fotografía de Roger Fenton «El valle de la sombra de la muerte», publicada por *The Times,* captó el resultado de la retirada británica ante el Ejército ruso con una sola imagen de un campo de batalla desierto. Solo fallaba una cosa. Fenton había reconstruido la escena por completo, moviendo balas de cañón industriosamente hasta conseguir la imagen perfecta.

En 1945, el legendario fotógrafo de guerra Joe Rosenthal captó en la playa de Iwo Jima la imagen más famosa de una batalla que se haya tomado nunca, la izada de la bandera de las barras y estrellas cuando los soldados estadounidenses arrebataban la cima a los japoneses. Gracias a ella ganó el premio Pulitzer.

Ambas son una farsa. La verdadera toma de Iwo Jima tuvo lugar dos días antes de que Rosenthal llegara allí. El momento real de la victoria fue marcado con una banderita de un tamaño patético alzada sobre un mástil casero; un sargento llamado Louis Lowery registró esa instantánea para la posteridad con una cámara barata. Pero ese histórico momento precisaba una composición heroica que encajara con ello, así que el Ejército recompuso la escena.

Estas imágenes falseadas teatralizan un hecho, algo que sucedió realmente. Y el público creyó que había sucedido así. En el éxito de taquilla *Interstellar,* el personaje de Matthew MacConaughey irrumpe en la escuela de su hijo, indignado al saber que le han enseñado que la llegada del hombre a la Luna fue una farsa.

Pero eso es lo que la mayoría de la población piensa actualmente. El setenta y tres por ciento de los estadounidenses cree que los alunizajes fueron una invención, mientras que el cincuenta y dos por ciento de los adultos británicos opina lo mismo. Los más jóvenes son también los más escépticos al respecto. El setenta y ocho por ciento de los jóvenes entre dieciocho y treinta años piensa que los alunizajes que Walter Cronkite calificó solemnemente como «el mayor de los logros en la historia de la humanidad» no son más que un par de actores vestidos con trajes de astronauta que exageran sus gestos en un foso de arena construido en un estudio de cine.

No obstante, el público en general considera que los alunizajes son creíbles en comparación con las noticias. El noventa y cuatro por ciento de la población de Estados Unidos cree que las noticias de las que informan los medios generalistas están distorsionadas o son pura invención.

Lo que llama la atención del público no es la información imparcial, sino el sensacionalismo de una polémica en la que la Fox fue pionera. Los «hechos» se disponen de tal manera que conformen un solo argumento atractivo cuya efectividad se basa en el uso selectivo de estos, que se dirigen en masa hacia el objetivo como una ráfaga de disparos. El documental sobre la conspiración del 11S llamado *Loose Change*, que sostiene que los atentados de las Torres Gemelas fueron una operación encubierta del Gobierno estadounidense, es uno de los documentales más vistos en la historia de Internet.[259] El que haya sido ampliamente desacreditado y desmentido no ha menguado su impacto.

Las «noticias falsas» han ocupado un lugar central en el periodismo desde sus inicios. Tras la guerra civil española de 1936, George Orwell escribió:

> Desde niño me he percatado de que no existe acontecimiento alguno que se relate correctamente en los periódicos. Pero en España leí por primera vez artículos que no tenían ninguna relación con los hechos, ni siquiera lo que uno advertiría en una mentira corriente. Se informaba sobre grandes batallas en las que no hubo lucha y se silenciaban por completo otras en las que habían muerto cientos de hombres. Este tipo de cosas me aterran, porque hacen pensar que el concepto de verdad objetiva está desapareciendo del mundo.

En abril de 2016, los medios de información de masas descendieron sobre la pequeña ciudad macedonia de Veles. Por alguna extraña razón, este pueblo había sido identificado como el origen de miles de artículos falsos en

---

259. *Loose Change 9/11: An American Coup*, dirigido por Dylan Avery, distribuido por Microcinema International, 2005.

Facebook del tipo «Michelle Obama es un hombre» y «¡Wikileaks ha matado a Hillary!»

Los periodistas serios de algunos de los medios de prensa más respetados del mundo no podían comprender por qué sucedía algo así. Acudieron a la ciudad para descubrirlo y entrevistaron por las esquinas a adolescentes taciturnos que pudieran ser responsables de ello. Incluso estos jóvenes macedonios parecían un tanto abochornados cuando veían que reporteros de mediana edad educados en el caso Watergate les preguntaban por qué lo habían hecho. ¿Por qué se hacen las cosas? Les contestaron. Por aburrimiento y por dinero.

Un estudiante de informática de veintidós años de Veles intentó explicarle los hechos al *Guardian*: «Pensé en lo que podría interesar más a los estadounidenses, y tenía que elegir entre esto o el fútbol americano. Algunas de las noticias las escribo yo, y otras partes las tomo de diferentes páginas web que yo mismo traduzco. En realidad, no sé si lo que traduzco es cierto o no, yo simplemente lo hago por el dinero de Google Ads».

Los estudiantes de Veles no intentaban «hacer» nada. No intentaban ayudar a Trump a ganar las elecciones. No eran ni de la *alt-right* ni de izquierdas, no escribían sátiras políticas ni eran *youtubers*. Eran simples jóvenes emprendedores en una ciudad macedonia deprimida que habían realizado un estudio de mercado, habían encontrado su nicho y estaban dispuestos a hacer algo totalmente norteamericano: ganar dinero.

Las noticias falsas no llevaron a Donald Trump a la Casa Blanca, en el mismo sentido que las fotografías de Joe Rosenthal no cambiaron el curso de la Segunda Guerra Mundial. Pero la diferencia es que la victoria de Trump sucedió en un contexto en el que muy pocas personas menores de veinticinco años creen que las noticias sean más que propaganda, y el señor presidente está completamente de acuerdo con ellos. Orwell lamentaba la «desaparición» de la «verdad objetiva» y que los hechos estuvieran al servicio de quienes buscan el poder descaradamente, pero este es precisamente el único hecho que importa, tanto para quienes están en el poder como para aquellos que los conducen hasta él.

12

ROBOTS:
El recambio de los humanos

El juego de la imitación

«Les propongo considerar la siguiente pregunta: ¿pueden pensar las máquinas?»

Así comenzaba el ensayo más famoso de Alan Turing, publicado en 1950.[260] El papel de Turing había sido fundamental para ganar la Segunda Guerra Mundial, al descifrar el código rotatorio de la máquina Enigma de los submarinos alemanes. Tras la guerra, Turing utilizó su experiencia en la descodificación para emprender lo que consideraba el mayor reto al que se enfrentaba la humanidad.

Turing había usado secuencias de una complejidad inimaginable para descodificar Enigma. Según pensaba, esto ofrecería una nueva visión sobre la conciencia futura de las máquinas. ¿Podría la ciencia computacional desarrollarse hasta el punto en que los ordenadores imitaran con éxito a los humanos? «¿Es posible imaginar un ordenador digital que sea bueno en el juego de la imitación?», se preguntaba Turing.[261]

Para responder a ello ideó una prueba en la que un ser humano habla con otros detrás de una pantalla. Salvo que uno de ellos no es humano, sino

260. «Maquinaria computacional e inteligencia», Alan Turing, 1950, traducción de Cristóbal Fuentes Barassi, Universidad de Chile, 2010: http://xamanek.izt.uam.mx/map/cursos/Turing-Pensar.pdf; y Jack Copeland, The Essential Turing: The Ideas That Gave Birth to the Computer Age, Oxford University Press, 2004.

261. *Ibid.*

un ordenador que finge serlo. Si el interrogador no percibe la diferencia, el ordenador habrá conseguido hacerse pasar por un ser humano. Habrá ganado el «juego de la imitación».

Según Turing, la inteligencia artificial dejará de serlo para convertirse en inteligencia real. Y lo que es más importante, la humanidad habrá cruzado el Rubicón para llegar a un mundo en el que los humanos acabarán siendo gobernados por robots. Turing conjeturaba que los ordenadores conseguirían superar la prueba «dentro de unos cincuenta años».

Tardaron sesenta y dos. En el año 2012, Vladimir Veselov creó un programa en la Universidad de Reading que consiguió imitar con éxito a un chico ucraniano de dieciséis años llamado «Eugene Goostman».[262] Las razones de Veselov para la concepción de este personaje eran muy astutas. «La idea principal era que Eugene podía afirmar que lo sabe todo, aunque por su edad sería perfectamente razonable pensar que eso no es posible.»

Los otros ordenadores que intentaron pasar la prueba de Turing en el pasado habían caído tras el primer obstáculo, al no llegar a comprender siquiera la pregunta que formulaba el humano. Pero desde 2010 ha habido máquinas cada vez más complejas capaces de adoptar estrategias para engañar a los humanos. Cambian de tema, hacen preguntas a sus jueces e incluso simulan estados de ánimo y faltas de ortografía en intercambios a través de texto, estrategias para parecer más humanos. Su «imitación» llega a ser cada vez más sagaz.

A consecuencia de ello, el listón se ha puesto más alto. Para que un ordenador pase la prueba actualmente tiene que engañar al menos a uno de tres jueces tras varias conversaciones que pueden durar hasta dos horas.

Aquí tenéis una transcripción de la conversación que tuvo lugar entre Eugene y un ser humano en 2012:

Juez: ¿Qué tipo de música te gusta?

Eugene: Me gusta Eminem, porque no le interesa en absoluto ser políticamente correcto.

Juez: ¡Por Dios! Me encanta Eminem. ¡Es mi artista favorito!

Eugene: Me pregunto que significará ese apodo. Solo se me ocurre relacionarlo con la palabra «enema». Pero el tío mola, me gusta la de «The Real Slim Shady».

---

262. «Computer AI passes Turing Test in "world first"», BBC News, 9 de junio de 2014.

Juez: Yo sé lo que significa, su nombre real es Marshal Mathers. Las iniciales M&M en inglés suenan *fynéticamente* (sic) como Eminem.

Eugene: Eminem es un famoso trapero. No, rapero..., tripero... Sí, me gustan «Stan» y «The Real Sim Shady».

Juez: A mí me gusta «Hailies Song».

Eugene: Curioso gusto. Por cierto, a mí me gusta la ciencia ficción.

Resulta difícil imaginar cómo alguien podría dejarse engañar seriamente por Eugene. Pero Eugene, a pesar de «sus» respuestas idiosincrásicas, superó el treinta y tres por ciento de las conversaciones.[263] Y que Eugene «pasara» la prueba de Turing demostraba que este experimento no comprendía la esencia de los robots.

Los robots no son una mala imitación de los humanos, sino algo completamente diferente. En 2017 visité la sede central de Uber en San Francisco para reunirme con uno de sus directores de diseño, Didier Hilhorst. A simple vista, Uber podría parecer una aplicación para encontrar taxis. Pero no es así. Para ellos, la aplicación que ofrece este servicio es solo el principio. Según Didier, Uber tiene el potencial para adentrarse completamente en una representación digital de la ciudad. Se trata de una forma de «realidad aumentada», un híbrido entre la vida real y su representación paralela en la pantalla, en la cual lo digital se fusiona con tu día a día hasta convertirse en tu vida.

Por el momento, Uber solo ofrece taxis y comida a través de un cochecito cuya ruta puedes seguir por la pantalla. Pero los datos que Uber está amasando permite a sus algoritmos predecir tus necesidades y sugerirlas: ¿te apetece ir a tu restaurante favorito, llevar el niño a la guardería o ir a casa de tu novia? ¿Qué te parecería hacer algo que no hayas hecho nunca?

El siguiente paso es una representación sofisticada de tu ser en un entorno virtual en la forma de una figura que recorre la ciudad. Tu yo dentro de cinco minutos. ¿Te apetece un café? Ya se ha pedido y lo tienen preparado en la cafetería cuando llegas. Puedes ver el avatar de tu persona que se acerca a la cafetería y al camarero que lo está preparando.

«¿Seguiremos usando el teléfono y las aplicaciones para hacer estas cosas dentro de cinco años? No es demasiado probable que continuemos haciendo

263. «Eugene the Turing Test-beating "human computer" in his own words», *Guardian*, 9 de junio de 2014.

algo tan aparatoso como sacar un aparato del bolsillo y presionar pantallas tediosamente. Ya se han desarrollado lentes de contacto con pantallas que se proyectan ante tus ojos y permiten la toma de decisiones instantánea. La tarea es que la experiencia Uber se convierta en algo tan natural como respirar. El potencial que tiene la realidad aumentada y construir con ello una versión propia de singularidad es muy emocionante.»

Esta «experiencia total de Uber» significará que tu avatar irá tres pasos por delante de tu verdadero yo. Estará comprando, adquiriendo entradas para el cine o solucionando problemas como los atascos antes de que tengas que hacerlo tú mismo, y lo realizará a través de reconocimiento de voz o tecnología de retina. Cualquier cosa que tengas ahora en el teléfono se habrá convertido en una «experiencia total de Uber jugable», ya no a través de tu teléfono, sino proyectada en la retina de tu ojo.

Esto no es robots contra humanos, sino un futuro en el que ambos se fusionan y las fronteras entre uno y otro quedan difuminadas. Didier no ve este futuro robótico como un mundo de máquinas de hojalata que hacen cosas por nosotros al estilo de los Supersónicos, sino que concibe la tecnología digital y la vida humana como un todo indivisible, una singularidad.

Esta realidad aumentada en nuestros ojos se complementará con tecnología incorporada al organismo: microcomputadoras limpiadoras de sangre, control termostático del ritmo cardiaco, la presión sanguínea y los niveles de estrés. No se trata de un mundo de máquinas gigantescas que caminan, sino de avances tecnológicos microscópicos integrados en el cuerpo humano.

Uber observó en 2014 y 2015 cómo Amazon y Apple promocionaban Alexa y Siri como asistentes automatizados para el público en general. Una voz relajante que te reserva un restaurante, enciende las luces de casa, monitoriza tu sesión matinal de ejercicios o pone tus canciones favoritas.

Pero Didier y Uber van más allá, hasta llegar a un mundo en el que la inteligencia robótica y las necesidades humanas son completamente inseparables y nosotros mismos nos hemos convertido en robots con componentes humanos.

¿Qué pasa entonces cuando se carece de esa singularidad? Le pregunto a Didier cuál es el principal problema que tienen los coches de conducción automatizada. Uber ya ha hecho pruebas de flotas sin conductor para clientes de pago en San Francisco, Pittsburg y Tempe, Arizona.

La nueva tecnología en sí no era el problema, según me explica, sino el momento en que se produce un choque entre el error humano y la nueva tecnología. En otras palabras, que la confluencia entre la vieja infraestructura humana de la ciudad atropellada y la nueva tecnología de coches automatizados genera inevitablemente un periodo de confusión transicional.

Para que la tecnología revolucione realmente nuestras vidas se precisa una renovación completa de las infraestructuras, hacer borrón y cuenta nueva. El tipo de cosas que solo sucede tras un desastre natural o una guerra.

Desde esta perspectiva, las políticas con el potencial de generar el apocalipsis nuclear podrían ser consideradas desde el punto de vista de la tecnología como una oportunidad para sacar a la calle los vehículos automatizados.

Yo, por mi parte, doy la bienvenida al nuevo jefe supremo computacional

Al mismo tiempo que se construía en Reading al chaval de trece años «Eugene Goostman», otro ordenador se preparaba para un desafío diferente, uno que tendrá consecuencias mucho más serias para la raza humana.

En enero de 2011, Ken Jennings y Brad Rutter, dos campeones del programa del concurso de preguntas estadounidense *Jeopardy!*, se sentaron ante una audiencia televisiva de veinte millones de personas para enfrentarse al más duro de los oponentes: un ordenador de IBM llamado Watson.[264]

En 1998, una supercomputadora de IBM llamada Deep Blue había acabado con el campeón mundial de ajedrez Gary Kaspárov tras seis partidas a cara de perro. Esta enfática victoria de Deep Blue fue recibida como una especie de superación de la prueba de Turing, pero en realidad no lo era. El ajedrez es un juego con unas reglas claras y opciones finitas (aunque múltiples) para cada movimiento. Es una simple prueba de complejidad computacional, no de inteligencia artificial.

En 2004, el ejecutivo de IBM Charles Lickel se encontraba cenando en un asador cerca de Poughkeepsie y le llamó la atención que el restaurante se vaciara repentinamente. Los comensales se apresuraban hasta el bar para ver la televisión, donde retransmitían el concurso de preguntas y respuestas que lleva más tiempo emitiéndose en Estados Unidos: *Jeopardy!* Los clientes del restaurante estaban enganchados a un fenómeno que había captado

---

264. «Computer wins on *Jeopardy!* Trivial, it's not», John Markoff, *New York Times*, 16 de febrero de 2011.

la atención del país entero, la última entrega de la impresionante racha del concursante Ken Jennings, que llevaba setenta y cuatro programas seguidos ganando.[265]

En aquel momento a Lickel se le ocurrió algo. Días más tarde, en un ejercicio de lluvia de ideas en el que pedían a los ejecutivos de IBM que imaginaran cuál sería el próximo «gran reto» de la empresa, Lickel sugirió un enfrentamiento con Jennings en el combate final de *Jeopardy!* El hombre contra la máquina.

Eso cuenta la leyenda. La verdad es que un físico de IBM llamado Dave Ferrucci, un italoamericano de Nueva Jersey tremendamente inteligente con un cerebro del tamaño de un planeta, llevaba un año dándole la lata a sus jefes para crear un desafío más exigente. Me cité con Dave en Nueva York, donde trabaja para Bridgewater, el fondo de riesgo más importante del mundo, donde usan la inteligencia artificial en la contratación y despido de empleados, donde gestionan unos activos valorados en 160.000 millones de dólares. Doy por sentado que tendrá que ser preciso, como lo fue cuando llevaron a Watson al concurso *Jeopardy!*

«En términos de complejidad, *Jeopardy!* supuso un enorme avance respecto a jugar con el campeón del mundo de ajedrez, que fue una mera prueba de poder computacional.»

La arbitrariedad de las preguntas del concurso, que abarcan desde rarezas de la cultura pop de la década de los años ochenta a filosofía del siglo XVII, y que están formuladas en la forma retorcida, contradictoria y problemática en la que se expresan los humanos, suponía un reto mucho más complicado para un ordenador. Si se compara con *Jeopardy!,* una partida de ajedrez era un juego de niños, porque el concurso sacaba al ordenador de su zona de confort.[266]

En IBM no tenían ni idea del reto al que se enfrentaban. Para empezar, introdujeron en Watson un volumen de información comparable al tamaño de la Wikipedia. Pero las búsquedas en esa base de datos mediante el uso de algoritmos no eran cuestión de segundos, sino de horas.

«Al principio hicimos rápidos progresos, pero luego se ralentizaron y resultaba muy frustrante. La primera partida que jugamos fue horrible. Watson fue vapuleado y pensamos que era simplemente imposible.»

---

265. Stephen Baker, *Final Jeopardy: Man vs. Machine and the Quest to Know Everything,* Houghton Miffin, 2011.

266. *Ibid.*

En 2009, cinco años después del inicio del proceso, IBM comenzó finalmente a probar a Watson contra anteriores concursantes de *Jeopardy!* como calentamiento para el enfrentamiento final ante Jennings.

Watson seguía teniendo fallos técnicos. Las respuestas podían ser imprevisibles y totalmente desacertadas. Cuando le preguntaron por los principales personajes de la novela de Dickens *Oliver Twist,* Watson respondió: «*The Pet Shop Boys*». Al preguntarle como se dice «no» en alemán, Watson contestó: «*What is fuck?*» (La respuesta correcta habría sido *What is nein?*)[267]

Ferrucci advirtió que incluso cuando obtenía la respuesta correcta, podía tardar horas en encontrarla. Dave consiguió un equipo de programadores completamente nuevo para que trabajaran solo con la idea de lo que significaba una pregunta para el ordenador, y otro equipo para lidiar con la velocidad a la que esta información podía ser procesada.

«Mis jefes de IBM me convocaron y me dijeron: "Entérate de una cosa, Paul. La responsabilidad de todo esto recaerá sobre [y me señalaron con el dedo] ti".»

Por fortuna para Dave y el resto de los programadores de Watson, la diferencia entre las máquinas y los humanos es que estas siguen progresando incansablemente. A medida que los humanos aprenden más, su rendimiento se estanca. Pero con los robots sucede lo contrario, una lección que los concursantes de *Jeopardy!* estaban a punto de aprender de la peor manera posible.

En 2011, Watson estaba preparado para su gran día en la televisión. Dispusieron en el estudio un gran ordenador entre dos concursantes humanos. Según Paul, Watson tenía «el tamaño aproximado de una nevera». Pero era la máquina más compleja que se hubiera programado hasta el momento.

Un ojo robótico convexo de color azul fijaba su atención con una mirada impasible al estilo de Hal desde el centro de una pantalla, mientras los dos humanos se movían nerviosamente en sus podios. Watson se enfrentaba al campeón imbatible de *Jeopardy!* y a otro supercerebro histórico entre los concursantes, Brad Rutter.

Dave se sentó entre el público con los jefes de IBM. Estaba tan nervioso que se hincaba las uñas en las piernas. «Aunque yo sabía que ganaríamos.» ¿Cómo lo sabía? «Habíamos trabajado tan duro que estábamos convencidos de ello. Watson estaba preparado. Sería un paseo triunfal.»

---

267. «Our Automated Future», Elizabeth Kolbert, *New Yorker*, 19 de diciembre de 2016.

Pero no lo fue. Al principio, el concurso parecía bastante igualado. Pero después, Watson comenzó a imponerse. Empezó a contestar más rápido a las preguntas que Jennings y Rutter, con ese mismo ojo solemne imperturbable que miraba fijamente al público mientras acertaba una pregunta tras otra.

Los fallos técnicos habían desaparecido. Jennings y Rutter se miraban el uno al otro sin poder creerlo. La supremacía de Watson sobre sus rivales humanos era aplastante. «El concurso todavía podía caer del lado de los humanos, porque en *Jeopardy!* siempre existe la posibilidad de remontar. Y no podía parar de pensar en ello. Resultaba extraño que yo fuera el humano que se identificaba con el ordenador y no hiciera más que demostrar mis irracionales miedos humanos.»

Así estaba la clasificación cuando llegaron a la pregunta final: Brad Rutter había amasado 21.600 dólares. Ken Jennings, 24.000 dólares. Watson había obtenido 77.147 dólares, más del triple que ellos.

Todos acertaron la última respuesta, «Bram Stoker», a la pregunta «¿Quién escribió *Drácula*», pero eso ya carecía de importancia. Watson había aplastado a sus rivales.

La victoria de Watson fue acogida entre el público con un aplauso forzado. Los humanos aplaudían su propia derrota. Ken Jennings sonrió irónicamente y escribió un mensaje en su tarjeta de respuestas que mostró a los millones de telespectadores que lo veían desde casa: «Yo, por mi parte, doy la bienvenida al nuevo jefe supremo computacional».

El punto débil de los robots: hacer la cama

El 5 de abril de 2014, dos de los expertos en inteligencia artificial más reputados del mundo, los profesores del MIT Eric Brynjolfsson y Andrew MacAfee, mantuvieron una reunión con los cien mejores programadores del mundo. La agenda estaba copada por las implicaciones que tendría la victoria de Watson.[268]

Brynjolfsson y MacAfee mostraron una gráfica en la que había dos líneas de puntos azules. Una de ellas marcaba el progreso cognitivo de los concursantes humanos de *Jeopardy!*; la otra, los avances de Watson desde el comienzo de los trabajos en 2004 hasta el día en que pasó por encima de Jennings y Rutter en 2011.

---

268. *Ibíd.*

«Mirad las fechas», dijo Brynjolfsson.

El avance de la gráfica de los humanos era moderadamente ascendente. Pero la línea de puntos azul de Watson era impresionante. Al principio vacilaba, después subía moderadamente y luego ascendía vertiginosamente. No obstante, a partir de 2008 el ascenso era meteórico. Watson había pasado de ser malísimo a un genio al cabo de siete años, pero su cuota de aprendizaje durante los últimos doce meses se había acelerado a una velocidad nunca antes vista.

¿Qué significaba esto? Significaba, según dijeron Brynjolfsson y MacAfee, que una vez que el robot recibe una base de aprendizaje puede aprender a realizar tareas humanas de manera extremadamente rápida. Tras esto, sigue hacia delante y coloniza, también el terreno de las cosas que nosotros no podemos hacer rápido.

Respecto al ámbito laboral, los robots conquistan primero el trabajo manual en su entorno físico y después se preparan por sí mismos para las labores de gestión, por lo que pueden supervisar y dirigir las tareas de los humanos. Se convierten en jefes y no tienen que ser programados para ello. Simplemente lo hacen.

«Pensad en el mundo del trabajo como una división entre "sistemas de accionamiento" y "sistemas de control"», decía Brynjolfsson. Los sistemas de accionamiento son los humanos, los elevadores, los aviones y los camiones. Transportan cosas. Los sistemas de control son los jefes de planta, los planes de negocio y los planes de ingeniería técnica. Son los encargados de decidir adónde se transportan las cosas.

En el siglo XIX, la primera revolución industrial automatizó motores y fábricas y creó una era de las máquinas que ponía en peligro la utilidad de los humanos, nuestra razón de ser. Los sistemas de accionamiento se vieron alterados y fueron reformulados. Pero tras un periodo en el que nos vimos desplazados, conseguimos adaptarnos, tomando el control de los sistemas mediante nuestra reconversión en ingenieros y gestores.

Pero esta segunda edad de las máquinas es completamente diferente. Ahora las máquinas no solo remodelan los sistemas de accionamiento, sino que también se apoderan de los sistemas de control, y los humanos no tienen posibilidad de contraatacar.

Los robots se quedarán con nuestros empleos, pero después podrían decidir que no quieren llevarlos a cabo. Sin embargo, estos trabajos habrán desaparecido, así que no habrá posibilidad de recuperarlos. Como resumió sucintamente Elizabeth Kolbert: «Ken Jennings (el contrincante humano de Watson) podría describirse como la primera persona a la que Watson manda al paro».[269]

En marzo de 2017, treinta y cuatro empleados de la aseguradora de Tokio Fukoku Mutual Life Insurance se convirtieron en los siguientes humanos a los que Watson mandaba al paro. Serían los primeros empleados del mundo que eran remplazados abiertamente por la inteligencia artificial.[270]

Fukoku había comprado el programa informático Watson para automatizar los seguros de vida de todo Japón. El ordenador de IBM que había ganado *Jeopardy!* sería el que decidiría a partir de ese momento quién podría operarse en un país de 127 millones de personas.

La dirección de Fukoku calcula que ahorrarán más de un 140 millones de yenes (1.250.000 dólares aproximadamente) al año en salarios con este recorte de personal de treinta y cuatro empleados. Pero despidiendo a los 34.000 mandos intermedios con sueldos y posiciones similares podrían ahorrar más de 1.000 millones de dólares.

IBM afirma que Watson posee una «tecnología cognitiva que le permite pensar como un humano y analizar e interpretar todo tipo de datos, entre los que se incluyen textos desestructurados, imágenes, audio y vídeo». Fukoku utilizará Watson para leer decenas de miles de certificados médicos, evaluando la duración de las estancias en el hospital y los procedimientos quirúrgicos apropiados antes de calcular el desembolso. Cuando los humanos realizaban esta tarea usaban su propio razonamiento antes de tomar una decisión. Fukoku dice que eso no es necesario. Los datos decidirán por sí solos.

El hotel Henn-na, en el sudoeste de Japón, tiene un plantilla integrada únicamente por robots. Hay un dinosaurio políglota en la recepción y una muñeca sin pelo como conserje que parpadea como una *geisha* y responde a tus dudas respecto al desayuno. Un carro robótico lleva tu equipaje a la habitación en la que se usa un mecanismo de reconocimiento facial como llave. El servicio de habitaciones lo lleva un dron. Solo hay un miembro humano permanentemente con la plantilla: Hideo Sawada, el propietario.

Los hoteles japoneses son caros, pero el Henn-na cuesta 9.000 yenes la noche (unos 80 dólares). El hotel está repleto de cámaras de seguridad que son supervisadas por un ser humano a 320 kilómetros de distancia.

Pero en lo referente a hacer las camas se atisba un rayo de esperanza para los humanos. Los robots no saben hacerlas. Por más que lo intente, Hideo

269. *Ibid.*

270. «Japanese insurance firm replaces 34 staff with AI», BBC News, 5 de enero de 2017.

Sawada no puede conseguir que las camareras robóticas consigan doblar las sábanas, remeterlas y estirarlas para dejarlas como gusta a los seres humanos. Por lo que parece, las camas son demasiado complejas en términos de inteligencia artificial. Su tamaño y forma es variable, su colocación es diferente dependiendo de cada hotel y están rodeadas por mobiliario que dificulta el acceso. Requieren movimiento y recolocación. Hacer una cama es una tarea multidisciplinar para la que se precisan habilidades delicadas y conciencia del espacio, además de fuerza manual, lo cual deja a los robots en fuera de juego. De modo que los únicos empleados humanos del Henn-na Robot Hotel, aparte del señor Sawada, son las camareras que tienen la cualidad exclusivamente humana de poder doblar las sábanas de la cama, una aptitud de la que carecen los robots. Por ahora.

En Japón, el uso de robots está ampliamente extendido, además de en hoteles, en las residencias geriátricas. El veinticinco por ciento de la población japonesa supera la barrera de los sesenta y cinco años. En Estados Unidos es el trece por ciento (cifra que se duplicará en el año 2050). En Gran Bretaña, las previsiones son similares. Merril Lynch prevé que en 2025 habrá un déficit de un millón de cuidadores en Japón. Esta crisis asistencial ya está afectando también a Gran Bretaña. Pero en Japón la solución es Asimo, un cuidador autómata creado por Honda.

Los cuidadores autómatas cuestan mucho menos de mantener que los humanos y parecen ofrecer una salida a esta crisis asistencial global, pero también nos hacen plantearnos aspectos legales inesperados. Gurvinder Virk es un profesor de robótica que ha desarrollado estándares para la interacción entre humanos y robots en caso de que se proceda a una querella por accidente. ¿Quién es el responsable subsidiario si un robot deja caer a un residente o lo aplasta? No está tan claro como parece.

Los criterios que Virk ha ideado para regir los litigios de robótica se recogen bajo el nombre ISO 13482, que incluye a tres tipos de robot: de asistencia física, sirvientes móviles y portapersonas.[271]

Estos tres modelos cubren las necesidades básicas de los residentes de los geriátricos. «Resyone» es un artefacto robótico híbrido que pasa de cama a silla de ruedas y no tiene características humanoides. Esto se debe a que los humanos estamos acostumbrados a que los vehículos que nos transportan no tengan rasgos humanos.

---

271. «Safe human robot interaction with industrial and service robots», Eurobotics Forum, 6 de marzo de 2012.

«Robobear» tiene una apariencia mucho más humanoide y sirve para levantar a las personas a peso. Sus desarrolladores opinan que un aparato de estas características con aspecto semihumano resulta tranquilizador y reconforta a sus clientes, debido a que da una sensación de protección, como una mano mecánica gigante.

El laboratorio de robótica Riken trabaja en un enfermero de aspecto totalmente humano que sea capaz de procurar complejos cuidados al paciente al tiempo que disponga de una fortaleza de robot industrial para poder mover a «múltiples personas». Tal vez también sea capaz de hacer la cama.

En Japón se utilizan robots en cualquier tipo de escenario imaginable, desde geriátricos, hospitales, aeropuertos y hoteles hasta cocinas domésticas y obras de construcción. En algunos centros geriátricos también usan gatos robóticos como compañía para los ancianos.

Así mismo, están utilizando robots en el desmantelamiento de los tres reactores de Fukushima, tras la fusión provocada por el accidente de 2011, la peor catástrofe nuclear desde Chernóbil. Japón acoge con los brazos abiertos su futuro automatizado, y esto se debe a que el Gobierno japonés gasta casi la mitad de su presupuesto de I+D en ingeniería robótica.

Las empresas de todo el mundo también compiten por producir el primer robot sexual con pleno funcionamiento. La industria del sexo siempre ha sido más rápida en la adopción de nueva tecnología que el resto. La pornografía fue pionera en el paso de la película cinematográfica a la cinta de vídeo en la década de 1980 y en la reproducción en directo en Internet en la década de 2000. Actualmente, hay cuatro compañías que intentan lanzar robots sexuales sintéticos con inteligencia artificial que «respondan plenamente», Realbotix y BodAI en Estados Unidos, Z-onedoll y Doll Sweet en China.

Cuando estos muñecos lleven la realidad virtual incorporada y se añada calidez corporal a la piel y los genitales a través de parches de calor, estos compañeros de silicona podrían costar entre 70.000 y 80.000 dólares.

Pero esta versión karaoke del robot del futuro en la que las máquinas son nuestros muñecos y sirvientes, en lugar de nuestros amos, se basa en el supuesto cada vez más dudoso de que los hombres determinarán la relación que tendrán con los robots y seguirán al mando.

Alan Turing asumía que el único requisito para que un ordenador pasara su prueba era que consiguiera ser más humano. Pero no tuvo en cuenta el escenario alternativo, que nosotros fuéramos cada vez más robóticos.

Cómo hemos acabado convirtiéndonos en robots

En el año 2013, la recién elegida coalición de Gobierno de David Cameron en Gran Bretaña recibió una estimación de lo que sucedería en los próximos diez años. El estudio de investigación de Oxford, llevado a cabo por Carl Frey y Michael Osborne, ofrecía una dura previsión de la posición en la que Watson dejaría a la raza humana. Según dijeron, en 2030, la mitad de los empleos estarían automatizados.[272]

Súbitamente, todas las predicciones agoreras sobre la automatización del trabajo previas a 2013 parecían irrelevantes. Cada vez resultaba más claro que la obsolescencia incluía a todo el mundo: médicos, abogados, contables, personal de supermercado, taxistas, cuidadores, periodistas, incluso a los analistas tecnológicos que evaluaban el futuro de la robótica. En mayo de 2017, un algoritmo de inteligencia artificial desarrollado en el Illinois Institute of Technology dejó obsoletos a los jueces del Tribunal Supremo, al predecir correctamente el setenta y dos por ciento de sus veredictos (los jueces humanos solo llegaron a predecir el sesenta y seis por ciento).

Brynjolfsson y McAfee, junto a sus compañeros del MIT, Daron Acemoglu y David Autor, lo expresaron de esta forma: «Imaginad una matriz con dos ejes: trabajo manual contra trabajo cognitivo y trabajo rutinario contra trabajo no rutinario. Los empleos pueden clasificarse en cuatro compartimentos: trabajo manual rutinario; trabajo manual no rutinario, etcétera.[273] Los empleos de una cadena de montaje entrarían en el compartimento de los trabajos manuales rutinarios, los empleos de asistencia sanitaria en el hogar, en el compartimento del trabajo manual no rutinario. El registro del inventario entraría en la categoría de trabajo cognitivo rutinario. Idear una campaña publicitaria o escribir un libro corresponderían al trabajo cognitivo no rutinario».

Los empleos con salarios más altos se reúnen en el último compartimento. La gestión de un fondo de riesgo, una querella por quiebra, la creación de una obra de arte son trabajos cognitivos y no rutinarios. Los empleos manuales no rutinarios tienden a ser los peor pagados: vaciar orinales, atender las mesas de un restaurante, limpiar habitaciones de hotel. Los trabajos en plantas de producción y los de asalariados o contabilidad tienden a estar en la zona media.

272. Carl Benedikt Frey and Michael A. Osborne, «The future of employment: How susceptible are jobs to computerisation?», Oxford Martin School, Universidad de Oxford, 17 de septiembre de 2013.

273. «Our Automated Future», *op. cit.*

De estos cuatro compartimentos que categorizan todos los trabajos del ser humano, los robots podrían realizar potencialmente tres cuartas partes y media.

Los empleos de la clase media son los que los robots pueden ocupar con más facilidad, los trabajos de oficina, administrativos y cualquiera que implique números, como la contabilidad. Como sabemos, a los robots les resulta difícil hacer camas y entregar paquetes en la ciudad cuando el destinatario no se encuentra en el domicilio, de modo que estos empleos los seguirían realizando humanos durante más tiempo.

Pero la mayoría de los empleos serían colonizados y solo quedaría algún que otro médico o supervisor de supermercado para solucionar los problemas ocasionales que los robots no pueden gestionar, como ya hacen cuando el escáner de la caja no registra un racimo de plátanos y tiene que venir alguien para introducir el código manualmente.

El experto en inteligencia artificial Martin Ford dice que el problema principal no son los robots, sino nuestra autocomplacencia. Asumimos que nuestro trabajo está a salvo porque es «complejo», cuando lo cierto es que no suele serlo. Confundimos la complejidad del ser humano con la especificidad de nuestro empleo, que no requiere complejidad humana alguna.

Tal como lo expresa Ford: «Un ordenador no necesita replicar el espectro total de tu capacidad intelectual para quitarte el puesto de trabajo. Solo necesita hacer las cosas específicas por las que te pagan».[274]

Cuando los Gobiernos leen los informes escritos por expertos como Ford, Brynjolfsson y McAfee, procedentes de centros universitarios como el MIT y Oxford, simple y llanamente se alarman. Al presidente Obama le entró tal pánico que pidió un informe para la Casa Blanca: «Artificial Intelligence, Automation and the Economy» (La inteligencia artificial, la automatización y la economía).

El informe concluía: «En los últimos años, las máquinas han sobrepasado a los humanos en la realización de ciertas tareas relacionadas con la inteligencia. Se espera que las máquinas continúen igualando y superando (rápidamente) el rendimiento de los humanos en muchas más tareas... Se necesitarán acciones políticas agresivas para ayudar a los estadounidenses que se encuentren en desventaja respecto a estos cambios».[275]

---

274. Martin Ford, *The Rise of The Robots: Technology and the Threat of Mass Unemployment*, Oneworld Publications, 2016.

275. «Artificial Intelligence, Automation and the Economy», Executive Office of the President of the United States, Washington D. C. 20502, 20 de diciembre de 2016.

Los Gobiernos de todo el mundo empezaron a encargar sus propios informes y todos llegaron a la misma conclusión: tenemos que hacer algo, pero ¿qué? Si las máquinas nos mandan al paro, ¿cómo nos ganaremos la vida? Y ¿qué haremos durante todo el día? Turing no fue el único que había vaticinado este futuro. En 1930, Keynes había descrito las alternativas utópicas y distópicas a la automatización: ¿seríamos esclavizados o pasaríamos el día tomando el sol?

En 2016, los multimillonarios de la tecnología aportaron sus soluciones. Elon Musk resucitó la idea del «salario mínimo universal»: recibir una cantidad de dinero fija por nuestra mera existencia. Nuestro trabajo sería simplemente el de ser humanos y gastar dinero en las tiendas, algo que los robots todavía no pueden hacer. Con nuestro gasto mantendríamos vivo el consumismo y el capitalismo, así que se trata de un trabajo serio.

Bill Gates dijo que había que atacar el problema de la generación de riquezas desde el otro extremo y conseguir que los robots paguen impuestos por su trabajo. Con el dinero que las empresas se ahorran en el recorte de puestos de trabajo humano, podría financiarse un salario mínimo universal y continuar pagando las infraestructuras estatales, las carreteras, hospitales y ejércitos.

Daron Acemoglu y Pascual Restrepo, dos de los expertos en inteligencia artificial del MIT a quienes leen asiduamente los miembros de los comités del Gobierno estadounidense, empezaron a ver esta coexistencia no ya como un hecho consumado inevitable y angustiante, sino como una carrera armamentística para equiparse y ser más astutos. Una carrera que los humanos necesitan ganar.[276]

El robot como recambio

Este punto crucial para la humanidad nos hace plantearnos una pregunta: ¿cuál es la mejor estrategia para ganar y qué tipo de humano tenemos que crear para conseguirlo? ¿Un robot o un infractor de la ley?

Nuestras vidas ya han sido robotizadas por la tecnología. Monitorizamos la productividad mediante aplicaciones para la salud y tecnología portátil. Nos encadenamos a Instagram, Facebook y Twitter. Estamos remplazando

---

276. Daron Acemoglu y Pascual Restrepo, «The Race Between Machine and Man: Implications of Technology for Growth, Factor Shares and Employment», MIT, 2016.

gradualmente la conversación por correos electrónicos, cerrando los canales de interacción humana, atrincherándonos tras nuestras pantallas y buscando constantemente la mejora a través de los datos, la creación de un yo optimizado al estilo de una máquina.

Al tiempo que los robots se humanizan, nosotros nos robotizamos. Pero ¿nos ayudará esto, o nos perjudicará a la hora de sobrevivir en nuestros puestos de trabajo? ¿Deberíamos seguir automatizando nuestro comportamiento para superar a los robots o salir de este círculo vicioso y potenciar nuestra USP, es decir, nuestro lado humano?

En el año 2000, el Gobierno de Tony Blair en el Reino Unido, temiendo que en caso de no «subir los estándares» los niños tendrían un papel irrelevante en este nuevo entorno laboral brutalizado, se embarcó en la «academización», la reforma educativa más radical en Gran Bretaña desde los tiempos de la última guerra.

Sus críticos dijeron que la academización significaba la robotización de los niños. La educación dejaría de ser un proceso de aprendizaje y descubrimiento ilimitado para convertirse en un examen continuo. Los horizontes mentales de los niños no se verían ampliados, sino limitados. Se dedicarían a marcar casillas, en lugar de querer ser desencasillados.

El asesor jefe en materias de reforma educativa de Tony Blair era Michael Barber. Bajo su tutela, tanto él primero como Gordon Brown después, emprendieron la reconstrucción completa de las escuelas británicas.

El programa era mastodóntico. De la noche a la mañana, se eliminaron los edificios victorianos y las escuelas secundarias llenas de goteras de la década de los años sesenta y fueron remplazados por nuevas academias relucientes de planta abierta creadas en «colaboración» con empresas. Se construyeron escuelas pintadas con colores primarios, equipadas con salas de informática enormes repletas de ordenadores donados por las empresas y una «recepción» central en la que pusieron a secretarias con auriculares.

Los críticos de las academias las calificaron como espacios sin alma que traicionaban el espíritu de la educación para vender las escuelas a las empresas. Los críticos de los críticos dijeron que eso era elitismo de clase media. ¿Qué había de malo en que los niños mejorasen sus resultados y se centraran en una enseñanza vocacional? ¿Qué tenía de horrible que los chavales de la clase trabajadora pudieran ganarse el acceso a la universidad?

Esas mismas cosas que los padres liberales y los sindicatos de profesores odiaban de las academias eran las que encantaban a sus defensores. Las academias preparaban a los pupilos para adaptarse al entorno laboral por medio de la construcción de escuelas que parecían oficinas. Fábricas de productividad. Genial, decían sus valedores.

Una década después de la implantación de las academias, a medida que se desvelaba la realidad de la automatización, el miedo pasó a ser otro. ¿Nos habremos equivocado al convertir a nuestros hijos en robots justo en el momento en el que más necesitan optimizar sus cualidades humanas para sobrevivir?

Cuando gobernaba Blair, Michael Barber era considerado un genio por su nueva visión de la educación. Tras dejar su puesto en el Gobierno, Barber pasó a trabajar para la consultoría de gestión McKinsey, donde los asesoró sobre lo que había identificado como la mayor gallina de los huevos de oro por descubrir de la era digital, un negocio valorado en 500.000 millones de dólares solamente en Estados Unidos que generará billones de dólares en todo el mundo. Se trata de lo que se denomina «EdTech», o «tecnología educacional».

El milagro del agujero en la pared, Nueva Delhi

El alcance de la tecnología educacional es imponente. Para resumirlo, diremos que busca secuestrar y mercantilizar la educación mundial haciendo que todos los niños del planeta pasen de ser alumnos de escuela a clientes personalizados de un programa informático.

La base de este trascendental acuerdo es la premisa subyacente de que los profesores están acabados y que deben ser remplazados por la tecnología. Según esta tesis, la enseñanza es una práctica inherentemente impredecible que lleva a cabo un ser humano, con las singularidades e incongruencias que eso supone.

Los profesores no promueven el bienestar del niño, lo dificultan, ya que interponen sus prejuicios sobre una materia que les gusta o les desagrada ante un alumno que les puede caer en gracia o no. Los ordenadores son diferentes, pues carecen de esos prejuicios. Para que un niño alcance la excelencia solo tendría que «personalizar» su propio programa de enseñanza informática incluyendo las materias que le interesen.

La revolución de la tecnología educacional estuvo inspirada en un experimento realizado por el gurú y conferenciante de las charlas TED Sugata Mitra, profesor de la Universidad de Newcastle. Una mañana de 1999 apareció un ordenador en el espacio vacío dejado por un cajero de Nueva Delhi. Nadie sabía cómo había llegado allí. Los niños que vivían en la calle se reunieron en torno a él y al cabo de unos minutos averiguaron cómo encenderlo.

En solo un día, estos mismos niños, algunos de los cuales no iban a la escuela y no sabían leer ni escribir, resolvían complejos problemas matemáticos preguntando en Internet, cuyo funcionamiento habían aprendido por sí solos.

Podían resolver cuestiones de filosofía moral y física cuántica y habían elaborado sus respuestas con facilidad, dado que no había ningún profesor que los desalentara. Nadie les había dicho que esas preguntas eran difíciles de resolver.[277]

Lo que los niños no sabían es que formaban parte de un experimento. Mitra quería comprobar cómo usarían los niños la tecnología en ausencia de profesores. Según dijo, los resultados eran sobrecogedores.

Mitra afirmaba que la ausencia del profesor había liberado a los niños para aprender más rápido por sí mismos. Cuando tenemos todo el conocimiento del mundo a nuestra disposición, los profesores no son solo innecesarios, sino que, según él, entorpecen activamente el aprendizaje del niño.

El experimento de Mitra corrió como la pólvora a través de Silicon Valley. Era música para sus oídos. Mitra aducía que la enseñanza y las escuelas eran un constructo de la cultura occidental. El sistema escolar de la India, diseñado originalmente para proporcionar un ejército de trabajadores obedientes al servicio de la máquina colonial británica, había cimentado la desigualdad.

En cambio, la tecnología podía abrir las puertas de la libertad a los pobres del mundo. Pero Mitra tenía sus detractores. Según el pedagogo Neil Selwyn, había «pergeñado una historia cautivadora tras la que se ocultaba la insidiosa manera de pensar hiperindividualista de Silicon Valley, algo que nada tenía que ver con el aprendizaje verdadero. La uniformización global tras la cortina de humo de la liberación del niño».

Los críticos de Mitra argumentaban que tras esa utópica visión de niños sin zapatos sobrecogidos ante la maravilla de la tecnología desvelada en un agujero de un muro de Nueva Delhi, estaban los intereses empresariales de los gigantes de la tecnología, que querían su parte del pastel de la tecnología educacional.

El segundo golpe de efecto era vender la robotización de los niños como liberación de los grilletes del profesorado y las escuelas. Al librarse de los

---

277. Sugata Mitra, «The Hole in the Wall Project and the Power of Self-Organized Learning» *Edutopia*, 3 de febrero de 2012.

profesores, los gigantes de la tecnología podrían sacar programas de *software* valorados en billones y conquistar el mercado de la educación global.

Michael Barber, el gurú de educación de Tony Blair, había identificado este objetivo empresarial clave cuando entró a formar parte de McKinsey como líder del proyecto EdTech.

Si había que conseguir que los niños se convirtieran en robots humanos, lo primero que se necesitaba hacer era decir que estaban liberándolos de los profesores. Barber no se inspiró en Mitra en este aspecto, sino que recurrió a dos académicos estadounidenses de Stanford, John Chubb y Terry Moe, autores de dos libros que proponían la revolución de llevar el mercado libre a la educación: *Politics, Markets and America's Schools*[278] y *Liberating Learning.*[279]

Según decían Chubb y Moe, «el mundo está en los estadios iniciales de una transformación histórica en la forma de aprender de los estudiantes, la forma de enseñar de los profesores y las formas de organización de las escuelas y los sistemas escolares».

Chub y Moe dijeron que los profesores representan «intereses creados» que bloquean el cambio o el progreso mediante la protección de sus propios empleos, en detrimento de las necesidades de los niños.

Es más, las personas que se dedican a la enseñanza suelen tener un prejuicio inherente contra la empresa y los emprendedores. Todos tienen inclinaciones de izquierdas o son abiertamente socialistas y prefieren que los niños se opongan a la empresa, en lugar de admirar el éxito económico. Los profesores llevan sus prejuicios a las aulas y ponen a los niños en desventaja, ya que adoctrinan a sus alumnos en contra del éxito.

Las escuelas tienen que abrirse al mercado, y la empresa debe estar en la base curricular del sistema e incluso financiarlo. Es necesario emprender una transformación ideológica completa de la cultura escolar.

Las escuelas no son un «plan laboral para los profesores», argumentaban Chubb y Moe. Hay que eliminar del sistema a esos políticos y profesores que impiden que los padres y las empresas trabajen en conjunto para dirigirlas adecuadamente.

Pero la parte más controvertida del plan de Chubb y Moe era la manera en que se llevaría a cabo esta revolución. No se debía atacar a los profesores directamente, sino hacerlo a través de la tecnología.

---

278. John Chubb y Terry Moe, *Politics, Markets and America's Schools*, Perseus, 1990.

279. John Chubb y Terry Moe, *Liberating Learning: Technology, Politics and the Future of American Education*, Jossey-Bass, 2009.

El caballo de Troya de la tecnología

Me reúno con Terry Moe en Stanford, en la enorme sala circular revestida de madera a la que acuden desde hace más de doscientos años presidentes, filántropos y ahora también multimillonarios de la tecnología, para relatar sus grandiosos planes de futuro ante profesores y antiguos alumnos.

Terry, un hombre nervudo con un brillo de escepticismo en la mirada, no era como yo esperaba. Me contó con emoción que estaba trabajando en un libro sobre la ciudad de Nueva Orleans tras los efectos del huracán Katrina.

Dado que las infraestructuras de la ciudad han quedado destruidas, los «intereses creados» de los sindicatos de profesores desaparecieron con ellas y permitieron que el sistema educativo volviera a construirse desde cero. Los resultados, según dijo, habían sido «extraordinarios».

¿Qué problema tenía con los profesores?

«Se me ve como un defensor del mercado neoliberal, pero no lo soy. Los profesores cumplen una función, yo no digo que no, pero los intereses de los sindicatos de profesores son contrarios a los de los niños.»

Terry dijo que, por mucho o poco que guste a los profesores, «está llegando una revolución tecnológica». ¿Qué consejo daría él, entonces, a los profesores que se enfrenten a la cola del paro? «Que entiendan lo que está sucediendo. Se acabó. Que acepten que necesitan trabajar en el futuro que está desarrollándose, en lugar de combatirlo.»

En *Liberating Learning*, Chubb y Moe muestran un plan astuto para usar la tecnología en contra del profesorado. Esta debería «infiltrarse» en las aulas gota a gota, primero a través de los iPads, después con el lanzamiento de la enseñanza personalizada individual, hasta que los profesores queden marginados gradualmente en su propia clase. A medida que la tecnología se vaya integrando en las aulas, los profesores estarán más anticuados. Hasta que un día, de repente, habrán quedado obsoletos.

Liberating Learning fue descrito como «un libro excelente» por el ministro de Educación británico Michael Gove.[280] ¿Sabía Terry que había recibido los elogios del Ministerio de Educación británico? «No, no lo sabía, pero me siento halagado.»

Más allá de la educación, su estrategia para usar la tecnología como caballo de Troya para destruir los sindicatos podría funcionar en todo el sector

---

280. Tamasin Cave y Andy Rowell, *A Quiet Word: Lobbying, Crony Capitalism and Broken Politics in Britain*, Bodley Head, 2014.

público: en la sanidad, la atención social, en toda forma de servicio público. La Nueva Derecha (*New Right*) acogió a estos dos autores como profetas del neoliberalismo, aunque Moe se muestra reticente a aceptar esta asociación. Chubb y Moe han creado un patrón para la privatización completa del futuro a través del caballo troyano de la tecnología. Un patrón que evita un conflicto político complicado e impopular con unos grupos a los que el público tiene en alta estima, ya se trate de los profesores o los médicos y enfermeros. No necesitan esta confrontación, ya que usando la tecnología pueden completar su programa suavemente y sin hacer ruido.

Quería ver el aspecto que tendría la escuela del futuro de Terry Moe, de modo que hice una visita al Flex Tech Lab de San Diego, uno de los ejemplos más avanzados del llamado «aprendizaje combinado» mediante el uso de la tecnología.

La escuela era ciertamente extraordinaria. Sean, su director, me mostró un aula de planta abierta en el que había unos setenta alumnos. Todos ellos trabajaban con ordenadores portátiles o de sobremesa. Solo hay un profesor en toda la sala, al que los alumnos recurren únicamente en caso de que surja algún problema.

Cada uno de los alumnos a los que conocí seguía un plan de aprendizaje personalizado basado en sus propios intereses. Stephanie, de dieciséis años, quería ser bióloga marina. A Brendan le interesaba la astrofísica y estaba viendo una lección sobre astronomía avanzada en Internet. Anotaba cosas en un margen de la pantalla y detenía la clase si quería volver sobre algo.

Sean, el director ejecutivo, hacía proselitismo de Flex Tech, pero no era una mera copia del pensamiento de Terry Moe. Afirmaba que la escuela había pasado por «diferentes versiones del uso de la tecnología. Empezamos con un modelo que se centraba mucho más en la tecnología y descubrimos que era excesivo, por lo que no funcionaba. El profesor tenía que volver al aula para guiar el aprendizaje, así que ahora utilizamos lo que describimos como "aprendizaje combinado"».

Hablé con el profesor, Steve. ¿Cómo se lleva supervisar a setenta alumnos? «A veces es parecido al trabajo de esos supervisores de caja de los supermercados que esperan a que haya algún problema con un código de barras. Tienen verdadera motivación propia y aprenden a su propio ritmo, en lugar de marchar al que le marca el profesor desde el estrado.»

¿Hasta qué punto es importante que la educación se base en el trabajo que desempeñen cuando salgan de la escuela? «Es fundamental. Es lo más importante. Hay mucha presión y estrés para que seas bueno en el trabajo. No puedes permitirte el lujo de tirar por tierra la universidad y endeudarte con el curso equivocado. Ahora hay que centrarse. Tenemos chicos que se estresan y se dan demasiada prisa por completar su currículo, porque quieren prosperar, y nosotros incluso tenemos que pararles los pies. Para eso está el profesor. No se trata solo de tener éxito, también hay que ser feliz.»

Flex Tech tiene una lista de espera de más de mil alumnos y no cabe duda de que es una escuela muy exitosa. Están en conversaciones con los diseñadores de Google Maps para crear «un Google Maps del aprendizaje».

Pero también está situada en una zona acaudalada de San Diego. ¿Funcionaría en zonas desfavorecidas de Detroit o Dagenham? Terry Moe afirma que la tecnología favorece más a los alumnos pobres que a los ricos, porque tienen menos probabilidades de encontrarse en un aula dominada por chicos de clase media más seguros de sí mismos que levantan la mano cada cinco segundos.

Sean, el director, también advierte una paradoja en la base del éxito de Flex Tech. «Nosotros usamos la tecnología en un aprendizaje combinado diseñado para generar concentración, y al mismo tiempo la tecnología ha descentrado a los niños a través de los teléfonos y los videojuegos. Nunca antes habíamos visto niños tan descentrados y desmotivados como actualmente, y nuestro trabajo consiste en revertir esto.» Tecnología para luchar contra la tecnología.

Sean no cree que sus aulas conviertan en robots a los niños, sino que estos ya vienen robotizados de casa. Los patrones de repetición de las redes sociales y los videojuegos los han adiestrado para la realización de labores repetitivas. Está convencido de que pueden usar la tecnología de las aulas para desprogramar a los niños y que se concentren. Se trata de un caballo de Troya para hacer el bien, no el mal.

El dinero

Está por ver si Ed Tech librará a los niños de convertirse en robots humanos o creará los perfectos empleados robóticos para KFC de Riga a Río de Janeiro. Lo que queda fuera de toda duda es el dinero que puede ganarse con esta revolución.

En 2005, Michael Barber se reunió con Michael Bloomberg, alcalde de Nueva York, y con Joel Klein, su consejero de Educación. Klein acordó que la ciudad se convertiría en un laboratorio para la experimentación educacional, usando EdTech como herramienta.

Ese mismo año, Klein realizó el movimiento decisivo, haciendo lo que Tamasin Cave y Andy Rowell han descrito como «una llamada a las armas de los Estados Unidos corporativos. La comunidad empresarial necesitaba dar un paso adelante, o la posición del país en el mundo peligraría seriamente».

La llamada de Klein obtuvo la respuesta de un grupo de filántropos ricachones a los que llaman El Club de los Jóvenes Millonarios: Eric Schmidt de Google, Bill Gates de Microsoft, Mark Zuckerberg de Facebook, Steve Jobs de Apple, Rupert Murdoch de Time Warner, Eli Broad de Walmart y Michael Dell de Dell Computers.[281]

El llamamiento de Klein apelaba a sus corazones. El decadente sistema escolar está fallando a los niños, pero la tecnología puede liberarlos. El cabildero de la reforma educativa Rick Berman tomó la palabra en una reunión de filántropos ricos y dijo: «Tenemos que atacar aprovechando el miedo y la rabia, y la manera de obtener ese miedo y esa rabia es mediante la reformulación del problema».

Berman era famoso por su labor de ataque a los sindicatos estadounidenses y sus presiones a favor de la industria tabaquera. Cave y Rowell han estudiado su estrategia. «Dijo a los reformistas que, en lugar de intelectualizar el debate educativo, necesitaban provocar una reacción emocional en la gente.»

«Las emociones perdurarán más en las personas que los conceptos», dijo. Así que, en lugar de formular un debate que hablara de los méritos de sus planes, «los reformistas tenían que motivar a sus seguidores apelando al miedo por el futuro de sus hijos y provocando la ira hacia aquellos que se opusieran a la reforma».[282]

Pero Joel Klein y Michael Barber también apelaron a algo que resultaba más fundamental para estos multimillonarios: sus carteras. EdTech tendría un valor estimado de 70.000 millones de dólares en todo el mundo en el año 2020. El mercado para aparatos electrónicos como las tabletas estará valorado en 32.000 millones. La industria del aprendizaje a través de Internet tiene visos de duplicar ese volumen, con un valor de 24.000 millones de dólares solo en Estados Unidos.

Para los Gobiernos, el atractivo reside en el enorme recorte del gasto en los salarios del profesorado. Si un profesor puede supervisar entre setenta y

---

281. *Ibid.*

282. *Ibid.*

cien alumnos, se ahorrarían miles de millones de la noche a la mañana con solo tocar la pantalla del iPad.

Klein dijo a estos multimillonarios de la tecnología que no se trataba de un caballo regalado al que hubiera que mirarle los dientes. La empresa de tecnología global que sea pionera en la educación tecnológica tiene el futuro de la raza humana en sus manos: el aprendizaje. Dependiendo de cómo aprendamos, podríamos trabajar de manera más eficiente que los robots, de modo que sobreviviríamos como raza.

Apuntaos a la revolución, dijo. Pero vuestra verdadera recompensa será que en el año 2020 la mina de oro actual de la tecnología médica quedará en nada al compararla con la de la tecnología educacional.

Cuando Sugata Mitra colocó su ordenador en un agujero de un muro de Nueva Delhi en 1998 percibía la tecnología como liberación de la escolarización formal. Las escuelas de la India no se habían usado para educar a los pobres, sino para convertirlos en trabajadores sumisos al servicio del imperio. Pero la tecnología educativa tiene potencial para hacer lo mismo en versión digital: crear el trabajador definitivo, una persona que haya sido examinada y taladrada con el iPad de los cuatro a los catorce años, hasta que llegue el día en que su jornada laboral esté dictada por algoritmos.

En 2015, Bill Gates compró LinkedIn por 26.000 millones de dólares. Muchos analistas financieros se quedaron mudos con este acuerdo. No parecía tener ningún sentido empresarial. Pero esa compra de LinkedIn es la clave de la tecnología educativa.

LinkedIn tiene 433 millones de usuarios y supone la base de datos de contratación mayor del mundo. Incluir en esta base la historia educativa del niño significa que puedes conocer la evolución de alguien desde los cuatro a los dieciséis años y más allá, determinando sus aptitudes para el empleo desde la infancia a la edad madura.

Microsoft podría crear una monitorización continuada mediante la combinación de la «carrera» escolar de una persona con su vida laboral y tendría el potencial de generar el currículo definitivo para su futuro jefe, registrando los niveles de conformidad que han mostrado en cualquier momento de sus vidas.

El resultado es que una entrevista de trabajo podrían preguntarte: «¿Por qué sacaste notas tan malas a los doce años y después volviste a las andadas en el trabajo a los treinta y seis?» Puedes crear los empleados más sumisos del planeta, personas que trabajarán desde el primer día de sus carreras escolares como si fueran robots.

La carrera por la tecnología educativa ha comenzado. Microsoft ha creado School in-a-Box. Google también quiere ser la primera empresa abanderada de la tecnología educativa. El discurso de ventas de Chromebook dice que es «la base para un aula completamente virtual».

En el año 2010, Rupert Murdoch compró una empresa de *software* educativo por 350 millones de dólares. El Departamento Educativo de News Corporation se llama Amplify y su objetivo es digitalizar las aulas del mundo. «Vemos un sector valorado en 500.000 millones, únicamente en Estados Unidos, que espera desesperadamente a que se produzcan grandes cambios para su transformación», dice Murdoch. En 2015, Joel Klein dejó su puesto en la dirección del sistema escolar neoyorquino para trabajar con Murdoch.

Humanyze

Estoy en Boston, esperando a la entrada de un edificio de oficinas. Una vez en el vestíbulo, me reúno con Greg y Tony, dos de los directores de la empresa. Enseguida me percato de una cosa extraña. Llevan unas cajitas blancas colgando del cuello que emiten una señal luminosa intermitente.

¿Qué es eso? «Ah, es mi placa sociométrica», dice Greg alegremente. Todos los empleados de la empresa llevan una desde que entran al trabajo hasta que se marchan a casa.

Estamos en las oficinas de Humanyze, la primera empresa del mundo en crear el empleado definitivo mediante la supervisión continuada de su trabajo diario.

Las pequeñas cajitas blancas que llevan Greg y Tony colgadas al cuello recogen datos constantemente. Informan acerca de las personas con quienes hablan, cuánto tiempo, si estos encuentros son «colisiones» formales o informales», cuánto tiempo pasan andando en comparación con el que pasan sentados, al teléfono o en Internet, colaborando con compañeros o en soledad. Ir al baño es un «asunto privado», de modo que la «placa sociométrica» no puede registrar los datos de lo que se hace allí.

La placa también puede detectar las dinámicas entre compañeros. Registra los patrones de conversación y evalúa la pasividad o dominación que muestras en el discurso. En suma, crea una cartografía digital de cada segundo de tu productividad, o ausencia de ella, a lo largo de la jornada laboral.

Dicen que Humanyze ha firmado contratos con Deloitte y Barclays, y está en conversaciones con el servicio sanitario público británico. Greg y

Tony me muestran lo que sucede una vez que han recogido todos los datos de sus empleados. Me siento en una sala acristalada con una pantalla enorme. En ella aparecen varias estructuras moleculares que empiezan a fusionarse unas con otras.

¿Qué está pasando? «Estos son algoritmos que hemos incrustado en la dinámica de grupos del equipo. Así que lo que ves son las interacciones, los canales de comunicación y la calidad de su funcionamiento.» En marzo, el equipo estuvo a tope, porque vinieron a verlos sus compañeros de San Francisco, de modo que aquello era un cúmulo de «simbiosis» de alto voltaje entre las dos oficinas de Humanyze. Pero en abril tuvieron un problema: las estructuras moleculares empezaron a separarse de repente y ya no tenían esa excitante efervescencia.

Greg y Tony están circunspectos. Hay una mancha amorfa aislada que conecta dos grupos de moléculas que tienen un aspecto bastante desolado. ¿Qué ha sucedido? ¿Qué es esa mancha naranja? «Es un embotellamiento», dice Greg. «Sabemos quién es», añade Tony.

Lo extraordinario de estas cajitas sociométricas es que los datos se recolectan de manera anónima para salvaguardar la privacidad. La dirección no puede saber a quién pertenecen exactamente los datos, pero pueden hacerse una idea atendiendo a los patrones. No necesitan saber quién es, porque resulta obvio.

¿Quién es esa mancha naranja, Greg? «Sabemos quién es.» ¿Quién es? «Es una persona de la dirección.» ¿De la dirección? «Exacto. Los atascos suele ocasionarlos el personal de dirección.» Hay alguien que cree hacer un buen trabajo por correr de un sitio a otro controlándolo todo. Pero no es así. El efecto causado es el contrario.

Greg dice que Humanyze arroja patrones inesperados relativos a la productividad que informan sobre quién no está tirando del carro y quién realiza bien su trabajo. Pero no es como si el Gran Hermano te vigilara en la oficina, se apresura a añadir. El objetivo es crear «paneles de control personales».

Los propios empleados pueden acceder a los datos de su «panel de control personal» para saber cómo mejorar su trabajo. Esto impide que Humanyze sea un simple panóptico del trabajo y se convierta en la realización del sueño de gestión de Peters y Waterman en el que el trabajador se motiva por sí mismo, supervisa su propia productividad a través de los datos personales de su «panel de control» e impulsa su mejoría.

La paradoja del lavacoches

Los profesores de las academias han empezado a percatarse de un cambio interesante. Los niños son capaces de aprobar exámenes y marcar casillas espectacularmente, pero en lo que concierne a las entrevistas se quedan mudos. Están tan acostumbrados a seguir las reglas que no saben cómo cuestionarlas.

En este nuevo mundo de niños robot criados para convertirse en empleados robot, las viejas escuelas seguirán existiendo. En las escuelas privadas continuarán impartiendo latín y griego, y en sus campos se seguirá jugando al rugby. En realidad, en esos enormes campos de hierba natural de las escuelas privadas se practica tanto deporte como en los patios de recreo de cemento de las academias. Su misión es transmitir un mensaje, el de la propiedad: somos los dueños de la educación.

En estas escuelas elitistas y selectivas, los futuros políticos y CEO del mundo que contratarán a robots humanos para los almacenes y cadenas de comida rápida seguirán expandiendo sus horizontes y aprendiendo a cuestionar las preguntas, siguiendo la acepción de la educación que nos dio Aristóteles dos mil años atrás.

No obstante, como descubrió Mitra con su ordenador en el agujero del muro de Nueva Delhi, y como está descubriendo Flex Tech en San Diego, la tecnología lo ha alterado y fracturado todo. Los niños disponen en sus teléfonos de todo el conocimiento y la historia de la humanidad y están creando su propio camino hacia el futuro, independientemente de lo que los pedagogos o emprendedores de la tecnología hayan planeado para ellos.

Como me dijo Sean en Flex Tech: «Los niños que tienes ante ti, desempeñarán diez, veinte, tal vez cincuenta trabajos diferentes a lo largo de sus vidas. ¿Quién sabe? Lo que estamos enseñándoles no es un conjunto de conocimientos, sino a saber adaptarse y añadir nuevas aptitudes continuamente. Esa es la única manera en la que podrán sobrevivir».

Pero a quienes no sean capaces de tomar el mando de su propio destino, los algoritmos les dirán qué tienen que hacer. Los robots no los sustituirán, simplemente serán sus jefes.

Tomemos como ejemplo a un repartidor. Realiza cuarenta o cincuenta entregas al día. Los algoritmos deciden su siguiente ruta y si la última entrega ha llegado tarde. El algoritmo puede cuestionar por qué decidiste girar a la izquierda en lugar de a la derecha en el último cruce. Si hubieras girado a la derecha, habrías ahorrado dos minutos y treinta y siete segundos.

318 • ¡TRATO HECHO!

En el futuro, diez pequeños errores como este al día significarán que estarás diez entregas por debajo de tus objetivos. Habrás perdido 40 dólares. Cuatro días a la semana como ese y te resultará imposible pagar la hipoteca.

La primera revolución industrial creó cientos de millones de empleos tras la alteración tecnológica inicial. No condujo al fin del trabajo, sino a su completa reinvención. Los trabajadores pudieron organizarse y luchar por conseguir mejores sueldos mediante la formación de sindicatos. A las empresas no les quedó más alternativa que crear un contrato social con los sindicatos, porque los trabajadores tenían la sartén por el mango. Su valor trabajo era alto.

Esta segunda revolución, la de la robotización, es igual a la anterior en un aspecto clave: transformará el empleo, pero no de la manera que cabría esperar.

En lugar de conducir al fin de los empleos humanos, también podría llevar a un pleno empleo con la creación de miles de millones de puestos de trabajo basura manuales rutinarios y no rutinarios. La diferencia entre esta y la anterior revolución industrial es que esta vez el valor trabajo es cero. Las empresas podrán pagarnos lo que quieran, y nosotros tendremos que estar agradecidos.

Este es el verdadero intercambio de papeles con los robots. Mientras ellos se convierten en jefes que gestionan la logística de nuestro trabajo, nosotros seremos los robots que trabajan con su programa de eficiencia algorítmico.

Estamos viviendo el comienzo de esto, pero nos cuesta entender esta paradoja del pleno empleo con unos ingresos ínfimos, porque seguimos funcionando en función del paradigma económico de la inflación salarial y el empleo a tiempo completo que se creó durante la primera mitad del siglo XX. No podemos hacer la cuadratura del círculo, pero pronto lo conseguiremos.

La norma de la era robótica será la convivencia de tendencias económicas aparentemente contradictorias: un aumento imparable de la creación de empleo y un descenso imparable de los salarios. Empleos precarios con contratos basura por un sueldo con el que no podremos sobrevivir a lo que se llamará correctamente «pleno empleo». Esta es la ironía final de la era robótica, que nos reportará el pleno empleo, pero con el diez por ciento de remuneración.

Para que se produzca esta cuadratura del círculo y que no provoque inquietud social es preciso introducir otro término en la ecuación, que los precios de los productos básicos como la alimentación y la calefacción permanezcan bajo mínimos históricos.

Pero no lo harán. Ya están comenzando a subir. Ese cambalache entre robots y humanos solo funciona si podemos sobrevivir con lo que ganamos. Cuando los precios suban, los salarios también tendrán que hacerlo, y ahí es donde el valor trabajo vuelve a aumentar. Los Gobiernos de Japón, Dinamarca, Suecia y Suiza incluso han jugado con tasas de interés negativas para mantener la inflación controlada y evitar que suba el valor de las divisas.

En febrero de 2017, David Freeman, estadista jefe de la ONS británica, explicó cómo está funcionando esa cuadratura del círculo: «La tasa de desempleo es la más baja desde hace una década, pero los salarios permanecen congelados a niveles históricos».[283]

Mientras tanto, llegan los robots para supervisar la mano de obra barata de una fuerza laboral con pleno empleo. El economista Paul Mason llama a esto la paradoja de «la economía del lavacoches».[284]

El autolavado de la década de 1970 prometía una limpieza robótica deslumbrante de tu Ford Capri. Toda la hojarasca se iba desprendiendo de tu coche hasta dejarlo impoluto y reluciente.

Pero desde el año 2010 ha venido sucediendo algo inesperado. Los autolavados han ido desapareciendo y han sido remplazados por pequeños grupos humanos que trabajaban frenéticamente en tu coche con trapos y esponjas. Los lavaderos de coches ya no están en lugares acondicionados y especialmente diseñados como lo estuvieron en sus orígenes, sino en espacios abandonados y baratos, en viejos aparcamientos y en los patios traseros de las gasolineras. Aparecen y desaparecen en cuestión de días.

Los humanos que remplazan a la máquina pueden lavar un coche en la mitad de tiempo. Realizan un mejor trabajo, porque les aterroriza poder perderlo. Y la clave es esta: cuestan menos.

El tren de lavado automatizado se averiaba, necesitaba un servicio técnico y atención humana constante. No representaba el brillante futuro que prometía, sino un quebradero de cabeza. De manera que el autolavado se ha convertido en una referencia para cómo debería funcionar todo trabajo, utilizando humanos a los que apenas pagas, que cuidan de sí mismos y que solo necesitan la vara del desempleo para trabajar más.

Este es el futuro del trabajo: Watson en el control de mandos, supervisando con su ojo azul impasible cuántos coches somos capaces de lavar a la hora.

---

283. «UK wage growth outpaces inflation», BBC News, 15 de febrero de 2017.

284. Paul Mason, «Our problem isn't robots, it's the low-wage car-wash economy», *Guardian*, 12 de diciembre de 2016.

13

TECNOLOGÍA:
Cinco empresas que gobernarán el mundo

Imagina que un día enciendes el ordenador y Google ha desaparecido. Después enciendes tu iPhone y ves una pantalla en negro. Facebook, Twitter, Amazon y Microsoft también se han desvanecido por completo.

No podría suceder. Aunque eso fue lo que pasó en el año 2007, con los bancos.

De la noche a la mañana, el mundo se vio inmerso en la mayor crisis financiera desde el crac de 1929. Nadie lo predijo. Encerraron a algún que otro iniciado en labores bancarias sin el poder suficiente para armar revuelo alguno y a financieros disidentes que vieron la que se venía encima y aprovecharon para vender en corto.[285]

Los bancos a los que se permitió caer no eran demasiado grandes para generar la quiebra, pero los «Big Five» de la tecnología sí lo son. Cuando Lehman Brothers se arruinó, el sistema bancario no se colapsó. Pero los cinco grandes están tan integrados en el funcionamiento del planeta Tierra que no podríamos permitirnos su caída. No son un agregado del sistema. Son el sistema.

La diferencia crucial entre los bancos y los gigantes de la tecnología es la siguiente. Cuando tienes un ataque al corazón, pueden bombearte sangre hasta el cerebro artificialmente. Pero si tu cerebro se detiene, estás muerto. Los bancos bombean la sangre, pero los cinco grandes de la tecnología son el cerebro.

---

285. Michael Lewis, *La gran apuesta*, Debate, Barcelona, 2013.

Este cerebro puede desglosarse en números. En solo un año, 2016, Apple tuvo unos ingresos de 233.000 millones de dólares, con unos beneficios de 53.000 millones, unos activos valorados en 239.000 millones y una capitalización de mercado de 586.000 millones. Alphabet (Google) registró unos números similares. Microsoft, Amazon y Facebook ocuparon el resto de los puestos de los cinco grandes en orden descendente, según su tamaño. Pero no es su tamaño lo que importa. Los bancos pudieron ser salvados por los Gobiernos, pero estos gigantes de la tecnología son más grandes que cualquier Gobierno. Ellos son quienes construyen el mundo en el que vivimos y poseen las llaves que abren sus puertas.

Los Gobiernos podían rescatar a los bancos porque estos realizan una sola tarea, proporcionar liquidez. Cuando los bancos se colapsaron, los Gobiernos bombearon dinero de nuevo en el sistema. Lo cierto es que, para tener una jerga tan impenetrable, sus prácticas resultan completamente obvias: te prestan el dinero que tú mismo has prestado a ellos.

¿Qué es un banco? «Banco» es básicamente una palabra que designa el dinero de los demás y más concretamente sus deudas.[286]

Antes de 2007, los bancos, como los economistas, operaban tras una fachada de solvencia, usando la impermeabilidad del lenguaje financiero con éxito como muro de protección contra las preguntas del público. Como el uso moderno del latín, su verdadero propósito es la exclusión. Los únicos cálculos importantes que se hicieron en Wall Street antes del crac fueron los de imaginarse hasta cuándo podrían mantener la farsa.

Una vez que ese mito de solvencia profesional de los bancos cayó junto con su sistema, los bancos tuvieron que operar tras una fachada diferente, la de la independencia. Desde que se produjo el rescate, los bancos han sido una industria nacionalizada que se mantiene gracias a la benevolencia de los contribuyentes, pero aun así se disfrazan de organismos independientes. Los bancos son como los niños arrogantes del patio de recreo: creen que pueden hacerlo todo por sí mismos, pero cuando algo sale mal llaman a un adulto para que lo solucione.

Las compañías tecnológicas no. No necesitan a nadie. Esto no solo se debe a que operan en una esfera que escapa al ámbito de cualquier Gobierno nacional y a que están por encima de ellos. Han conseguido ponerse en una posición en la que nadie puede inmiscuirse en su trabajo.

286. David Graeber, *En deuda, una historia alternativa de la economía*, Ariel, Barcelona, 2014.

El rizoma

Los cinco grandes no son en realidad compañías de tecnología. Entre todas forman cinco piezas interconectadas de una maquinaria de enorme complejidad nunca vista hasta ahora.

Nadie controla esta máquina, porque las compañías de tecnología son la compleción involuntaria de una idea formulada por los filósofos franceses Gilles Deleuze y Felix Guattari en su tratado de 1980 *Mil mesetas: capitalismo y esquizofrenia*.[287]

Deleuze y Guattari decían que el destino futuro del capitalismo no estaba en el control de sus dirigentes, sino de su conversión en un organismo sostenible por sí mismo. En este nuevo capitalismo de las «mil mesetas» no había ninguna estructura jerárquica ni hombre del saco que moviera los hilos entre bambalinas, sino una matriz de extremada complejidad formada por caminos interconectados que se solapan y abarcan todos los ámbitos.

Deleuze y Guattari llamaron a esta estructura «rizoma», un término botánico que describe un extenso sistema de raíces que se expande rápidamente hacia el exterior en todas direcciones de manera horizontal.

Los bancos no son rizomáticos, porque son entidades finitas con una función por encima de todas: realizar préstamos. Pero las cinco grandes empresas de tecnología han creado un sistema radicular para los billones de transacciones que tienen lugar a diario a cada instante entre tú, yo y todas las empresas del planeta.

Estas transacciones no son solo comerciales, ya que publicamos océanos de información: vídeos, fotografías, archivos compartidos, *vines, memes,* me gusta, no me gusta... Ponemos nota a todo, traficamos con consejos y comentarios, damos nuestra opinión sobre lo humano y lo divino. Los algoritmos pujan incansablemente por este subuniverso de transacciones de datos, un mundo digital en continua efervescencia, para tamizar estos detritos digitales y convertirlos en datos vendibles.

Intentar comprender estas subastas digitales es como jugar al ajedrez en el espacio con un tablero tridimensional. En cuanto escribes una palabra en Google, se abre ante ti un vestíbulo infinito de espejos algorítmicos sin principio ni fin cuya repetición se perpetúa en el horizonte.

---

287. Gilles Deleuze y Felix Guattari, *Mil mesetas: capitalismo y esquizofrenia,* Pre-textos, Valencia, 1994.

Por el momento, los bancos y las compañías de tecnología han alcanzado un acuerdo respecto a los datos y los sistemas de pago (trabajan en equipo), ya que alcanzar un pacto es más fácil que iniciar un combate. Pero esta relación no está equilibrada, ya que el rizoma de las empresas de tecnología se expande hasta el infinito y no tiene límites. A largo plazo, los bancos seguirán necesitando a las compañías tecnológicas, pero estas no los necesitarán a ellos, que acabarán siendo absorbidos por el rizoma.

1 microsegundo = 1.000 millones de dólares

Me encuentro en la terraza de un alto edificio de Nueva Jersey desde el que se ve Wall Street. Una luz parpadea a veinticinco kilómetros de distancia a través de nubes tormentosas desde lo alto del One World Trade Center, el edificio más alto de Manhattan, construido en el lugar que ocupaban las Torres Gemelas.

Cualquiera diría que Wall Street es el nudo central de la economía mundial, pero no podría funcionar sin la infraestructura de las empresas de tecnología.

En 2010, la compañía de fibra óptica Spread Networks construyó un centro de datos en una zona residencial anónima de Nueva Jersey. Aquella localización (número 1600 de MacArthur Boulevard, Malwah) no era casual. El centro de datos de Spread Networks para la Bolsa de Valores de Nueva York es una estructura siniestra enorme y sin ventanas situada en un solar de Nueva Jersey que está protegida con miles de cámaras de seguridad y una valla electrificada.

El centro de alojamiento de datos costó 300 millones de dólares y proporcionó un túnel de fibra óptica hasta Wall Street que permitía que las transacciones entre Nueva York y Chicago se produjeran 0,7 microsegundos más rápido. Este aumento de velocidad infinitesimal se traducía en miles de millones de dólares más en transacciones por segundo.

Pero no era lo suficiente rápido. Un par de años más tarde, a solo unos kilómetros de Mahwah, en lo alto del desolado edificio en el que me encuentro, una empresa de tecnología láser alquiló un espacio en esta terraza cubierta de porquería para reducir el tiempo de las transacciones en 0,4 microsegundos más. Hay unas máquinas enormes de color blanco repletas de cables y antenas que emiten un discreto zumbido, unas máquinas que miran hacia el One World Trade Center y se comunican a la velocidad de la luz en lenguaje clave con otras máquinas que miran hacia Asia.

El edificio en sí es una torre de pisos de protección oficial. Los pisos son húmedos y en sus pasillos se escuchan gritos y alaridos que se mezclan con un fuerte olor a marihuana. Pero sobre las cabezas de esos residentes, se transfieren miles de millones de dólares por microsegundo desde Wall Street al resto del mundo. Esta riqueza incalculable convive a pocos metros de distancia con la pobreza, conformando lo que posiblemente sea el contraste económico más grande del planeta.

La Sagrada Familia

En 1882, Antonio Gaudí comenzó su trabajo sobre la basílica de la Sagrada Familia de Barcelona. Cuando se llevaban cuarenta años de su construcción, le preguntaron cuándo creía que acabaría finalmente su extraordinaria creación, que asciende en espiral hacia el horizonte barcelonés sin una sola línea recta en su estructura. Nunca, respondió Gaudí. Está viva y su compleción reside precisamente en ese proceso vital.

Los cinco grandes de la tecnología, como la Sagrada Familia, están en perpetuo proceso de reconversión. Atacan siempre por los flancos mediante la adquisición estratégica de empresas que se enmarcan en un plan mayor, pero que carece de sentido para el resto de la comunidad.

Google, Microsoft y Amazon invierten incansablemente sus beneficios en I+D y en nuevas adquisiciones porque tienen sus ojos puestos en una presa lejana que solo conocen los que pertenecen al escalafón superior. Bill Gates expresa sus ilimitadas ambiciones y necesidad de cambio de plan con un sencillo aforismo: «Sobrestimamos lo que podemos hacer en dos años y subestimamos lo que podríamos hacer en diez».[288]

Los cinco grandes son las raíces centrales del rizoma del que mana todo cuanto hacemos. Estas compañías no solo son demasiado grandes para quebrar, son también demasiado grandes para ser definidas, porque mutan y expanden sus horizontes constantemente. Ninguno de los cinco grandes está enfocado en lo mismo que hacían seis meses atrás.

Esto conduce a especulaciones febriles acerca de cuáles son sus planes y las inevitables teorías de la conspiración que eso conlleva.

Dave Eggers realiza un ataque tímidamente velado a Google en su novela de 2013 El círculo, en la que describe su retórica de la utopía: «Campus» tecnológicos cerrados a cal y canto y empleados proselitistas que ocultan un siniestro plan de dominación mundial.

---

288. Bill Gates, *Camino al futuro*, McGraw Hill, Madrid, 1995.

El título del libro hace referencia al objetivo a largo plazo de este gigante de la tecnología imaginario, cerrar el círculo, que es la definición que hace Google de la «excelencia». El control absoluto de cada momento de nuestra existencia bajo la perpetua mirada de ese ojo impasible que todo lo ve y lo sabe todo sobre nosotros.[289]

Las teorías de la conspiración transforman verdades confusas en un plan infantil ejecutado por un puñado de individuos malévolos en una habitación. Pero la versión de Google que Dave Eggers describe en *El círculo* de un organismo que lo controla todo es una que ellos mismos suscribirían, y se queda corta a la hora de describir sus ambiciones.

En 2015, Google se convirtió en la compañía subsidiaria menos interesante de Alphabet, un nuevo conglomerado de empresas dirigido por los fundadores de la anterior, Sergey Brin y Larry Page, y con una colección de nuevas adquisiciones alucinante.

El objetivo de Alphabet es sencillo, mejorar la propia naturaleza de la experiencia que supone ser un humano. Lo que hacen los humanos, de qué estamos hechos y cómo funcionan nuestros cerebros. No se trata de una exageración, sino simplemente de sus planes para el futuro.

Los intereses y adquisiciones de Alphabet van de la biotecnología (Life Sciences) al descubrimiento del secreto de la longevidad y la vida eterna (Calico); el espacio; coches sin conductores; aeromóviles; la Internet de las cosas (*smart everything*); sistemas de entrega mediante drones de futura generación; el uso de la tecnología para superar los problemas de infraestructura del mundo en desarrollo; tecnología educacional; soluciones para la contaminación y el calentamiento global; nanotecnología: instrumentos de alteración del organismo incorporados, tales como nanorrobots inyectables y portadores de ADN que luchan contra la leucemia, o nanogeles que segregan insulina para frenar la diabetes.

Los fundadores de Google creen que ser considerados una empresa más es andar muy desencaminado.[290] Alphabet es como un Estado independiente que accede al futuro mediante técnicas de pirateo.

La compra de DeepMind señala sus intenciones de comenzar a decodificar la mera esencia de la inteligencia. Se trata de comprender qué es, cómo funciona y cómo interactuarán y se comunicarán los humanos y las máquinas

289. Dave Eggers, *El círculo*, Random House, Barcelona, 2014.

290. Dominic Rushe y Sam Thielman, «Inside Alphabet: why Google rebranded itself and what happens next», *Guardian*, 11 de agosto de 2015.

cuando se descifre el secreto de la inteligencia. Lo que se sentirá al percibir la verdadera «excelencia».

Alphabet ha afinado sus ambiciones hasta resumirla en una sola palabra: conocimiento. Cómo descifrarlo y apropiarse de él. La conspiración de Google descrita en *El círculo,* de Dave Eggers, no hacía justicia a la extensión de sus ambiciones.

El 10 de agosto de 2015, Larry Page, CEO de Google, explicó el significado de su transformación en Alphabet. «Como Sergey (Brin) y yo escribimos en la carta original de los fundadores hace once años: "Google no es una empresa convencional. Nuestra intención no es convertirnos en una". Hicimos muchas cosas que en su momento parecían una locura. Locuras que tienen hoy miles de millones de usuarios como Google Maps, YouTube, Chrome y Android.[291]

»Estamos convencidos desde hace mucho que las empresas tienden a acomodarse con el tiempo y se dedican a hacer lo mismo, realizando simples cambios de volumen. Pero en la industria de la tecnología, donde las ideas revolucionarias son el impulso para futuras áreas de crecimiento, la incomodidad es necesaria.»

Se habló mucho de la decisión de Alphabet de abandonar la promesa que hizo Google hace veinte años: «No hacer el mal». Pero Alphabet no es el mal ni tiene intención de hacerlo. Sus miras van mucho más allá del mal, se centran en un mundo reconstruido por completo gracias a sus ideas visionarias. Un mundo que tendrán bajo control.

El primer Google

Las ambiciones de grandeza de los cincos grandes de la tecnología comenzaron tiempo atrás. En 1997 me encontraba en Seattle visitando el campus de Microsoft. En su momento, ellos tenían las mismas ambiciones que Google ahora y buscaban algo igual de impresionante: escribir un lenguaje universal para lo que entonces llamábamos «ordenadores».

En 1997, Internet y los teléfonos móviles estaban en pañales. No existía Facebook, Amazon ni Google. Apple, dirigida por el genio rebelde Steve Jobs, era considerada una empresa fracasada que se había quedado en la

---

291. Larry Page, «Larry's Alphabet Letter: G is for Google», Carta de los fundadores de Google, 2015, abc.xyz.

década de 1970, resignada a tener un estatus de culto fabricando ordenadores caros. Entonces reinaba Microsoft, no Apple. En su «campus», en pleno bosque, escribían el código que crearía un nuevo mundo. Lo llamaban el «mundo digital».

Su CEO, Bill Gates, vivía en una mansión de Puget Sound a la que se accedía en barco. En la bahía también estaban las residencias palaciegas de otros dos iconos de Seattle con marcas en pleno crecimiento: Kurt Cobain y Howard Schultz, el CEO de Starbucks. Gates apenas aparecía por allí, pero salió a la luz un detalle sobre su casa que daba una buena idea del esnobismo del que se le tacha y de la futura toma de poder del mundo por parte de la tecnología.

La extensa propiedad de Gates (llamada Xanadu 2.0 en honor de *Ciudadano Kane*), con su piscina olímpica en la que podía escuchar música bajo el agua, su gimnasio de 230 metros cuadrados, lago artificial con salmones y una playa con arena importada de Hawái, también disponía de tecnología hecha a su medida.[292]

Se decía que en todos los pasillos y habitaciones había pantallas de plasma, lo cual en 1997 era algo muy sorprendente y extravagante. Dicen los rumores que en los pasillos largos de la mansión estaban dispuestas una tras otra, como si fueran pinturas al óleo.

En lugar de tener cuadros reales, Gates pulsaba un botón de un mando a distancia y accedía a las obras de arte más importantes del mundo a través de una imagen pixelada en la pantalla. Gates podía convertir su casa en una versión digital del Louvre o el MOMA en cualquier momento y ver la mirada perdida de una Mona Lisa borrosa mientras se preparaba su desayuno a base de muesli energético.

Un famoso novelista inglés que vivía en Seattle en aquella época y despreciaba a Gates le preguntó en una fiesta privada por qué no compraba los originales. Tenía dinero suficiente para ello. Las pantallas de plasma eran de mal gusto y cualquiera preferiría tener las obras originales si pudiera permitírselo.

«¿Por qué? —respondió Gates—. Esos cuadros pertenecen al pueblo. No están a la venta y todas las personas del mundo deberían poder acceder a ellos a través de una pantalla de plasma.»

Una década más tarde, cuando su amigo y antiguo compañero de trabajo Steve Jobs transformó Apple mediante el iPhone, todo el mundo tuvo algo equiparable a una pantalla de plasma móvil y súbitamente se podía ac-

---

292. Sean Keeley y Sarah Anne Lloyd, «25 Facts About Bill Gates's Medina Mansion», Seattle. curbed.com, 16 de febrero de 2017.

ceder a las galerías de arte del mundo. Bill Gates tenía razón y el novelista se equivocaba.

En 1997, cuando llegué al campus de Microsoft, cuya arquitectura estaba integrada discretamente entre el paisaje, me pareció más un templo de retiro budista que una empresa de alta tecnología. Su interior era otra historia. Había veintitantos programadores que vivían en el campus en un estado continuo de producción intensa y frenética. Programaban durante periodos que duraban entre diez y dieciocho horas, se atiborraban de cafés y Coca-Cola, se quedaban dormidos y se despertaban con un trozo de pizza rancia pegado a la cara. Creían en Microsoft de manera jesuítica.

Estos programadores vivían en pequeñas celdas customizadas al estilo de las residencias estudiantiles universitarias, con carteles de grupos de *grunge* oscuro y el obligado póster de Einstein o Jim Morrison. Se veían montañas de envoltorios de comida para llevar y cajas de pizza, disquetes de programación tirados por el suelo, y en alguna parte entre los desechos, su pase de Microsoft atado a una cadenita.

Saltaba a la vista que esa devoción ilimitada y obsesión imparable respecto de la programación del futuro era auténtica, y lo hacían por la empresa. Esto era algo que Microsoft aprobaba y promovía con naturalidad, creando una comunidad totalmente autosuficiente en el campus.

Había un supermercado, restaurantes, gimnasios, un jardín espiritual, noches para ligar, danza cubana los jueves y un cineclub en el que ponían películas de la *nouvelle vague* francesa. De hecho, era bastante parecido a ese campus ficticio que describiría David Eggers en *El círculo* veinte años después.

Esos programadores que correteaban con gesto serio de un lado al otro del campus tenían el aire determinado de quien sabe que está haciendo historia, como versiones acomplejadas de los hombres que descifraron el código de Enigma. Eran conscientes de su importancia, de que estaban creando el futuro por medio de la invención de un lenguaje que pronto se hablaría en todo el mundo: «Windows», el sistema operativo mediante el que se comunicarían todas las máquinas del planeta.

Una mañana detuve a un joven programador en la cafetería del campus y le pregunté si se sentía como un «microsiervo», el término acuñado por Douglas Coupland para definir a los programadores esclavizados en Microsoft.[293] ¿No era un poco tonto entregar su IP a cambio de un sueldo, en lugar

---

293. Douglas Coupland, *Microsiervos*, Ediciones B, Barcelona, 1996.

de recibir acciones de la compañía? El chico pareció sorprenderse mucho de aquella pregunta. «No soy ningún esclavo —dijo—. Soy un privilegiado por poder estar aquí.»

Le comenté ese extraño clima de desarraigo que había en el campus. Programar en un bosque perdido que podría estar en cualquier parte del mundo, Kioto, Adelaida o Finlandia. Ni siquiera parece parte de Estados Unidos. «Es cierto —dijo, reflexionando—, pero yo no soy estadounidense. Soy un ciudadano de Microsoft.»

El mito por el que «siempre habrá alguien en un garaje que irá a por nosotros»

Veinte años después de esto, los mileniales se consideran más ciudadanos de su propio sistema de valores que de la nación en la que han nacido. Tienen una mayor afinidad con personas parecidas a ellos que comparten sus gustos que con sus vecinos que odian a los inmigrantes o a los homosexuales.

Microsoft entendió a mediados de la década de los noventa la importancia que tenía que la empresa apelara a este sistema de creencias e hiciera creer a los empleados fervientemente en la marca. Esta es la razón por la cual los «ciudadanos» de los cinco grandes de la tecnología que han seguido el modelo de Microsoft están creando en conjunto un ecosistema enorme que se expande sin piedad alguna. Porque tienen los corazones y las mentes de los soldados de infantería para conseguirlo.

Las personas que trabajan para estas compañías, desde la primera a la última, creen sin dudarlo un momento en la misión evangelizadora de sus fundadores, maestros tipo zen cuyas declaraciones son consideradas como la palabra de Buda. La identidad y la autoestima del empleado están ligadas incondicionalmente al éxito de la empresa, y si cambian de compañía, transfieren a su nuevo hogar ese celo expresado anteriormente como fanáticos que se convierten a una nueva religión.

Incluso nosotros creemos en las marcas. Están tan integradas en nuestras vidas, se han hecho tan indispensables que luchar contra ellas es como decir que estás en contra del sol o del mar.

El analista tecnológico Farhad Manjoo cree que, aunque ahora nos parezcan muy poderosas, todavía no hemos visto nada. «Han construido diversas tecnologías enormes que son fundamentales en todo lo que hacemos. En jerga tecnológica diríamos que poseen las plataformas más valiosas del mundo, los bloques de cemento básicos de los cuales dependen el resto de los negocios. Estas plataformas son ineludibles, puedes salir de un par de ellas, pero en su conjunto forman una malla de oro que envuelve la economía por completo.»[294]

En 2016, estos cinco grandes de la tecnología coparon la mitad de los puestos entre las diez compañías más valiosas del mundo. Su riqueza deriva del control que ejercen sobre la ineludible infraestructura digital de la cual depende gran parte de la economía: teléfonos móviles, redes sociales, Internet, la nube, ventas al por menor y logística, además de la información y el poder computacional necesario para los siguientes avances tecnológicos.[295]

Pero aquí es donde acaba la tecnología y puede empezar a concebirse el resto del mundo en términos de oportunidad. Desde 2012 han comenzado a poner sus miras en las industrias más poderosas fuera de la tecnología: automóviles, asistencia sanitaria, transporte de mercancías, cine, música de entretenimiento y el control del sistema bancario.[296]

El gran mito de Silicon Valley se resume en la frase de Eric Schmidt en Alphabet: «Siempre habrá alguna persona en un garaje que vaya a por nosotros». Alguien, en alguna parte, que desarrolla una idea que pone en jaque la hegemonía de los cinco grandes.[297]

La verdad es que eso no va a suceder, y Schmidt lo sabe perfectamente. Estas compañías fueron pioneras en la elaboración de las fronteras digitales y siempre tendrán el control de las barreras. Pero ahora están expandiendo sus terrenos, invadiendo el de los demás, y esas tierras también acabarán siendo suyas.

El lobo que se convirtió en perro

El nivel de su ambición puede entenderse si te fijas en cómo están redefiniendo sus actividades. Alphabet quiere poseer el ADN del conocimiento en sí y después aplicar esta madre de los conocimientos a todo lo que hacemos.

---

294. Farhad Manjoo, «Tech's frightful five will dominate digital life for foreseeable future», *New York Times*, 20 de enero de 2016.

295. *Ibid.*

296. *Ibid.*

297. *Ibid.*

Amazon quiere remodelar nuestro mundo a través de la transformación de la naturaleza de la entrega a domicilio y del sector de los servicios, transformándose en la madre de todas las tiendas y todos los servicios mediante el uso de la robótica. En 2016, el fundador de Amazon Jeff Bezos puso a prueba su primera tienda física en Seattle sin humanos, solo con robots, y sin dinero en metálico.

Amazon Go es un supermercado de 170 metros cuadrados de superficie que vende de todo, desde productos alimenticios, bebidas y verduras, a ropa y libros. Entras, escaneas una aplicación, coges lo que quieras y te vas. Los sensores que hay repartidos por la tienda identifican los artículos y los cargan a tu cuenta.

Miles de cámaras registran tus movimientos y, a través de estos, registran tus pasos y los de tu teléfono y pueden confeccionar datos sobre lo que has comprado, pero también sobre lo que no has comprado, esas cosas que has pensado comprar o que has acabado devolviendo a la estantería. Es una mina de información oculta. Es en estas decisiones «vivas» influenciables que tomarás la semana que viene, más que en las compras «muertas» que realizaste hoy, donde los datos se transforman en oro.[298]

Aparte de dirigir supermercados robóticos, Amazon quiere revolucionar completamente el servicio de reparto a domicilio mediante el uso de drones, ya se trate de comida, un libro o un transporte de urgencias en un accidente de tráfico de la India.

En este nuevo mundo, Microsoft, los creadores de Windows, serán el núcleo central de las operaciones. Ellos construyen las vías sobre las que transcurren unos servicios cada vez más rápidos, delicados y con menos «fricciones». Microsoft ha dejado de ser una empresa de tecnología para convertirse en un proveedor lingüístico que inventó el lenguaje global de Windows que hablan las máquinas.

Apple ya no busca la mera producción de teléfonos, tabletas y portátiles, sino ser una plataforma mundial para todo el comercio.

No obstante, cuando se presentó el iPhone, ni siquiera Steve Jobs supo ver todo su potencial para la venta. Tuvieron que ser los piratas de la programación que hackearon el iPhone en cuanto salió y lo personalizaron quienes le hicieron ver los beneficios de las aplicaciones de terceros.

Estos piratas informáticos desarrollaron un refinado sistema de copia y pega. Uno de ellos en particular, Jay Freeman, el padrino de la piratería, creó

---

298. Natt Garun, «Amazon just launched a cashier-free convenience store», *The Verge*, 5 de diciembre de 2016.

Cydia, un mercado de aplicaciones en el que se podía piratear el teléfono y liberarlo para usar poderosos programas de *software* que permitieran la personalización del iPhone fuera del rígido control de Apple.

En Apple no podían creerlo y tuvieron que reaccionar con celeridad. En cuestión de semanas decidieron crear App Store para recuperar el control sobre el teléfono. Fue la mejor decisión empresarial que pudieron tomar, pero no estuvo propiciada por sus propios programadores, sino por un puñado de piratas informáticos.

Concierto una cita con Jay en un banco de un parque de San Francisco. Un hombre alto con el pelo por los hombros que lleva una chaqueta de cuero y sombrero de ala ancha aparece entre los árboles y se acerca hacia mí con determinación. Jay se muestra optimista con su logro, el de entregar a Apple involuntariamente un modelo para transformar el iPhone en la plataforma de venta más exitosa del mundo.

«A veces desearía no haberlo hecho, porque en ese caso ¿quién sabe lo que Apple podría haber inventado? Hasta cierto punto suponía una apertura, pero también cerró la puerta a otros caminos.» ¿Te ofreció Apple un empleo? «Intentaron contactar conmigo, pero yo no sabía que eran ellos. En cierto modo los rechacé, algo que no debe hacerse. Otros piratas informáticos han ido a trabajar con ellos, el clásico cazador furtivo que se convierte en guardabosques.»

A raíz de Cydia, el inversor privado John Dooer presionó a Steve Jobs para que se creara Apple Store y neutralizara la oposición. La pérdida del control tras el lanzamiento del iPhone duró solo seis semanas, el tiempo que tardó Dooer en convencer a Jobs. La App Store se convirtió en una plataforma para aplicaciones de terceros, una plataforma de venta con el potencial de transformar los sistemas de pago, así como remplazar a los bancos en último término.

La habilidad para integrar al rizoma las alteraciones del mercado es lo que define a los cinco grandes como el sistema raíz del que mana todo lo demás.

Las ambiciones de Facebook son otras. Quieren convertirse en la mayor cámara acorazada de información humana del mundo. Facebook representa el banco de datos más grande del planeta, en el que se guardan los detalles íntimos de las vidas de 1.800 millones de personas extraídas de entre las fotografías, los «me gusta», los «no me gusta», las redes de amigos y las expresiones de sus esperanzas, miedos y expectativas que incluyen en las publicaciones. Será el depósito de comportamiento humano más poderoso que jamás se haya creado.

Los algoritmos serán los encargados de hacerlo realidad, y por primera vez están congraciándose adecuadamente con su presa, los seres humanos. Su manera de conseguirlo es similar a la forma en que los lobos se transformaron en perros.

Los lobos son depredadores a los que resultaba difícil encontrar carne en las temporadas de invierno, de modo que se ganaron el favor de los humanos y se dejaron domesticar para tener garantizado el sustento. Nosotros creíamos que mandábamos sobre ellos, pero eran los lobos quienes mandaban. Los algoritmos son esos lobos en versión digitalizada.

Los seres humanos somos conscientes de esto y nos resistimos a acabar dependiendo del algoritmo. En 2016, los investigadores Berkeley Dietvorst, Joseph Simmons y Cade Massey, de la Universidad de Pensilvania, realizaron un ensayo para *Journal of Experimental Psychology* titulado «Algorithm Aversion» en el que se concluía que los seres humanos caen continuamente en el error de creer que sus decisiones son mejores que las de los algoritmos. Usamos este condicionamiento para reforzar la falacia de la supremacía de los humanos.

En este momento de la historia necesitamos reforzar esa falacia, debido a razones psicológicas. Intentamos agarrarnos a aquello que nos hace seres humanos justo en el momento en que vemos que podría desaparecer para siempre.[299]

Dicho informe cita los errores de pilotaje en los accidentes de avión como ejemplo de nuestro condicionamiento. Las probabilidades de accidente se han reducido drásticamente gracias al piloto automático y a los sistemas que alertan de la proximidad de la tierra. Esto es una prueba estadística de que las máquinas funcionan mejor que los humanos, pero no queremos admitirlo.

Los algoritmos pueden cuando menos igualar los análisis realizados por humanos, y la mayoría de las veces los superan en todos los campos, desde el diagnóstico médico a la meteorología y la economía. Pueden predecir con mayor exactitud las probabilidades de quiebra de una *start-up*, o las de que un expresidiario vuelva a cometer un delito.[300]

No obstante, a pesar de esto, los humanos estamos determinados a pensar que somos mejores. Basta que Google Maps nos envíe una ruta más

---

299. Berkeley Dietvorst, Joseph Simmons y Cade Massey, «Algorithm aversion: people erroneously avoid algorithms after seeing them err», ensayo universitario abierto al público, Universidad de Pensilvania, 2016.

300. *Ibid.*

lenta o que un programador de canciones nos ponga un disco deprimente cuando nos sentimos bien para que citemos esta anomalía como prueba de la falibilidad de los algoritmos.

El ejemplo más claro lo tenemos en los coches de conducción automatizada. En Estados Unidos mueren más de 30.000 personas al año en accidentes de tráfico. El noventa por ciento se deben a errores humanos. La *Harvard Business Review* estimó que los coches sin conductor podrían ahorrar en los próximos cincuenta años 1,5 millones de muertes en Estados Unidos y 50 millones en todo el mundo.

Sin embargo, una encuesta realizada por la America Automobile Association en marzo de 2016 dice que el setenta y cinco por ciento de los conductores estadounidenses, independientemente de lo que digan los datos, no se fían de los coches sin conductor.

A pesar de esto, vamos pasando poco a poco de una suspicacia absoluta a confiar en ellos a regañadientes, porque facilitan las necesidades y tareas básicas de la vida diaria: sugerencias de visionado, vuelos más baratos, compañeros de cita compatibles. Estamos empezando a advertir nuestros propios errores y a confiar en los datos. El lobo se ha convertido en perro.

Saluden todos al nuevo dios: «dataísmo»

¿Qué significaría que dejemos nuestras decisiones vitales en manos de los algoritmos? En 2013, Angelina Jolie se hizo una prueba de determinación del perfil genético y descubrió que era portadora de una mutación peligrosa del gen BRCA1. Esto le otorgaba una probabilidad estadística de contraer cáncer de mama del ochenta y siete por ciento. Aunque no estaba enferma, tomó la decisión racional de hacerse una mastectomía doble. Se trataba de una decisión preventiva influida por los datos. Cualquier resistencia a ello habría procedido de nuestro condicionamiento como seres humanos, también llamado emoción.

La medicina puede usar los datos para determinar esas decisiones en las que nos jugamos el todo por el todo. Resulta extremadamente difícil hacer caso omiso a las emociones, pero cuando existen pruebas de tu posible muerte, lo haces. La confianza que antes depositábamos en los médicos la ponemos ahora en los números, y de una manera tan incuestionable que el historiador Yuval Harare dice que los datos conforman una nueva religión seglar: el «dataísmo».

«Así como las religiones mitológicas legitimaban la autoridad divina y las ideologías humanistas legitimaron la autoridad humana, ahora los gurús de la alta tecnología y los profetas de Silicon Valley están creando una nueva narrativa universal que legitima la autoridad de los algoritmos y los datos.»

«A este nuevo credo podríamos llamarlo "dataísmo". En su forma más extrema, los exponentes de esta visión dataísta del mundo perciben todo el universo como un flujo de datos, los organismos les parecen poco más que algoritmos bioquímicos y creen que la vocación cósmica de la humanidad es la creación de un sistema de proceso de datos omnipresente en el que debemos sumergirnos. Estamos convirtiéndonos en un conjunto de chips minúsculos en el interior de un sistema gigantesco que nadie llega a comprender realmente.»[301]

El dataísmo es la nueva divinidad, porque los datos nos comprenden mejor que nosotros mismos. No se dejan engañar por el condicionamiento de los humanos. Según Harare «estamos ante la confluencia de dos movimientos sísmicos científicos. Por una parte, los biólogos están descifrando los misterios del cuerpo humano y en particular del cerebro y los sentimientos. Al mismo tiempo, los ingenieros informáticos nos ofrecen un poder de procesamiento de datos sin precedentes. Cuando combinas estos dos aspectos, tienes sistemas externos que pueden monitorizar y comprender nuestros sentimientos mejor de lo que lo hacemos nosotros mismos».[302]

Los sistemas masivos de datos ya nos conocen mejor que nosotros mismos, pero ahora nos encontramos en el momento culminante para creerlo y aceptarlo. Cuando esto acabe sucediendo, la autoridad (no solo la del cálculo numérico) pasará de los humanos a los algoritmos. En su momento estuvo en manos de la Iglesia católica, y la KGB sabía todo sobre nosotros y lo aceptábamos sin cuestionarlo. Ahora ese manto teocrático pasará a los gigantes de la tecnología.

Ver a los cinco grandes como enemigos de la humanidad parece algo perverso. ¿Son realmente estas empresas tan *orwellianas* como aparentan? Fijaos en Sergey Brin, Tim Cook o Mark Zuckerberg. No parecen malvados. Llevan camisetas Gap, conducen coches eléctricos (si es que tienen, porque Zuckerberg va al trabajo en bici) y donan cantidades de dinero extraordinarias a la beneficencia. No tienen pinta de querer controlar cada aspecto de nuestras vidas y convertirnos en cíborgs.

301. Yuval Noah Harare, *Homo Deus: A Brief History of Tomorrow*, Harvill Secker, 2016.

302. *Ibid.*

Su misión declarada es hacer lo contrario a controlarnos. Quieren liberarnos de la pobreza, la desigualdad, el calentamiento global y las enfermedades. Lo que tienen es poder y el potencial para aportar cambios colosales. Como Robert Dall, el hombre que inventó la titularización en Wall Street y que acabó trayéndonos a las hipotecas de riesgo y el derrumbe del sistema bancario, tienen la llave de la fisión nuclear. Lo que estamos esperando es cómo deciden usar ese poder colosal.

Si una máquina superinteligente decidiera librarse de nosotros, lo haría con una eficacia abrumadora

En diciembre de 2014, tres jóvenes londinenses viajaron hasta Los Ángeles para cerrar un trato. Demis Hassabis, Shane Legg y Mustafá Suleyman eran los fundadores de DeepMind Technologies, una pequeña compañía de inteligencia artificial de la zona este de Londres. Estaban a punto de llegar a un acuerdo con Larry Page, de Google.

Ninguno de los pasajeros de ese vuelo lo sabía, pero esos tres hombres sentados en la fila 43 iban camino de firmar el acuerdo de mayor alcance de la historia.

DeepMind captó la atención de Google a los tres años de su fundación. Al contrario que a cualquier otra *start-up* de inteligencia artificial del planeta, a ellos no parecía interesarles la «interfaz» hombre-máquina, las características inherentes a las máquinas y los cerebros y la manera en que ambos pueden combinarse.

DeepMind estaba interesada en algo más fundamental. Las raíces de la inteligencia. No la inteligencia humana o la inteligencia artificial. La inteligencia en su conjunto. DeepMind había vuelto a los principios primarios: los humanos y los robots son simples exoesqueletos dirigidos por inteligencias decodificables. Si descodificas esa inteligencia, puedes comprender cómo funciona cualquier cosa y gobernar el mundo.

En Googleplex, Mountain View, California, los tres jóvenes londinenses y Larry Page cerraron el trato con un apretón de manos. Google pagó 650 millones de dólares por una compañía que apenas llevaba tres años en funcionamiento. No solo era el acuerdo más importante en la historia de Google. Sería el acuerdo más importante en la historia de la humanidad.

La creación del motor de búsqueda más famoso supuso para Google la construcción de la máquina más poderosa del planeta. Pero al comprar

DeepMind, tienen el potencial para poseer la inteligencia en propiedad. Después, podrían instalar el cerebro en el interior de la máquina de Google. ¿Qué significa eso de instalar un cerebro en la máquina de Google? El trato al que llegaron Google y esos jóvenes londinenses abría la puerta a la creación de un nuevo organismo, a partir de lo que en DeepMind llaman el «tejido de la máquina cognitiva». Algo que no está vivo ni muerto, sino que es consciente. Una especie completamente diferente.

El fundador de DeepMind, Shane Legg, se mostraba inusitadamente optimista y posthumano respecto a lo que significaría esta nueva especie cuando lo entrevistaron en 2011.

«Yo creo que es muy probable que la raza humana acabe extinguiéndose, y la tecnología desempeñará un papel muy importante en ello.» Cuando le preguntaron si creía que los humanos sufrirían, dijo: «Si te refieres a un sufrimiento prolongado, creo que es muy poco probable. Creo que si una máquina superinteligente decidiera librarse de nosotros lo haría con una eficacia abrumadora. No creo que diseñemos máquinas superinteligentes que aumenten el sufrimiento humano».[303]

El acuerdo al que Legg llegó posteriormente con Google fue interpretado como un pacto que nos llevaría a la extinción.

Elon Musk, un hombre al que nos es fácil sorprender con futuros distópicos, estaba estupefacto. Dijo que ese acuerdo era «más peligroso que los misiles nucleares». Stephen Hawking dijo que el pacto «acabará con la humanidad».

Pero Legg trataba simplemente de exponer en términos «posthumanos» la manera en la que se desarrollarían los acontecimientos. Una vez que la inteligencia sea descodificada, ¿por qué tendrían que poseer los humanos la primacía moral sobre cualquier otra forma, ya tenga vida propia o se trate de una máquina? El hecho de que, una vez que se active el tejido de la máquina cognitiva, se creará un organismo que pueda decidir si los humanos son necesarios o no era simplemente cuestión de lógica.

Para ser algo que podría acabar con nuestra propia extinción, el acuerdo entre Google y DeepMind obtuvo muy poca respuesta por parte del resto de la raza humana. Stephen Hawking dijo que era necesario crear comités éticos independientes que revisaran las investigaciones de DeepMind, ya que nos haría adentrarnos en un futuro completamente diferente. Pero no se han creado.

---

303. «Shane Legg Q and A on Risks of AI», *Less Wrong Community Blog*, 2011.

Lo increíble es que por más aterrador que parezca ese acuerdo con DeepMind, la cosa no terminaba ahí. Acababa de abrirse una caja de Pandora que ni Google ni DeepMind pueden cerrar, como tampoco pueden controlar lo que sucederá en adelante. Y estaban a punto de hacerse una idea de lo que eso podría llegar a significar.

El lenguaje robótico que los humanos no pueden entender

En septiembre de 2016, Google Brain, el Departamento de Inteligencia Artificial del cual DeepMind era ahora una empresa subsidiaria, activó lo que llamaron Google Neural Machine Translation («traducción neuronal de la máquina Google»).

GNMT es un programa que permite a las máquinas la traducción de lenguajes completos en un abrir y cerrar de ojos. Primero se le da un ejemplo de traducción. Después, escanea frases enteras en la lengua extranjera, ofrece una traducción de la frase, y tras esto, extrapola todo el lenguaje a partir de las frases individuales escaneadas.

Al cabo de aproximadamente un mes, el investigador de Google Brain Mike Schuster comenzó a percatarse de algo. Las máquinas traducían lenguajes completos a ciegas sin que les dieran el ejemplo de traducción. Schuster vio traducciones del coreano al japonés, cuando no se había vertido ninguna traducción de este tipo en el sistema.[304]

Tras esto, las máquinas empezaron a ir más allá. El sistema empezó a realizar traducciones «razonables» de lenguas que nadie le había enseñado a traducir. La máquina de inteligencia emocional de Google Brain había recibido información para traducir del portugués al inglés y del inglés al español. Después, comenzó a traducir por sí sola del portugués directamente al español. «Por lo que nosotros sabemos, esta es la primera demostración de una verdadera traducción plurilingüe partiendo desde cero», dijo Schuster, sorprendido.[305]

No obstante, fue lo que sucedió después lo que dejó atónito al personal de Google. La máquina comenzó a crear una lengua completamente nueva.

---

304. Mike Schuster, «Zero-Shot translation with Google's multilingual neural machine», http://research.googleblog.com, 22 de noviembre de 2016.

305. *Ibid.*

340 • ¡TRATO HECHO!

«Las interpretaciones visuales de los resultados muestran que estos modelos aprenden una forma de representación interlingüística a partir de la combinación de todos los pares de lenguas implicados en el modelo plurilingüe», dijo Schuster.

Una «interlengua» es un tipo de lenguaje artificial usado con un propósito específico. En este caso, la máquina usaba la interlengua para explicar cómo podía traducirse material inédito.

«Hemos usado una representación tridimensional de los datos de la red interna para echar un vistazo al sistema en el momento que traducía un conjunto de frases entre todos los pares posibles de la lengua inglesa, el coreano y el japonés», escribió el equipo de investigación en un blog.[306]

El sistema neuronal estaba «codificando algo» respecto a la semántica de una frase, en lugar de comparar las traducciones expresión a expresión. Nadie podía imaginar realmente qué era ese «algo».

El sistema estaba inventando una lengua. Una lengua encriptada completamente nueva que solo otra máquina era capaz de aprender. Los humanos quedarían fuera de la conversación, porque no tenían el poder computacional para desencriptarla.

«Interpretamos esto como una señal de la existencia de una interlengua en la red», dijo el equipo. Las máquinas habían inventado una lengua propia mediante la aplicación de las reglas que conforman el lenguaje. Pero se habían tomado la libertad de crear una lengua para las otras máquinas a la que los humanos no tenían acceso. Los lobos que se habían transformado en perros volvían a ser lobos de nuevo.

Cuando le pregunté a Dave Ferrucci, el programador de Watson en IBM, qué le parecía esta nueva lengua de las máquinas, se mostró impasible. «¿No te parece que da un poco de miedo, Dave?» «Es una interlengua. Está ahí para solucionar un problema.» Pero se trata de una lengua nueva. «Sí, claro. Es una nueva lengua. Pero ¿están ganándole la carrera las máquinas a los humanos? Todavía no.» Por ahora.

La lección que podemos extraer del experimento GNMT es clara. Creemos que podemos controlarlo, pero no es cierto. Puede que los humanos hayamos comenzado el viaje, pero serán las máquinas las que decidan adónde nos lleva.

Es posible que Alphabet, el conglomerado de empresas de Google, haya decidido retirar su compromiso de «no hacer el mal», pero no serán los hu-

---

306. *Ibid.*

manos quienes hagan el mal, sino las máquinas. Y no será el mal, será simplemente el imperativo lógico del código.

La compensación

En el año 2016, DeepMind volvió a Londres sin previo aviso. La revista *New Scientist* desveló los nuevos planes de Google. Estaban negociando un pacto secreto con el Royal Free NHS Trust, que dirige los hospitales Barnet, Chase Farm y Royal Free, y dispone de información confidencial acerca de un millón seiscientos mil pacientes.[307]

El trato permitiría que DeepMind accediera a información confidencial de millones de pacientes sin su consentimiento expreso. Todo, desde cuidados intensivos, accidentes y urgencias, a patología, radiología y estadísticas relativas al aborto y el sida.

Después, en 2017, mostraron sus cartas. Google anunciaba el lanzamiento de Streams, una aplicación que activa una alerta en el móvil cuando las constantes vitales de un paciente o sus analíticas de sangre pueden considerarse anormales. «Diez mil personas mueren cada año por lesiones agudas de riñón —dijo Mustafá Suleyman, de DeepMind—. Estas muertes pueden prevenirse. Podemos activar una alerta que permita a los enfermeros o a los médicos tomar medidas preventivas como la aplicación intravenosa de antibióticos cuando los riñones están deshidratados para prevenir la entrada en la UCI.»

Streams parece una herramienta tecnológica extraordinaria, pero también se trata de meter la cabeza en el negocio. Al principio se usará para detectar personas en riesgo de enfermedades renales, pero su alcance se extenderá de aquí a cinco años. Y la clave para entender su actividad futura está en la reinvidicación de su uso que hace DeepMind.

Suleyman considera que Streams se convertirá en una herramienta clave en el devenir diario del hospital. No solo para detectar afecciones graves como la septicemia, sino también para (y esta es la expresión que nos da la clave) el «tratamiento coordinado del paciente». La tecnología estará en el centro neurálgico del hospital y serán los algoritmos, no los médicos, los que decidan potencialmente el tratamiento que recibes, y Google tendrá las llaves para acceder a los datos.

---

307. Hal Hodson, «Revealed: Google AI has access to huge haul of NHS patient data», *New Scientist*, 29 de abril de 2016.

342 • ¡TRATO HECHO!

Los críticos de este acuerdo lo vieron como algo extremadamente peligroso. Julia Powles y Hal Hodson de la Cambridge University calificaron el pacto secreto con la asistencia sanitaria nacional británica como «inexcusable», y dijeron que las reivindicaciones de su uso que hace Deep-Mind eran «engañosas».[308]

Google contraatacó con rapidez. La revista de tecnología *Wired* publicó un artículo en el que afirmaban que Streams «ahorra dos horas al día a los enfermeros del sistema sanitario nacional».[309] Después le tocó el turno a Suleyman, que anunció que DeepMind estaba desarrollando un sistema de rastreo de información del paciente estilo *bitcoin* y que usaría la tecnología de la «cadena de bloques» para protegerlo.[310]

Google emprendía la lucha para ganarse los corazones y mentes del público escéptico y los profesionales de la salud. Confiad en nosotros, eso es lo que estaban diciendo. Y esta será vuestra recompensa.

¿Qué consigues a cambio de entregar los datos de un millón seiscientos mil pacientes, o diez millones, si se implanta en todo el país? La tecnología de vanguardia que tanto necesitas y aliviar la presión que provocan la escasez de tiempo y los pocos recursos del personal de atención sanitaria.

La tecnología permite una toma de posesión silenciosa del sistema sanitario, pero DeepMind diría que este no es un juego de suma cero. Tal vez seáis todos conejillos de Indias, pero os reportará beneficios. Google, mediante el uso de DeepMind, toma la delantera al resto de los competidores de los cinco grandes en el sistema sanitario, y lo que es aún más lucrativo, la mayor mina de oro del siglo XXI: asistencia sanitaria en todo el planeta.

Los gigantes de la tecnología, que se codean con la Organización Mundial de la Salud y las ONG para implantar sistemas sanitarios en todos los países en vías de desarrollo del mundo, son un nuevo tipo de caballeros andantes que cabalgan a lomos de *jeeps* blancos descapotables.

En otros tiempos eran la Cruz Roja y Médicos sin Fronteras los que realizaban las tareas de triaje cuando se producía algún desastre médico, pero con la crisis de financiación de los sistemas sanitarios británico y estadounidense, esa zona de triaje se ha extendido exponencialmente, y con ella tam-

308. Julia Powles y Hal Hodson, «Google Deepmind and healthcare in an age of algorithms», *Health and Technology*, 16 de marzo de 2017.

309. Matt Burgess, «Deepmind's Streams app is reportedly "saving NHS nurses two hours a day"», *Wired*, 27 de febrero de 2017.

310. Alex Hern, «Google's Deepmind plans bitcoin-style health record tracking for hospitals», *Guardian*, 9 de marzo de 2017.

bién lo ha hecho el mercado potencial que podría captarse cuando colapsen esos sistemas sanitarios del mundo desarrollado.

Un anillo con el que gobernar el mundo

En *Minority Report* (llamada *Sentencia previa* en Latinoamérica), la adaptación al cine que se hizo de la novela de Philip K. Dick en 2002, Tom Cruise interpreta a un agente de la Unidad de Prevención de Delitos de la policía de Washington. La policía usa a tres mutantes dotados de sentidos a los que llaman sujetos «precognitivos» para predecir cuándo se cometerá un delito y abalanzarse sobre los delincuentes desde helicópteros para arrestarlos antes de que puedan hacerlo. El verdadero «delito» se basa en el simple hecho de pensar en cometerlo.

Con Palantir, una *start-up* respaldada por la CIA y dirigida por el fundador de PayPal Peter Thiel, uno de los asesores íntimos del presidente Trump, *Minority Report* se hace realidad.

Palantir es a los datos lo que McKinsey a la consultoría. Son todopoderosos, pero nadie sabe de su existencia. Palantir no tiene oficinas, sino un SCIF situado en un callejón de Palo Alto. Las siglas SCIF significan «*Sensitive Compartmentalised Information Facility*», es decir, un búnker para la gestión de información confidencial. Palantir dice que su edificio tiene que ser «resistente a cualquier intento de acceder a la información que contiene. La red permanece aislada de la Internet pública mediante el uso de "cámaras de aire" (*airgapping*) para impedir la filtración de información».[311]

El sistema de defensa de Palantir dispone de avanzados dispositivos biométricos y muros inaccesibles a las ondas de radio y la señal telefónica o internáutica. Almacenan los datos en la cadena de bloques, lo cual significa que no puede accederse a ellos mediante un mero ejercicio de pirateo sofisticado, sino que requiere contraseñas digitales repartidas entre decenas de implicados diferentes, cuyas propias identidades están protegidas por la cadena de bloques.[312]

¿Qué es lo que protege Palantir? El «palantir» es una «piedra vidente» que aparece en la saga *El Señor de los Anillos*, de J. R. R. Tolkien. Se trata de una esfera de color oscuro con la que Saruman puede ver en la oscuridad o

---

311. «The CIA-backed start up that's taking over Palo Alto», CNBC, 12 de enero de 2016.

312. *Ibid.*

cuando hay una luz cegadora. Palantir significa en sindarin «las que ven de lejos». Un instrumento mitológico de la omnipotencia.

En el año 2004, Peter Thiel creó Palantir con uno de los ingenieros de PayPal, Nathan Gettings, junto a Joe Lonsdale, Stephen Cohen y Alex Karp, de Stanford. Su intención era crear una empresa que almacenara datos masivos en un lugar al que nadie se atreviera a acceder.

En 2013, Alex Karp, CEO de Palantir, anunció que la compañía no intentaría entrar en el mercado de valores, ya que hacer una oferta pública de venta «dificultaría mucho el funcionamiento de una empresa como la nuestra». La razón para ello es la siguiente.

Palantir observa todo lo que haces y predice lo que harás después. Tienen un arma secreta llamada Palantir Gotham. Entre sus clientes están la CIA, el FBI, la NSA, la CDC (agencia de centros para el control y prevención de enfermedades), la Infantería de Marina de Estados Unidos (el Marine Corps), la Fuerza Aérea, el Comando de Operaciones Especiales, la Academia Militar de West Point y el Servicio de Impuestos Internos (IRS). El cincuenta por ciento de su negocio reside en el sector público. In-Q-Tel, la entidad de capital de riesgo de la CIA, fue uno de sus primeros inversores.[313]

Palantir sigue la pista a un espectro de delincuentes que abarca desde terroristas en potencia a defraudadores corporativos (Bernie Madoff fue encarcelado con la ayuda de Palantir), tratantes de blancas o individuos «subversivos». Pero toda su labor se basa en la predicción.

El Pentágono empleó Palantir en Irak para identificar los patrones de colocación de bombas en los arcenes de la carretera y consiguió averiguar a partir de sus predicciones que los insurgentes utilizaban como detonadores mandos a distancia para abrir puertas de garaje.[314]

Palantir permitió que los marines pudieran obtener muestras de ADN desde localizaciones lejanas y acceder a informaciones recogidas durante años de recopilación de huellas y evidencias genéticas. Esto tuvo un efecto prácticamente inmediato. Sin Palantir, los sospechosos se habrían trasladado a una localidad diferente antes de que los agentes de campo recibieran los resultados. Palantir puede predecir el futuro segundos o años antes de que se haga realidad, mediante el uso del sistema de extracción de datos más avanzado del mundo.

---

313. *Ibid.*

314. Matt Burns, «Leaked Palantir doc reveals uses, specific functions and key clients», *TechCrunch*, 11 de enero de 2015.

Samuel Reading, un antiguo marine que trabajó en Afganistán para NEK Advanced Securities Group, empresa militar externalizada del Gobierno de Estados Unidos, dice que «es una combinación de todas las herramientas analíticas que puedan imaginarse. Permite localizar a todos y cada uno de los malos que están en tu zona».[315]

Palantir se ha infiltrado en el corazón del Gobierno estadounidense, pero con su otro brazo, Palantir Metropolis, proporciona las herramientas analíticas necesarias para que los *hedge funds*, los bancos y las empresas de servicios financieros intenten ganarse la partida unos a otros.

Palantir no solo ofrece al Pentágono una máquina para la vigilancia global y eficientes armas de la información para los conflictos bélicos, también dirigen Wall Street. Palantir es justamente lo que su nombre indica: un ojo digital gigante como la «piedra vidente» de Saruman en *El Señor de los Anillos*.

Minority Report en la vida real

Actualmente, Palantir está acercándose cada vez más a la visión futurista de Philip K. Dick en las calles de Chicago y Los Ángeles. En la película, una premonición de una policía del pensamiento al estilo de Orwell hace que los índices de delincuencia bajen hasta cero cuando la Unidad de Prevención Criminal encarcela a miles de individuos por el simple hecho de pensar en cometer un delito.

Sin embargo, cuando Tom Cruise comienza a cuestionar la moralidad de lo que está sucediendo, sus superiores detectan una amenaza para su programa de prevención de delitos. Cruise es objeto de una emboscada en la que lo acusan de asesinato mediante la manipulación de los datos de su historial de pensamiento. En el enfrentamiento final con su jefe, este le explica que a veces hay que maquillar los números por el bien mayor de la sociedad.

Minority Report está ambientada en el año 2054, pero la prevención de delitos de Palantir ya funciona en la actualidad. La policía de Los Ángeles los ha usado para predecir quién cometerá un delito, abalanzándose sobre los sospechosos al estilo de la película. Para Palantir, su trabajo con el departamento de policía de Los Ángeles consiste en «mejorar la conciencia situacional y responder al crimen a tiempo real».[316]

---

315. *Ibid.*

316. «Responding to crime in real time at the LAPD», https://www.palantir.com.

La tecnología de vigilancia militar ha migrado ahora de Faluya a los barrios residenciales de Los Ángeles, donde realiza labores de «policía predictiva» en los infractores de tráfico y delincuentes comunes a través de la reutilización de técnicas y algoritmos usados por el Ejército estadounidense para lidiar con insurgentes en Irak con patrones en los que se producían victimas civiles.[317]

Cuando se describe Estados Unidos como «zona de guerra» entre la policía y la juventud de raza negra, rara vez se menciona que están empleando auténticas tácticas desarrolladas por el ejército estadounidense para una zona de guerra real. El uso del *software* de vigilancia preventiva de Palantir por parte de la policía de Chicago y Los Ángeles ha coincidido con un enorme aumento de las muertes por disparos sobre sospechosos varones de raza negra. ¿Es posible que la táctica de contrainsurgencia de la vigilancia preventiva sea un factor que contribuye a esa epidemia de hombres negros desarmados abatidos en los últimos cuatro años?

Podría argumentarse que no es necesario usar sofisticados algoritmos para la prevención de delitos cuando basta ser varón de raza negra para que la policía se abalance sobre ti. Lo que la vigilancia preventiva ha hecho es militarizar las ciudades estadounidenses, creando un enaltecimiento de la cultura de la sospecha y el miedo en zonas donde ya existe un gran clima de tensión y se hace más difícil patrullar por las calles.

El profesor Geoff Parker, experto en captación de datos, dice que «la mera presencia policial en una zona a causa de un algoritmo genera tensión». La suficiente para encender la mecha y llevar al límite una situación de vigilancia delicada de por sí.[318]

Ana Muñiz es una activista e investigadora de la organización Youth Justice Coalition, con sede en Inglewood. «Siempre que la policía local y el ejército de una sociedad empiezan a parecerse, las fronteras se difuminan. El Ejército se supone que tiene que defender el territorio de los enemigos exteriores, y esa no es la misión de la policía. Su misión no deber ser la de tratar a la población como si fuera un enemigo externo.»[319]

En 2010, la policía de Los Ángeles anunció que se asociaría con Motorola Solutions para vigilar el complejo de protección oficial Jordan Downs

317. Darwin Bond-Graham y Ali Winston, «Forget the NSA, the LAPD spies on millions of innocent folks», *LA Weekly*, 27 de febrero de 2014.

318. *TechCrunch, op. cit.*

319. *LA Weekly, op. cit.*

con cámaras de seguridad. En 2013 anunciaron que emplearían un circuito cerrado de televisión en directo con un programa informático de reconocimiento facial en San Fernando Valley que, según los informes, estaba programado para identificar a sospechosos e incluirlos en una «lista caliente».[320]

Whitney Richards-Calathes, una estudiante de doctorado de la City University of New York que investiga la vigilancia preventiva, advierte de que «tenemos que ser muy críticos con las presuposiciones que hacemos cuando se crean bases de datos para la "seguridad pública" en las que se incluye a niños de nueve y diez años a quienes se clasifica automáticamente como miembros de bandas callejeras».[321]

Los datos se convierten en una nueva forma de reforzar viejos prejuicios. Quienes se muestras críticos con estos análisis informáticos argumentan que, desde el momento en que un agente de policía sale del coche patrulla con la idea fija de que eres un delincuente, tu destino queda marcado.

En 2013, *TedCrunch* recibió una filtración sobre un informe del uso de Palantir en los departamentos de policía de Los Ángeles y Chicago. En él se citan unas declaraciones del sargento Peter Jackson, de la LAPD, en las que dice: «A los inspectores de policía les encanta la clase de información que (Palantir) nos proporciona. Ahora pueden hacer cosas que antes eran imposibles».[322]

En Palantir existe una confidencialidad absoluta. Tienen tanto poder en el mundo real como Google, Facebook, Amazon, Microsoft y Apple, pero, al contrario que ellos, operan en un plano tan alejado del ojo público que son un servicio secreto.

Rompiendo el monopolio

El conjunto de los cinco grandes (y el sexto en la sombra, el ojo que todo lo ve de Palantir) conforma una nueva superclase de poder transnacional. Pero en esta época de Trump, el Brexit y el resurgimiento de los partidos nacionalistas en Europa, se enfrentan a una nueva amenaza, la de los Gobiernos con un voto popular que busca recuperar la soberanía nacional y arrebatársela a las corporaciones.

---

320. *Ibid.*

321. *Ibid.*

322. *TechCrunch, op. cit.*

La visión que el pueblo tiene de estas empresas está empezando a cambiar. Ya no son esas nuevas plataformas relucientes encargadas de traernos el futuro a casa, sino un monopolio de veinte años de antigüedad que desafía la autoridad del Gobierno e incluso de la democracia.

Los gigantes de la tecnología comienzan a parecer una deformación del sueño estadounidense. Amazon, que en su momento fue un agente disruptor de la tecnología, es ahora la destructora de la pequeña empresa local. Apple ha accedido a las demandas del Gobierno chino para cerrar aplicaciones mediante las que los chinos podían llegar al mundo exterior, al tiempo que deniega el acceso al Gobierno estadounidense al iPhone de un sospechoso de terrorismo.

Y ahora se enfrentan entre ellos por el poder. Travis Kalanick, de Uber, fue enviado ante Tim Cook, CEO de Apple, por monitorizar iPhones incluso después de que su aplicación hubiera sido borrada de los teléfonos y estos se formatearan. Una maniobra de detección fraudulenta que viola las normas de privacidad de Apple.[323]

Julius Genachowski, anterior presidente de la Federal Communications Commission, afirma que: «En general, durante los periodos en que las empresas establecidas luchan contra las empresas disruptoras, el Gobierno estadounidense ha hecho todo lo posible por alentar a las últimas». Según dice, cuando gobernaba Obama, los cincos grandes no suponían una amenaza para el Estado, representaban el futuro, y gran parte de la regulación y la infraestructura legal estadounidense estaba diseñada para protegerlos y promoverlos.

Durante el periodo que el señor Genachowski estuvo al frente del FCC (y también en la época de su sucesor, Tom Wheeler), la comisión aprobó leyes que amparaban la llamada «neutralidad de la Red», que se refería a que las empresas no podían mostrar favoritismos hacia un tipo determinado de contenido en Internet. Una política que favorecía a las compañías de tecnología.

Pero cuando las empresas disruptoras se transforman en monstruos, esta dinámica cambia. «La siguiente parte de este proceso —afirma Genachowski— es que las empresas diruptoras alcanzan un gran éxito y en cierto modo se consideran empresas establecidas, con lo que se advierten dos cosas. Por una parte, hay luchas entre diferentes empresas consolidadas y, por otra, una nueva generación de disruptores que intentan frenar a los que se han consolidado.»

---

323. Mike Isaac, «Uber's CEO plays with fire», *New York Times*, 23 de abril de 2017.

Y en ese punto nos encontramos. Los cinco grandes se han consolidado y el Gobierno los trata como tales, sopesando las cuentas (los beneficios que reportan a la sociedad, así como el daño que podrían causarle) al decidir cómo hay que vigilarlos.

Pero ¿suponen realmente una amenaza Uber, Airbnb o Snapchat para el desarrollo del juego? Las batallas por el dominio de los servicios de la nube, la inteligencia artificial y la extracción de datos, así como la preponderancia en el mundo real con los automóviles sin conductor, las entregas a domicilio mediante drones y los empleos robotizados, se libra solamente entre los cinco grandes originales.

Cuando Kalanick tuvo que enfrentarse con Tim Cook en la sede central de Apple en 2015, porque Uber había conseguido engañarlos haciendo que su aplicación fuera invisible para los ingenieros de Apple, se trataba de un microcosmos de la batalla entre la empresa establecida y la disruptora, y solo cabía un ganador: Apple.[324]

La historia del capitalismo ha sido una guerra por y en contra de los monopolios. En 1890, la Ley Antimonopolio de Sherman dio origen al famoso «martillo Sherman», que permitía a la Casa Blanca machacar a las empresas que planearan la creación de monopolios.

El tabaco, el petróleo, el acero y los bancos han estado todos sujetos a la legislación contra los monopolios que intentaba proteger el interés público. La Ley Glass-Steagall se mantuvo durante casi sesenta años, impidiendo que los bancos se convirtieran en entidades todopoderosas y causaran otro crac bursátil.

Eso solo fue posible gracias a que hubo un testigo que se pasaba de legislatura en legislatura durante más de un siglo, una determinación por mantener la autoridad de la democracia. No era una simple promesa electoral que hacía un político de mucha labia, aprovechando el ataque a la gran empresa para ganarse al electorado. Era algo que se hacía discretamente y a puerta cerrada en beneficio del público.

Tolkien tenía un anillo con el que gobernar a todos; la tecnología tiene un círculo que da vueltas hasta que se carga la página. Cuando las empresas tecnológicas sean capaces de completar la descarga de su visión, se nos vendrá encima la «excelencia».

Pero acabar con el monopolio de los cinco grandes no forma parte de los planes. Desafían la autoridad de los Gobiernos, y estos, al contrario que

---

324. *Ibid.*

los del pasado siglo, han capitulado. Los cinco grandes saben que son intratables. Están reformulando lo que significa ser humano, e incluso si los humanos tendrán algo que decir en esa historia.

14

GLOBALIZACIÓN:
Cómo Asia reescribió las reglas

El hombre tanque

Resulta extraño que una persona cuyo nombre nadie conocía y que no hizo más que permanecer inmóvil sin pronunciar una palabra lo cambiara todo.

Pero el 5 de junio de 1989, cuando más de un millón de personas se reunieron en la plaza de Tiananmén de Pekín para exigir la democracia en China y los tanques avanzaban de manera ominosa para dividir a la muchedumbre, un hombre vestido con una camisa blanca arrugada y bolsas de la compra en ambas manos se detuvo tranquilamente frente a un tanque y se negó a moverse.

El juego del gato y el ratón entre hombre y tanque que siguió a esto se convirtió en una imagen emblemática de un viraje en la historia de la humanidad. El Estado usaba fuerzas militares para derribar al individuo, pero esta vez el individuo era más poderoso. Aquel fue un momento decisivo.

Cada vez que el tanque maniobra para rodear al hombre, este cambia de posición. El proceso se repetía una y otra vez. Otros estudiantes que se manifestaban comenzaron a hacer lo mismo, detenerse calmadamente ante los tanques y desafiarlos. El Ejército no sabía cómo responder. La multitud no había huido despavorida. Les habían plantado cara. Pasara lo que pasara con ellos, independientemente de cómo acabara aquello, ya habían ganado.

Tres días después, el Ejército sí respondió. Cientos de protestantes fueron masacrados en la plaza de Tiananmén, miles fueron arrestados y la protesta estudiantil quedó aplastada. Pero de todas las personas que se habían puesto delante de los tanques solo uno fue fotografiado. El «hombre tanque» se convirtió en un icono borroso de una resistencia al estilo de Gandhi, y la plaza de Tiananmén sería el catalizador para que China y el resto del mundo giraran sobre un nuevo eje.

Antes de Tiananmén, el programa de reformas para la sociedad china del Partido Comunista estaba completamente controlado y jerarquizado. La masacre hizo que se acelerase todo. A Deng Xiaoping, presidente del partido, le quedó claro que, a pesar de que tomando medidas drásticas inmediatamente después de la masacre podían repeler futuras protestas de manera temporal, la batalla a largo plazo estaba perdida.

El hombre tanque se había convertido en un símbolo del alzamiento del individuo. La intimidación con tanques ya no acobardaría a una clase media creciente, educada y con aspiraciones que se envalentonaba con sus exigencias de cambio. Solo ofrecer una mayor prosperidad económica podría satisfacerlos, y si les entregabas eso, ahogarías astutamente las exigencias de democracia, esa nube oscura que se cierne sobre el horizonte de todo líder.

Deng necesitaba ofrecerles ese cambio, pero sin acceder a sus demandas de democracia, y para ello necesitaba un nuevo plan. China se convertiría en la compañía más grande del planeta, con 1.387 millones de empleados.

Deng Xiaoping

Nadie sabe lo que sucedió con el hombre tanque. Algunos informes sugieren que le dispararon en la plaza, otros que fue detenido y ejecutado catorce días después de que sofocaran las protestas. El periodista canadiense Jan Wong, que entrevistó posteriormente a los oficiales del Partido Comunista, dijo que nunca fueron capaces de identificarlo y que se cree que podría seguir viviendo en el país actualmente.[325]

El hombre tanque y sus compañeros de protesta han cambiado el equilibrio de poderes en China y con ello el eje de poder mundial. Cada vez que se trasladaban para volver a oponerse a un tanque subrayaban la serena determinación de millones de personas, y más allá de aquella plaza, la de los más de mil millones de chinos dispuestos a actuar sin concesiones.

Los manifestantes de la plaza de Tiananmén demostraron al Partido Comunista y al mundo exterior una cosa por encima de todas: las personas

---

325. Jan Wong, *Red China Blues: My Long March from Mao to Now*, Doubleday Canada, 1997.

eran inmensamente más poderosas que los tanques. Podían ser detenidos temporalmente, pero el alzamiento del individuo era inexorable.

Para la élite gobernante del partido, la cuestión no estaba en cómo aplastar esta oleada de poder popular para siempre, sino en cómo emplear una fuerza de cambio potencialmente desestabilizadora en beneficio propio.

El capitalismo de Estados Unidos y Europa ha sufrido auges y caídas durante más de un siglo y después se reinventaba a sí mismo apoyándose en las ideas de genios desconocidos que trabajaban en laboratorios esterilizados de edificios de investigación ocultos en lo más remoto, o en las salas de juntas de las plantas altas de las grandes compañías.

Estas ideas condujeron a pactos que cambiarían el mundo: el modelo de trabajo 7S de Peters y Waterman; los experimentos de Drazen Prelec con el dolor neuronal y el dinero en efectivo; el descubrimiento de Robert Dall de titularizar Wall Street; la invención de Alfred Sloan del producto eternamente mejorable que transformó el consumismo; la epifanía que tuvo Henry Gadsen para reinventar la industria farmacéutica por medio de la medicación de la vida moderna en sí misma.

El comunismo necesitaba reformularse mediante una genialidad de una magnitud equiparable. En 1992, tres años después de Tiananmén, Den Xiaoping, el líder todopoderoso de China, aceptó el reto. Un momento que había estado esperando durante toda su vida.

Deng fue, sencillamente, el líder más brillante del siglo XX. Pero esa brillantez no procedía tan solo de su consumada habilidad para marcar el curso de las reformas en la nación más poblada del planeta, ni de surcar a nado con maestría las aguas infestadas de tiburones de los escalafones superiores del Partido Comunista.

Su verdadero talento reside en tender una trampa cuyo resorte se activaría veinte años después de su muerte. Porque es ahora cuando el plan de Deng está dando sus frutos realmente, remodelando el destino del siglo XXI por medio de la reformulación del paradigma «comunismo contra capitalismo» experimentado en el siglo XX.

Deng quería ganar el juego de la globalización mediante el traslado decisivo del eje del poder a Oriente una vez más. Sin él, China no sería ese país que es actualmente. Y dos décadas después de su muerte, las ideas que lo han hecho posible empiezan a encajar.

Deng procedía de una familia pudiente de terratenientes de Guang'an, en la provincia de Sichuán, pero de joven viajó a Moscú y a París. Medio siglo después contaría a la reina que le decepcionaba no poder ver Inglaterra desde la Torre Eiffel, el tipo de trampa conversacional que Deng solía tender a los líderes occidentales.

Cuando Deng regresó a China en la década de 1920 se deshizo astutamente de todo aire de persona viajada y cosmopolita, siguiendo las austeras directrices maoístas del partido. Pero Deng mantuvo en su cartera lo que había visto en Occidente. Sabía lo que el capitalismo podía ofrecer al pueblo y la amenaza que suponía para la pervivencia a largo plazo del Partido Comunista.

Deng ascendió rápidamente por la jerarquía del partido, desempeñando un papel instrumental en la Larga Marcha de 1934, donde se ganó la confianza de Mao. Bajito y belicoso, con la costumbre de escupir frecuentemente, representaba su papel de disciplinador del partido a la perfección, sin delatar su alcurnia en ningún momento.

En 1949, Deng consiguió hacerse notar, al tener un rol decisivo en la lucha comunista contra el Gobierno nacionalista de Chiang Kai-shek. Su futuro en la cúpula del partido estaba asegurado y las credenciales de Deng como siervo leal del proletariado quedaban fuera de duda, algo que en un futuro le resultaría muy útil.

En 1956, todo cambió. El nuevo primer ministro soviético, Nikita Jrushchov, lanzó un ataque profundo sobre los principios estalinistas del comunismo. Jrushchov había desafiado a Dios y aquello removió los cimientos del Partido Comunista.

Mao Tse-Tung temía un ataque de características parecidas al culto maoísta en China. El consumismo empezaba a cumplir las promesas del capitalismo en Occidente (libertad y electrodomésticos), de modo que era simplemente cuestión de tiempo que esa «propaganda» contaminara al proletariado chino. Mao creía que el comunismo tenía que regresar a sus principios básicos y acabar con la reforma.

Este fue el momento decisivo. Se trataba de todo o nada para Deng, que vio un rayo de luz y una oportunidad para la apertura. Puso sus cartas sobre la mesa. Según dijo, la «colectivización» de las tierras, una pieza central del estalinismo y el maoísmo, lejos de crear la riqueza colectiva, había empobrecido a millones de personas.[326]

El Gran Salto Adelante de Mao había conseguido industrializar China rápidamente, pero también creó una hambruna sin precedentes. Deng se tomó como algo personal la reversión de la colectivización y la devolución

---

326. «Visions of China: Reformer with an Iron Fist», CNN, 2001.

de las granjas a la propiedad de los pequeños minifundistas. Cuando Mao se enteró de los planes de Deng, dijo: «¿Qué emperador ha ordenado eso?»[327]

Deng, como Jrushchov, había cuestionado a Dios. Se trataba de un desafío directo a la autoridad de Mao, y este advirtió que le había salido un rival que estaba sentando las bases de su poder. Deng había cometido una herejía que tenía como trasfondo la elevación del individuo y de los mercados.

No importa que el gato sea blanco o negro, sino que cace ratones

Deng se había colocado a sí mismo en una posición en la que chocaría con Mao. En julio de 1962, se dirigió a las Juventudes del Partido Comunista y realizó una declaración aforística que marcaría sus días de por vida. Trece palabras que exponían su teoría política y que determinarían el curso futuro del comunismo chino.

«No importa —dijo a los jóvenes fieles maoístas— que el gato sea blanco o negro, sino que cace ratones.»

Se trataba del tipo de discurso confucionista clásico del Partido Comunista dirigido a dos públicos diferentes. ¿Qué significaba? El maoísta clásico podía interpretarlo como «el fin justifica los medios». Si el objetivo era el comunismo, tendrían que hacer lo que fuera preciso para alcanzarlo.

No obstante, para los reformistas, significa justamente lo contrario. Para ellos era como el momento en que Bob Dylan sacó la guitarra eléctrica. Les estaba diciendo que el dogmatismo maoísta era un callejón sin salida. China tenía que abrirse y aprender de Occidente como dos mil años atrás, aunque eso supusiera adoptar elementos de la economía de mercados. El comunismo tiene que ser capaz de mutar y evolucionar según sus propios términos. Hacer gala por encima de todo de un pragmatismo inflexible.

Deng dijo que la China comunista podía escoger entre adoptar estas nuevas ideas o rechazarlas, pero lo importante era saber adaptarse. El gato podía ser de cualquier color, pero lo básico era conseguir los objetivos, no las ideas dogmáticas. El gato solo podría atrapar al ratón por medio de la victoria.

Deng no podría haber elegido peor momento para renunciar al maoísmo, y por esa misma razón era tan importante que no pareciera una reprobación del movimiento, sino un apoyo para este.

---

327. *Ibid.*

En mayo de 1966, Mao acabó con cualquier posible esperanza en los planes de reforma del mercado de Deng mediante la implantación de la Revolución Cultural en las cabezas de 1.600 millones de personas, la más brutal erradicación de «influencia» occidental en la sociedad china que pueda recordarse. Una guerra total que no se libraba solo sobre los enemigos políticos de Mao, sino sobre el mismo concepto de idea y sobre la ocurrencia de que alguien que no fuera Mao se atreviera a tenerlas.

Los guardias rojos, armados con palos, ponían cerco a los profesores, académicos, médicos y dentistas, a quienes pegaban o ejecutaban por albergar valores occidentales «burgueses». Se destruyeron libros, gafas de leer, otro implemento burgués para extender la «falsa conciencia de una educación». Se arrestó a miles de personas y se destruyó a muchas familias en las que los estudiantes maoístas denunciaban las actividades «contrarrevolucionarias» de sus padres.

Mientras tanto, los estudiantes contrarrevolucionarios de las universidades fueron obligados a marchar al campo para trabajar la tierra con el objeto de readoctrinarlos según los principios básicos del maoísmo.[328]

Se realizó una purga de reformistas en el Partido Comunista, lo cual incluía a Deng Xiaoping. Llegados a principios de la década de 1970, la Revolución Cultural había cumplido su función. Toda la arquitectura administrativa y gerencial de China (las venas y arterias del cuerpo político) había sido destruidas. Simplemente, no quedaba nadie cualificado para otra cosa que no fuera arar los campos. El país estaba en ruinas.

La primera «plaza de Tiananmén»

El 4 de abril de 1976, miles de manifestantes se reunieron en la plaza de Tiananmén para exigir la reversión de las desastrosas consecuencias que había tenido la Revolución Cultural.

La salud de Mao era cada vez más delicada y la camarilla maoísta de la «Banda de los Cuatro» tomó el poder. La línea dura del partido, Jiang Qing, Zhang Chunqiao, Yao Wenyuan y Wang Hongwen, unió sus esfuerzos para impedir el regreso de Deng y los reformistas.

No obstante, casi dos millones de manifestantes acudieron a la plaza de Tiananmén para apoyar a Deng y a su recientemente fallecido aliado refor-

---

328. Frank Dikotter, *The Cultural Revolution: A People's History: 1962–76*, Bloomsbury, 2016.

mista Zhou Enlai. La Banda de los Cuatro calificó esa campaña de «contrarrevolucionaria».

Los manifestantes fueron aplastados implacablemente, como sucedería en la segunda protesta de Tiananmén de 1989. Pero solo meses después, tras la muerte de Mao y la detención de la Banda de los Cuatro, el reformista Deng comenzó a ganarle la partida al débil sucesor nombrado por Mao, Hua Guofeng, en lo que se convirtió en una clásica toma de poder administrativa en 1978.

Deng era ahora el nuevo jefe, el líder de la que esperaba ser la nación más poderosa del planeta. Y la aparente contradicción de un líder comunista cautivado por la economía de mercado no suponía incoherencia alguna.

Deng Xiaoping creía en una «economía de mercado socialista», en la convivencia en el país de la empresa y el marxismo, como Mao creía en el maoísmo. El principio que subrayaba la independencia de Hong Kong de Gran Bretaña en 1997 podría aplicarse a la totalidad de la China de Deng: «Un país, dos sistemas».

Trece años después de que se sofocara el primer alzamiento de la plaza de Tiananmén se produjo otro. En 1989, Deng volvió a encontrarse a sí mismo inspeccionando una región rural del sur, como le pasó en 1961. Esta vez solo tenía dos palabras que decir: *kai fang*. Había llegado nuevamente el momento de la «apertura».

Made in China

Un día, cuando era niño, estaba jugando con mis coches Hot Wheels cuando me percaté de algo que me extrañó mucho. Para un niño criado a finales de la década de 1970 y principios de 1980, Hot Wheels era el epítome de la cultura estadounidense. Esos coches te llevaban a pensar en Evel Knievel saltando entre desfiladeros con su moto espacial con la bandera de las barras y estrellas. Las llamas pintadas en los deportivos Mustang y Dodge recordaban totalmente a *Los Dukes de Hazzard*. Pero si les dabas la vuelta a esos coches no tenían el sello «*Made in USA*», sino el desconcertante distintivo: «*Made in China*».

¿Cómo se convirtió entonces China en el taller mecánico mundial?

La razón es sencilla, como explica el economista de Harvard Joseph Nye: «Si nos fijamos en el mundo de 1800 veremos que la mitad de la población mundial vivía en Asia y que manufacturaba más de la mitad de la producción del planeta. Después pasemos a 1900, donde más de la mitad de la población mundial seguía viviendo en Asia, pero solo fabricaban una quinta parte de la producción».

¿Qué sucedió? La Revolución industrial, lo que significó que, súbitamente, Europa y Estados Unidos se convirtieron en los dominadores del mundo. Lo que veremos en el siglo XXI es que Asia volverá a tener más de la mitad de la población mundial y facturará más de la mitad de la producción mundial.[329]

Deng hizo algo a finales de la década de 1970 y principios de 1980 que afectaría a las elecciones presidenciales de Estados Unidos de 2016: la reconversión de China para que pasara de ser un remanso introspectivo de socialismo estricto a convertirse en el taller del mundo, desgarrando el corazón de la base manufacturera occidental.

No solo los Hot Wheels se fabricaban en China. Los bienes de consumo baratos que incentivaron la explosión del gasto en Occidente también llevaban el sello «*Made in China*», o eran fabricados en Corea, Japón o Singapur.

Esos diminutos coches de latón se convirtieron en vehículos de verdad cuando Asia comenzó a dominar el mercado del automóvil. Las innovaciones tecnológicas japonesas permitieron un cambio súbito de opinión respecto a los productos electrónicos, transformando en un periodo de diez años esa reputación de fabricar televisores y equipos de radio baratos de mala calidad que tenían en la década de 1970 en una oferta de productos excelentes, asequibles y fiables.

Toyota, Nissan y Sony se convirtieron en los nuevos General Motors y Chrysler. Asia pisaba fuerte sobre Occidente y plantaba su bandera en el corazón de la industria manufacturera, haciendo que el Gran Salto de la Revolución industrial quedara obsoleto.

Dos siglos atrás, Napoleón advertía: «Dejen que China duerma, porque cuando despierte el dragón, conmocionará al mundo entero». No solo China volvía a despertar para mostrar al mundo lo que era capaz de hacer, sino Asia en su totalidad.

La economía actual china es más grande que las de la India, Rusia y Brasil juntas. Crece a un ritmo del seis por ciento cada año, comparable al siete por ciento de la India, pero en 2020 producirá el doble que este país. China tiene una clase media compuesta por 100 millones de personas, y a pesar de los extraordinarios niveles de polución generados por la rápida industrialización (equiparables a los del núcleo industrial de la Inglaterra del siglo XIX) su ex-

---

329. Joseph Nye, «Global Power Shifts», Charlas Ted, octubre de 2010.

pectativa de vida es de setenta y seis años, mayor que la media mundial y que la de cualquier país desarrollado.[330]

Pero lo que verdaderamente quita el hipo es el impacto que tiene China en la economía mundial. Menos del diez por ciento de la población del planeta está completamente industrializada. A medida que avanza la industrialización de China, esa cifra podría triplicarse, absorbiendo e industrializando un veinte por ciento más de la población mundial mediante el impulso al crecimiento que otorga a Asia, Latinoamérica, África, revigorizando incluso la industrialización en Occidente. El miedo del gurú del proteccionismo Peter Navarro a que China nos mate podría convertirse en lo contrario, que China nos rescate.[331]

El crecimiento continuado de China estimulará una demanda colosal de materias primas, energía, importaciones y circulación de capitales. Esto relanzará al resto de las economías. Su ganancia no tiene que redundar en una pérdida para todos los demás. Pero su implosión económica sí.[332]

China supone el mercado más grande para setenta países y el socio comercial más importante para ciento veinte países del mundo, más de la mitad de la población mundial.

China importa artículos por valor de un billón de dólares y durante los próximos cinco años aumentará hasta los 8 billones. En 2020, su red de importación será mayor que la de la Unión Europea. Como Jim O'Neill, presidente de Goldman Sachs, resumió: «China es el mayor ejemplo de crecimiento y reducción de la pobreza de la historia».[333]

Y mientras China y Asia vuelven por sus fueros de nuevo, Occidente se oculta bajo el confortable manto del proteccionismo como si se resguardara bajo un escritorio ante un inminente ataque nuclear.

El único poder que tiene actualmente Estados Unidos ante China está en la cantidad de dinero que le debe. Estados Unidos parece ahora un hermano mayor de Goldman Sachs o Citibank y se ha convertido en una superpotencia demasiado grande para permitir que quiebre.

Esta deuda astronómica contraída por Estados Unidos tiene la perversa cualidad de otorgarles una nueva forma de poder. En el año 2016, el candidato a la presidencia Trump dijo: «Les debemos dinero…, esto nos da un

330. Jim O'Neill, «The New World: Fixing Globalisation», BBC Radio 4, 6 de enero de 2017.

331. Peter Navarro, *Death by China: Confronting the Dragon – A Global Call to Action*, Pearson FT Press, 2011.

332. Yi Wen, «China's Rapid Rise: From Backward Agrarian Society to Industrial Powerhouse in Just 35 Years», Federal Reserve Bank of St Louis, abril de 2016.

333. Jim O'Neill, «The New World», *op. cit.*

poder tremendo». En febrero de 2017, la deuda contraída con China estaba estimada en 1.059 billones de dólares.

Cómo China cambió las reglas ciñéndose a las del pasado

Los análisis de los encuentros de fútbol o béisbol suelen hacer un flaco favor a los equipos ganadores, centrándose en los fallos de los perdedores en lugar de en las habilidades de los vencedores.

Este capítulo versa sobre los ganadores, la creación de las bases para ganar y las cifras que hacen que puedan marcharse a casa con la victoria en el bolsillo. China y Asia sencillamente tienen más de todo: más personas, más recursos y un mercado inmensamente más grande. Pero también tienen una estrategia de juego que aprovecha las debilidades mostradas por sus oponentes.

En 2016, Goodyear Tyres cerró definitivamente las puertas de su fábrica del Reino Unido en Bushbury Lane, Wolverhampton.[334] Hacía ochenta y nueve años que sus trabajadores fabricaban neumáticos para el conglomerado del caucho estadounidense fundado en 1898. En 2008, Goodyear ocupaba el puesto número dieciséis en la clasificación anual mundial que realiza *Forbes* sobre empresas con la mejor consideración entre sus empleados.

Cyril Barret, uno de los representantes sindicales de la fábrica de Wolverhampton dijo: «Es un momento muy triste, ya que esta plantilla es realmente como una familia. Hemos visto generaciones enteras pasar por la empresa. Son momentos de gran emoción. En tiempo pasados, Goodyear era una gran empresa y eso es lo que hace que resulte más triste incluso».[335]

Sus empleos se trasladarían a México. En un tablón de anuncios de la fábrica se publicó una nota que decía que quien estuviera interesado en un empleo podía trasladarse a México, donde la empresa estaría encantada de ofrecerles un puesto de trabajo. La respuesta de la plantilla fue llevar sombreros mexicanos el día de la despedida.

Esto es la globalización. Pero la globalización no existe. Lo que existe realmente es el mercado, los salarios y las reglas que se aplican a ambos. El economista turco Dani Rodrik, de Harvard, cree que la victoria de China en

---

334. «Wolverhampton Goodyear factory work to stop by Christmas», BBC News, 30 de noviembre de 2016.

335. «Goodyear Closure: Wolverhampton factory shuts gates for last time after 89 years», *Express & Star*, 20 de diciembre de 2016.

el juego de la globalización se basa simplemente en su habilidad para adaptar esas reglas a su estrategia.

Según Rodrik, en la década de 1990, la globalización se convirtió en «hiperglobalización» y «no se trataba de crear economías saneadas, sino de eliminar todas las barreras que tuviera el comercio, de manera que el fin se confundió con los medios».[336]

Rodrik opina que «en la década de 1990, el Banco Mundial y la OMC (Organización Mundial del Comercio) establecieron un marco intelectual por el cual la globalización estaba considerada como la forma de crecer de los países. Ese argumento pasaba por alto que los países que prosperaban en el mundo globalizado lo hacían gracias a sus propias políticas. Mantenían una inversión e infraestructura potentes al tiempo que se aprovechaban de la globalización. De modo que solo nos habían contado la mitad de la historia».[337]

Mientras en Occidente interpretaban el juego de la globalización de una forma, China lo hacía de otra. «Cuando estudias la forma en que China alcanzó esta proeza, te percatas de que violaron prácticamente todas las reglas de la globalización posteriores a 1990 —dice Rodrik—. Controló el flujo de capitales, subvencionó a empresas, exigía a los inversores la utilización de recursos locales, violó acuerdos de comercio, violó los derechos de la propiedad. El Estado mantenía la propiedad de muchas empresas, principalmente para proteger el empleo. Se benefició de que todos los demás países seguían las reglas de la "hiperglobalización".»[338]

China siguió astutamente las viejas reglas al mismo tiempo que todos los demás se atenían a las de la «hiperglobalización», creadas a consecuencia del colapso de las reglas implementadas tras la guerra.

El 1 de julio de 1944 se llegó a un acuerdo en la frondosa New Hampshire entre las economías de posguerra más importantes del planeta (las cuarenta y cuatro naciones aliadas) en la Conferencia Monetaria y Financiera de las Naciones Unidas celebrada en el hotel Mount Washington, en la tranquila ciudad de Bretton Woods.

El objetivo de la Conferencia de Bretton Woods era sencillo: crear las reglas para el capitalismo de posguerra. Las monedas nacionales estarían sujetas a una tasa de cambio fija determinada por el patrón oro, el dólar estadounidense, y

---

336. «The New World», *op. cit.*

337. Dani Rodrik entrevistado por «The New World», 6 de enero de 2017. Más información sobre las raíces de la globalización en: Dani Rodrik, *The Globalization Paradox*, Oxford University Press, 2012.

338. *Ibid.*

un banco de último recurso llamado FMI proporcionaría a las naciones créditos de emergencia para los desequilibrios en la balanza de pagos.

El mensaje que transmitía Bretton Woods era tan importante como los mecanismos: las leyes y las instituciones gobernarían el devenir de la economía global. La idea del acuerdo era permitir un comercio libre regulado en todo el mundo regido por unos parámetros firmes. Las naciones estaban atadas a un sistema que vigilaba su proceder al tiempo que les permitía comerciar en igualdad de condiciones.

El 15 de agosto de 1971, el mundo cambió. El acuerdo de Bretton Woods cayó y entraron en vigor nuevas reglas, las reglas de la «hiperglobalización». El presidente Nixon decidió unilateralmente liquidar la convertibilidad del dólar estadounidense en oro. Las tasas de cambio fluctuaban y las llaves del capitalismo pasaron de los hombres del sujetapapeles de Ginebra, que prescribían lo que las naciones podían hacer, a los mercaderes de Wall Street con sus calculadoras, que suspiraban por ver cómo podían aprovechar este nuevo mundo sin reglas para ganar dinero especulando con la fluctuación de las divisas.

Yanis Varoufakis, el economista que fuera ministro de Economía griego, es claro respecto a la razón del fracaso del pacto de Bretton Woods. «Bretton Woods funcionó hasta que Estados Unidos dejó de utilizar su excedente comercial. A partir de 1971, el sistema ya no era funcional, porque Estados Unidos perdió sus excedentes. Entonces, Estados Unidos comenzó a reciclar los excedentes del resto de los países. Funcionaba como una aspiradora que absorbía excedentes de riqueza y beneficios netos hacia el interior de Wall Street para cerrar el círculo.»[339] Esto suponía que en un futuro podría suceder lo mismo con China.

Bretton Woods fue una herramienta clave para la reconstrucción del mundo. Permitió que los excedentes comerciales de Estados Unidos pudieran ser reciclados por países que tenían déficit. Esto permitía que pudieran seguir enviando remesas de dinero para la reconstrucción de Alemania, Japón y Corea.[340] Paul Mason cree que hemos cometido un error al demonizar la «globalización», porque la hemos definido incorrectamente, al confundir «la interconectividad del mundo con los fracasos del neoliberalismo».

El fin de Bretton Woods dio entrada a lo que hoy conocemos por «globalización», pero que en realidad se ha convertido en un término baúl para referirse a un juego con dos conjuntos de reglas diferentes. Jim Kim, del

---

339. «The New World», *op. cit.*

340. Paul Mason, *Postcapitalismo: Hacia un nuevo futuro*, Paidós Ibérica, Barcelona, 2016.

Banco Mundial, lo resume de manera precisa: «La globalización funcionó a las mil maravillas para Corea, China y la mayor parte del Asia Oriental, pero no en Iowa y Wolverhampton, que votaron por Trump y por el Brexit».

El nacionalismo político es malo; el patriotismo económico bueno

En 2015, al mismo tiempo que en Gran Bretaña, Estados Unidos y Europa se pintaban pancartas antiglobalización para enarbolarlas en las manifestaciones de apoyo a Trump, el Brexit y contra el TTIP, se fraguaba algo más en las profundidades de la prensa financiera.

Más de la mitad de las empresas británicas declaraban tener accionistas extranjeros. En 2014, el cincuenta y cuatro por ciento de la Bolsa de Valores fue declarado oficialmente como «perteneciente a fuentes externas al Reino Unido». En 1998, el porcentaje era del treinta y ocho por ciento.[341]

En Estados Unidos, la titularidad extranjera ha ido aumentando constantemente en los últimos veinte años. Las empresas estadounidenses de mayor tamaño son actualmente propiedad de unos inversores chinos cuyo apetito está expandiéndose a través de una apabullante variada gama de industrias.

En 2013, el conglomerado de la carne procesada Smithfield Foods fue adquirido por Shuanghui International por 7.100 millones de dólares. El profesor Minxin Pei del Claremont McKenna College calificó el acuerdo como «un golpe maestro para expandir su capacidad de suministro en un mercado en rápido crecimiento con una carne de cerdo de alta gama a precios más altos... Shuanghui podría (también) usar Smithfield como canal para vender sus productos en Estados Unidos».

En solo un año, 2016, los inversores chinos han comprado:

- Starwood Hotels, incorporando la cadena hotelera W, comprada por Anbang Insurance en un acuerdo valorado en 14.300 millones de dólares.
- Ingram Micro, una empresa de tecnología en el puesto número sesenta y dos de la lista Fortune 500, comprada por Tianjin Tianhai Investment por 6.300 millones de dólares.
- General Electric Appliances, que vende tostadoras y lavavajillas, fue adquirida por Qingdao Haier por 5.400 millones de dólares.

---

341. «Ownership of UK Quoted Shares: 2014», ONS, 2 de septiembre de 2015.

- La fábrica de cosechadoras Terex Corp cayó en manos de Zoomlion por 5.400 millones de dólares.
- Motorola Mobility fue absorbida por Lenovo por 3.100 millones de dólares.[342]

Por su parte, mi viejo amigo Wang, de Dalian Wanda, compró la productora cinematográfica Legendary Entertainment Group, que hizo *Parque Jurásico* y *Pacific Rim* por 3.500 millones de dólares, para acompañar a AMC, la cadena de salas de cine más grande de Estados Unidos, por 2.600 millones. Así que ahora ya sabemos dónde se gastó esos 7.000 millones de calderilla que le sobraban.

Esto solo roza la superficie de lo que compraron los inversores chinos en Estados Unidos en un solo año. Cuando uno empieza a comprender a quién pertenecen realmente los activos de un país, hablar de guerra comercial parece un poco tonto. Guerra comercial ¿con quién? ¿Contigo mismo?

Cuando Bretton Woods cayó, ya no hubo vuelta atrás. Incluso Yanis Varoufakis, que se autodenomina «izquierdista», es realista sobre las opciones que nos quedan. «Lo que no necesitamos es lo que hicimos entre mediados de la década de 1970 y el año 2008: estabilizar el capitalismo global con la expansión del déficit comercial a través de Estados Unidos. Permitir que los banqueros de Wall Street financiaricen, creando torrentes de especulación en la corriente de flujo de capitales. Necesitamos un nuevo Bretton Woods, un nuevo capitalismo gestionado como el que tuvimos entre 1944 y 1970.»[343]

Esto, sencillamente, no ocurrirá jamás. «Por supuesto que estamos ante un nuevo paradigma —dice Varoufakis—, no tendremos tasas de cambio fijas, ni una potencia dominante como Estados Unidos, así que más nos vale cooperar políticamente para crear un equilibrio económico que sea capaz de impedir el ascenso del nacionalismo.»

Pero sí tenemos una potencia dominante, China, y también el ascenso del nacionalismo. Y para comprender cómo ganó China el juego de la globalización hay que entender la diferencia entre el concepto del patriotismo occidental y el de China.

En Occidente tenemos una desconexión, un cuerpo y una cabeza políticos que van en direcciones diferentes. La cabeza dice que hay que repatriar

342. Stephen Gandel, «The biggest American companies now owned by the Chinese», *Fortune*, 25 de marzo de 2016.

343. «The New World», *op. cit.*

empleos, expulsar a los extranjeros, castigar a las élites, subir los aranceles comerciales y hacer que las multinacionales paguen los platos rotos. Y se vota siguiendo esta premisa.

Mientras tanto, el cuerpo vaga alegremente en dirección contraria. Las multinacionales pueden hacer lo que les plazca y hay que atraerlas con el incentivo de la exención de impuestos, al tiempo que el mercado globalizado debe determinar los salarios y la externalización de los puestos de trabajo. En suma, no debemos imponer a los negocios el tipo de limitaciones que exige la cabeza.

Occidente pudo soportar esa desconexión entre el cuerpo y la cabeza mientras los productos eran baratos (el aspecto positivo de la globalización). Pero ya no. La cabeza patriótica y el cuerpo globalizado forman un tándem esquizofrénico que no obtiene grandes resultados en políticas de economía coordinada.

Ahora vayamos a China. He aquí lo que hicieron cuando se despidió a dos millones de trabajadores del metal. Los volvieron a formar como emprendedores para dirigir empresas emergentes. Tras su despido, se tomó la decisión política de potenciar los ingresos en lugar de recortarlos y mantuvieron la subida de salarios, así como mejoraron las condiciones de los trabajadores emigrantes.

El eslogan de este programa mastodóntico hablaba sobre la estrategia de China para reinvertir en su fuerza laboral y, como consecuencia, en el conjunto de la economía: «No dejaremos atrás a un solo individuo».[344]

El economista Yasheng Huang considera que el autoritarismo de China y la ausencia de democracia es precisamente la razón de esta concentración implacable, la razón por la que la cabeza y el cuerpo funcionan tan bien como pareja. Porque la cabeza no tiene la oportunidad de expresar sus opiniones.

Pero Jim Kim, del Banco Mundial, compara esta política coordinada con lo que sucedió en Occidente. «Cuando firmaron el Tratado de Libre Comercio de América del Norte (NAFTA, según sus siglas en inglés) y el resto de los grandes acuerdos comerciales, había un plan para volver a formar a las personas que habían perdido sus empleos. Pero con los recortes, estos programas nunca llegaron a concretarse. Silicon Valley se queja de que no hay trabajadores con la cualificación requerida para sus empleos, mientras en Iowa hay personas que necesitan empleo y no están capacitadas porque nadie se ha preocupado de volver a formarlas.»

En Asia, ni siquiera la victoria es una excusa para la complacencia. «En China y Corea del Sur, existe la paranoia de estar preparados para la siguien-

---

344. *Ibid.*

te ola. Han perfeccionado la industria del semiconductor, de ir cada vez más rápido, pero ahora se plantean "¿y después qué?", así que los padres viven con la paranoia de preparar a sus hijos para la siguiente fase. Eso no sucedió en Iowa.»[345]

Así es como la cabeza y el cuerpo trabajan en equipo. Como dice Yasheng Huang, tal vez no haya democracia, pero este es un Estado de «semiconductores» dedicado al incremento incansable de la velocidad y la producción, y cuyo avance está estimulado además por la conciencia de que la formación continuada y la adaptabilidad son condiciones indispensables para permanecer a la cabeza del juego de la globalización.

20.000 Elon Musk

GWC es una empresa de tecnología chino-japonesa con unas ambiciones que hacen que las de los gigantes de Silicon Valley parezcan modestas. Tienen oficinas en Pekín, en Tokio y en Mountain Valley, California, donde está la sede de Google. GWC está llevando la capacidad del emprendedor tecnológico a niveles industriales con el objetivo de producir 20.000 Elon Musk.[346]

En 2013, GWC celebró una convocatoria abierta en Pekín en su Global Mobile Internet Conference (GMIC) para captar ejecutivos de telefonía móvil emergentes, así como inversores y emprendedores. Fue todo un éxito, 20.000 Elon Musk en ciernes se presentaron y comenzaron a vender sus ideas frenéticamente.[347]

El «G-Summit» es una competición mundial para encontrar a innovadores que se recompensa con un millón de dólares. En 2016, las propuestas ganadoras, de Bangalore, São Paulo y Taipéi, recibieron luz verde para desarrollar ideas con el potencial de funcionar en modo multiplataforma en todo el planeta.

Silicon Valley permanece ojo avizor ante la amenaza. «El Valle tiene que pensar de manera más global —dice el vicepresidente de Facebook Vaughan Smith—. GMIC, con su foco en Asia, es uno de los pocos congresos sobre tecnología que se centra en las tendencias importantes que suceden fuera de Estados Unidos.»

---

345. *Ibid.*

346. GWC, «Mission & History», en.gwc.net.

347. *Ibid.*

En 2015, el CEO de Apple, Tim Cook, se registró en una red social, la respuesta china a Twitter: Weibo. El jefe de Apple no tenía intención de publicar en ella fotos de adorables osos panda. Tanto Twitter como Facebook están prohibidos en China; al generar una presencia oficial en una de las redes sociales más grandes del país, millones de chinos pueden acceder a Apple a través del portal de la cuenta verificada de Cook.

Apple es uno de los pocos gigantes de la tecnología que se encuentran a las puertas del mercado chino y una de las principales razones es que al resto no los necesitan realmente. Las empresas chinas ya no imitan a Silicon Valley, sino que les muestran el camino, y China no necesita abrirles las puertas a Google, Facebook, Uber o Amazon. Tienen sus propias versiones que toman la delantera a sus progenitoras.

Baidu es la Google china y proporciona la misma gama de servicios, desde mapas y almacenamiento en la nube a sistemas de pago, entrega de comida a domicilio, empresas de asistencia sanitaria, coches automatizados e investigación en inteligencia artificial, mientras que Alibaba es la plataforma china de pago por Internet, la empresa de comercio electrónico más grande del planeta Tierra.

Tencent es el Facebook chino, con WeChat, una astuta combinación entre WhatsApp, Facebook, Apple Pay y Google News, que tiene 700 millones de suscriptores.

JD.com es el Amazon chino, pero como apunta Jason Hiner, de la revista informática de innovación tecnológica *Zdnet*, «está realmente por delante de Amazon». JD.com ha respondido a la preocupación del consumidor chino por la proliferación masiva de artículos falsos con la autenticación de productos de marcas multinacionales y ofrecen entrega en el mismo día de compra a 600 millones de usuarios (y en 24 horas al resto de China); trabajan con drones para acceder a zonas remotas.

Didi es el Uber chino. Apple ha invertido 1.000 millones en ellos. Al contrario que el Uber del mundo occidental, ellos tienen un «Didi Bus», un servicio de conductores que te recogen a ti y a tu coche cuando te has pasado con la bebida. Didi emplea datos masivos y aprendizaje automático para intentar resolver las enormes aglomeraciones de tráfico de China y los problemas de polución de las ciudades, sacando los coches de las carreteras en la hora punta.[348]

---

348. Jason Hiner, «Chinese companies that will shape the future of the Tech industry: My week in Beijing», ZDnet.com, 22 de mayo de 2016.

Las ambiciones de estas empresas, como las de los cinco grandes de Silicon Valley, no tienen límites territoriales. Huawei y Xiaomi proporcionan aparatos de telefonía que tienen la intención de usurpar el mercado de Apple y Samsung. Xiaomi contrató al director de Android, Hugo Barra, para hacer realidad sus ambiciones, no solo en Asia, sino en todo el mundo.

Estas compañías, como el empuje de los 20.000 Elon Musk de GWC, no se conforman con buscar una sola idea innovadora, sino 20.000. Y esta escala industrial del emprendimiento se debe a una cultura predispuesta a pensar a lo grande. Asia no piensa en grande a modo de pose petulante. Para ellos se trata de una predisposición filosófica fundamental.

El arrozal y el cazador

En 1999, los psicólogos Kaiping Peng, de Berkeley, y Richard Nisbett, de la Universidad de Michigan, condujeron un experimento fascinante sobre las diferentes formas de enfocar un problema que existía en Oriente y en Occidente.[349]

Dieron a estudiantes estadounidenses y chinos ejemplos sobre una variada gama de conflictos interpersonales y les pidieron consejo sobre cómo habría que resolverlos.

El setenta y dos por ciento de los estudiantes chinos dieron respuestas orientadas a la negociación que tenían en cuenta los argumentos de ambas partes. El setenta y cuatro por ciento de los estadounidenses encontraron fallas en una de las dos partes y tomaron partido a partir de ello.[350]

La «contradicción» del experimento Peng Nisbett ponía a prueba una división filosófica que tiene dos mil años de antigüedad. Las concepciones occidentales sobre la verdad están basadas en el *principium tertii exclusi*, o «principio del tercero excluido» definido en la *Ética* de Aristóteles: «No existe un intermedio entre dos contradicciones. Uno de los sujetos confirma o excluye uno de los predicados».[351]

La respuesta occidental a un problema se deriva del debate entre dos personas. Uno es exclusivamente correcto y el otro es exclusivamente erróneo, donde prevalece la «respuesta» exclusivamente correcta.

349. Kaiping Peng y Richard E. Nisbett, «Culture, dialectics and reasoning about contradiction», *American Psychologist*, septiembre de 1999.

350. Drake Baer, «The fascinating cultural reasons why Westerners and East Asians have polar opposite understandings of truth», *Business Insider*, 21 de mayo de 2015.

351. Aristóteles, *Ética*, Palabra, Madrid, 2011.

Por el contrario, los chinos siguen la «doctrina de la medianía». En un debate, las dos partes pueden tener argumentos que sean parcialmente correctos y parcialmente erróneos. La verdad estará en encontrar el término medio.[352]

Los teóricos del confucianismo Li-Jun Ji, Albert Lee y Tieyuan Guo aducen que la «doctrina de la medianía» procede directamente de Confucio, y por ello está considerada generalmente como el ideal más alto del confucianismo.

«A los chinos se los anima a tener en cuenta ambas partes en la formulación del debate, o a asignar la misma responsabilidad a los participantes en una disputa. Esto supone un interesante contraste respecto a la ley del tercero excluido de las filosofías occidentales, según la cual debe eliminarse la ambigüedad o incoherencia, eligiendo una sola de las ideas en conflicto. Al contrario que la tradición china, no otorga ningún valor al término medio.»[353]

El término medio no significa llegar a un consenso insípido, sino una aportación de conocimientos y una predisposición por el bien común. El psicólogo Richard Nisbett atribuye esta diferencia fundamental de enfoques al paisaje.[354]

«La ecología china, que consiste fundamentalmente en planicies relativamente fértiles, montañas pequeñas y ríos navegables, favorece la agricultura y facilita el control centralizado de la sociedad. Los agricultores necesitan llevarse bien entre ellos. Esto es particularmente cierto en lo que respecta a los cultivos de arroz característicos del sur de China y Japón, que requieren una participación conjunta de las personas en el cultivo de la tierra.»

Los arrozales, más allá de ser un simple lugar para la colaboración, se convirtieron en una metáfora de la nación. Las personas son como granos de arroz, al mismo tiempo sumamente importantes e insignificantes. La importancia radica en su contribución a la cosecha, y su insignificancia deriva de la inutilidad del individuo aislado y de su ego particular.

El individualismo occidental, por el contrario, se nutrió de las luchas personales. En las tierras baldías de las islas griegas, dos mil años antes del nacimiento de Jesucristo, la supervivencia dependía de que un cazador solitario fuera más astuto que su presa.

---

352. *Business Insider*, 21 de mayo de 2015, *op. cit.*

353. Michael Harris Bond (ed.), *The Oxford Handbook of Chinese Psychology*, OUP, 2015.

354. Richard E. Nisbett, *The Geography of Thought: How Asians and Westerners Think Differently and Why*, Free Press, 2004.

Cuando esto se traslada a la *polis* griega de Platón y Aristóteles, el toma y daca de la caza se transformó en el toma y daca del debate: la dialéctica. La base de la filosofía occidental y el culto al individuo que nos puso en el camino de la Ilustración, el individualismo, la propiedad y los «derechos» democráticos de los dos mil años siguientes. Para bien o para mal.

El emoticono y el jarrón de la dinastía Ming

Estas profundas diferencias filosóficas tienen su importancia. El filósofo político conservador Michael Oakeshott realiza una importante distinción entre las dos formas en las que puede gobernarse una sociedad: una es «teleocrática» y la otra «nomocrática».[355]

Las sociedades teleocráticas tienen un objetivo claro: un fin más elevado. La Ilustración fue teleocrática, porque creía que la suma de conocimientos significaba una mejora continua de la sociedad. El comunismo es teleocrático, pues busca el nirvana de la sociedad sin clases. La tecnocracia es teleocrática, ya que cree en una mejora incesante de la condición humana a través de los avances tecnológicos.

Algunas utopías teleocráticas como el comunismo tienen un objetivo final tras el cual la historia se detiene. Otras buscan avanzar como fin en sí mismo. Representan el progreso como camino sin destino propio.

Las culturas nomocráticas, según Oakeshott, son muy diferentes. Se rigen por las leyes y la tradición, mediante la historia y los precedentes marcados. Si no han alcanzado la perfección, sí han encontrado una base en las prácticas mejoradas a través de la experiencia vivida. Oakeshott cree que el conservadurismo ha alcanzado esto en Gran Bretaña. El gobierno conjunto de la ley y la democracia parlamentaria ha conseguido proporcionar una estabilidad sin precedentes durante doscientos años.

Se rumorea que cuando Harold Macmillan dimitió como primer ministro en 1963, le preguntaron cuál consideraba que había sido su mayor logro en el Gobierno. «Cagarla lo menos posible», fue su gloriosa y apócrifa respuesta. Esto es política nomocrática.

En China, la filosofía nomocrática está personificada en los jarrones de la dinastía Ming, un artefacto que representa una perfección que solo puede

---

355. Michael Oakeshott, *On Human Conduct*, OUP, 1975.

ser destruida. En 1450 simbolizaba la preponderancia china como el poder dinástico más poderoso del mundo.

Como el profesor Craig Clunas, de Oxford, y Jessica Harrison-Hall, del British Museum, dicen en su catálogo de la exposición de cerámica Ming de 2014, *Ming: 50 Years That Changed China (1400-1450)*: «La China de las dinastías tenía una extensión mayor de terreno, ciudades más grandes (y también más ciudades grandes), ejércitos más grandes, barcos más grandes, palacios más grandes, campanas más grandes, más personas alfabetizadas y más profesionales de la religión».

«Ming» no era un título familiar, sino un adjetivo que significa «brillante», «luminoso» o «resplandeciente». Fue un término adoptado por Zhu Yuanzhang, el fundador de la dinastía Ming a principios del siglo XV como descripción de lo que la China dinástica podía aportar al mundo.

El jarrón Ming era una pieza de cerámica inmejorable y su perfección estaba dictada por unas normas de producción que databan de siglos atrás. La decoración del jarrón incluía unos complejos mensajes cuyo significado solo podía ser entendido por quien conociera las reglas mediante las que se interpretaba. El jarrón Ming ofrecía mensajes en código para quienes participaban en los juegos de poder que se llevaban a cabo en la corte del emperador. Cuando apreciabas un jarrón Ming en 1450, veías un sistema complejo de mensajes, algunos subversivos, otros humorísticos y también reveladores. Actualmente, cuando miras un jarrón de la dinastía Ming, solo alcanzas a ver un sauce llorón y bellos pájaros azules que vuelan sobre un puente.

En 1998, un ingeniero informático llamado Shigetaka Kurita trabajaba para el operador de telefonía móvil NTT DoCoMo, que se encontraba en el proceso de creación de una plataforma con la que pudiera accederse a Internet a través de un dispositivo portátil.

Necesitaban algo que distinguiera su sistema de mensajería instantánea de todos los demás. Kurita creía haber encontrado la respuesta. Este ingeniero estaba obsesionado con las previsiones meteorológicas. El símbolo de una nube es algo que todos entienden instantáneamente, pero también ejemplificaba gráficamente un proceso meteorológico de inmensa complejidad que tendría varias horas de duración.

La clave no estaba en la simplicidad de la imagen, sino en que la aceptábamos como símbolo de algo que sabíamos que era mucho más complejo. No nos importa saber si a las tres estará un poco más nublado que a las dos. Lo que queremos saber es si estará nublado o no.

La información detallada carece de importancia. Supone demasiada información. Queremos tener un código abreviado que nos informe del tiempo que hará durante todo el día y se entienda fácilmente.

Después, Kuria quedó fascinado con la forma en la que el cómic manga japonés había adoptado los símbolos de la bolsa para expresar emociones. Es posible que no nos interese si una nube se aclara u oscurece un poco a lo largo del día, pero si estamos leyendo una novela gráfica nos interesa conocer los matices respecto al estado emocional del personaje y su desarrollo. El matiz es relevante.

¿Cómo podía hacerse una versión de esa nubecita que describiera con un solo icono las emociones contradictorias y conflictivas de un personaje que siente ira, deseo y euforia al mismo tiempo?

El cómic manga había inventado involuntariamente el emoticono. Resumían la esencia de la condición humana con un solo dibujo, así como cinco siglos atrás el jarrón de la dinastía Ming transmitía complejos mensajes con una sola pincelada de pintura o mediante la curvatura de la cola de una paloma.

Los primeros emoticonos creados por Kurita eran 172 imágenes de 12×12 píxeles basadas en la cultura japonesa del *kaomoji*, que significa literalmente «cara carácter» (conocidos en español como «verticonos») y tienen un aspecto muy diferente que los actuales. Son una versión de la cara sonriente, triste, enfadada o sorprendida.

Pero no cabe duda de que son emoticonos, y su origen no está en un simple momento de genialidad de Kurita en 1998, sino en una mentalidad muy arraigada en el mundo oriental según la cual, independientemente del grado de complejidad que tenga la vida humana, esta siempre podrá expresarse y ser resumida en un lenguaje, un conjunto de iconos que todos pueden descifrar con solo conocer las reglas y seguirlas.

Cuando ese hombre anónimo se plantó delante del tanque en la plaza de Tiananmén en 1989, estaba rompiendo las reglas de una manera que identificaron instantáneamente miles de millones de telespectadores de la televisión occidental. Lo que parecía ser el fin del comunismo era en realidad el nacimiento de una nueva China construida sobre unos cimientos que habían sido puestos cinco siglos atrás.

15

EL PRESENTE:
El Nuevo Mundo

Candem: el fin del planeta Tierra y el comienzo del mañana

Candem, en Nueva Jersey, es la ciudad más violenta de Estados Unidos. Lo que en su día fueron avenidas llenas de viviendas prósperas son ahora casas precintadas y cerradas con cadenas en las que un sello de la municipalidad informa a los traficantes de que se trata de una «propiedad vigilada». Los jardines están atestados de artículos del siglo XX averiados: neveras, televisores, máquinas de coser, neumáticos. Tuve que hacer un rápido viraje para esquivar un sofá plantado orgullosamente en medio de la carretera. Los Buick y Cadillac que en su día condujeron los hombres de negocios no tienen ruedas y descansan sobre ladrillos en los callejones, con cortinas improvisadas que cubren los parabrisas. Un lugar en el que pernoctar.

Las otrora fábricas gloriosas de Candem que producían maquinaria y textiles están abandonadas y hay jeringuillas y envoltorios de drogas esparcidos por el suelo. Las prostitutas se aburren en las esquinas, los camellos merodean en Escalades enormes con las lunas tintadas, individuos colocados de crac montan en bicicletas de niño y hacen cabriolas alocadamente por la carretera dando gritos y alaridos.

Candem es el escenario de una película postapocalíptica, pero representa también uno de los lugares más optimistas y vitales de cuantos haya visitado en Estados Unidos. Porque Candem no es solo la ciudad más violenta del país, sino también la ciudad en la que florece un mayor número de em-

374 • ¡TRATO HECHO!

presas emergentes. A simple vista, Candem parece un lugar acabado, pero tras esta fachada hay vida.

Paul es un texano corpulento que sonríe fácilmente y tiene una risa contagiosa. Recorrió miles de kilómetros para trasladarse desde el sur tradicional hasta Candem, porque no percibía aquel punto en el mapa como una catástrofe, sino como una oportunidad. Tenía planes para poner en marcha una imprenta artesanal y Candem le pareció el sitio idóneo.

Se instaló en un taller de chapa y pintura en desuso. Actualmente tiene treinta empleados locales y planes de expandir su trabajo al patio trasero abandonado, debido a que tiene pedidos con dos años de retraso.

Joe es uno de los lugareños a los que da trabajo. Es un hombre gigantesco que me dobla en altura literalmente y manufactura entre sesenta y setenta camisetas al día para clientes de todo tipo. Entre ellos hay pizzerías locales, universidades, sellos discográficos y tiendas de ropa para *skaters,* incluso tiendas de moda. Recibe pedidos de todos los rincones del mundo. «A la gente le gusta la calidad artesanal, incluso vienen a ver cómo trabajamos. Hemos visto un hueco en el mercado y está en pleno auge.»

Joe creció en el Candem de las décadas de 1970 y 1980 y recuerda que era una ciudad próspera y boyante a la que todos querían trasladarse. «Muchas personas venían a la ribera los domingos por la tarde y se vestían para desfilar. ¡La gente soñaba con trasladarse aquí!», dice entre risas.

Había un astillero enorme e innumerables fábricas, incluida la de sopas Campbell's, que proporcionaban empleo a decenas de miles de personas. Paul dice que después sucedieron dos cosas: «la globalización y el puente». Obviamente, las empresas aprovecharon la nueva economía globalizada para trasladar los puestos de trabajo a países más baratos de Sudamérica y el Lejano Oriente. Pero lo que mató la ciudad, según Paul, fue el puente que cruzaba el río Delaware para llegar a Filadelfia.

De un día para otro, esos clientes que se paseaban por la ribera y utilizaban las cafeterías, restaurantes y hoteles desaparecieron. Filadelfia tenía centros comerciales más grandes y súbitamente empezó a disponer de una manufactura que llegaba al mercado con mayor rapidez y a mejor precio. Filadelfia ofrecía un trato más ventajoso. Candem vio cómo cortaban las alas a su capacidad de comercio con el mundo.

Esa es la historia de los Estados Unidos del siglo XXI. Marcas indestructibles que mantenían la economía de ciudades enteras desde Candem a Portland y Nueva Orleans cayeron de la noche a la mañana. Los enormes cilindros con cobre y acero de tungsteno que esperan en los suelos de las fábricas para ser convertidos en artículos con acabados resplandecientes para los mercados extranjeros dieron paso a las plantas rodadoras del desierto.

Estos son los Estados Unidos que votaron a Trump con toda lógica, una nación que cada vez parece más desahuciada y que me recuerda a otro tiempo y otro lugar.

A finales de la década de 1980 viajé por primera vez tanto a Estados Unidos como a la Europa comunista del este. En aquellos días se vivía una emoción exultante, un futuro brillante que resurgía de las cenizas de la recesión.

En cambio, en la Unión Soviética y Polonia, se notaba que había llegado el fin. El alumbrado de las calles funcionaba a medio gas por las noches y daba a las ciudades un aspecto enfermo y triste. El pueblo estaba desmoralizado. La policía ni siquiera se molestaba en pedir la documentación. Sabían que el juego había acabado.

Ahora Estados Unidos empieza a sentirse como esos países comunistas: una infraestructura que se derrumba, la sensación de decepción respecto a la «élite» política y unas calles llenas de vagabundos y enfermos mentales a los que el Estado no puede permitirse sostener. Trump prometió devolver a Estados Unidos su grandeza, pero en Candem ya hay personas sobre el terreno haciendo esto por sí mismos.

En la ciudad más violenta de Estados Unidos está sucediendo un milagro. La propia miseria de Candem ha sido aprovechada por cientos de emprendedores que han peregrinado hasta allí para montar sus negocios. En la misma calle de la imprenta artesanal de Paul hay una *start-up* de tecnología, una empresa de calzado y una destilería de whisky dirigida por dos jóvenes de veintitrés años procedentes de Nueva York. Reciben pedidos de todas partes del mundo y su marca se basa en parte en el orgullo que representa proceder de Candem.

En 2013, Paymon Rouhanifard, que trabajó como analista financiero en Wall Street, recibió el encargo de dar un vuelco a las escuelas de Candem. En 2016 arrojaron unos resultados esperanzadores. La pobreza, según dice, enfatiza todo lo que intentamos conseguir, pero ahora las escuelas han dado ese vuelco y, lo que es más importante, los niños acuden a ella.

Joe, el trabajador de la imprenta de Paul, asegura que, en caso de no tener ese empleo, estaría sin duda vendiendo droga y «probablemente muerto» en un par de años.

«Un chaval puede sacar doscientos pavos al día en la calle. Y ¿cuánto puedo ganar yo con el sueldo mínimo? ¿Cincuenta o sesenta? ¿Qué vas a elegir, cuando ese dinero ganado legítimamente no basta para el sustento de tu familia? Esos chavales que venden drogas ponen en riesgo su vida, pero son listos. Saben cómo transformar la cocaína en crac. Eso los convierte en químicos. Deberían poder usar ese talento para hacer algo legal. Además, son los mejores comerciantes de esta calle, porque han sobrevivido y su negocio ha crecido. Hay que canalizar esas cualidades de la manera adecuada.»

Bajo la ciudad en ruinas, hay una verdadera comunidad. Y se trata de un tipo de comunidad que ha desaparecido de esas zonas anteriormente deprimidas que han acabado siendo revitalizadas y después gentifricadas gracias a gente atípica como Paul.

En Brooklyn, el este de Berlín y también el de Londres, la vida que volvían a respirar estas zonas con la llegada de artistas y jóvenes negocios alternativos que aprovechan la oportunidad de trabajar en un lugar barato se apagó cuando se cruzó el límite que separa el «peligro real» de la «moda de lo provocativo». Esto sucede constantemente.

Cuando aparece el dinero contante en sus coches con las lunas tintadas y abre las puertas a la gentrificación, se cierran los canales a través de los cuales la comunidad se relaciona de manera genuina. Esto no es esnobismo a la inversa, sino simplemente la forma en que funcionan las cosas. Candem no tiene que permitirse todavía el lujo de prohibir la entrada a las personas pudientes que quieren vivir en un lugar trepidante. Siguen teniendo una comunidad, porque esa comunidad sigue necesitando trabajar para subsistir.

La gente se grita desde el otro lado de la calle para interesarse por el prójimo; vecinos jóvenes y viejos que se conocen desde hace décadas se cuidan entre ellos y hacen todo lo que pueden para proteger a su comunidad de delitos menores como el hurto. A pesar de que haya delincuencia, lo llevan bien. Es un lugar que el dinero todavía no ha conseguido arruinar, en el que se siente la vida y el cariño de la gente que vive en él.

Los nuevos emprendedores de Candem sienten el valor de aquello en lo que están participando. No son evangelizadores de la beneficencia, sino que están orgullosos de Candem.

Como explica Paul: «Nos sentimos como los repobladores de lo que el imperio perdido ha abandonado. Yo podría venir aquí y comenzar cualquier tipo de negocio. Lo que importa no es lo que yo hago, sino el lugar en el que estamos invirtiendo. Yo creo que la gente que ha venido aquí, por supuesto que lo ha hecho por los alquileres baratos, pero la diferencia es que ven lo que tiene este lugar, una comunidad y un movimiento increíbles, y quieren quedarse aquí para formar parte de ello».

Estos nuevos emprendedores atípicos de Candem me recuerdan a lo que me dijo en Boston Tom Peters, el hombre que cambió el entorno laboral con su visión de la autodeterminación del trabajo en la década de 1970: «Quien quiera que seas, aunque creas que tienes tu puesto de trabajo completamente asegurado y tu futuro garantizado, olvídate de ello. Eso se ha acabado».

Cualquiera que leyera esto podría pensar que Candem no tiene nada que ver con su ciudad o su empleo, pero se equivocaría. Candem no supone un mero desvío interesante y picaresco del Estados Unidos marginal, sino un aviso para navegantes. El mundo avanza rápidamente en esta dirección. Allá donde vayas.

La vieja certidumbre, esa fábrica a la que te trasladas todos los días mentalmente, está a punto de cerrar sus puertas. Es posible que la ciudad, barrio residencial o pueblo en el que vivas no acabe pareciéndose a Candem, pero los principios económicos son extrapolables. Prepárate para el cambio y adapta tu mentalidad a ello.

Caminar por las maltrechas calles del Candem de Nueva Jersey no difiere mucho de hacerlo por la calle principal del Candem de Londres. Tampoco dista demasiado de los mercadillos callejeros de Nairobi, los puestos de comida ambulante que llenan las calles de São Paulo y Bogotá, o los mercados improvisados que surgen en cualquier parte del mundo en la que haya un camino polvoriento y gente a la que vender tu mercancía. Todos estos lugares generan la misma epifanía de esperanza y energía.

Cuando le comenté esto a Tom Peters gritó de alegría: «¡Sí! ¡Eso es! ¡Se trata precisamente de eso!»

Le dije que para mí lo que uno ve cuando camina por cualquier calle del mundo es a personas que han tenido una idea. Han adoptado esa estúpida idea descabellada de montar una tienda en la que se venda café, muebles viejos, paraguas, psicoterapia, zanahorias o limpieza en seco, y la han hecho realidad.

Al cabo de uno, dos o cinco años, el negocio se arruina o acaba prosperando y esas personas consiguen salir adelante o se dedican a otra idea estúpida y descabellada que tiene éxito o fracasa.

Lo que vemos en la calle principal de cualquier zona son personas emprendedoras, el capitalismo en su forma más pura. La calle principal es una cinta transportadora de seres humanos en perpetua lucha que hacen realidad sus epifanías personales a través de los negocios. Y el músico callejero ejemplifica a la perfección su espíritu, ya que son personas que ponen su talento a la venta sin vergüenza alguna.

Poco importa lo que los Gobiernos, las corporaciones o las empresas de tecnología intenten hacer para controlar o mercantilizar la condición humana, porque esto es lo único que siempre permanecerá fuera de su control, el motor primordial de la mente humana: la generación de ideas. Como humanos que somos, no podemos evitar ver una oportunidad y lanzarnos a por ella.

La nave espacial retornable

El 30 de marzo de 2017 me encontraba en el despacho de Peter Thiel en San Francisco, cuando sucedió algo importante. El proyecto Space X de Elon Musk, que pretendía enviar el primer cohete espacial a Marte, y en el cual Thiel y su socio Jack Selby habían invertido una «considerable» suma de dinero, apareció en las noticias.

Tras cinco años de incansables pruebas y confirmaciones, el cohete Space X Falcon 9 había despegado horas antes de cabo Cañaveral, en Florida, para poner en órbita con éxito un satélite de comunicaciones y después volver a la Tierra recogido por un dron que sobrevolaba el océano Atlántico.

Se trataba de un momento extraordinario y me hizo pensar que, a pesar de que esos multimillonarios de la tecnología parezcan tipos humildes que visten informalmente, siguen el mismo patrón que los grandes líderes empresariales visionarios y excéntricos del pasado, como Howard Hugues con su barco volador y William Randolph Hearst con su castillo lleno de tigres y jirafas.

Musk apareció inmediatamente en una retransmisión en directo por el canal de *streaming* de la compañía: «Esto significa que puedes pilotar un propulsor de modelo orbital, la pieza más cara de un cohete, lo cual acabará suponiendo una revolución enorme en la navegación espacial».

Jack Selby se alegró y rio para sus adentros. Le pregunté qué le parecía tan divertido. «Esa no es la razón por la que esto es tan importante. Bueno, obviamente sí. Un cohete espacial retornable, la colonización del espacio y salvar el planeta Tierra, claro.» ¿Pero? «Pero la razón por la que es tan importante es el uso que puedes dar al espacio como plataforma.»

Y ¿cuál sería ese uso? «¿Cómo consigues tener Internet en tu teléfono?», me preguntó. Encendiéndolo. «¿Y cómo llega hasta él?» A través de una señal por satélite. ¿Adónde quieres llegar con esto? «Exactamente. Y ¿cuánto tiempo tardas en conseguir conexión?» Depende de dónde me encuentre. «Correcto.»

El cohete espacial retornable que aterrizó sobre ese dron en medio del océano Atlántico cambiará el mundo, pero la forma más inmediata en que lo hará es también la menos aparente.

Con la toma del espacio, consigues también una plataforma que permite devolver la señal de Internet a la Tierra sin lapso de tiempo. Actualmente, el acceso depende de los satélites, pero la «latencia», el tiempo que tarda en recibir una petición y responderla, supone una limitación para todo.

No es simplemente poco práctico en términos de la inmensidad de aplicaciones a tiempo real existentes, desde las apuestas *online* a las retransmisiones en directo y las teleconferencias como Skype o FaceTime, sino que también frena la realización del «Internet de las cosas», la interconexión digital de todo lo que usamos en la Red.

Musk ha estado inmerso en una carrera que ha durado cinco años con Greg Wyle, fundador de OneWeb, respaldado por Virgin Galactic de Richard Branson. Pero Musk también tenía apoyo de otra empresa clave: Google.

La conexión a Internet por satélite de alta velocidad lo cambia todo. La velocidad ya no será medida en relación con el desarrollo generacional de la conexión —de 4G a 5G y 6G—, sino que su éxito se medirá respecto a la reducción progresiva del tiempo que tarda en cargarse una página. Significará que tendrás la posibilidad de transmitir cualquier cosa en directo de manera inmediata. ¡Chas! Como si nada.

Google ha invertido en Space X, pero ya no será la que dicte las normas de Internet. Quien lo hará será Elon Musk. Ah, y su amigo Jack Selby, sonriendo desde un rincón. No serán simplemente los nuevos Verizon o Comcast, controlarán el acceso a Internet en el planeta Marte y en la Luna cuando los cohetes espaciales de ida y vuelta de Space X transporten a las personas de la Tierra a esos astros ya colonizados.

En el futuro próximo, el cohete espacial retornable cambiará la vida de nuestro planeta por una sencilla razón: permitirá la existencia de satélites de órbita terrestre baja que naveguen a poco más de 150 kilómetros de la Tierra para cumplir la función de los satélites actuales con un lapso temporal mínimo. En 2015, la revista *Wired* calculó lo que aumentaría la velocidad de Internet desde los satélites de órbita baja y estimó que reducirían el lapso de 500 milésimas de segundo a 20, la misma velocidad que tiene la fibra óptica en nuestras casas actualmente. No me extraña que Jack Selby se repantingara en su silla aquel día y se mesara los cabellos.

Un salto gigantesco

El beneficiario más inmediato de este avance no tiene por qué ser Wall Street, sino lugares como Candem. La conexión a Internet instantánea desde el espacio elimina súbitamente la necesidad de infraestructuras terrestres, de modo que en esos lugares donde la infraestructura esté colapsada, o donde nunca llegó a existir, dejará de suponer un problema.

Los emprendedores de la tecnología me han dicho una y otra vez que el mayor impedimento para su revolución en ciernes es la infraestructura anticuada del siglo XX con la que tienen que lidiar. Si elimináramos eso, conseguiríamos la «excelencia» y la «Internet de las cosas» en menos que canta un gallo.

Carreteras decrépitas y redes de transporte ruinosas, edificios y servicios públicos en estado de derribo, leyes y normativas anteriores a Internet que rigen la manera de transportar las cosas en la era de Internet, los planes de empleo de la era de Internet, el modo de funcionamiento de la propia Internet en la era de Internet. Según dicen, estas leyes y normativas fueron inventadas para una revolución industrial diferente.

Mirad el universo de proyectos que esperan a que se dé el pistoletazo de salida: entregas a domicilio mediante drones, automóviles sin conductor, reajuste de la climatología mundial, colonización del espacio, casas prefabricadas mediante impresión tridimensional, nubes artificiales y paneles solares orbitales para salvar el planeta.

Después tenemos esas cosas que afectan sobre el terreno y el cuerpo: la tecnología médica y la edición genética, la tecnología educacional y la escuela enlatada, la interfaz humano-máquina, la vigilancia en el puesto de trabajo, la biosupervisión del cuerpo, la agricultura vertical, la policía predictiva y las detenciones preventivas, la tecnología del iPhone disponible en lentes de contacto.

Por no hablar del otro proyecto favorito de Elon Musk, el «*hyper loop*», una cápsula que levita a 1.300 kilómetros por hora en el interior de un tubo metálico gigantesco, un cruce entre el Concorde, el cañón de riel y una mesa de «hockey aéreo» que puede llevarte de Londres a Edimburgo o de Los Ángeles a San Francisco en cuestión de treinta minutos. Estas son las múltiples facetas de la «excelencia» que esperan a que los legisladores se pongan las pilas.

Según dicen, está revolución está siendo frenada por los intereses creados, que quieren evitar el desmantelamiento de unas infraestructuras obsoletas; políticos y burócratas que se acogen a la última pizca de poder legislativo y burocrático que les queda.

Pero una vez que la conexión a Internet se transmita desde el espacio, los obstáculos físicos y legales que se oponen a estas transformaciones en el planeta Tierra desaparecerán. Y lugares como Candem podrían estar en una situación privilegiada para sacarle partido antes que otros.

Este es el giro del destino del siglo XXI. Las ciudades que construyeron una infraestructura profunda y compleja para la primera revolución industrial, y que después permitieron que lugares como Candem fueran pasto de la globalización para apropiarse de más poder y recursos, recibirán ahora su merecido castigo.

En su momento, Londres, París, Nairobi, Shanghái y Nueva York pudieron drenar la vida que fluía en las tierras a su alrededor, pero aquello tenía un precio: quedar atados a unas infraestructuras aparatosas. Creyeron ser indispensables y todopoderosas. Pero entonces llegó el siglo XXI.

La revolución tecnológica y la Internet del espacio ofrecen un nuevo paradigma. Esos mismos lugares en los que la infraestructura quedó arrasada o que nunca gozaron de ella, como la Malaui rural, la Gales agraria, el medio oeste estadounidense desindustrializado o la zona interior australiana, partirán ahora con ventaja. Podrían dar un salto tecnológico y pasar por encima de esas megalópolis del siglo XX frenadas por su infraestructura engorrosa del siglo XX y su pensamiento complaciente del siglo XX.

Hay una palabra con la que una compañía, un individuo, una ciudad, podrán sobrevivir a esta revolución venidera: adaptabilidad. Los obstáculos que impiden la adaptación no son solo físicos, también mentales. El enemigo no son los robots, ni las empresas tecnológicas, los inmigrantes o los chinos, sino la autocomplacencia y sentir que no necesitas cambiar porque estás a salvo, o que no puedes hacerlo porque no sabes cómo.

Para cualquiera que esté limitado por esta forma de pensar, Candem no es el pasado. Es una lección de futuro de la que todos podemos aprender.

Ahora que todos somos músicos callejeros

La noche se cierne sobre una esquina en la que un hombre toca su baqueteada guitarra arreglada con cinta americana mientras golpetea la madera astillada con una piruleta para crear su propio acompañamiento rítmico.

Hubo un tiempo en que los músicos callejeros eran marginados. Pasábamos ante ellos y nos preguntábamos cómo habrían llegado a eso. ¿Sería un genio de la música que nunca tuvo una oportunidad? ¿Un perdedor sin nada mejor que hacer que pedir dinero? ¿Se trataba de una opción de vida, permanecer al margen de las reglas de la sociedad haciendo las cosas a su manera? De repente, la sociedad dejó de tener reglas. Los empleos ya no duraban toda la vida. Los ahorros podían desaparecer en un abrir y cerrar de ojos. Toda la economía quedaría patas arriba en el momento en que los bancos apostaran al número equivocado. El trabajo duro y la diligencia no bastaban. El músico callejero dejó de tener aspecto de marginado y empezó a parecerse más a un emprendedor.

Ahora todos necesitamos ser músicos callejeros, usar el talento y la astucia de la que dispongamos para forjar nuestra vida. El mundo que ve el músico callejero no es un paisaje inhóspito de desilusión postindustrial, sino una pradera de esperanza continua sobre la que camina a diario y a la que da una oportunidad.

Ese músico callejero de Candem es mi ejemplo que seguir. He aquí un hombre, en la ciudad más violenta de Estados Unidos, que está dispuesto a permanecer en la esquina de una calle a medida que cae la noche, afina su guitarra y comienza con su labor.

AGRADECIMIENTOS

Quiero agradecer a todas las personas a las que entrevisté por el tiempo que me concedieron. A Robert, Kate y a todo el mundo en UA. A Rupert por haberme ayudado tan hábilmente a darle forma al libro. A Rebecca, Cameron, Ben y a todos en Hodder. A Barry por verificar cada palabra. A Nicola de Keystone Law, Nick y compañía en Harper US, y a Jonathan en Curtiss Brown NY. A todas las personas con las que trabajé en los documentales para la BBC basados en el libro. Entre ellas Fatima, Tom Mac, Fiona, Mike, Charlotte, Janis, Kim, Patrick, Adam, Don, Martin, Gian y Clive. A todos en Pulse: Will, Stu, Ed, Tom, Annabel, Izzy, Emma, Claire, Marissa y Thomas. A todos quienes filmaron, investigaron y editaron la serie: Johan, Andy, Ariel, Adam, Jay, Brendan, Tim, Petra, David, Alex y la legión de profesionales que me ayudaron. A todos en el *Guardian* y el *Observer*, entre quienes se cuentan: Malik, Tim, Nicole y mi viejo amigo Ian. A Melanie y Rachel en Oxfam. A Liz y a todo el mundo en OU. A Jo, Gudren y Holly y a las demás personas con quienes trabajé en Fresh One. A Roy, quien me proporcionó el impulso inicial. A David G., Helen y Lucy por su asesoramiento y apoyo. A Vic por ayudarme a no salirme del camino. A Tamasin en Spinwatch. A Gerard, Janet, Fenton, John D., PT Pete, Ronnie, John, Neil, Guy, Sean y Dave. A Bernardette. A todos mis compañeros de trabajo en Channel 4. A Hannah, quien participó en este proyecto de principio a fin. A Alina, Peter y a mi hermano Andreas por su amor y por animarme a escribir desde que tenía diez años.

ECOSISTEMA DIGITAL